Lärdomens Lund

Carl Fehrman

Lärdomens Lund

Epoker-episoder-miljöer-människor

Liber Förlag

Liber Förlag
205 10 Malmö

DL
991
.L9
F44
1984 /51, 391

Fehrman, Carl
Lärdomens Lund
Upplaga 1:2
ISBN 91-38-61323-9

Typografi och omslag: Harry Kumlien

Kristianstads Boktryckeri AB Kristianstad 1985

Innehåll

KAPITEL 4

Förord

Denna bok är ett försök att i lättillgänglig form berätta om epoker, om episoder, om människor och miljöer i det lärda Lund från medeltid till nutid. En universitetshistorik bör — hur kortfattad den än är — belysa en rad skilda områden och sammanhang. Den bör ge plats åt idéhistoria, åt vetenskapshistoria, åt tidshistoria men också åt personhistoria och lokalhistoria och åt vad som med ett av de nyare orden kallas mentalitetshistoria.

Av skilda skäl har tyngdpunkten i framställningen förlagts till tiden före de sista stora universitetsreformerna på 1970-talet. Men boken varken kan eller vill ersätta de större samlade historiska framställningar som redan föreligger. Av bestående värde är den universitetshistoria som Martin Weibull och Elof Tegnér skrev till Lundauniversitetets tvåhundraårsjubileum 1868. Än mer innehållsrika är de fyra volymer av Lunds universitets historia och därtill knutna institutionshistoriker som gavs ut i samband med trehundraårsjubiléet. Självfallet har mycket stoff och synpunkter hämtats från dessa äldre framställningar. Om övrigt material som utnyttjats för den här föreliggande boken ger litteraturförteckningen summariskt besked.

För årtiondena efter 1930-talet har författaren delvis kunnat tillämpa den diskutabla metod som kallas deltagande observation. Född i Lund har jag som student, som docent och professor fram till emeritiären på olika nivåer deltagit i universitetslivet och inte kunnat undgå att göra spridda observationer och reflexioner. Att författaren till Lärdomens Lund är litteraturhistoriker — alltså humanist utan naturvetenskaplig skolning — bör inte fördöljas; det har givetvis i någon mån påverkat perspektiv och proportioner.

Uppdraget att skriva en populärt formad historik fick jag våren 1980 av förre prorektorn vid universitetet, professor Sven Kjöllerström, och av förre universitetsrektorn, nuvarande universitetskanslern Carl-Gustaf Andrén. Men mitt tack för deras förtroende kan — när boken nu ligger färdig — tyvärr nå endast den ene av de två.

Lund i maj 1984
Carl Fehrman

Men vittomkring, ur dessa markers sköte,
som genom sekler mottog sädeskornen,
i töcknigt solljus, glimmar oss till möte
Lunds fjärrkontur, de silvergråa tornen.

Anders Österling

Inledning:
Prolog i Danmark

I begynnelsen var domkyrkan.

Den var i sin äldsta gestalt Knut den heliges skapelse och nämns i hans gåvobrev från år 1085 som "ännu icke fullbordad".

På samma plats som denna kyrka restes i början av 1100-talet den ännu bestående domen av grå sandsten i romansk byggnadsstil, sirad med prakt-fulla skulpturer av utländska stenmästare. Den välvda kryptan med dess pelarrader invigdes år 1123, själva högkyrkan tjugotvå år senare. Domkyrkan på den bördiga Lundaslätten hävdade stadens plats som kyrklig centralort inte bara i det medeltida Danmark utan för en tid framåt i hela Norden. Från år 1104 var biskopen i Lund primas över alla de nordiska länderna, en man av betydande makt både andligt och världsligt. I domkyrkan kröntes danska kungar; där hyllades unionsdrottningen Margareta efter tronbestig-ningen.

Till katedralen knöts mot slutet av 1000-talet en domskola. Den är Nordens äldsta lärosäte. Bokliga studier drevs utom vid katedralskolan och kyr-kan även inom stadens kloster; före 1200-talets mitt hade åtta kloster rests i Lund. För högre utbildning reste klerkerna utomlands, till domskolan i Hildesheim, till högskolorna i Prag och Köln, till universiteten i Bologna och Paris. Vid det sistnämnda lärosätet inrättades på 1200-talet ett särskilt collegium lundense.

Universiteten har, liksom katedralerna, domskolorna och skrågillena, sitt ursprung i högmedeltidens kultur. Långt fram genom århundradena behöll de något av klostrens hierarkiska organisation och klostrens privilegier gent-emot världsliga myndigheter. Lärare och studenter blev och förblev ett folk med egna emblem, riter och kultplatser.

Själva ordet universitet härleds från latinets universitas, sammanslutning eller helhet. Liksom hantverkarna slöt sig samman i gillen eller skrån för att bevaka sina rättigheter, bildade universitetslärarna en korporation — en universitas magistrorum — eller tillsammans med studenterna en intresse-gemenskap — en universitas magistrorum et scholarium. Först i senare tid har man i ordet universitet intolkat också betydelsen av en universitas scien-tiarum, en enhet eller helhet av kunskaper och vetenskaper. Jämsides med ordet universitet användes under medeltiden ofta som beteckning för högre

11

undervisning och högre undervisningsanstalt begreppet studium generale.

Den äldsta uppgiften för universiteten var att utbilda latinlärda klerker, skrivkunniga och lagfarna män för kyrkans behov och för städernas förvaltning. Det äldsta europeiska universitetet grundades på 1100-talet i Bologna. Där studerades juridik; vid det något yngre Parisuniversitetet därjämte främst teologi och filosofi. Parisuniversitetet blev från början av 1200-talet mönstret för en rad senare högre lärosäten i Frankrike, England och Tyskland. De nordtyska universiteten blev i sin tur modeller för de nordiska.

Parisuniversitetet hade fyra fakulteter, en teologisk, en i kanonisk rätt, en i medicin och en förberedande filosofisk i vad som kallades artes liberales. Efter studenternas ursprungsländer organiserades de i nationer, fyra till antalet.

Vid utländska lärosäten hade alla de män som under medeltiden satt på biskopsstolen i Lund förvärvat sin teologiska bildning. Många av dem stod på höjden av sin tids lärdom. Ärkebiskop Eskil som år 1145 invigde högkyrkan i närvaro av en lysande samling furstar, adelsmän och klerker, hade haft sin studietid i Hildesheim och där fått sin kyrkopolitiska ståndpunkt grundlagd; den innebar att kyrkan skulle vara oberoende av staten och vara fri från skatt till kronan. Om täta förbindelser med Centraleuropa vittnar Eskils nära vänskap med en av den franska medeltidens största, den helige Bernhard, i vars kloster i Clairvaux han tillbragte sin sista tid, sedan han nedlagt episkopatet i Lund.

Eskils närmaste efterträdare, Absalon, lika ryktbar i rollerna som krigare och som kyrkofurste, hade studerat i Paris under första korstågets tid. Närmast efter honom följde Andreas Sunesen, som tillträdde episkopatet år 1201. Han var den lärdaste i den medeltida biskopsraden. Bakom sig hade han ett tiotal studieår i Paris, Bologna och Oxford; i Paris hade han själv verkat som lärare. Han ägde ett för sin tid ansenligt bibliotek, som han vid sin bortgång testamenterade till domkyrkan. Bland de trettio handskriftsvolymerna fanns utom Bibel och Bibelkommentarer bland annat verk av Gregorius den store och av skolastikern Petrus Lombardus. Till Andreas Sunesen dedicerade Saxo Grammaticus sitt danska historieverk, Gesta danorum. Om Lundabiskopens kunskaper i kanonisk rätt vittnar hans översättning till latin av Skånelagen med kommentarer. Sina insikter i högmedeltidens kristna filosofi, i antik mytologi och historia har han lagt ned i sitt latinska hexameterepos om skapelsedagarna, Hexaëmeron, avsett som lärobok för stiftets präster. Det har blivit kallat det första vetenskapliga populariseringsarbete som utgått från Lund.

På 1400-talet var en annan boksynt man, Peder Lykke, biskop i Lund; han hade studerat vid Parisuniversitetet. Förmodligen på hans initiativ utfärdade påven Martin en bulla för vad som avsågs bli Nordens första universitet; det skulle omfatta alla fakulteter utom den teologiska. Året var 1419.

Lunds domkyrkas krypta, vars huvudaltare invigdes år 1123. I golvet infällda gravstenar över andliga dignitärer och skånska adelsmän. Vid en pelare skymtar den från sägnen bekanta jätten Finn.

Något universitet kom emellertid aldrig till stånd; det har antagits att det ett år tidigare grundade Rostockuniversitetet ansågs motsvara behoven.

Däremot inrättades vid franciskanernas kloster i Lund ett studium generale, beslutat vid ett provinskapitel i Stockholm och stadfäst vid ett generalkapitel i orden år 1438. Här kunde man förvärva baccalaureusgraden, den lägsta dåtida lärdomsgraden. Från gråbrödernas klosterhögskola som synes ha ägt bestånd i något hundratal år finns bevarat ett sigill för den främste undervisaren, lector principalis. Sigillet visar honom som föreläsare i en kateder med ett par disciplar framför sig. Det torde vara den äldsta konkreta bilden ur Lunds pedagogiska historia. Av den boksamling som tillhörde franciskanerklostret finns några handskrifter bevarade, senare överförda till Lunds universitetsbibliotek.

13

I de danska ärkebiskoparnas stad var domkyrkan och det nuvarande Lun-
dagårdsområdet stadens centrum. Lundagård, curia lundensis, var namnet
på ärkebiskoparnas residens, central för ärkestiftets administration och för-
valtning. Där fanns bostadshus, salsbyggnad och apelgård. Väster om dom-
kyrkan torde domskolan ha haft sin plats. Söder om katedralen låg och lig-
ger "liberiet", som från tiden kring reformationen inrymde domkyrkans
bibliotek och arkiv. Dekanens hus låg nordväst om kyrkan; det har beva-
rats, flyttat till Kulturhistoriska museets område.

Både som kyrkligt och världsligt centrum, som "metropolis Daniae",
spelade staden en roll i det medeltida Danmark. En förutsättning för sta-
dens ställning var den bördiga bygd där den låg, handelsvägarna som strå-
lade samman, och det myntverk som redan Knut den store förlagt till
Lund. Ärkesätet var ett agrart storföretag; med produkterna från kyrkans
jordar drevs handel också ut över landets gränser.

Men staden genomgick efter unionstiden växlande öden. Bränder härja-
de, krigshandlingar ödelade. Mot medeltidens slut hade Lund sjunkit i be-
tydelse. Redan på 1300-talet överflyglades Lund av Malmö som blev den
mer betydande handelsstaden i landskapet; dit överflyttades myntverket.
Från år 1417 var Köpenhamn det danska rikets huvudstad. Därmed hade
Lund mist sin tidigare betydelse av "caput regni".

Också sin ställning som landets främsta lärosäte skulle Lund förlora några
decennier senare. Kung Kristian I anhöll hos påven Sixtus IV — samme på-
ve som byggt sixtinska kapellet — att få inrätta ett universitet i Danmark,
omfattande alla fyra fakulteterna. Det påvliga stiftelsebrevet ställdes till är-

kebiskop Jens Brostrup i Lund. Denne, en lärd man, utbildad vid utländska universitet, fick i uppdrag att leda organisationen av det nya universitetet. Det har antagits — nota bene av en lundensisk historiker — att Jens Brostrup från början kan ha haft Lund i tankarna som plats för det nya lärosätet. Men kungen, som i sista hand hade att bestämma platsen, föredrog sin huvudstad, Köpenhamn. Ärkebiskopen gav sitt bifall i oktober 1478. I juni följande år, 1479, invigdes det första fullständiga danska universitetet med en festlighet i Vor Frue Kirke i Köpenhamn. Det skulle dröja ytterligare två hundra år, innan domkyrkan i Lund blev platsen för en liknande ceremoni. Det skedde i ett nytt politiskt läge, då Skåne blivit svenskt och i en annan religiös situation, då den lutherska reformationen införts.

Två år innan Köpenhamnsuniversitetet grundades, hade Sverige hunnit före: Uppsala universitet invigdes 1477. Också i Uppsalas fall var det påven Sixtus IV, som utfärdat den instiftelsebulla som medgav att lärosätet inrättades. Även om påvebullan, liksom när det gällde Köpenhamn, talade om fyra fakulteter, var universiteten vid denna tid i praktiken närmast att betrakta som andliga katolska stiftelser med teologi och kanonisk rätt som viktigaste läroämnen och med utbildning av präster och klosterbröder som sin huvuduppgift.

När den lutherska reformationen i början av 1500-talet införts i Norden, upphörde de nordiska universiteten i Uppsala och Köpenhamn med sin verksamhet liksom de lundensiska franciskanernas studium generale. Först efter ett par decennier återupprättades lärosätena i Uppsala och Köpenhamn, nu som lutherska högskolor.

Med reformationen försvann Lund som danskt ärkebiskopssäte. Vid herredagen i Köpenhamn år 1536 beslöts, att de katolska biskoparna i landet skulle avsättas och deras gods och gårdar dras in. Som stiftschef i Lund tillsattes en befattningsinnehavare tills vidare med titeln superintendent. De en gång mäktiga kyrkofurstarnas tid var förbi. Staten hade definitivt vunnit i den under senmedeltiden pågående kampen mot kyrkan.

LVNDEN

1

Lundauniversitetets grundande, upplösning och reorganisation

(Bilden på föregående sida.)
Lund på 1580-talet. Kopparstick av Franz Hogenberg i Liber quartus urbium praeci-
puarum totius mundi. Den tornprydda byggnaden till vänster om domkyrkan avbil-
dar det av den danske kungen Fredrik II byggda kungshuset, som i tidens fullbor-
dan skulle bli det första universitetshuset i Lund.

"Karl X:s tanke, Karl XI:s skapelse i de nya svenska landen från 1658, Karl XII:s årsbarn från 1682"

De medeltida tegelhusen på Lundagård som varit ärkebiskopens residens fick förfalla. I deras ställe byggdes med Didrik byggmästare som arkitekt på Lundagård ett tornprytt gavelhus. Det var avsett som bostad för kungens fogde och för kungen själv vid de tillfällen han vistades i Skåne. Huset som stod färdigt 1584, är den tegelbyggnad som än i dag står kvar på Lundagård, ömsom kallad kungshuset, gamla akademin, gamla biblioteket och Lundagårdshuset. I tidens fullbordan, när danska kungar inte längre härskade och lät sig hyllas i Skåne, skulle det bli det carolinska universitetets hem och huvudbyggnad. Dessförinnan förflöt ännu ett århundrade.

Den forna domkyrkan, nödtorftigt restaurerad av Adam van Düren, blev församlingskyrka för alla stadens invånare. De katolska klostren revs. Men domkapitel och domskola ägde bestånd. Också den nya evangeliskt lutherska läran hade behov av präster; efter studier vid domskolan kunde de fortsätta vid Köpenhamns universitet eller fara vidare till Luthers och Melanchtons universitet i Wittenberg. Kristian IV upprättade år 1619 ett gymnasium i Lund. Av dess fem lärare — kallade professorer — undervisade en i teologi, en i latinsk vältalighet, en i grekiska och hebreiska, en i logik, en i fysik och matematik.

Den siste superintendenten i Lund under Skånes danska tid hette Peder Winstrup. Hans namn har bevarats i namnet på en Lundagata, där han aldrig bott; hans kropp vilar i en kista i domkyrkans krypta. Han var biskopsson från Köpenhamn, hade studerat vid universitetet i sin hemstad och sedan i Wittenberg, Leipzig och Jena.

På våren 1638 invigdes Winstrup som stiftschef i Lunds domkyrka, i närvaro av en representativ samling adel och präster. Han var en mäktig herre, med sinne för världslig glans, men också en lärd teolog, som författat en kommentar på 3 000 foliosidor till Matteus evangelium och själv hade ett rikhaltigt bibliotek. I sitt kansli hade han både famulus, domesticus, lektör och amanuens; han anlade ett eget boktryckeri på sin gård Värpinge väster om Lund. För undervisningsväsendet och prästbildningen i sitt stift var han

nitiskt verksam. Under mer än fyrtio år var han chef för Lundastiftet. De första tjugo åren lydde Skåne under dansk spira; under resten av tiden var Winstrup svensk undersåte.

Då Karl X Gustaf i mars 1658, efter freden i Roskilde, som segerherre landsteg i Helsingborg, stod den skånske prelaten i spetsen för sitt prästerskap på stranden, beredd att motta den svenske kungen och svära honom trohetsed. Karl X Gustaf upphöjde honom i adligt stånd och skänkte honom en gyllene biskopskedja och en medaljong med sin nye konungs bild. Efter samtal med Karl X Gustaf fick Winstrup i uppdrag att lägga fram en plan om inrättandet av ett gymnasium illustre eller en academia carolina i stiftsstaden Lund.

Enligt Winstrups plan skulle det vara ett fullständigt universitet med två professurer i teologi, fem i filosofiska fakulteten, en juristprofessor och en medicinare. Som ekonomisk grundval föreslog han de delar av domkapitlets betydande jordegendomar som givits i förläning åt danska ämbetsmän vilka fortfarande stod i dansk tjänst. Efter hand som innehavarna av dessa förläningar gick ur tiden, skulle medel bli tillgängliga till lärarlöner, till bibliotek och till underhåll av fattiga studenter. Som lämplig universitetsbyggnad föreslog Winstrup det en tid av honom själv ägda huset på Lundagård, "palatium winstrupianum". Tanken var att få till stånd ett provinsuniversitet med rekrytering från de nyerövrade landskapen men också från Pommern, Mecklenburg och Bornholm. Kungens planer om försvenskning av de forna danska landskapen försköts emellertid, och diskussionerna om universitetet och dess placering avbröts genom Karl X Gustafs andra danska krig och slutgiltigt genom hans död 1660.

Det blev inte Peder Winstrup, som förde frågan om ett lärosäte i Lund fram till ett slutgiltigt avgörande. Under förmyndarregeringen hade han råkat i onåd på grund av sin maktlystnad och trätgirighet, dessutom misstänkt för sympatier med sitt forna hemland, Danmark. Tanken på ett universitet i den nyerövrade provinsen väcktes till nytt liv av en lärd Skånekyrkoherde, den tyskfödde Bernhard Oehlreich. Denne vistades som prästerligt ombud vid riksdagen i Stockholm år 1664. Han trädde i förbindelse med förmyndarregeringen och med Magnus Gabriel de la Gardie och lade fram ett konkret förslag om upprättandet av ett universitet i Lund. Som avgörande motivering anförde han de svårigheter som rådde för utbildningen av präster inom stiftet. Tidigare hade de blivande prästerna studerat vid Köpenhamns universitet. Nu var de av politiska skäl förbjudna att söka sig dit. De valde då som regel inte det avlägsna Uppsala utan det närbelägna Greifswald, där studieordningen inte var tillfredsställande. Oehlreichs argumentering gjorde intryck på Magnus Gabriel de la Gardie, som i eminent grad var en förespråkare för de lärda studierna i landet redan i sin egenskap av kansler för Uppsala universitet.

Den 19 december 1666 utfärdade förmyndarregeringen de fyra urkunder som blev grundvalen för en ny akademi i Lund: stiftelsebrev, donationsbrev, privilegiebrev och konstitutioner.

Lund skulle bli det femte universitetet inom det dåvarande svenska riket; äldre var utom Uppsala också Dorpat, Åbo och Greifswald. I stiftelsebrevet fastslogs den nya akademins namn. Till minne av Karl X Gustaf skulle den kallas Academia Carolina; tillägget conciliatrix, den förenande eller förmedlande, syftade på dess uppgift som föreningsband mellan Sverige och de erövrade provinserna. I donationsbrevet lades den ekonomiska grunden för universitetets verksamhet. Formellt erhöll akademin som gåva samtliga Lunds domkapitel tillhöriga gods, till antalet 925 hemman. I privilegiebrevet stadfästes universitetets fri- och rättigheter. Det skulle självt ha rätt att välja sina lärare och tjänstemän liksom sin egen styrelse, konsistoriet. I brottmål och tvistemål skulle det ha egen rätt att rannsaka och döma; därigenom undantogs både lärare och studenter från det borgerliga samhällets rättskipning. Konstitutionerna, slutligen, innehöll bestämmelserna om universitetets styrelseformer och lärare. Dess högste styresman skulle utses och förordnas av rikets råd och ha titeln kansler; till första kansler utsågs en av riksförmyndarna, riksamiralen greve Gustaf Otto Stenbock. Som hans fungerande ställföreträdare skulle finnas en prokansler. Uppdraget som akademins förste prokansler tillföll Bernhard Oehlreich; i fortsättningen blev det Lundastiftets biskop som erhöll sysslan, i enlighet med konstitutionerna.

Fakulteternas antal skulle vara fyra. Varje fakultet skulle för ett halvår i taget välja sin ordförande, dekanus. Halvårsvis valdes till att börja med också universitetets rektor; senare blev ämbetstiden för rektor ett år. Valförsamlingen var konsistoriet, där samtliga professorer hade säte och stämma.

Originalbandet till Lunds universitets första konstitutioner av den 19 december 1666.

"Ett krönt Lejon, som sträcker framfötterna ett stycke ifrån sig med en bok i ena tassen och ett svärd i den andra, samt mellan svärdet och boken dessa ord: ad utrumque".
Beskrivning av Lunds universitets sigill i ett dokument i Stenbockska manuskriptsamlingen. Orden ad utrumque, beredd till bådadera, efter en liknande passus hos Vergilius

Konstitutionerna bestämde också lärarnas antal. I teologiska fakulteten skulle det finnas fyra professorer, i den juridiska två, i den medicinska likaså två, i den filosofiska inte mindre än nio. Av dessa sjutton professurer tycks fjorton ha blivit tillsatta. Utöver professurerna upptogs i konstitutionerna av 1666 ytterligare en typ av framtida lärartjänster: universitetsadjunkter.

Den närmaste modellen för den carolinska akademins uppbyggnad var Uppsalauniversitetet. Detta hade i sin tur fått sin prägel av de nordtyska universitetens former. Men i vissa examensstatuter, exempelvis gällande prästexamina, förefaller Köpenhamns universitet ha varit förebilden för Lunds. När det gällde att besätta universitetets första professur fick man också i första hand lita till de lärare i teologi, filosofi, latin och grekiska som funnits i gymnasiet redan under den danska tiden, liksom till lärarna vid domkapitel och generalguvernement. I dessa båda grupper var alla utom två danskar till börden. Fem av professorerna hämtades från tyska universitet. Den främste bland dem var Samuel Pufendorf, en man som redan ägde europeiskt lärdomsrykte. Bara ett mindre antal av professorerna var födda i Sverige, bland dem matematikprofessorn Anders Spole. Universitetet hade från början fått en internationell framtoning.

Invigningen av den carolinska akademin skedde den 28 januari 1668, på kungens namnsdag, Carldagen. I domkyrkans skugga hade det medeltida lärosätet vuxit upp. I samma tempel skedde invigningen av det nya. För lång tid framåt högtidlighölls den 28 januari som universitetets officiella högtidsdag med orationer och fackeltåg — ända tills den fram på 1800-talet ersattes av den 4 oktober, Tegnérdagen.

Invigningsceremonin i domkyrkan förrättades på den frånvarande kungens vägnar av generalguvernören och fältmarskalken Gustaf Banér. Han var den ende av officianterna som talade svenska; övriga tal hölls på latin och på provinsens eget språk. Om festligheterna och ceremonierna finns en gammal relation, återgiven av historieprofessor Sven Lagerbring. Det heter där:

"Den 28 januari klockan 12, då tecken gavs med stora klockan, församlades i biskopsgården alla de, som voro tillsagda att bevista invigningen, varpå processionen till domkyrkan på följande sätt verkställdes. Först gick borgerskapet med flera deputerade från angränsande städer. Sedan kom prästerskapet, därpå följde professorerna och prokanslern. Sist kom adelsmännen, anförda av Jörn Krabbe, som förde en stav av massivt silver med guldknapp. Honom följde sex andra herrar av adeln, vilka på sammetshyenden buro akademiens diplom och hederstecken."

I processionen bar professorerna kåpor av svart sidentyg. De sju adelsmännen tillhörde Skånes förnämsta släkter — bland dem Krabbe, Bille och Thott — och symboliserade genom sin närvaro akademins hemhörighet i den erövrade provinsen.

Sist i processionen kom fältmarskalken Gustaf Banér med ett talrikt följe av officerare och civila ämbetsmän. Så snart alla hade intagit sina platser i munkekoret och orkestern hade tystnat — den bestod av över sextio musikanter och femtio sångare — höll fältmarskalken ett tal och överlämnade akademins stiftelsebrev, donationsbrev, privilegier och konstitutioner. Professor Canutus Hahn läste upp stiftelseurkunderna, Oehlreich höll en oration på latin; efter nya tal lämnade hela församlingen munkekoret och gick ned i kyrkorummet. Där höll biskop Peder Winstrup på provinsens danska språk "inaugurationspredikan". Han nedkallade Guds välsignelse över den nya akademin i orden: "Liksom Du själv har varit den främste Fundator och Stiftare till detta, så bevisa framdeles och yttermera härefter Din godhet mot denna akademi, att konservera och hålla vid makt i n t i l l t i d e n s ä n d a." Sedan sjöngs psalmen O, Gud vi love Dig till musik av pukor, trumpeter och kanonskott. Efter det att välsignelsen hade lästs, återvände processionen till biskopsgården i samma ordning som den utgått. I biskopshuset var måltidsbord dukade för sex hundra personer; man åt under taffelmusik. Då skålarna dracks sköts salut med kanonskott. Festen varade till klockan tre på morgonen; då uppfördes ett präktigt fyrverkeri, som varade till daggryningen, varefter alla de församlade skildes åt.

24

Två pedeller bär silverspirorna från 1668 i spetsen för processionen vid 1981 års promotion.

Den praktfulla invigningen av universitetet uppmärksammades utanför Sveriges gränser. Högtidligheten hade lockat åskådare från många håll, också från andra sidan Öresund. I sin självbiografi berättar det danska etatsrådet Johan Monrad, hur han med en hop folk från Köpenhamn kom för att se ceremonierna vid Lunds akademis instiftelse och ''hwor wi blev tracteret paa Lundegaard''. Ett utförligt referat av invigningen stod att läsa i Hamburgtidningen Nordische Merkurius; kortare notiser fanns införda i flera andra tyska tidningar. Genom det nya mediet, pressen, nådde nyheten om det universitet som upprättats i Lund ut i Europa.

Vid invigningsceremonin överlämnades till universitetet tvenne silverspiror, än i dag i bruk vid processioner i högtidliga sammanhang. På den ena står orden Sapientia divina — den gudomliga visheten. På den andra står Sapientia humana — den mänskliga visheten. Därmed var utsagt att universitetet skulle tjäna både kyrka och stat, eller som det på tidens språk hette, både det andliga och det världsliga regementet.

25

Upptakten var ståtlig, och de i donationsbrevet utfärdade löftena om ekonomiska grundvalar för den kommande verksamheten var storslagna. Verkligheten kom emellertid inte att motsvara förväntningarna. De ekonomiska ramarna för verksamheten krymptes från första början, och universitetet kom inte heller senare i åtnjutande av intäkterna från alla de utlovade kapitelgodsen. Kärvare tider väntade.

Om det trots allt vilar en viss löftesrik glans över universitetets första år, beror det på att i den första lärarkadern ingick några betydande män av europeisk skolning, bärare av en ny tids syn på vetenskap.

Gamla och nya vetenskapsideal

Som sin första uppgift hade universitetet att vara ett seminarium ecclesiæ, en utbildningsanstalt där luthersk lära och klassiskt kulturarv var de fasta grundpelarna. Något av en ny tids vetenskapliga anda kommer emellertid till uttryck genom att naturvetenskap och medicin från början fått en förhållandevis stark representation, med två lärostolar i matematik, en i fysik och två i läkarvetenskap.

Det årtionde då Lunds universitet grundades, 1660-talet, är i europeisk kulturhistoria en epok, då en ny vetenskapssyn bryter igenom, den filosofiska rationalismens och den empiriska naturvetenskapens. Som den nya förnuftsfilosofiens grundare står Cartesius. Målet för honom är att förklara tillvaron med hjälp av ett litet antal klara och tydliga grundbegrepp. När de klara och enkla idéerna väl är funna, kan man bygga upp vetenskapen sten för sten. Hans naturfilosofi är mekanistisk; alla naturföreteelser återför han till matematiska och geometriska begrepp. Han skiljer skarpt mellan den kroppsliga världen som har utsträckning, delbarhet och rörelse men som är själlös, och den andliga, immateriella världen, själens värld, som är orumslig och vars grundegenskap är tänkandet. Det finns en plats för Gud i hans system. Gud är en oändlig, tänkande substans. Cartesius menar sig på den rena logikens väg kunna anföra bevis för Guds existens.

Denna nya filosofi bröt på avgörande punkter mot den aristoteliska världsbilden som i århundraden varit godtagen. Särskilt från teologernas håll mötte Cartesius filosofi starkt motstånd. Vid tiden för Lunds universitets grundande rasade i Uppsala de cartesianska striderna mellan de modernt skolade medicinarna och naturvetarna och de i Aristotelestraditionen kvardröjande teologerna och filosoferna.

Samma typ av motstånd rönte den empiriska naturvetenskapen, sådan den mötte i den nya astronomiska världsbilden, den kopernikanska. Redan vid 1500-talets mitt hade Copernicus lagt fram sin lära om solen som universums mitt, omkretsad av jorden och planeterna. Hans på empiriska iakttagelser grundade system hade emellertid inte slagit igenom; det uppfattades som stridande både mot Den heliga skrift och mot Aristoteles. Enligt båda dessa auktoriteter vilade jorden orörlig i världsalltets mitt, och solen hade sin dagliga gång över himlavalvet. Ännu på 1660-talet ventilerades i Uppsala avhandlingar som förde de aristoteliska argumenten i fält mot det kopernikanska systemet. När väl den cartesianska filosofin vunnit seger blev det lättare att acceptera också den nya kosmologiska världsbilden.

Bland den första uppsättningen av lärare vid Lundauniversitetet fanns både män av den gamla lärdomstraditionen och av den nya, både den aristoteliska traditionens väktare och de nya idéernas män: cartesianer och kopernikaner. Motsättningarna bidrog inte till husfriden vid det unga universitetet. Tre av dess professorer anknöt till den cartesianska lärobyggnaden: filosofen och teologen Christian Papke, juristen Samuel Pufendorf och astronomen Anders Spole.

Christian Papke hade studerat i Greifswald, en stad med livliga förbindelser med de sydsvenska provinserna. Till Lund kom han året efter det att universitetet grundats och verkade där först som privatlärare i filosofi och teologi. Han blev sedan adjunkt i teologiska fakulteten. Som specimen för professuren i logik och metafysik i den filosofiska fakulteten utgav han år 1672 en avhandling med titeln De persona. Där lade han fram sina på Cartesius filosofi grundade åsikter. I teologiska frågor stod han fast vid en rätttrogen åskådning och förordnades ett par år senare att samtidigt tjänstgöra inom den teologiska fakulteten, där lärarkrafterna var få. Efter en tid som professor i teologi och samtidigt som tysk kyrkoherde vid domkyrkan — Lund hade vid denna tid en tysk församling vid sidan av den danska — valdes han till biskop över Lunds stift och blev därmed också universitetets prokansler.

Långt mer betydande var hans likaledes tyskfödda professorskollega Samuel Pufendorf, ett av Lundauniversitetets internationellt sett ryktbaraste namn genom tiderna. Han var född i Sachsen år 1632, årsbarn med två av det nya århundradets främsta filosofer: John Locke i England och Baruch Spinoza i Holland. Under studieår i Leipzig och Jena läste han Cartesius och Thomas Hobbes skrifter. Han blev tidigt insatt också i den empiriska vetenskapsmetod som Galilei företrädde inom fysiken.

Under tiden i Jena riktades hans uppmärksamhet mot Hugo Grotius, grundläggaren av den moderna naturrätten. Enligt denna har rättsordningen sin rot endast i människans egen förnuftiga natur, inte i romersk rättstradition, inte i Mose lag eller i kejsarens person. Som professor i natur- och folkrätt i Heidelberg råkade han i strid med den lutherska ortodoxins teologer. Han skrattade öppet åt den stagnerade skolastiken liksom åt kejsarens förlegade statsrättsuppfattning; man gav honom namnet der Lachprofessor, skrattprofessorn.

Om denne man, som fick fiender i sitt hemland både bland de lärda och bland makthavarna nådde ryktet till Sverige genom svenska studenter och informatorer på deras studieresor i Europa. Han var 35 år gammal, när han — på initiativ av Magnus Gabriel de la Gardie — mottog kallelsen till den första professuren i natur- och folkrätt vid Lunds universitet.

Londini Scanoroum — vilket är uttytt Lund i Skåne — står som tryckort på Pufendorfs mest berömda verk De jure naturae et gentium av 1672. Det är den första bok, utgången från ett akademiskt tryckeri i Lund som nått europeisk spridning. Boken är skriven på latin men utkom snart i översättning på de tre europeiska huvudspråken. Genom århundradena har den behållit en auktoritativ ställning inom juridiken; bland andra Ludvig Holberg åberopar den respektfullt under nästa sekel. — Samma tryckort har första upplagan av en mer komprimerad lärobok, där Pufendorf sammanfattade grundtankarna från sitt större rättsvetenskapliga arbete under titeln De officio hominis et civis. Också detta verk blev tillgängligt på många språk, översattes på 1700-talet till svenska, användes som lärobok i juridik Europa över och återfinns bland kursböcker ännu i 1800-talets Frankrike.

Pufendorf var i sitt synsätt helt präglad av 1600-talets nya världsbild. Naturvetenskap och matematiskt logiskt tänkande fick visa vägen också för juridiken. Axiom och principer ställs upp: ur dem härleder han i logisk, geometrisk bevisföring nya teoretiska satser. Själv var Pufendorf troende lutheran men finner aldrig anledning att i sitt system åberopa den uppenbarade religionen som stöd för rätten. Hans insats betyder samhällslärans sekularisering, juridikens självständighetsförklaring gentemot teologin.

Pufendorfs lära fick i samtiden betydelse bland annat för synen på statens förhållande till kyrkan: i världsliga angelägenheter skall den enligt hans uppfattning vara underordnad staten. Ett sådant synsätt passade väl i förmyndarregeringens Sverige. Att Pufendorfs auktoritet var stor visas inte bara av att han utnämndes en dag tidigare än sina två fakultetskolleger, att han hade högre lön än de övriga professorerna vid universitetet utan också av att han tilläts publicera sin De jure utan att boken först behövt undergå den censur som eljest var obligatorisk för alla tryckta skrifter. Arbetet var dedicerat till Karl XI; Pufendorf överlämnade det till honom personligen.

Publiceringen ledde till den första vetenskapliga striden vid akademin. Lundabiskopen Peder Winstrup beskyllde författaren för kätteri och ateism, och Pufendorfs juristkollega, Beckman, överöste honom med okvädingsord, kallade honom för epikuré, pelagian, socinian, cartesian, spinozist, kalvinist, polygamist, antinomist och ateist — tillmälen av det slag som man från konservativt håll brukade hopa över dem som företrädde den nya tidens filosofi. Själv blev Pufendorf ingalunda svaret skyldig. Han skrev ett antal försvarsskrifter mot de olika angriparna, omsider samlade i en volym kallad Eris Scandica, den skandinaviska trätan.

Genom sin sekulariserade syn på samhälle och rättsväsen pekar Pufendorfs insats framåt, mot upplysningens 1700-tal. Under en tid, då universitetets uppgift främst sågs som traditionsförmedling, som vidareförande av de fastställda sanningarna inom teologi och filosofi, hävdade Pufendorf, i likhet med den grupp som i Frankrike kallades les modernes, att den nya tiden vetenskapligt var överlägsen den gamla. "I den sanna religionen finns ingenting att ändra", skriver han. "Men i discipliner, som är underkastade förnuftet, förtjänar författarna desto större beröm för snille och duglighet, ju mera nytt de kan komma med."

Det främsta namnet i den filosofiska fakulteten var Anders Spole. Han hade studerat i Uppsala och sedan gjort le grand tour i Europa som informator för tre unga adelsmän. Under denna resa kom han i kontakt med några av sin tids mest berömda matematiker och astronomer, bland dem Riccioli i Bologna. Till Lund kom han för att tillträda tjänsten som matheseos professor ptolmaicus. Den gamla, ptolmeiska världsbilden stod emellertid inför sitt fall. Av Spoles föreläsningar och otryckta skrifter har ansetts framgå, att han var både cartesian och kopernikan; i sina tryckta skrifter uttryckte han sig mera försiktigt. I Lund, där han med framgång skötte sin professur, byggde han ett astronomiskt observatorium på taket av sitt hus, beläget nära nuvarande Winstrupsgatan. Han försåg det med en kvadrant och en stor tub som han själv tillverkat; under resan i Europa hade han lärt sig glasslipning för optiska instrument. I astronomiprofessorns område ingick kalendervetenskapen. Spole gav ut almanackor för svenska folket, både under sin Lundatid och sedan han — efter det första universitetets upplösning — flyttat som professor till Uppsala.

Det var en föga homogen samling lärda från skilda håll — Tyskland, Danmark och Sverige — som utgjorde universitetets första stamtrupp. För tiden typiska rangstrider och andra tvistigheter utbröt alltifrån invigningen. Vid konsistoriets sammanträden gick det hett till. Vid en sammankomst, då flera av konsistorieledamöterna rest sig för att i vredesmod lämna salen, fällde Pufendorf ett yttrande som har något av det bevingade ordets kraft: ''skall det vara ett sådant väsende, då må en teufel komma in i consistorium''. Särskilt olyckligt var, att stiftets biskop Peder Winstrup, och den först utnämnde prokanslern, Bernhard Oehlreich, inte kunde dra jämnt. Maktkampen mellan de två bilades först sedan Oehlreich lämnat Lund för att tillträda en superintendentsbefattning i Bremen år 1672 och Winstrup utnämnts till prokansler.

Utöver de till universitetet knutna professorerna och adjunkterna anställdes en beridare, en fäktmästare och en dansmästare; dessa skulle främst stå till de studerande adelsmännens tjänst. Vidare fanns en fast avlönad musikant med uppdrag att leda orkester och kör vid akademiska festligheter. Ytterligare fanns en språkmästare, som skulle undervisa i främmande språk. På denna tjänst anställdes en savoyard, De Courcelles, som ansågs vara skicklig i italienska, fransyska och latin. Tyska språket nämns aldrig särskilt; tydligen ansågs undervisning inte behövas i detta språk vid en redan från början halvtysk akademi.

All undervisning och alla disputationsövningar skedde i övrigt på latin. På detta, de lärdas internationella språk, hölls orationerna, skrevs dissertationerna och programmen vid akademiska och kyrkliga fester.

Studenter och studier

Enligt statuterna skulle professorerna hålla föreläsningar fyra dagar i veckan under läsårets två terminer. Föreläsningarna bestod av dictamina på latin, som förmodligen avskrevs tämligen ordagrant; läroböcker i studenternas händer var ännu sällsynta. Om föreläsningarna hette det i en offentlig förordning att de skulle hållas ''klart och tydligt utan någon skolastisk, otjänlig vidlyftighet, och onyttiga spekulationer, gräl och spetsfundigheter''. Varje termin trycktes en föreläsningskatalog, också den på latin; den första bevarade Elenchus lectionum är från 1671. Jämte de offentliga föreläsningarna brukade professorerna ge privat undervisning, i form av vanligen avgiftsbelagda kollegier i sina hem.

För att få inskrivas vid universitetet skulle djäknarna ha ett intyg, ett testimonium från den skola, där de tidigare gått; dessutom skulle de genomgå ett inträdesprov. Undantag gjordes för ungdomar som tillhörde adelsståndet. De antogs — ofta vid mycket tidig ålder — för den adliga rangens skull och undervisades av privata informatorer.

Innan studenten fick gå vidare till juridiska, medicinska eller filosofiska studier, måste han ha prövats i de kristna huvudstyckena inför den teologiska fakulteten, en bestämmelse som fanns med i universitetets tidigaste konstitutioner och formellt försvann först 1832.

För flertalet civila yrken fordrades inte någon ämbetsexamen. Det ledde till att många studenter lämnade universitetet endast med ett testimonium på fickan om närvaro och goda seder. I filosofiska fakulteten fanns en baccalaureusgrad, som tilldelades efter förhör i de klassiska språken, historia och filosofi. Till undervisnings- och examinationsformerna hörde disputationer, givetvis på latin, dels för övnings skull, pro exercitio, dels för erhållande av graden, pro gradu. I klassiska språk, historia och filosofi skulle alla de prövas, som ville vinna en grad inom teologisk, medicinsk eller juridisk fakultet. Idén om en bildningsgrund omfattande både teologi, humaniora och naturvetenskap fanns med från universitetets instiftande. Den försvann först under loppet av 1800-talet, i en alltmer segmenterad kunskapsvärld.

En särskild initiationsceremoni, med anor från de europeiska medeltidsuniversiteten, föregick inskrivningen i studentmatrikeln. Novitie kallades, liksom än i dag, förstaterminsstuderanden i Lund; benämningen användes vid de nordtyska universiteten och kom ursprungligen från klosterväsendet. Den nyinskrivne utstyrdes i narrdräkt, och svärtades i ansiktet. På hans huvud sattes ett par horn och åsneöron och i munnen tvenne betar. I samlad skara, som en boskapshjord, drevs nykomlingarna fram till det ögonblick då de befriades från de djuriska emblemen och förklarades vara studenter. Symboliskt skulle denna rite de passage uttrycka deras övergång från ett animaliskt stadium till ett mänskligt. Ceremonin kallades att ''deponera'' av latinets deponere cornus, avlägga hornen: den togs bort genom ett kungligt dekret 1691, då också alla former av öppen eller fördold pennalism förbjöds.

Under det första året av universitetets tillvaro inskrevs 80 studenter och ungefär lika många de närmast följande. Ett stort antal — inte mindre än 33 stycken — var tyskar; flera av professorerna var ju av tysk extraktion. Också från Danmark kom en del studenter; prästutbildningen i Lund och formerna för examination var vid denna tid identiska vid Lunds och Köpenhamns universitet. Men flertalet studenter kom nu och i fortsättningen från Sydsverige.

31

ELENCHUS LECTIONUM,

Quas,
Deo Duce,

Professores in Regiâ Gothorum Academiâ Carolinâ Studiosæ Juventuti publicè
& privatim proponere decreverunt.
P. P. die 28. Januarij cɔ ɔc LXXI.

THEOLOGI.

LAUS JOH. BAGGERUS S.S. Theologiæ Professor Primarius, Geneſi brevi abſolvendæ Chronologiam ſacram, & Hiſtoriam Eccleſiaſticam V. T. ſubjunget. Fiet id, cum bono Deo, horâ 9. in Auditorio Novo.

JOHANNES FRIDER: HIORT, S.S. Theol. i ſeſſ. Ordin: perget eâ quâ cœpit methodo, Harmoniam Evangeliſtarum in compendio proponere. Præetereà, ubi opportunitas miſerit, perſequetur ſumma capita Hiſtoriæ Eccleſiaſticæ N. Teſtamenti à nato CHRISTO ad præſentia tempora deductæ. Docebit in Auditorio templi Cathedralis Majore, horâ 8.

JOSUA Schwartz/ S.S. Theol. Prof. ordin. idemq; Paſtor German. ita ut inſtituit, Formulam Concordiæ explicare perget. Abſolutâ enim Articulo ejus primo & ſecundo, tertium jam, qui eſt de Juſtificatione aſſumet. Idq; horâ 3. pomeridianâ, in templi Cathedralis Auditorio majore. Interim verò etiam ad diſputandum publicè, eandem Formulam, Theologiæ ſtudioſos, hoc jam diligentiùs invitat, quò faciliùs quidem Diſputationes iſtas proponi poſſe intelligit. Ipſi enim ſufficiet, ſi Diſputaturus, Articuli alicujus Titulum ſaltem unico ſolio indicaverit.

JURIS-CONSULTI.

SAMUEL PUFENDORF, *Juris Natur. & Gent. Prof. Primar.* poſtquà à Superioribus juſſus eſt *Profeſſionem Moralium* ſimul obiit, publicis lectionibus id agit, ut *hominis ac civis* officia, quæ genuinam philoſophiam moralê abſolvunt, ex ſolidis principiis perſpicuè & ſuccinctè demonſtret. Docet horâ prima pomer. in auditorio novo.

NICOLAUS HYLTENIUS, Juris Sveo-Gothici & Danici Profeſſor ordinarius, interruptam aliquoties textus paraphraſin, ſecundum Conſtitutiones, ſeriò & qvâ fieri poteſt brevitate abſolvet, ac deinceps ad uberiorem illam qvam promiſit legum explicationem, fontes earum ex jure naturali aliisq; legibus poſitivis, Divinis ac humanis derivando, procedet. Privatim verò, ſi qvi petierint, Inſtitutiones Juris civilis Romanorum enarrabit. Docebit verò in collegio Majori templi Cathedralis, horâ 9.

MEDICI.

CHRISTOPHORUS ROSTIUS, juxta præſcriptum conſtitutionum Academicarum, ex inſtitutionibus Medicinæ partis therapeuticæ ſectionem, quæ de medicamentorum materia, Differentiis & claſſibus agit, publicè, horâ 8. matutinâ in auditorio novo, Deo juvante, aggredietur. Poſt meridiem, utiliſſimam de febribus doctrinam, motui ſanguinis circulari accommodatam, privatim, deſiderantibus, & gratis quidem, proponet.

CHRISTIANUS FOSSIUS, D. Profeſſor Medicinæ honorarius, & Medicus Provincialis Scaniæ, horâ IV. in auditorio novo, ortum & progreſſum Medicinæ breviter proponet, inde, qvod totius artis fundamentum eſt, corporis humani, ejusq; partium naturam explicabit, anatomicas ſectiones privatim ſubinde inſtituturus. Idq; hyeme præſertim. Vereautei ṇ, & æſtate, tranſitum ad unica faciet, naturam viresq; plantarum demonſtrans, iteratis ſæpius per nemora aṭ ata excurſionibus, & non neglectis qvæ ad Chemiam & Pharmaciam pertinent.

PHILOSOPHI.

MARTINUS Norbman/ Math. Pract. Prof. ordin. & h. t. Academiæ Rector, cum abſolverit ea, qvæ tam publicè qvam privatim in Algebra ſpecioſa, & Fortificatione reſtant; tranſitum faciet ad Mechanicam, explicando quinque Fundamentales Mechanicarum machinarum Facultates; utpote Vectis, axis in Peritrochio, Trochleæ, Cunei, & Cochleæ admirâdam potentiam in movendis & attollendis ponderibus, Idq; in Aud: Novo hor. X. Privatim, Incipientibus præcepta Inſtituet. Arith: & Geometricarum; Provectioribus Geodæſiam & Fortificatoriam univerſalem præcipuorũ Europæ Regnorum, ſecundum cujusq; Regni variosmodos, & particulares muniendi regulas, proponet.

ANDREAS Spole/ Superiorum Mathematum Profeſſor Abſoluta cum ſit pars Generalis *Optices*, ad ſpecialem perget, conſiderando vel Radium directum, & proponet *Perspectivam*, vel reflexum, *Catoptricam* ſeu ſpeculariam; vel refractum, *Dioptricam*; vel deniq; Diffractum, & experimenta quæ inde elici poſſunt. Quibus abſolutis, *Artem Navigandi* publicè docebit, idq; horâ ſecunda. Privatim reliqvas Matheſeos partes, præcipuè *Trigonometriam, & uſum Globorum*, ſine quibus ſcientia Navigandi bene intelligi non poteſt, breviter & ſedulo inculcabit.

PETRUS HOLM/ Lingvarum Orientalium ac Græcæ Prof. Ordinarius, poſtquam Lucam Evangeliſtam, qvem non ita pridem enarrare occœpit, cum bono DEO abſolverit, Epiſtolam aliqvam brevem N. T. ſed ſimul adhibita ac expoſita Syriaca verſione, interpretabitur: idq; in Auditorio Novo, hora VII. matutina. Privatim verò Hebræam ac reliqvas lingvas Orientales, pro deſiderio auditorum ac profectu, diligentiſſime inculcabit.

ERICUS ELFWEDALIUS, Hiſtor. & Eloqv. Prof. Ordin. Hiſtoriam Romanam ex L. A. Floro publicè exponet h. 3. in audit. Novo. privata v. operâ ſuâ uti volentibus, quantum per valetudinê licebit, non deerit.

CASPARUS WEISERUS, Facultatis Philoſophicæ p. t. Decanus, & Poëſios Prof. Ord. ut & Scholæ Cathedralis Londinenſis Rector, abſolutis qvæ incepit de Arte Poëtica, Præceptis, modò ſi ſui memor, ſtatim progreſſurus eſt ad Virgilii libros Æneidos, & Horatii libros Carminum alternatim explicandos: vel ad Ovidii Metamorphoſin explanandam, prout Auditoribus volupe fuerit. Privatam inſuper operam ſingulis pollicetur, & qvidem pauperibus ſine pretio. Ex concluſo Conſiſtorii, propter majorem & ſuam, & Auditorum commoditatem, horâ XII. in Novo Auditorio publicè docebit.

NICOLAUS WOLF, Philoſoph. Prof. Ordin. Ciceronis libellum de Optimo Oratorum genere, exin defenſionem ejusdem pro C. Rabirio, & Conſulares orationes reliquas ordine exponet. idque publicè in Audit. Novo h. 5. pom. Privatim quoq; collegia rogatus libenter aperiet.

JOHANNES BAGGERUS, Log. & Metaph. Profeſſ. publicas ſuas lectiones à doctrinâ Logices incipiet, uſum Inſtrumenti utiliſſimi, præprimis in Theologicis, brevitate perſpicuâ oſtenſurus. Privatim ac Auditoribus ſuâ operâ ſit defuturus, abſolutis propediem dictatis Logicis, tranſitum ad Metaphyſicam gratuitò faciet. Qvibus ſi forte exercitia Diſputatoria arrideant, pari fidelitate horũ ingeniis ſe accommodare ſtudebit. Docendi locus erit in Auditorio Novo, hora matutina ſexta.

LONDINI SCANORUM, Typis Viti Haberegger/ Acad. Carol. Typograph.

Studenterna från de olika landskapen slöt sig samman i "nationer" med professorer som inspektorer. Nationerna hade både sociala och pedagogiska uppgifter. Här hölls orationer på latin och disputationer för övnings skull; här firades fester med öldrickning. Nationskassor inrättades som hjälp för ekonomin.

De studerande bodde inackorderade hos präster och prästänkor, hos stadens rådmän och borgare eller — och det gällde flertalet — hos professorerna. Livsföringen var strängt reglerad i konstitutionerna: bibelläsning ingick, liksom obligatoriska gudstjänstbesök. "Nattegång" förbjöds: efter klockan nio skulle studenterna hålla sig hemma och var förbjudna att besöka källare och krogar. De som hade "grasserat eller skriat på gatan" hotades med disciplinstraff och kunde sättas i studentfängelset, "proban", en välvd källare på Krafts kyrkogård bakom domkyrkan. Den hade dörrar med järnbeslag och gluggar försedda med järngaller. Enligt den akademiska jurisdiktionen var det konsistoriet som hade att döma dem som överträdde disciplinstadgan. Ur protokollen kan hämtas många exempel på hur livligt det kunde gå till i staden nattetid. När en gång, midsommaraftonen 1670, ett slagsmål ägt rum, rände dansmästaren, som var i sällskap med en grupp studenter, sin värja i nattvakten med ropet: "Du Hund, Du muss

Vårterminen 1967

T v: Den första bevarade föreläsnings-
katalogen för Lunds universitet från
1671
T h: Den sista föreläsningskatalogen
omfattande samtliga fakulteter med sitt
omslag, välkänd för alla äldre genera-
tioner av Lundastudenter.

Föreläsningar och
övningar vid
Kungl. Universitetet
i Lund

sterben''; att bära värja var ett akademiskt studentprivilegium i Sverige liksom utomlands.

Ett primitivt stipendieväsende växte fram. För studenternas mathållning inrättades ett "kommunitet", en föregångare till 1920-talets konviktorium. Också vid bordet under måltiden skulle studenterna tala latin, medan de utspisades efter en bestämd matordning: på söndag vitkål eller grönkål, fläsk och korv, på onsdag ett gott stop öl med smör, grovt bröd och sill. Liksom ännu på 1900-talet i engelska colleges skulle bordsbön högt läsas på latin; vidare skulle en psalm sjungas: Gud give vår konung Karl och vår överhet ett gott regement.

Intima bilder från de första Lundastudenternas studieliv finns inte många; Strindbergs skildring av den lärde magister Andreas Törner i korsvirkeshuset vid Lilla Gråbrödersgatan i Lund i novellen Tschandala synes vara gjord på fri hand. Men i Jesper Swedbergs levernesbeskrivning finns en detaljrik skildring byggd på självsyn. Han berättar, hur han hösten 1669 kom till "disk och hus", dvs fick både bostad och måltider hos professorn i orientaliska språk, Petrus Holm, och fortsätter:

> "Han hade gott manér att lära. Med mig gick det till sålunda. Han satt ofta i sin bokkammare och rökte gärna tobak. Han lät då säga, att han inte var hemma. Då kallar han mig in till sig och läser för mig / de två latinska historieskrivarna/ Cornelius Nepos och Justinus. Han visar mig i en annan bok varför romarna talar som de gör, och på kartor över länderna, var den orten och staden är belägen. Så brukade han ofta sitta med mig från kl 1 eftermiddagen till kl 7. Då fick jag en god grund i latinet."

I lika positiva ordalag berättar Swedberg om en annan av sina lärare:

> "Medan jag vistades i Lund fick jag i två år i följd till min stora nytta betjäna mig av den vida berömde Samuel Pufendorf. Och jag lärde av Jure Naturæ et Gentium och av Officio Hominis et Civis och av åtskilliga auktorer /———/ hur en yngling icke blott bör bli boklärd utan även en belevad, väl skickad och nyttig man i det mänskliga samhället. Men att mycket grubbla över skolastiska huvudgriller och inte beflita sig om annat än att lära och föra ordträtor och pennkrig och fästa i hjärnan en hop torra frågor, definitioner, distinktioner och limitationer har jag aldrig tyckt mycket om."

Så räknar Swedberg upp titlarna på en rad läroböcker i logik och metafysik som han läst vid universitetet och kunde på sina fem fingrar. "Men" tillägger han, "jag vet mig icke därav ha haft så stor nytta som av ett nål-

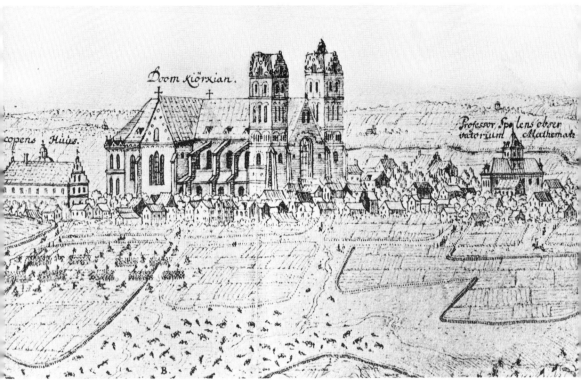

Utsnitt ur Erik Dahlbergs teckning av slaget vid Lund: "Tredie Actionen . . . wedh Lundh den 4 december 1676." T v det tornprydda Lundagårdshuset, och t h professor Spoles observatorium.

brev." För perspektivets skull bör tilläggas, att Swedberg skrev ned sina minnen på gamla dagar, ett par årtionden in på det nya seklet, i Ludvig Holbergs tidsålder, då motståndet mot disputationerna med sina logiska hårklyverier vuxit i styrka.

Swedberg flyttade efter åren i Lund till Uppsala, där han fortsatte sina studier, blev förste teologie professor och omsider biskop i Skara. En liknande karriär hade en annan av det första Lundauniversitetets alumner, Hakvin Spegel. Han blev filosofie magister vid den första magisterpromotionen i Lund 1671 och i tidens fullbordan ärkebiskop. Spegel står som respondent — försvarare — av tvenne dissertationer under Lundaåren. Till den ena var författaren Anders Spole, astronomiprofessorn, för vars kosmologiska idéer Spegel dock måste ha stått främmande; i sin långt senare skrivna lärodikt Guds Verk och Vila förlöjligar han på dråplig vers Copernicus. För den andra av Spegels avhandlingar var professorn i logik och metafysik Canutus Hahn ansvarig; det var i disputationsväsendets äldre historia regel att professorn författade de teser som magistern hade att försvara.

På Spegels ortodoxa kristendomsuppfattning går det inte att ta miste; från hans hand härrör ett i nyare tid upptäckt manuskript, där han i detalj tar ställning till Samuel Pufendorfs naturrättslära, som han kritiserar från den lutherska renlärighetens perspektiv; handskriften torde dock höra till en senare period än Spegels Lundaår.

Universitetets upplösning och reorganisation

Bara något mer än sju år ägde Lundauniversitetet bestånd i sin första gestalt. I juni 1676 landsattes en dansk här i Skåne. Den ryckte snabbt fram, och erövrade huvudfästningarna Landskrona och Kristianstad. En tid såg det ut som om Skåne på nytt skulle komma under danskt välde. När svenskarna som försvarare på hösten samma år på nytt ryckte in i Skåne, blev landskapet skådeplatsen för växlingsrika fälttåg och svåra härjningar. Universitetets verksamhet lades ned. Till Malmö, en av de få städer som danskarna inte erövrat, fördes akademins insignier, dess arkiv och bibliotek att förvaras i Sankt Petri sakristia. Universitetets lärare skingrades för alla vindar. Flera av de danskfödda professorerna återvände för alltid till sitt hemland. Samuel Pufendorf fick tjänst hos Karl XI som rikshistoriograf i Stockholm och skrev tre stora verk om Sveriges historia. Anders Spole blev liksom ett par av sina kolleger professor i Uppsala; han fortsatte där sin forskning och undervisning, och skrev bl a en lärobok i astronomi.

När freden i Lund slöts år 1679, fanns bara tre män ur den forna lärarstaben kvar i staden: Christian Papke, den cartesianskt skolade teologen, Anders Stobaeus — den förste av lärdomssläkten med detta namn, historiarum et poeseos professor — och Martin Nordeman, professor Euclideus, med matematik som ämne. I staden var krigets spår förödande. Under och efter slaget vid Lund hade stora delar av bebyggelsen bränts ned: bara 141 borgarhus uppges ha stått kvar och av de forna 43 kapitelhusen endast några och tjugo. Den ekonomiska grundval som utlovats i donationsbrevet med bl a inkomsterna från 925 hemman försvann genom Karl XI:s reduktion. Flertalet av akademigodsen hade universitetet aldrig hunnit tillträda; nu reducerades antalet ytterligare.

Det hade under kriget visat sig, att många stadsbor liksom många inom allmogen fortfarande kände sig mera som danskar än som svenskar och hade hälsat de danska trupperna som befriare. Lundabiskopen Peder Winstrup mottog efter slaget vid Lund den segrande svenske monarken vid en präktig måltid i biskopsgården; däremot skall, enligt traditionen, hans mer dansksinnade hustru ha hållit sig borta från taffeln och dessutom ha gömt undan några buteljer ädlare vin och läckerheter, avsedda för Kristian V, om denne, som hon hoppats, behållit fältet.

När segern väl var vunnen och freden i Lund sluten, började Karl XI att metodiskt arbeta för införlivandet av de forna danska landskapen i det svenska samhället. I den tidigare Roskildefreden hade skåningarna fått behålla gammal skånsk lag och rätt liksom dansk gudstjänstordning. Nu infördes överallt i städerna de svenska formerna. Winstrups efterträdare, Canutus Hahn — verksam redan då universitetet i sin första gestaltning tillkom — blev en av kungens mest nitiska tjänare i arbetet på försvenskningen. Det var också Canutus Hahn som inför kungen argumenterade för att ett återupprättat universitet skulle bli ett utmärkt verktyg i detta syfte. Karl XI ställde frågan om den lämpliga formen för lärosätet skulle vara ett collegium illustre eller en verklig akademi. Han gav till sist sin sanktion för det senare alternativet. Den 17 juni 1682 kunde det återupprättade lärosätet invigas, visserligen under betydligt blygsammare former än fjorton år tidigare. På hösten samma år kunde det börja sin verksamhet, men med reducerade inkomstramar. En kvarleva av kapitelgodsen och vissa tiondemedel anslogs till löner och andra utgifter.

I stället för de sjutton professorer som konstitutionerna förutsatte fick det återupprättade universitetet nöja sig med åtta, ett antal som småningom växte till elva. Av de första åtta professorer som tillsattes, var fyra kvar från den gamla akademins tid. Av dem var Christian Papke född i Greifswald, de övriga födda inom rikssvenskt område. Nyrekryteringen av lärare skedde helt inom Sverige. Redan på detta sätt markeras det nya universitetets syfte: att stå i försvenskningsarbetets tjänst. Av 1668 års Lundauniversitet med dess europeiska profil hade blivit en anspråkslös provinsakademi. Så fortsatte det universitet sin tillvaro som enligt Martin Weibull var ''Karl X:s tanke, Karl XI:s skapelse i de nya svenska landen från 1658, Karl XII:s årsbarn från 1682''.

Ännu ett par år framåt var det rentav ovisst, om akademin skulle få stanna kvar i Lund. En grupp studenter anhöll hos generalguvernören över Skåne om ''transportament'' till en bekvämare ort och föreslog Kristianstad, där det fanns hus nog, rena gator och gott fiske. Studenterna klagade över trångboddheten i Lund: i den krigshärjade staden fick fem eller sex bo i samma kammare, till föga båtnad för studierna. Det fanns, anförde de vidare, varken kakelugnar eller spisar i många av rummen, och borgarna i staden vägrade att bistå dem med sängkläder. Också en del av universitetslärarna anslöt sig till tanken att låta universitetet utlokaliseras till Kristianstad. Men någon förflyttning av universitetet kom aldrig till stånd.

Efter prokansler Canutus Hahns enträgna böner hos kungen skedde en viss materiell upprustning. Under en tidig period, alltifrån universitetets första invigning, hade domkyrkans kor och kapell fått tjänstgöra som före-

Liberiet, byggt på 1400-talet, inrymde domkapitlets bibliotek från slutet av medeltiden, användes som föreläsningssal för filosofiska fakulteten på 1600-talet, var fäktsal med fäktmästarrum på 1700-talet och lokal för akademiska kapellet på 1800-talet.

läsningslokal för flertalet teologer, jurister och medicinare. Filosofernas övningar hölls i det forna domkapitelbiblioteket, liberiet, söder om kyrkan, i föreläsningsprogrammet kallat "novum auditorium". I domkyrkan sammanträdde konsistoriet; inom dess murar fick också den första akademiska boklådan sin plats. Nu fick universitetet genom ett donationsbrev utfärdat av Karl XI år 1688 som sin egen byggnad Lundagårdshuset. Tilldragelsen högtidlighölls genom en oration av universitetets rektor. Medel ställdes efter hand till förfogande för att i denna byggnad — en gång den danske kungens Lundaresidens — inreda auditorier och en bibliotekssal. Reparationerna drog emellertid ut på tiden. Först nära sekelskiftet, år 1697, kunde den invigas som universitetshus.

Lundagårdshuset var vid denna tid ett tvåvåningshus med tvenne torn. På övervåningen fanns konsistorierummet och ett större auditorium med bänkar och två katedrar avsett som lokal för disputationer. På samma våning låg biblioteket. I nedervåningen fanns två lärosalar, den större av dem motsvaras av nuvarande Carolinasalen. Några smårum inreddes till universitetsbokhandel. Bakom det nyinvigda akademihuset låg en trädgård med dammar, bevuxen med fruktträd och vinbärsbuskar. Planen att där anlägga en botanisk trädgård, en "hortus botanicus", fick tills vidare skrinläggas av brist på medel.

Universitetbiblioteket hade sina lokaler i Lundagårdshuset fram till 1907. Läsesalen låg i bottenvåningens östra del.

Vid tiden för universitetets grundande hade ännu inget akademin tillhörigt bibliotek existerat — endast instruktioner för dess skötsel och för en bibliotekarie. Under de första åren hade Peder Winstrups privata boksamling fått göra tjänst och hade utnyttjats av män som Spole och Pufendorf. Först år 1671 överfördes domkapitlets bibliotek i universitetets ägo. I det forna kapitelbiblioteket som från 1400-talet inrymdes i Liberiet, den ännu bevarade byggnaden nära domkyrkan, ingick mellan tre och fyrahundra böcker och tretton handskrifter. Bland de senare märks de för domkyrkans historia viktiga Liber daticus och Necrologium lundense, båda på pergament. Rekonstruerat på 1900-talet ingår kapitelbiblioteket i det nuvarande universitetsbibliotekets samlingar som ett särskilt Bibliotheca antiqua.

Ett betydande tillskott fick universitetets bokförråd då Karl XI år 1684 donerade den Gripenhielmska samlingen. Edmund Gripenhielm, som varit Karl XI:s lärare, hade under resor i Europa och som inspektor för Kungliga Biblioteket förvärvat inemot sex tusen volymer. Bland dem fanns förnämliga bokskatter, många krigsbyten från trettioåriga krigets dagar, bl a från plundrade bibliotek i Polen, Österrike, Tyskland och Danmark. Den Gripenhielmska samlingen ställdes nu av kungen ''till ungdomens vid academia carolina i Lund förkovran och nytta''.

Karl XI:s donation fraktades ned till Lund, förvarades en tid i kistor i domkyrkan — där också i älsta tid, innan liberiet byggdes, kapitelbibliotekets böcker haft sin plats — och överfördes efter hand till det nyrestaurera-

39

de akademihuset. I dess bibliotekssal fick också medicinprofessorn Christian Rostius efterlämnade boksamling med dess femhundra nummer medicin, botanik och teologi sin plats. Ännu i tvåhundra år framåt skulle det forna kungshuset bli hemvist för det växande universitetsbiblioteket.

Boktryckeri hade funnits i Lund alltifrån 1600-talets mitt. Samma år som universitetet först invigdes, 1668, fick akademin sin egen boktryckare, Vitus Haberegger. Det är från hans officin som Samuel Pufendorfs De jure naturæ utgått, liksom övrigt tidigt akademiskt tryck. Under det danska kriget flyttade Haberegger till Malmö, och först hans son återvände som akademiboktryckare till Lund, dock blott för att efter få år se sitt tryckeri nedbrunnet till grunden. Det återuppstod efter någon tid. Vid denna officin trycktes under Karl XII:s år i Lund den äldsta tidningen i staden, Lundska Lögerdags Courant, med nyheter om de utländska hoven, om kungens resor, om ämbetsutnämningar men också om lokala evenemang som om fyrverkerier i staden, då en ny rektor tillträdde sitt ämbete.

Krigiska öden och äventyr

Universitetets öden under tidigt 1700-tal var nära förbundna med landskapets. År 1709 invaderades Skåne och Lund på nytt av danska styrkor. Konsistoriets medlemmar skingrades, en professorsgård blev danskt högkvarter, biskopsgården fick ta emot hundra ryttare, det nya akademihuset förvandlades till spannmålsmagasin för indriven spannmål. Däremot lyckades man hindra det danska krigsfolket att ur akademibiblioteket hämta material till pappershylsor för kanonskott, s k kanonkarduser; två behjärtade professorer ingrep resolut och satte vakter utanför bibliotekets dörr.

Den danska inkvarteringen upphörde efter slaget vid Helsingborg. Men oroliga tider fortsatte. År 1711 bröt en eldsvåda ut, som drabbade bortåt fyrtio gårdar och hus i staden, däribland rådhuset och källaren Drufwan. Två år efteråt kom pesten till Skåne och Lund. Den nyutnämnde medicinprofessorn Döbelius föreslog inrättandet av ett sjukhus i staden. Universitetets verksamhet lamslogs. Konsistoriet förordade att professorerna under pesttiden skulle flytta med sina elever till någon ort i landsbygden för att ''studia academica icke skulle ligga alldeles neder''. Åtminstone en av professorerna följde rekommendationen, den mest frejdade av det tidiga 1700-talets lärare, filosofiprofessorn Andreas Rydelius. Med sina trogna elever i följe vandrade han från by till by. Först år 1714, återtog universitetslivet i Lund för en tid sina banor.

Men en ny olycka väntade. I september 1716 anlände Karl XII till Lund och inrättade sitt högkvarter där. Han slog sig ned i en av de bättre professorsgårdarna, professor Martin Hegardts hus — numera kallat Karl XII:shuset. I den akademiska bondbyn inkvarterades hovstat, ämbetsmän, diplomater och krigsfolk. Universitetslärarnas hus togs i anspråk; själva fick de nöja sig med en liten kammare, där de — som en av dem klagade — knappast hade plats att skriva brev eller förbereda sin undervisning. Rumsbristen blev besvärlig också för studenterna. Det var emellertid kungens önskan, att det akademiska livet skulle fortgå som vanligt. Redan på femte dagen av sin vistelse i staden expedierade han en rad utnämningsärenden inom universitetet. Personligen bevistade han fyra professorsinstallationer. När hans tid tillät — skriver en 1700-talshistoriker — hedrade han med sin höga närvaro också föreläsningar, orationer och disputationer och visade ''en utmärkt smak för all slags lärdom och vitterhet'' — ett överraskande omdöme om krigarkungen. Det finns i svensk skönlitteratur tvenne bekanta bilder av Karl XII:s tid i Lund. Den ena, byggd på omsorgsfullt studium av samtida dokument, har Frans G. Bengtsson givit i sin bok Karl XII:s levnad. Den andra är av Strindberg som med vanlig respektlöshet i Det nya riket ritar bilden av Karl XII, när han uttröttad av en föreläsning i en träbänk i Carolinasalen karvar in en bild av ett par stövlar.

Krigarkungens återkomst till Sverige hade — redan innan han slog upp sitt högkvarter i Lund — vållat oro bland studenterna. Kungen som behövde folk, hade planer på att till sitt livgarde inkalla sådana ''odugliga studenter'', som under sken av att idka studier förnötte tiden med ett lättjefullt leverne. På konsistoriets anslagstavla uppsattes ett meddelande om att samtliga närvarande studenter skulle undergå offentlig examen. Åtgärden ledde till ett av de första studentupploppen i Lund. Studenterna lät ta ner anslaget, ersatte det med en skrivelse på latin, med en uppmaning till alla att samlas för att rådslå ''om deras frihets bibehållande''. Inga studenter infann sig till examen; i samlad trupp och med dragna värjor marscherade de till torget. Förhör följde; några av anstiftarna till protestaktionen blev relegerade, andra bötfällda; två lät sig frivilligt värvas för att undgå straff. Det är tänkvärt, att Karl XII:s gestalt och Karl XII:sminnet också under följande århundraden skulle ge anledning till split och splittring inom studentkåren.

Karl XII lämnade staden med sina trupper i juni 1718. Kort därefter föll skottet vid Fredrikshald. Freden 1720 firades i staden och vid universitetet. Två år senare fick Lund och akademin besök av Fredrik I och Ulrika Eleonora på deras Eriksgata. Universitetet lät resa fyra pyramider av enris utanför sina portar och lät smycka akademihusets festsal, där en tronhimmel spändes upp över de stolar där majestäterna skulle ta plats. Rektor höll en oration, och ett musikkapell spelade.

2

Lundauniversitetets öden under frihetstid och gustaviansk tid

(Bilden på föregående sida.)
Lilla Torg och Domkyrkan. Kopparstick av J.F. Martin 1782 efter målning av Elias Martin. T v i förgrunden Härbärget, t h den Lidbeckska gården bebodd av bota-nikprofessorn Erik Gustaf Lidbeck. Vid torgets östra sida Lundagårdsmuren, mitt-emot domkyrkan den medeltida domskolan som 1763 upplåtits åt universitetet och vari inretts kemiskt laboratorium, kapellsal och bokauktionskammare.

Politiskt och ideologiskt klimatskifte

Fredstiden och frihetstiden var inne. Det innebar en förändring både av det politiska klimatet och av idéklimatet.

I och med frihetstiden hade det kungliga enväldet ersatts av ett ständervälde. Den maktapparat som skapats av den absolutistiska furstestaten övertogs av en byråkratisk ständerförsamling. Universitetets kansler utsågs, nu som tidigare, bland riksråden efter val av konsistoriet, ett val som Kungl. Maj:t skulle godkänna. Genom denna organisation kunde riksrådet-kanslern fungera med stor maktfullkomlighet och som ett instrument för statlig styrning.

Som kansler för Lunds universitet tillträdde år 1728 greve Carl Gyllenborg, snart nog chef för det unga hattpartiet. Han var en man av bildning, var på lediga stunder skönlitterär författare, älskade att spela rollen av grandseigneur, var vältalig och magnifik i det yttre uppträdandet. Han styrde universitetet med patriarkalisk hand. På hans initiativ inrättades nya lärostolar inom alla fyra fakulteterna. Med hjälp av lotterimedel såg han till att de gamla universitetsbyggnaderna kunde sättas i stånd, biblioteket utvidgas och en ny konsistoriesal inrättas. För att skänka glans åt akademin lät han pryda lärosalarna med kungaporträtt och porträtt av kanslererna. Själv besökte han universitetet år 1735, vistades i Lund en månad, lät sig hyllas med en panegyrisk oration och höll akademiskt hov. Man bugade och krusade för den frikostige kanslern, som i stort och smått ingrep i universitetets liv. Efter en tioårsperiod lämnade han kanslerskapet i Lund för att i stället bli kansler vid Uppsalauniversitetet.

I den livliga pedagogiska debatten på 1730-talet och under följande decennium diskuterades vilken samhällelig målsättning universiteten borde ha. Utbildningen betraktades i utilismens och merkantilismens Sverige som ett medel för rikshushållningen, som en betingelse för inhemsk varuproduktion och varudistribution. I stället för att ge ungdomen antikverade kunskaper — främst tänkte man på kunskaper i de gamla språken, grekiska och hebreiska — borde universiteten ge de unga sådana ekonomiska och reala insikter, som de själva och landet kunde dra nytta av. Till nyttovetenskaper räknades de olika grenarna av naturvetenskapen: mineralogi, botanik och zoologi. I linje med detta synsätt som satte utvecklingen av landets

näringar i centrum ligger inrättande av den professur i ekonomi, som till-
kom i Lund vid seklets mitt.

I ett memorial som en uppfostringskommission år 1750 formulerade,
slogs fast, att universitetets främsta uppgift var att fostra lojala ämbetsmän
för staten. Med en för frihetstidens syn karakteristisk vändning heter det,
sedan man fastslagit att vetenskap och undervisning skulle inriktas till di-
rekt gagn för samhället: "Härmed uteslutes väl icke de åtskillige nyttige si-
doavsikter som bruka anföras, såsom vetenskapens tillväxt." Med en sådan
grundsyn blev det viktigt att begränsa tillströmningen till akademierna till
det för samhället nyttiga och nödvändiga och att öka studietakten. Så fram-
lades ett förslag om en spärr, ett urval efter begåvning, på tidens språk ett
"snilleval", bland dem som sökte sig till universiteten.

I syfte att åstadkomma en medborgerlig grundutbildning föreslog upp-
fostringskommissionen att fakultetsstrukturen skulle ändras. Som bas tänk-
te man sig en fundamentalfakultet, gemensam för alla olika ämbetskatego-
rier, med en senare specialisering i en teologisk fakultet, en civilfakultet, en
matematisk och en fysisk fakultet. Samtidigt skulle ett moderniserat exa-
menssystem införas med ett antal nya ämbetsexamina, bland dem hovrätts-
examen, bergsexamen och kansliexamen; tidigare hade ju studenter ofta
lämnat universitetet utan examen, bara med ett intyg — ett testimonium
— om studier och närvaro på fickan.

Kommissionens förslag mötte kritik både i Uppsala och Lund. I Lund är
det Sven Lagerbring som fört pennan i stora delar av universitetets kommit-
tébetänkande. Han kan inte ansluta sig till tanken på en snäv ämbetsinrikt-
ning av de akademiska studierna. Med ord, väl värda att citeras, skriver han:
"Universitetet inskränkes inom alltför trånga gränser, då blott statens be-
hov avses; statens ämbetsmän utgör den minsta delen av vårt folk. Universi-
tetet är allas egendom och bör vara till gagn för alla."

Av uppfostringskommissionens förslag förverkligades endast få, främst
dem som gällde examina. En nyhet tillkom: regelmässiga tentamina som
kunskapskontroll före den formella slutexamen inför fakultet, en innova-
tion som hade framtiden för sig. Det var främst universitetets kansler som
krävde en noggrannare kontroll av undervisningen och dess resultat.

Överhuvudtaget spelar kanslerskontrollen en allt viktigare roll under fri-
hetstiden. Den kulminerar för Lunds del under den period av nio år, då
hattpolitikern Nils Palmstierna var universitetskansler. Han arbetade för att
införa fasta studieplaner i de teologiska och juridiska studierna. Han verka-
de vidare, utan all blygsel, för att publikationer i hattpartiets anda skulle
vinna spridning vid Lunds universitet. Han ville få studentnationerna att
prenumerera på en hattarna närstående tidning, Stockholms Gazette, och
han ålade juristprofessorn Colling att ordagrant läsa upp vissa sidor ur
tidskriften En ärlig Svensk för studenterna vid de ordinarie föreläsningarna.

Han krävde vidare att den förhandsgranskning av avhandlingar, som fakultetens dekaner enligt statuterna hade om hand, skulle ske av honom personligen; en avhandling under Lagerbrings presidium, som ansågs innehålla teser som stod i strid med hattpartiets ideologi censurerades.

Palmstierna talade, liksom de andra politikerna under frihetstiden, gärna om "friheten". Men den akademiska friheten satt trångt. Mot statlig styrning, regleringar och byråkrati förde universitetets lärare, nu som senare, ett uppehållande, passivt motstånd. Som ett av de försonande dragen i Palmstiernas styre kan anföras, att han tillät att undervisningen vid det sydsvenska universitetet skulle få inställas på Mårtensafton — han hade själv i sin ungdom studerat i Lund och visste vilken roll dagen hade i den skånska kalendern. Hans efterföljare på kanslersposten var inte alltid lika förstående på den punkten.

Frihetstiden var en tid med ett nytt politiskt men också ett nytt andligt klimat. Lunds universitet hade grundats i syfte att legitimera och stadfästa kungaväldets och ortodoxins ämbetsmannastat. Inslag från modernt europeiskt tänkande hade kunnat tolereras i den mån de lät sig förenas med statens officiella ideologi. Så hade skett med Cartesius filosofi, som lät sig harmonieras med den kristna ortodoxins grundsatser. Så hade också skett med Pufendorfs naturrättslära, som genom tanken om samhällsfördraget kunde motivera att all världslig makt uppdrogs åt fursten.

Med frihetstiden hade staten och den statliga ideologin skiftat karaktär. Det möjliggjorde att andra inslag från tidens ledande kulturströmningar nu kunde assimileras. Fortfarande var i tidens filosofiska liv rationalismen den ena dominerande tankelinjen. Tyska tänkare som Leibniz och Wolff förde dess grundsatser vidare. Christian Wolff utvecklade ett system, uppbyggt med matematisk logik, där de två grundläggande principerna var motsägelselagen och den tillräckliga grundens lag. Med sina anspråk att nå fram till ovedersägliga slutsatser kom Wolffs tankeriktning att få betydelse i universitetsvärlden främst i trenne vetenskapsgrenar. Den ena var teologin, där den "naturliga teologin" trädde i den uppenbarades ställe som ett värn mot det anstormande fritänkeriet; de två andra var juridiken och matematiken.

En annan huvudlinje i tidens tankeliv är empirismen. Den hade sitt ursprung i engelsk naturvetenskap och psykologi. Newtons iakttagelser hade lett till uppställande av ett system av fasta naturlagar som uteslöt övernaturliga ingrepp i skeendet. Locke, den engelska upplysningsfilosofins egentlige grundläggare, gick vidare på erfarenhetsfilosofins linje. För att åskådliggöra hur mänsklig kunskap uppstår liknade han själen vid ett oskrivet blad, en tabula rasa, där yttervärldens intryck skriver de ord som utgör begynnelsen för allt mänskligt vetande; några medfödda idéer, som Cartesius trott på, räknar han alltså inte med. I sin statslära utvecklar Locke tanken om samhällsfördraget därhän att statsmakten ytterst förblir i folkets händer. Den erfarenhetsfilosofins tankelinje som Locke företräder kom att få betydelse inom pedagogik och statsvetenskap, inom naturvetenskaperna och medicinen.

Den mer radikala upplysningsfilosofi, som utbildades på fransk mark, med tänkare som Voltaire, Diderot, Helvetius och encyklopedisterna och som förde till mer omvälvande förändringar på livsåskådningarnas, moralens, politikens och religionens område, vann insteg i svenskt kulturliv först under nästa period, den gustavianska. Den kom att prägla begränsade kretsar av intellektuella och författare i huvudstaden, inom pressen, inom Gustaf III:s hov och inom hans akademi. Men den kom aldrig att få något genomslag vid universiteten. De religiösa, politiska och sociala idéerna inom den radikala upplysningsfalangen fick inget egentligt gensvar bland de universitetslärare, som fortfarande såg som sin främsta uppgift att utbilda lojala präster, jurister och lärare.

Gustaf III hade utan tvivel ett äkta intresse för den högre utbildningen, och han besökte vid upprepade tillfällen akademiska evenemang vid Uppsala universitet. Lund gästade han en enda gång, under sin kronprinstid, 1766. Han möttes av hela akademin vid stadsporten, och lyssnade sedan till den oration, som hölls av historieprofessorn Sven Lagerbring. Denne hade av kanslern fått detaljerade instruktioner: talet skulle hållas på svenska, ge en översikt över Lundauniversitetets historia, framhålla monarkernas insatser och kärlek till vetenskaper och vitterhet, inte minst den unge kronprinsens, som i detta avseende sades ha gått längre än de flesta prinsar i alla tider. Talet formades till en översiktlig och elegant exposé över akademins öden och blev senare tryckt. Men i själva verket var Gustaf III:s eget intresse mer riktat mot litteratur och konst än mot vetenskaperna, inklusive naturvetenskapen. Det gällde allmänt att det under den gustavianska tiden sker en förskjutning av tyngdpunkten från naturvetenskap mot sådana ämnen som gränsar till konst och litteratur. Motsättningen mellan huvudstadskulturen och landsortsuniversiteten skärps; i Stockholmspressen angrips det kvarvarande latinherraväldet, ordstriderna, grälet, pedanteriet, disputationerna och ceremonierna, inte minst vid Lundaakademin.

Andreas Rydelius

Som portalfiguren till 1700-talets Lundauniversitet står Andreas Rydelius. I en hyllningsdikt av en samtida prisas han som en svensk Sokrates. Det var ett överord i tidens panegyriska stil. Men med viss rätt kan det ändå sägas,

att han inleder en sokratisk tradition i lundensisk filosofi som sträcker sig
ända fram till Hans Larssons 1900-tal.

Rydelius härstammade från en östgötsk prästsläkt. Han hade som 18-
åring skrivits in vid Uppsala universitet och fick där som lärare dåtidens
främste företrädare för den cartesianska filosofien. Hans begåvning blev ti-
digt uppmärksammad. Två Lundaprofessorer som hört honom hålla en la-
tinsk oration på Riddarhuset inbjöd honom att komma till Lund, där han
till att börja med fick försörja sig genom privat undervisning i filosofi. Till
logices et metaphysices professor utnämndes han år 1710 av Karl XII under
dennes tid i Bender. Han började en osedvanligt framgångsrik lärarverk-
samhet; tillströmningen av åhörare var ofta så stor, att lärosalen blev för
trång. Rydelius presiderade vid ett stort antal disputationer och utövade
även i övrigt ett omfattande författarskap. Hans flit var legendarisk. Han
steg upp klockan tre på morgonen och avslutade sin arbetsdag först klockan
nio på kvällen. Sin bostad hade han i det medeltida stenhus på nuvarande
Kiliansgatan, där en gång före honom Pufendorf bott; en ringa rest av hu-
set är bevarat i den byggnad som nu rymmer Folkets Hus.

Andreas Rydelius var väl förtrogen med sin tids filosofiska huvudrikt-
ningar. Han intog en förmedlande ståndpunkt mellan den äldre rationalis-
men och Lockes erfarenhetsfilosofi. Förnuftet var hans ledstjärna; det fram-

går redan av titeln på hans mest bekanta verk, Nödiga förnufftz-Öfningar. Men de vittgående slutsatser som dragits av Wolff och Leibniz jävade han; i dessa filosofer såg han "vår tids ödeläggare", försvurna åt en deterministisk människosyn. Locke hade han lättare att uppskatta. I sitt bibliotek ägde han Lockes Tankar om uppfostran, och han delade mycket av dennes synpunkter på hur undervisningen i skola och universitet skulle kunna förbättras. Rydelius är över huvud öppen för nya idéer och uppslag från många håll, bland annat från franska moralister. Ett originellt inslag i hans filosofi är hans lära om en sensus intimus, en själens "innerliga känsel", en sorts intuitivt skådande, med vars hjälp han vill förklara de självklara idéer, som Cartesius menat vara medfödda. Det är första men inte sista gången som en intuitionsfilosofi förkunnas från en lundensisk kateder.

Hans installationsföreläsning är något av ett principmanifest. Den hade titeln De laconismo philosophico — om den filosofiska lakonismen. Han vänder sig där mot det skolastiska arvet vid akademierna, det definitionsraseri, det pedantiska formelväsen som av examensprotokollen att döma ännu florerade i Lund. Han kräver att sanningen skall framställas klart och koncentrerat. Det bestämmer stil och uttryckssätt både i hans latinska och hans svenska författarskap. Som den förste av universitetets professorer övergav han efter hand latinet i sina föreläsningar för modersmålet. Så hade tyska upplysningsfilosofer som Christian Thomasius gjort; samma inställning till modersmålet företrädde Fontenelle i Frankrike och Ludvig Holberg i Danmark. Genom att tala och skriva om filosofiska materier på svenska blev Rydelius grundläggaren av den svenska filosofiska prosan.

I sina föreläsningar, kända genom anteckningar av hans elevers hand, behandlade han systematiskt logik, moralfilosofi och filosofiska stridsfrågor, dessutom antropologi och metafysik. Åren 1718—22 utgav han i fem häften, som en löpande tidskrift, arbetet Nödiga förnufftz-Öfningar, använt som underlag för hans föreläsningar. Det är en lärobok i logik, "förnuftskonst", i etik, "dygdelära" och i psykologi, "de sinnesgåvor en människa av naturen äger". Boken är skriven med tanke på den studerande ungdomen och avhandlar också metoden för det akademiska studiet. Han ger en bild av de fyra fakulteternas ämnesområden och ger anvisning på hur en studiosus bör hämta sina kunskaper genom kritisk läsning av ett utvalt studentbibliotek.

Han ritar vetenskapernas byggnad som en pyramid, avslutad med en spets som heter Guds ära. Fast hans tänkande i många avseenden pekar fram mot den senare förnuftsupplysningen, ifrågasätter han aldrig den lutherska läran. Det problem som blev en kardinalfråga för upplysningen, konflikten mellan uppenbarelse och förnuft, tycks inte ha existerat för Rydelius. Det betydde alltså varken någon övervinnelse eller motsägelse för hans del att han efter årtionden som professor i filosofi — med insatser också som nationsinspektor och universitetsrektor — övergick till en professur i teologiska fakulteten och slutligen till episkopatet över Lunds stift. Med universitetet behöll han fortsatt kontakt i egenskap av dess prokansler.

Rydelius eklektiska filosofi kom under decennier, långt fram på 1700-talet, att dominera den intellektuella miljön i Lund. Den bidrog bland annat till att wolffianismen inte fick så tidigt eller så starkt grepp som i Uppsala. Hans optimistiska tro på förnuftets makt präglade hans etik; mycket läst, utgiven ännu på 1800-talet, var hans Sede-bok, varutinnan gives en kort anledning till dygder. Hans syn på vetenskapernas nytta överensstämmer med de synpunkter som fördes fram under utilismens tidsålder; så när han skriver: "I synnerhet är det oförnekligt, att de lärde vetenskaperna i långliga tider hava varit drevne allt för mycket teoretiskt och alltför litet praktiskt. Liksom åtminstone några av dem alls intet sammanhang hade med en nyttig praxis uti borgerliga umgänget och i vårt gemena leverne".

En av Rydelius beundrande lärjungar var författaren Olof von Dalin. I sina Korta påminnelser om skaldekonsten rekommenderar denne Rydelius

Titelbladet till första häftet 1718 av Andreas Rydelius lärobok Nödiga Förnufftz-Öfningar.

51

Förnuftsövningar till studium; i sin moraliska veckotidskrift Den svenska Argus fortsätter han att tala det upplysta förnuftets och den upplysta moralens sak mot pedanteri och onyttigt lärdomsgräl. Av Rydelius övriga akademiska elever blev inte mindre än fyra professorer vid hans egen akademi; en femte, Nils Rosén von Rosenstein, blev medicinprofessor i Uppsala, den främste bland sin tids läkare i Sverige.

Teologiska fakulteten

Den teologiska fakulteten hade under 1700-talets första hälft tre, från mitten av seklet fyra lärostolar. Numerärt var det den största av de fyra fakulteterna, stod högst i rang, gav de bästa lönerna och hade störst antal studenter. De flesta som skrevs in vid akademin avsåg att bli präster.

Den förste teologie professorn, som samtidigt var domprost, undervisade i Nya Testamentets exegetik och moralteologi, den andre i Gamla Testamentet, i bekännelseskrifterna och kyrkohistorien, den tredje hade som sitt ämne dogmatik, den fjärde kontroversteologi och homiletik. Som regel rekryterades professorerna från den egna akademin, flertalet från den filosofiska fakultetens lärostolar i grekiska och österländska språk, en befordringsgång som markerar den starka ställning som Bibelns grundspråk ägde inom utbildningen. Andra teologiprofessorer kom, som Andreas Rydelius, från den teoretiska filosofins håll; logik och metafysik var ännu en teologins tjänarinna, en ancilla theologiæ. Mera originell ter sig i nutidens ögon övergången från matematik och naturhistoria till de teologiska sluttjänsterna som emellertid alla var förenade med inkomstbringande prebendepastorat.

Av fakultetens lärare hade de flesta studerat vid tyska protestantiska universitet. Också viktiga läroböcker som genomgicks och kommenterades vid föreläsningarna kom från Tyskland, med tryckorter som Rostock, Leipzig eller Wittenberg — det senare gäller Haffenraeffers Loci theologici. Två av Lundafakultetens professorer bidrog med egna läroböcker. Den ene var Jacob Benzelius, tillhörande en känd uppsaliensisk lärdomssläkt och senare ärkebiskop. Hans lärobok Repetitio theologica, blev grundvalen för undervisningen i dogmatik seklet ut. Den andre var Petrus Munck, som utgav en flitigt använd bearbetning av den danske teologen Marcus Wöldickes teologiska kompendium och likaså ett eget kompendium i Bibelns teologi.

Ortodoxin satt i orubbat bo. De teologiska sanningarna skulle bevisas med förnuftets hjälp. "Bevisa det!" uppmanar examinatorerna också vid de — i eftervärldens tycke — mest obevisbara teologiska påståenden. Tiden var rationalismens; under 1700-talet sker en långsam övergång från Rydelius cartesianska, eklektiska filosofi till den wolffska. Men den teologiska ortodoxin trängdes från två håll: från upplysningen och från den nya sekt-religiositeten. Att upplysningens sekulariserade förnuftstro uppfattades som ett hot framgår bland annat av ett kungligt brev, avgivet på hemställan av prästeståndet till konsistoriet. Där åläggs dess medlemmar att motverka den frihet som vissa riskabla filosofer tagit sig att uteslutande efter förnuf-tets principer — principia rationis — avgöra teologiska tvistefrågor, utan att ta hänsyn till de i Bibeln uppenbara sanningarna.

När den fjärde teologiska professuren inrättades vid Lundafakulteten år 1750, var ämnet kontroversteologi och syftet enligt föreskrifterna att försva-ra den evangeliskt lutherska tron mot irrläror och villfarelser; främst avsågs de nya sekterna, pietism och herrnhutism, som börjat få spridning i Sydsve-rige. I själva verket hade teologerna redan tidigare i föreläsningar och skrif-ter argumenterat mot de nya läroriktningarna; när pietisten Dippel kom-mit till Sverige på 1720-talet, ingrep Andreas Rydelius med en vederlägg-ning av hans läror, för säkerhets skull både på svenska och på latin.

Alla som avsåg att studera vid akademins filosofiska, juridiska eller medi-cinska fakultet hade, som tidigare nämnts, att först avlägga en teologisk preliminärexamen, ett katekesförhör som en sorts renlärighetsprov. Där-emot fanns inom själva teologiska fakulteten ingen avslutande ämbetsexa-men stadgad. Prästexamen förrättades nämligen enligt 1686 års kyrkolag inför domkapitlen i de olika stiften. I Lunds domkapitel satt samtliga teolo-giprofessorer som ledamöter och biskopen som ordförande. Enligt bestäm-melserna skulle ingen få gå upp i denna examen, som inte först visat intyg från professorer i den filosofiska fakulteten och visade kunskaper i logik, metafysik, moralfilosofi och språk; senare under 1700-talet tillkom också fordringar på insikter i naturvetenskapliga ämnen och ekonomi. Formellt var alltså kraven betydande på dem som skulle gå ut i prästerliga tjänster och bära upp bildningen — både den världsliga och den andliga — i lands-bygd och städer.

Återupprättandet av juridiken

Den juridiska fakulteten bestod efter universitetets återinvigning 1682 av endast en professor. Hans ämnesområde omfattade svensk och romersk rätt. Dessutom undervisades de fåtaliga juris studerande av professorn i praktisk filosofi, som länge hade säte och stämma både i sin egen fakultet och i den juridiska.

Under krigsåren vid 1700-talets början hade studenterna med rätta kla-gat över att ''juris studium låg nere''. Den som återupprättade studiet var David Nehrman, adlad Ehrenstråhle. Han är den svenska juridiska vetenskapens egentlige grundläggare. Sina studier hade han börjat i Lund och fortsatt vid holländska och tyska universitet. I Halle hade han lyssnat till den tyske upplysningsfilosofen och naturrättsläraren Christian Thomasius.

Utnämnd till professor år 1720 upptog och förnyade Nehrman den naturrättsliga idétraditionen från Pufendorfs dagar; fortfarande användes Pufendorfs skrifter som läroböcker vid universitetet, på latin eller i svensk översättning. Under den karolinska tiden hade naturrätten, läran om det ursprungliga samhällsföredraget, slutet mellan folket och de styrande, fått tjäna som legitimation åt enväldet. Nu får samma lära tjäna som argument mot den oinskränkta monarkin. I denna riktning hade ju naturrätten tolkats av bland andra John Locke: folket var den egentliga innehavaren av makten i samhället. I ett av sådana tankegångar bestämt ideologiskt klimat hade den svenska frihetstidens författning och dess regeringsform tillkommit. I samma anda tolkades den av Nehrman.

Åt den romerska rätten och rättstraditionen gav han föga utrymme i sin undervisning; den romerska Corpus juris var enligt hans uppfattning "en oredig samling"; dessutom hade romersk rätt och svensk lag lika litet med varandra att göra som katolsk och evangelisk tro. Det var åt svensk rätt och rättstradition som Nehrman, frihetstidens främste rättslärare, ägnade sina föreläsningar. Med utgångspunkt från dessa skrev han sin lärobok Inledning till den svenska jurisprudentiam civilem, använd ända in på 1840-talet. I föreläsningar och böcker begagnade han genomgående modersmålet. Om det tidigare bruket av latin vid lärosäten och domstolar säger han i en föreläsning om juridikens termer: "numera böra vi sådant undfly, vårt språk är tillräckligt att uttrycka tanker". Vad Rydelius utfört för den svenska filosofiska prosans räkning, genomförde Nehrman för juridikens del.

Nära hälften av Nehrman-Ehrenstråhles verksamma tid ligger före tillkomsten av 1734 års lag. Han tog som sin uppgift att för de studerande tolka de gamla rättskällorna med historisk och filologisk metod och att klargöra vad som i dem ännu ägde gällande kraft. Efter införandet av den nya lagboken ägnade han sina föreläsningar åt att tolka balk efter balk i 1734 års lag, vid vars tillkomst han själv deltagit. Han lät trycka sina föreläsningar över giftermålsbalk och ärvdabalk och utgav en systematisk framställning av kriminalrätten. Åtskilliga av hans övriga arbeten är bevarade endast som föreläsningsmanuskript men har blivit spridda i avskrifter, använda av generationer av jurister.

Efter att i trettio år ha fostrat blivande domare och advokater erkände han sig ha blivit "rätt ledsen att lära ungdomen stava i lagfarenheten" och drog sig tillbaka till sitt småländska gods för att driva växelbruk mellan lantgårdens skötsel och fortsatt författarskap. En viktig reform i det juridiska studiet tillkom på Nehrmans tid och delvis på hans initiativ: införande av en regelrätt juridisk examen. Han hade pläderat för en sådan redan i de

Oförgriplige tankar, som konsistorium år 1723 insänt till högre myndighet som förslag till nya konstitutioner. Först 1749 genomfördes reformen. En liknande examen hade tidigare införts i Danmark; Nehrman hörde till den första generationen av lundensiska universitetslärare som återknöt förbindelserna med kolleger vid Köpenhamns universitet. I praktiska angelägenheter var han ivrigt verksam bl a genom att upprätta förslag om en ny brandordning i Lund, en stad av korsvirkeshus, där halmtaken ännu dominerade.

Till belysning av Nehrmans karaktär kan slutligen anföras vad en av hans beundrande elever, sedermera prosten Carl Nyrén, skriver i sina egenhändigt nedtecknade minnen. Orden ger samtidigt en antydan om både mentaliteten och dieten i 1700-talets lärdomsstad. "Denne gubbe — skriver Nyrén — var exemplarisk i all sin levnad och försummade ingen offentlig gudstjänst, ända till och med otte- och aftonsånger samt veckopredikningar; olik häruti de flesta övrige professorer, som, utom theologi, voro rare att se i kyrkan och utnyttjade merendels söndagen att medicinera på."

Ur den tidiga Lundamedicinens historia

Den medicinska fakulteten skulle enligt de ursprungliga konstitutionerna ha tvenne professorer. Den ene skulle vara en "practicus"; under hans domvärjo föll kirurgin och farmacin. Den andre skulle ha om hand undervisningen i anatomi och anställa anatomiska dissektioner. Dessutom föll inom hans ämnesområde större delen av naturvetenskapen: fysik, kemi och botanik; örtkännedom och läkarvetenskap har alltifrån kulturens älsta tid gått hand i hand. Båda professorerna skulle omväxlande föreläsa om något stycke hos Hippokrates och Galenos.

De första professorerna i medicinska fakulteten var av tysk börd och hade haft sina studieår utomlands. Framom de tyska universiteten var lärosätena i Leyden och Köpenhamn medicinens högborgar under det slutande 1600-talet. I Köpenhamn var Niels Stensen och Thomas Bartholin de stora namnen. Bartholin utvecklade i sin undervisning och sina skrifter den anatomiska tanken, att sjukdomar var förenade med anatomiska förändringar som kunde bekräftas vid obduktioner. Han gjorde grundläggande rön av anatomisk och patologisk art; känd blev han som lymfkörtlarnas upptäckare.

Under Bartholins inflytande utformades den tidiga medicinska vetenskapen i Lund. Ett antal av hans skrifter ingick i den stora boksamling som den tyskfödde professor primarius Christofer Rostius ägde och som han donerade till universitetsbiblioteket. Hos Thomas Bartholin studerade en av Rostius efterträdare, Erasmus Sack, adlad Sackensköld. Efter restaurationen av universitetet år 1682, då medicinska fakulteten reducerats till en enda lärostol, svarade Sackensköld ensam för all läkarutbildning.

Som undervisningslokal där medicinprofessorerna höll sina katedrala föreläsningar fungerade tidigast Sankt Dionysii kapell, ett senare rivet sidokapell till domkyrkan; på motsvarande sätt hade den första medicinska undervisningen i Köpenhamn ägt rum i en sidoflygel till Vor Frue Kirke. Senare flyttades föreläsningarna i Lund till Liberiet, tegelbyggnaden söder om domkyrkan, där medicinarna fick dela rum med filosoferna. Någon särskild lokal för anatomiska dissektioner eller för obduktioner fanns ännu inte.

Den förste mer bemärkte medicinprofessorn på 1700-talet hette Johan Jacob Döbelius. Han var född i Rostock, där hans fader var professor i matematik. Efter att ha promoverats till doktor i hemstaden fortsatte han vidare studier vid tyska universitet och i Köpenhamn. På den sistnämnda orten hade han som lärare en son till Thomas Bartholin, Caspar Bartholin d y. Denne hade under sina europeiska studieår bl a kommit i kontakt med Leuwenhook, den holländske lärde, som tagit mikroskopet i de anatomiska undersökningarnas tjänst. Sin professorsfullmakt fick Döbelius år 1710, underskriven av Karl XII i Bender. Redan dessförinnan hade han utfört den

Ett av de mest spridda porträtten av en enskild svensk man, medicinprofessorn Johan Jacob Döbelius (1674—1743), grundare av Ramlösa brunn, som år 1707 öppnades för allmänheten.

första offentliga anatomin i Skåne; i det tryckta programbladet skriver han: "Den döde kan efter döden lära oss, vari sjukdom består."

Som provinsialläkare i Skåne hade han, redan innan han fick sin professur, upptäckt Ramlösa hälsobrunn, vars verksamhet han i fortsättningen ledde. Därigenom har hans bild för eftervärlden blivit bekant; den finns fortfarande på etiketten på varje flaska Ramlösavatten. Vid akademin föreläste han om människokroppens anatomi, men också — på grund av omfattningen av hans professur — om metaller, mineral och växter. År 1711, då pesten kom till Sverige ägnade han sina föreläsningar på latin åt denna farsot, "de peste", och utgav en skrift om föreslagna botemedel mot sjukdomen. Under hans överinseende inrättades norr om akademihuset den tidigare planerade botaniska trädgården med medicinalväxter. På hans initiativ tillkom vidare ett theatrum anatomicum i andra våningen av akademihuset i Lundagård. I det högtidliga talet vid invigningen av anatomisalen slog han ett slag också för inrättandet av ett sjukhus, ett "nosocomium" i staden, en tanke som han framfört redan under peståren.

Han var verksam i en rad angelägenheter som hade med universitetet att göra och ville med sina erfarenheter från Europa bland annat låta inrätta en regelrätt bokhandel och bokauktionskammare i staden. Av hans hand föreligger den första historiken över Lunds universitet, givetvis på latin, med titeln Regiae Academiae Lundensis historia. I denna skrift, publicerad 1740, redogör han för universitetets första organisation, dess statuter, dess lärare och deras författarskap. Han omtalar sig själv och nämner inte utan stolthet, att han i närvaro av Karl XII hållit en föreläsning om sinnesintrycken. Döbelius var en dominerande person, med ett utpräglat professorligt revirtänkande; han kom lätt i konflikt med sina närmaste kolleger, bland dem också med sin främste lärjunge, Kilian Stobaeus d ä. Senare adlad blev Döbelius stamfader för den von Döbelnska ätten.

Rosén-Rosenblad och Lunds första lasarett

Döbelius efterträdare som professor i praktisk medicin blev Eberhard Rosén-Rosenblad. För att lära känna sin tids medicinska vetenskap hade han företagit en längre utlandsresa och kom då i kontakt med Albrecht von Haller i Göttingen, 1700-talets förnämste anatom och fysiolog, känd också som naturpoet. Mellan de två uppstod vänskap och brevväxling. På Eberhard Rosén-Rosenblads förslag prenumererade man i Lund på Hallers tidskrift Göttingische Anzeigen, som förmedlade de senaste rönen inom naturvetenskap och medicin.

Vid sidan av Haller och framom honom dominerade Herman Boerhaave det medicinska tänkandet under 1700-talet. Boerhaave, den lärde Leyden-läkaren, som också var Linnés lärare i medicin, hade utvecklat en sjukdoms-lära som utgick från kroppens "fibrer" och från kroppsvätskorna, bland annat blodets konsistens. Redan Kilian Stobaeus uppträdde som förespråkare för Boerhaaves läror; det framgår både av hans studieplan och hans föreläsningar. Till Boerhaave anknöt också Eberhard Rosén-Rosenblad nära och genomgick i sina föreläsningar hans Institutiones medicae, kapitel för kapitel.

Rosenblad verkade i sitt ämbete i nära fyrtio år; under lika lång tid var han intendent vid Ramlösa brunn. I sin undervisning, berömd för klarhet och stringens, behandlade han nära nog alla fälten inom dåtida medicin, sjukdomslära, anatomi, fysiologi och farmakologi. Som läkare var han flitigt anlitad av adelsfolk i provinsens slott och herrgårdar. Som demonstrator på anatomisalen blev han uppskattad också utanför medicinarnas krets. I bevarade protokoll och diarier kan man följa hans dissektioner och obduktioner.

Det var Rosenblads förtjänst att ett första lasarett, avsett också som universitetsklinik, inrättades i staden. En tomt, den s k Munckska gården vid Paradisgatans sydsida i hörnet mot Kyrkogatan, inköptes av universitetet. Rosenblad lät göra upp förslag till en utgiftsstat, och efter ändlösa diskussioner utfärdade Adolf Fredrik år 1767 ett kungabrev gällande kliniken — bara fyra år efter Serafimerlasarettets tillkomst — ett dokument som något storslaget kallats det lundensiska lasarettets Magna Charta. Men begynnelsen var blygsam: i änkeprostinnan Muncks hus inrättades en kammare med plats för tvenne sjuka samtidigt. Detta "nosocomium academicum", den blygsamma föregångaren till dagens storlasarett, växte under de närmaste åren i omfång; som mest vårdades där tio sjuka. År 1788 stängdes sjukhuset för att först fyra år senare återuppstå, nu i ett tvåvåningshus, uppfört efter ritningar av Hårleman. Denna byggnad förblev ett par decennier framåt lasarettets enda och fick efter hand tolv frisängar, där fri vård, medikamenter och förplägnad ingick.

Filosofiska fakulteten

Enligt konstitutionerna skulle filosofiska fakulteten ha sex ordinarie professorer. Ytterligare tjänster tillkom under loppet av 1700-talet, markerande tidens inriktning på naturvetenskap och ekonomi.

Så skapades år 1728 en professur i naturfilosofi och experimentell fysik för Kilian Stobaeus d. ä. Han tillhörde en av universitetets älsta lärdoms-släkter; inte mindre än fem professorer vid Lundaakademin har burit detta efternamn. Den förste i raden var den förut nämnde Andreas Stobaeus,

Kilian Stobaeus porträtterad i sitt museum av akademiritmästare C. P. Mörth, 1737. I övre högra hörnet ses naturens gudinna med den tredelade kronan, som representerar sten-, växt- och djurriket. Fjärilen syftar på insektssamlingen liksom blomman på herbariet. Paradisfågeln och snäcksamlingen som syns i förgrunden och snäckberget i bakgrunden kan ännu studeras i "Museum Stobeanum". Ormen i förgrunden kan symbolisera läkarverksamheten och kappan över högra armen rektorsvärdigheten.

född i Stoby — därav släktnamnet. Efter studier vid utländska universitet hade Andreas Stobaeus av Magnus Gabriel de la Gardie blivit utnämnd till historiarum et poeseos professor vid Lundaakademins grundande. Han var en av de fyra professorer som hos Karl XI anhöll, att universitetet skulle få äga bestånd, sedan det upplösts, och han återinträdde i sin tjänst vid dess reorganisation. Som poeseos professor visade han sin talang genom att skriva praktfull barockdikt till kungligheter vid olika högtidliga tillfällen. Som historiarum professor föreläste han över fäderneslandets historia och över berömda män. En brorson till Andreas Stobaeus var Kilian Stobaeus d ä.

Denne studerade först medicin för Döbelius, blev medicine doktor i Lund, och vikarierade en tid på den medicinska professuren. I den lärokurs som han skisserade förespråkade han en empirisk inriktning av ämnet; att föreläsa om Hippokrates och Galenos som konstitutionerna föreskrev, ansåg han lika onödigt som om man i teologi skulle studera Koranen. För samtiden var han känd och uppskattad som praktiserande läkare och fick hederstiteln Kunglig archiater. Han intresserade sig för och demonstrerade för sina studenter den av Döbelius iståndsatta botaniska trädgården med dess medicinalväxter. Sina elever uppmanade han att om sommartiden följa med till Ramlösa brunn och att där samla in växter.

Som naturforskare hör Stobaeus till samlarnas skrå. Berömd är den naturalhistoriska kollektion som han grundade och år 1735 donerade till universitetet, Museum Stobaeanum. Naturaliesamlingar av denna typ utgjorde underlaget för den mer systematiska bearbetning av botanikens, zoologins och geologins områden som en senare generation av forskare företog. "Jordklotet är /———/ intet annat än en stor Naturalie-Samling av den allvise skaparens mästerstycken, fördelt uti tre Naturaliekamrar. Dessa äro mineral-, växt- och djurriket". Så skrev långt senare Stobaeus mest berömde elev, Carl von Linné.

Sin första invigning i alla dessa tre riken fick Linné genom den stobaeiska samlingen, som han i sin självbiografi, Egenhändiga anteckningar, karakteriserar som "et artigt Museum af allehanda slags Naturalier; Stenar, Snäckor, Foglar och Herbarier". Samlingen kom att bilda grunden för både de naturhistoriska, de arkeologiska och historiska museerna vid universitetet. Ännu finns i behåll i de rester av Museum Stobaeanum som bevarats till våra dagar exotiska snäckor, fiskar, uppstoppade fåglar, sländor, fjärilar, enstaka fossil och bergartsstuffer.

Carl von Linné bodde under sin korta studietid i Lund i Stobaeus gård vid domkyrkan "uti översta våningen på gaveln allra överst". Av sin värd lärde han bland annat att pressa växter för sitt herbarium. I Stobaeus välförsedda bibliotek, omfattande 1 700 nummer, drev han sina tidiga studier. Berömd är historien, berättad av Linné själv, hur han utan tillstånd lånat böcker ur boksamlingen och en natt blev upptäckt, då vaxljuset stod tänt i hans kammare. Det ledde till att den kunskapstörstande unge studenten fick obegränsad tillgång till sin lärares böcker och samlingar också på dagtid, och fick äta vid Stobaeus bord utan betalning. I sina självbiografiska anteckningar skriver Linné om sin lärare: "Denne herre är jag obligerad så länge jag lever, för den kärlek han hade för mig, i det han älskade mig icke så som en discipel utan mer än som sin son." I ett annat sammanhang ger Linné av Stobaeus en annan, mindre insmickrande bild: "enögd, krumpen på ena foten, plågad beständigt av migrän, hypocondri och ryggvärk men hade eljest ett makalöst genie". Man kan sammanställa dessa Linnés ord med Stobaeus egen karakteristik av den vederkvickelse samlandet gav honom: "Ty naturföremål hänrycka mig så genom sin blotta åsyn att även de värsta hypokondriska och reumatiska smärtor, som eljest skulle vara outhärdliga, därav på visst sätt mildras och lindras, varför också det lilla jag själv samlat, av mig ständigt kallas för ett smärtstillande plåster." — Efter att ha lämnat Lund stod Linné i brevväxling med sin lärare; bevarad korrespondens visar, att Stobaeus hade kontakter också med utländska forskare av rang, främst i Danmark, men också med mer avlägsna auktoriteter som föreståndaren för botaniska trädgården i Bologna.

Under Linnés studieår i Lund tillträdde Stobaeus den extra ordinarie professuren i naturfilosofi och experimentalfysik. Anteckningar från hans föreläsningar visar, att han ännu stod på den cartesianska — inte den newtonska — fysikens ståndpunkt. Efter få år övergick han motvilligt, främst av ekonomiska skäl, till en ordinarie professur i historia. Han föreläste över Sveriges hävder, presenterade i en avhandling några av universitetsbibliotekets märkligaste urkunder, bland dem Liber daticus och Necrologium lundense. Han gjorde också insatser på paleontologins och arkeologins områden. Inom fornforskningen prövade han elementära jämförande metoder; han hörde till dem som tidigt fäste uppmärksamheten vid att flintredskap i Norden måste ha använts tidigare än redskap av järn. På alla olika områden representerar han sin tidsålders empiriska inriktning, på ljusårs avstånd från de götiska storhetsdrömmarna i Rudbecks Atlantica.

Till hans elever hörde utom Linné också Johan Leche som hjälpte till att berika och vårda naturaliesamlingen; i tidens fullbordan blev Leche professor vid Åbo akademi. En annan av Stobaeus lärjungar blev Nils Rosén von Rosenstein, senare medicinprofessor i Uppsala. Elev till Stobaeus var också hans efterträdare inom den historiska disciplinen, Sven Lagerbring.

Frihetstiden var Linnés och botanikens välsignade tid; den var också Newtons och experimentalfysikens. Fysikern och ingenjören Mårten Triewald hade fått sin skolning i den moderna naturvetenskapen i England, där han förmodligen mött Newton i egen hög person. I England köpte Triewald en samling fysikaliska instrument, som han demonstrerade under offentliga föreläsningar på Riddarhuset i Stockholm inför ett stort och intresserat auditorium. Som assistent och medhjälpare vid föreläsningarna hade han en ung mekaniker, vid namn Daniel Menlös.

Både den Triewaldska instrumentsamlingen och Daniel Menlös hamnade omsider i Lund — den senare som professor i matematik. Det skedde efter en egenartad befordringshistoria, som på sitt sätt speglar frihetstidens krasst ekonomiska syn på professorstillsättningar. Mårten Triewald hade låtit förstå, att han var villig att sälja sin apparatsamling till Lunds akademi som saknade en liknande, på villkor att hans assistent, Menlös, erhöll matematikprofessuren. Menlös erbjöd sig själv att köpa samlingen och skänka den till akademin mot professuren som kvitto. Kanslern, Carl Gyllenborg, fann tanken god, och Kungl. Maj:t utnämnde, trots konsistoriets betänkligheter inför Menlös svaga vetenskapliga kompetens.

Det blev bråk om den slutliga betalningen, och vid inventeringen av samlingen utbröt strid mellan Menlös och kollegerna, helst som denne ville förbehålla sig rätten att ensam få använda instrumenten. Nya tvister och gräl kantade Menlös akademiska bana; ingen av 1700-talets professorer har fått ett dystrare eftermäle. Men Daniel Menlös har dock äran av att ha fört den nya fysiken till Lund. Han föreläste offentligt i matematik, geometri,

matematisk geografi och fysik. Bevarade föreläsningsanteckningar från hans fysikundervisning visar, att han på alla punkter, både då det gällde tyngdlagen, rörelselagarna och ljusets brytning, följde Newtons lära.

Kvar av den Triewaldska samlingens ursprungligen 327 apparater finns i dag ett sjuttiotal. Den märkligaste är en av Guerikes luftpumpar, med vars hjälp denne i Regensburg pumpade luften ur de berömda ''magdeburgska halvkloten'', som sexton par hästar aldrig lyckades dra i sär. I samlingen ingick också ett av de älsta mikroskopen och en elektricitetsmaskin för alstrande av statisk elektricitet. Samlingen placerades i ett särskilt rum i akademibyggnaden, invid den anatomiska teatern, och följde länge med den fysiska institutionen, där den under 1900-talet förvisades till en vind, tills den slutligen fick en hedersplats på Tekniska museet — i Malmö.

I Triewaldsamlingen ingick bara tre astronomiska instrument. Under Menlös tid gjordes upprepade men fåfänga försök att bygga upp ett astronomiskt observatorium. Först sedan Nils Schenmark år 1749 utnämnts till astronomie observator och 1763 till professor vidtog ett mer lyckosamt kapitel i astronomins historia i Lund. Ett rum ovanför trappan i akademihusets runda torn inreddes som observatorium. En tub av 18 franska fots längd ställdes upp vid sidan av ett spegelteleskop på 16 tum och för tidsbestämningen av observationerna ett pendelur. Av Vetenskapsakademien fick Schenmark i uppdrag att, i samarbete med franska astronomer, år 1751 mäta månens avstånd från jorden och dessutom observera Mars och Venus för att bestämma deras parallaxer. När planeten Venus passerade solskivan, under Venuspassagen, som inträffade tio år senare, hade man genom organiserade observationer på flera håll en möjlighet att bestämma solens parallax; också i detta arbete deltog Schenmark. Resultaten publicerades i Paris. Vid sidan av de astronomiska observationerna fortsatte Schenmark med meteorologiska iakttagelser, som hans föregångare påbörjat; de motiverades bl a av deras praktiska värde för flottan.

En uppgift av rent matematisk art, som Schenmark sysslade med var att ställa samman serier av primtal. Drabbad av hjärnblödning som kom honom att mista talförmågan, fortsatte han från sjukbädden sin katalog över primtalen, och räknade fram inalles en million åtta tusen. Sammanställningen skickades inte bara till svenska Vetenskapsakademien utan också till motsvarande akademier i Paris och i St. Petersburg. Schenmarks föreläsningar var av encyklopedisk karaktär och omfattade utom astronomi matematik, fysik och hydraulik. De föreligger i handskrift i 17 band, ett monument över det svenska 1700-talets naturvetenskap.

Ovan t v: Apparat för mekaniska experiment och modell för bryggpanna i Triewaldska instrumentsamlingen som Daniel Menlös förde till Lund. T h: Det ena av två till eftervärlden bevarade exemplar av Otto von Guerickes luftpump, den berömdaste apparaten i samlingen.

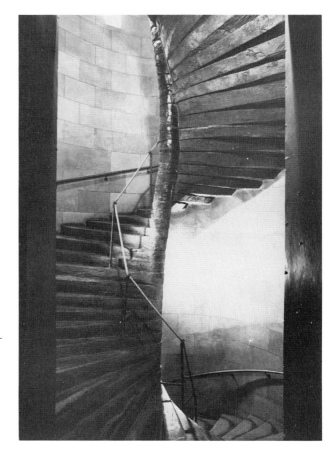

Ovan: Akademihuset sedan tornets fjärde våning tillkommit. Teckning av akademiritmästare A. Kastman från 1750-talet.

T h: Trappan i Lundagårdshuset med dess i spiral gående centralaxel tillkommen vid ombyggnaden 1732. Redan dateringen dementerar på källkritiska grunder legenden att Karl XII skulle ha ridit uppför trappan.

Sven Lagerbring och den svenska historien

Som sjuttonåring kom Sven Bring till Lunds universitet från ett prästhem i Göinge. Han hade vid akademin som lärare både Andreas Rydelius, Nehrman-Ehrenstråhle och Stobaeus; hans första tjänst vid universitetet var en visserligen oavlönad adjunktur i juridik. Under ett mellanspel i Stockholm, där han var informator för Axel von Fersen, gjorde han sig bekant med historiska urkunder i riksarkivet och antikvitetskollegium. Återbördad till Lund blev han 1742 professor i historia, efterträdare till Kilian Stobaeus d ä. Under sina tidiga professorsår presiderade Lagerbring vid ett stort antal disputationer, till ett sammanlagt antal av nära tvåhundra. Många var topografiska avhandlingar om företrädesvis skånsk lokalhistoria, andra var urkundspublikationer. De senare sammanfördes i sviten Monumenta scanensia. Här utgav han som den förste Kung Valdemars Jordebok och de för Lunds medeltida stiftshistoria och biskopshistoria viktiga verken Necrologium lundense och Liber daticus lundensis efter handskrifter som från domkyrkans bibliotek överförts till universitetsbiblioteket.

Innan han tog itu med det som skulle bli hans egentliga storverk, sin svenska historia, påbörjade han en handbok i lärdoms- och bokhistoria, Historia literaria eller inledning till vetenskapshistorien. Där har han givit en rundmålning av Främre Orientens och Medelhavsländernas älsta kulturhistoria. Vad han vill skildra är vetenskapernas utveckling från förstadier i tidiga myter i fenicisk, egyptisk och kaldeisk kultur fram till genombrottet hos grekerna. Först hos dem uppstod en vetenskap, värd namnet, först hos dem blev allting — med Lagerbrings ord — ''tydelighet, ordning och sammanhang''.

Upplysningsmannens utvecklingsperspektiv behärskar också hans Svea Rikes Historia. Han begynte den nära sextioårig; ett första band kom 1769, ett fjärde på 1780-talet; en oavslutad, femte del utgavs först i vårt eget århundrade av hans sentide efterföljare Lauritz Weibull. I skildringen av de älsta tiderna litar Lagerbring troskyldigt på Snorres, Ynglingasagans och de isländska sagornas berättelser om Fornjoter, om Oden och asarnas invandring. Men när han i andra delen når fram till den kristna medeltiden och det dokumentariska underlaget växer, tillämpar han en tidig källkritisk metod. Som källor väljer han då företrädesvis de med händelserna samtidiga urkunderna. Genom sin samlarflit hade han skaffat sig tillgång till ett större material av påvebrev, kungabrev och diplom än någon av sina föregångare. Han är sträng mot äldre generationer av historiker, antingen de hette Ericus Olai, Messenius eller Dalin. Han röjer upp bland lösa hugskott som fått status av historiska sanningar. ''I synnerhet — skriver han — bör man taga sig till vara att man icke antager en äldres gissning för en otvivelaktig

sanning. En lös mening eller oriktig uppgift kan ej genom tiden förvandlas
till en oemotsäglig händelse'' — så formulerar han en av den historiska kri-
tikens grundsatser.

Lagerbring som i en dissertation tagit upp det tidstypiska ämnet om his-
toriens bruk och nytta sparade inte på moraliska reflexioner om det förflut-
na i sitt historieverk. På upplysningstidens manér fördömer och förlöjligar
han den katolska kyrkans välde under medeltiden, ''den andäktiga yran'',
och avslöjar åtskilliga helgon som ''narrar, tokar, skälmar''. En av hans fö-
rebilder var den danske historikern Ludvig Holberg, upplysningsmannen
som verkade både som dramatiker och historieprofessor i Köpenhamn. Lik-
som denne har han lärt åtskilligt av de franska upplysningsförfattarna, har
känt till Pierre Bayles Dictionnaire philosophiques men också Voltaires Siè-
cle de Louis XIV. På samma sätt som Voltaire vill han i sin historia ge en
helhetsbild av det förflutna, inte bara en annalistisk uppräkning av fakta.
Men i likhet med äldre historiker av typen Bossuet visar Lagerbring i sin
framställning en fast förtröstan på att försynen länkar folkets och världens
öden.

Han hör till aristokratfördömarna i svensk historieskrivning. Angreppet
på adelsståndet i hans historia uppfattades i samtiden som ett förtäckt an-
grepp på ständerväldet; han hade heller inget tillövers för en riksdag, där
hattarna representerade den nya aristokratin. Själv var han rojalist och dedi-
cerade andra bandet av sin historia till Gustaf III. Den människosyn han fö-
reträder är skeptisk; han ser gärna egoism, penninghunger och maktlystnad
som motiv och drivkrafter i det historiska skeendet. Allt detta framställer
han i en stil som den efterföljande tiden med dess klassicistiska smak, kalla-

de "ohöfsad". Men den har stor åskådlighet, är ofta drastisk. Boileau som var hans favoritpoet hade i L'art poétique berömt sig av att kalla en katt för en katt. Lagerbring skriver: "Jag tillstår min svaghet. När jag får se en björn, kallar jag det en björn, och när jag träffar en ek, kallar jag det en ek. Skulle likväl en upplystare försäkra, att djuret vore ett lamm, och trädet en ceder, har jag däremot ingenting att påkomma. Min mening är alltid ombytlig mot bättre övertygelse."

Lagerbring var en av de första litterära skandinaverna. Det är inte bara hans lärjungeskap till historikern Holberg som motiverar benämningen. Till kretsen av hans korrespondenter på andra sidan Öresund hörde historieforskaren Jacob Langbeck. När Lagerbring själv en tid vistades i Köpenhamn år 1770, stod han i nära beröring också med historikern och samlaren Peter Fredrik Suhm. Till de svenska samlare, som bidrog med material till hans historia hörde hans elev Christofer Gjörwell.

Han var en av de lundensiska professorer som för sina förtjänsters skull blev adlad: av Bring blev Lagerbring. Han var vidare den förste lundensaren som invaldes i Lovisa Ulrikas vitterhets-, historie- och antikvitetsakademi. Hans anseende vid det egna universitetet var stort. Vid hans bortgång höll Anders Jahan Retzius ett minnestal som började med de högstämda orden: "Ho gitter neka, att Lund mist sin krona?"

Bilder av 1700-talets universitetsstad

Från mitten av 1700-talet finns en klassisk skildring av hur staden och universitetet tedde sig för en observant resenär. Carl von Linné besökte Lund på sin skånska resa i juni 1749 och skrev i minne av sin tidigare vistelse som studiosus i staden: "Akademien i Lund hade så ansenligen blivit förbättrad de ett och tjugu åren sedan jag här studerade, att jag näppeligen ville känna henne igen, vilket hon har mycket att tillskriva sina stora kanslerer, Gyllenborgarne." Linné syftar på Carl och Johan Gyllenborg som båda före Palmstierna innehaft kanslersämbetet. Vid sitt besök i akademihuset besåg Linné konsistoriesalen med dess samling av kungaporträtt och kanslersporträtt. Han visiterade i samma hus den nya anatomisalen och de tre rum som inrymde universitetsbiblioteket.

Men främst fästes hans uppmärksamhet vid den två år tidigare nyplanterade parken. "Lundagården som frammanför akademien var anlagd av vår makalöse överhovintendent, herr Hårleman, var oförliklet präktig med de många slags trän han var prydd, utom det att han var omgiven av en fast mur och stängd med tre vacka järnportar." Efter ritningar av rococotidens framstående slottsbyggare och trädgårdsarkitekt Carl Hårleman, hade alléerna planterats i de solfjädersformiga, geometriska mönster som i stort sett ännu i dag består. Anläggningen stod färdig två år före Linnés besök.

Redan tidigare hade den två och en halv meter höga Lundagårdsmuren rests och gjort området till en inhägnad plats. Muren hade kommit till stånd efter många och långa diskussioner i konsistoriet som skydd för akademihuset och dess närmaste omgivning mot fäkreaturen som ännu strövade fritt på gatorna men också som en barriär mot löst folk och landstrykare i 1700-talets Fattigsverige. Lundagårdsmuren kom också att få en symbolisk funktion: som en skiljegräns mellan det akademiska och det borgerliga Lund. En kort sträckning av muren eller rättare dess förlängning kring den ursprungliga Botaniska trädgården finns ännu bevarad vid Paradisgatans sydöstra sida. Räddad till nutiden är också en av de tre Lundagårdsportarna, den som hade sin plats i stenmurens östra öppning. Porten, en smidd järngrind mellan två stenpelare, prydd med ett överstycke av en förgylld krona är ett konstsmide av en Stockholmssmed, tillkommen på den praktälskande kanslern Carl Gyllenborgs initiativ. Portalen som flera gånger flyttats utgör nu huvudentrén till Kulturhistoriska museet i Lund.

Själva staden var, som Linné beskriver den, om sommartiden ett stycke akademisk pastoral, där man om morgnarna kunde höra herdarna blåsa i sina horn och skramla med sina ringstavar, då boskapen släpptes ut på fäladsmarkerna. Lika idyllisk är den skildring som Carl Christofer Gjörwell, La-

Den enda bevarade av de tre portarna i Lundagårdsmuren, nu grind vid Kulturhistoriska muséets huvudentré. Smidet är ett arbete av konstsmeden Setterström i Stockholm, på uppdrag av kanslern, Carl Gyllenborg.

Gamla Botaniska trädgården med orangerihuset och den rektangulära spegeldammen, numera universitetsplatsen med fontän och Palaestra. Längst till höger nuvarande Theologicum, där bakom den äldsta bevarade lasarettsbyggnaden.

gerbrings forne elev, ger av staden vid ett återbesök i mitten av seklet; han var själv inte bara en lärd samlartyp utan också ett stycke rousseauansk natursvärmare. ''Om sommaren — skriver han — är det en av de vackraste orter i riket och ligger ganska täckt i en lund av trädgårdar.'' Liksom andra samtida och senare besökare har han fäst sig vid trädgårdarna kring korsvirkeshus och stenbyggnader: vinrankor klättrade längs väggen i guldsmeden Holmströms hus; professor Eberhard Rosén odlade persikor och hans kollega medicinprofessorn Harmens, som nu bodde i det stenhus där Karl XII logerat, hade tobaksplantor i sin trädgård.

Gjörwell fortsätter sin entusiastiska skildring: ''Academihuset ligger så väl och härligt inom sina murar och trädgårdar att få utländska och ingen svensk academi har den situation''. Norr om akademihuset, på nuvarande universitetsplatsen, kunde han betrakta den dåvarande Botaniska trädgården. Dess mittparti var en fyrkantig spegeldamm med alléer på långsidorna, också denna anläggning utförd efter baron Hårlemans ritningar. Ännu

69

finns på universitetsplatsen ett par träd och någon enstaka buske kvar från den gamla Botaniska trädgårdens tid — ett par idegranar vid Lundagårds-husets östra gavel, en Thuja occidentalis strax invid Axel Ebbes skulptur Mannen som bryter sig ur klippan, och en knotig buske, Cornus mas, körs-bärskornell, som blommar med gula blommor på bar kvist invid Lager-brings staty i kanten av runstenskullen.

På dåvarande botaniska trädgårdens nordsida uppfördes ett orangerihus i sirlig fransk stil, en gåva av en skånsk adelsdam, Christina Piper på Krage-holm. Lagerbärsträd, cederträd, aloeträd, mandelträd och andra sällsynta träd och örter planterades där i lerkrukor och järnurnor. Att ha uppsikt över den Botaniska trädgården och orangeriet förordnades vid seklets mitt Erik Gustaf Lidbeck. Han hade några år tidigare varit Linnés följeslagare och sekreterare under Västgötaresan och hade som medicine adjunkt vid akade-min uppgift att undervisa i botanik, naturalhistoria och mineralogi; omsi-der blev han professor i naturalhistoria. I egenskap av föreståndare för Bota-niska trädgården — praefectus horti — fick han i uppdrag av Vetenskaps-akademien att befordra plantager av nyttoväxter, användbara inom hushål-len, inom läkekonsten och för färgerier. Han skulle också inför ständerna redogöra för sina resultat; det gällde att i merkantilismens anda nyttiggöra lärdomarna från naturalhistorien. På akademins mark men också i privata trädgårdar planterades tusentals mullbärsträd för silkesmaskodling; manu-fakturkontoret hade utlovat premier för det silke som framställdes i riket. Lidbeck gick med entusiasm till verket och skrev i Vetenskapsakademiens handlingar om mullbärsplantagerna i Skåne och de väntade resultaten av silkesmaskarnas flit. Försöken slog mindre väl ut; under några kalla vintrar på 1780-talet förfrös de flesta av träden; några meter sidentyg, tillverkade av silket från Lund är allt som återstår av det storstilade, statligt beskyddade projektet.

Jubileumsfest. Perspektiv över de första hundra åren

I sommarstaden Lund firades 1768 universitetets hundraårsjubileum med fest och pompa. Dagen var den 23 juni, den regerande kungens namnsdag. En livfull skildring av hundraårsfesten ger biblioteksmannen och lärdoms-historikern J. H. Lidén i sina dagboksanteckningar. Han hade kommit till staden i mitten av maj; redan då hade undervisningen upphört med tanke på disputationer och stundande jubileum. Förberedelserna hade varit omfattande. Rektor hade fått en ny kåpa av violett sammet med foder av guldgul taft. Musikkapellets pukor hade klätts med nytt skinn; en avdelning infanteri och en avdelning artilleri med åtta kanoner hade införskrivits.

Platsen för själva hundraårsfesten var liksom vid invigningen, domkyrkokoret; där höll ännu till vardags teologiprofessorerna sina föreläsningar. Ett tryckt Ceremoniel meddelade föreskrifter för festens gång och för processionsordningen. Festen öppnades med åtta kanonskott och med trumpet och pukeskall från observatoriets altan. Klockan nio satte sig processionen under klockringning i rörelse från akademihuset till domkyrkan som för dagen smyckats med tapeter. Gudstjänsten inleddes med musik av violiner, flöjttraver och oboe och med körsång. Varken kung eller kansler hade behagat infinna sig till festen, men deras närvaro markerades symboliskt av den tomma kungastolen och den tomma kanslersstolen, den förra med en blå, den senare med en röd sidenkudde. Akademins rektor, Gustaf Harmens, höll sin oration på modersmålet. Den hade som ämne "Vetenskapers och konsters flor under Adolf Fredriks milda regering". Först då klockan blivit två var akten till ända; vid uttåget sjöngs psalmen 305: Nu tacker Gud allt folk.

Efter en mellandag — midsommardagen — fortsatte festligheterna med promotioner, skilda dagar för de olika fakulteterna. Färgglädjen var stor: juristernas doktorshattar var överdragna med vitt sidentyg och hade blått band med guldtofs i hörnet. Läkarna hade ljusblått sidentyg på sina hattar med vita band och rosor; filosoferna fick — som än i dag — sina kransar. I promotionsceremonielet ingick flera senare uteslutna moment. Ett hette böckernas hopslående. Vid denna punkt i ritualen skulle de nyblivna doktorerna slå hop en öppnad bok, som de hade i handen, som tecken att de nu behärskade sin vetenskap. Ett annat, likaså försvunnet moment, var doktoralfrågorna: de ställdes och besvarades på latin.

I sin dagbok ger Lidén en rundmålning av förhållandena vid universitetet. Han meddelar en fullständig förteckning över den dåvarande akademistaten, säkerligen efter den i tryck på latin utgivna föreläsningskatalogen. I teologiska fakulteten fanns vid denna tid fyra professorer, i juridiska en, i medicinska tvenne. Filosofiska fakulteten ståtade med inte mindre än nio. Universitetsadjunkternas antal var elva, dessutom fanns åtta magistri docentes. Docenturerna hade successivt utvecklats ur konstitutionernas föreskrifter, som gav dem som disputerat pro gradu (alltså för doktors- eller magistergrad) jus docendi, rätt att undervisa i kateder och hålla föreläsningar. Till de nu nämnda lärarkategorierna kom språkmästaren som undervisade i franska, spanska och engelska, ytterligare kapellmästare, ritmästare, fäktmästare och dansmästare.

Lidén förhörde sig noga om avlöningsförhållandena. Enligt lönestaten fick professorerna nu som tidigare i lön 300 tunnor säd, hälften råg och hälften korn. Teologiprofessorerna hade prebendepastorat, liksom ett par av filosofiska fakultetens professorer. De teologie adjunkterna hade pastorat och en lön av 160 daler silvermynt, adjunkterna i filosofiska fakulteten 150 daler silvermynt, som vid denna tid emellertid ökades till 300.

Under sin vistelse i staden besökte Lidén en rad av universitetets lärare. Han ger porträtt i närbild, bland andra av Sven Lagerbring, som han kallar akademins främsta ljus "carolinæ lumen academiæ". Han gör påhälsning i de olika universitetsinstitutionerna, i myntkabinettet som stod under Lagerbrings uppsikt, i universitetsbiblioteket, som stod under Gustaf Sommelius vård, men var uppställt "trångt och illa" i akademihuset. I samma byggnad inspekterade han observatoriet och instrumentkammaren med den Mårten Triewaldska apparatsamlingen. Han promenerade i Lundagårds alléer av kastanj och valnöt och i den botaniska trädgården med sitt orangeri. Slutligen tog han del i jubelfesten i domkyrkan.

Under de hundra år som gått sedan universitetet grundats hade allt som allt över åtta tusen studenter inskrivits. Antalet nyinskrivna per år varierade under 1700-talets första årtionden mellan femtio och hundra. Efter 1730-talet steg siffran, föll på nytt kring seklets mitt, var under jubileumsåret 1768 uppe i 127 och år 1800 vid en obetydligt lägre siffra. Som högst var det *samlade* studentantalet under ett år vid universitetet 500; som regel betydligt mindre, under århundradets sista fjärdedel mellan två och tre hundra.

Nationernas antal var sju. I genomsnitt kom under hela 1700-talet hälften av alla studenter från de sydsvenska landskapen Skåne och Blekinge, de därnäst flesta från Småland. Mer än en tredjedel av studenterna kom från prästhem. Av samtliga gick över femtio procent till yrken inom kyrka, skola och universitet. Men under 1700-talets lopp skedde en långsam förskjutning i yrkesinriktningen: de blivande prästernas antal sjönk medan de blivande civila ämbetsmännen numerärt ökade.

För studenternas livsföring gällde fortfarande stränga regler — som ofta överträddes. Tidens studenter var i ålder som en senare tids gymnasister, mellan 15 och 20 år. Om vintern skulle de enligt gällande bestämmelser vara hemma i sina kvarter efter klockan nio, om sommartid klockan tio. Men de nattsvarta gatorna, där nästan all belysning saknades, lockade till "otidig nattegång" eller "nattebuller". Det kom till regelrätta sammandrabbningar mellan studenterna å ena sidan och stadens gesäller och lärgossar å den andra, ibland också studentnationerna emellan. Studenterna hade ännu rätt att bära värja, och värjan satt ofta löst i skidan. Förhören av de skyldiga hölls inför konsistoriet och kunde leda till fängelse i "proban", i svårare fall till relegation. Också andra former av utmanande studentikosa upptåg kunde förekomma. På akademins anslagstavla, dess tabula publica,

Teckning, troligen av akademiritmästare Martin David Roth, skildrande en offentlig slutexamination, "examen rigorosum". Mannen vid svarta tavlan, sannolikt matematikprofessorn Tegman, nummer två vid bordet akademiadjunkten, sedermera domprosten Chr. Wåhlin.

anslogs ibland som den tidens väggtidningar paskiller, smädeskrifter med nedsättande omdömen om universitetets lärare eller om stadens magistrat. Nöjestillfällena var i övrigt begränsade; kortspel var inte tillåtet, men kunde förekomma på offentliga ölstugor eller i privathem. År 1759 utfärdades ett offentligt förbud mot föreställningar av skådespelartrupper och kringresande konstnärer under studieterminerna.

Själva undervisningen skedde fortfarande mest i form av föreläsningar. Under 1600-talet hade föreläsningarna i alla fakulteter hållits på latin; nu hade svenskan börjat konkurrera, tidigare i Lund än i Uppsala. Lundakonsistoriet hade redan 1723 i sina Oförgripeliga tankar huru akademiska konstitutionerna synas kunna förbättras, fört fram tanken, att svenskan borde få användas både vid föreläsningar och disputationer. Man motiverade föreläsningar på svenska med att många som kom till akademin inte behärskade latin; vad disputationerna angår erinrade man om att disputationer hållits på svenska under Karl XII:s tid i Lund, då på kungens egen önskan.

Men ännu hölls examensförhören på latin; det övervägande antalet avhandlingar skrevs på detta språk, och latin förblev disputationsspråket. Liksom tidigare författades avhandlingarna som regel av professorn; han satt vid disputationen som praeses i den övre katedern, medan respondenten försvarade dissertationen mot utsedda opponenter från en lägre kateder. Endast inom de ekonomiska ämnena förekom enstaka avhandlingar på

73

svenska, och universitetsprogrammen utfärdades någon gång på båda språken.

Men det var franskan som skulle bli det nya språket på modet. Första gången det användes i officiella akademiska sammanhang var vid segerfesten över Karl XII:s slag vid Clissow, år 1702. En av talarna var en fransk student i Lund, Pierre Allegre, som sedan i mer än trettio år skulle fungera som språkmästare och språkgranskare vid akademin; utom i franska undervisade han också i tyska språket. Detsamma gjorde hans efterträdare på samma befattning, Ifvar Kraak, som dessutom hade tyskundervisningen om hand. På 1770-talet anställdes för första gången en docent i engelska och franska. De vidgade språkperspektiven speglar förskjutningar i det allmänna kulturella och vetenskapliga panoramat under 1700-talets lopp.

Som elever hade språkmästaren till att börja med framför allt haft adelsmän, som förberedde sig för le grand tour i Europa. Men också de studenter som hade för avsikt att försörja sig som informatorer — och det var en betydande grupp — hade fördel av att kunna behärska och lära ut de främmande, levande språken. Detsamma gällde de blivande universitetslärarna, även om deras kontakter med utländska lärda i brev och samtal ännu ofta skedde på latin.

Universitetslärdom och huvudstadskultur

Fortfarande betraktades den akademiska världen i Sverige som en bastion för latinherraväldet. Angrepp mot den akademiska latinkulturen som en förlegad bildningstyp kom från pressen i huvudstaden. Motsättningen mellan den mondäna, franskbetonade huvudstadskulturen och den åldriga universitetslärdomen kommer till uttryck redan vid seklets mitt i Lärda Tidningar, senare med ökad skärpa i Kellgrens Stockholms Posten. För att skaffa sig kunskaper som leder till borgerliga yrken, för studier i praktiska ämnen som naturkunskap, matematik och ekonomi behövs — så argumenterade man där — inget latin. Kellgren skrev:

"Med ett ord, ingen vetenskap finnes som förtjänar detta namn, om ej dess kännedom är gagnelig för allmänheten; följaktligen ingen, som ej borde avhandlas på modersmålet. Jag undantager — fortsätter han med upplysningsmannens leende ironi — allenast teologien och metafysiken, i vilka båda man aldrig kan vara nog okunnig, och dem ville jag råda att man avhandlade på Topinambusiska."

Kellgren är över huvud kritisk mot småstadsakademierna. Disputations-
väsendet betraktar han som en förlegad kvarleva från en gången tid. De
unga får, skriver han, lära sig ställa upp syllogismer efter Plennings Logica,
kunna namnen på alla troper och figurer i Vossius Retorica, lära utantill de-
finitioner i Omeisii Ethica. Men på det sättet lär de varken hantera sina be-
grepp, uttrycka sina tankar eller lära känna sina skyldigheter som medbor-
gare och människor.

Ett särskilt gott öga har Kellgren till Lundauniversitetet. Om händelser-
na i dess lilla värld kunde han få rapporter genom Lunds Weckoblad som
innehöll tidens akademiska nyheter. Två av Lundaakademins lärda är stän-
diga måltavlor för Stockholms Postens satir. Den ene är den stackars profes-
sorn i ekonomi, Trozelius, som flitigt skrev avhandlingar om de mest trivia-
la ämnen, tvingad att disputera för brödfödan — varje professor hade rätt
att kräva en viss summa av respondenten, då han presiderade för en av-
handling. Trozelius skrev om stängsel, om stenhus och publicerade inte
mindre än sexton fortsättningsavhandlingar om Guds underverk i naturen.
Händelsen kommenterades i Stockholms Posten i maj 1779: "I dag presi-
derade Economie Professoren Herr Doctor Trozelius för continuation av sin
disputation om Guds underwerk i naturen, ibland vilka detta arbete likväl
ej lär kunna räknas."

En annan av tidningens favoriter bland de lundalärda var universitets-
bibliotekarien Gustaf Sommelius. Han företrädde den samlartyp som var
vanlig under frihetstiden; han utgav inte mindre än 410 akademiska dispu-
tationer bland annat i orientaliska språk, i lärdomshistoria och biografi och
var tvivelsutan en för tiden ovanligt lärd man. Till hans insatser som per-
sonhistoriker hörde ett lexikon över lärda skåningar i många häften. Stock-
holms Posten kommenterar, när tjugoandra delen av detta biografiska ar-
bete utkommit: "Antalet av dem som kunnat latin i Skåne är dock ännu ej
medtaget, så att ämnen till fortsättningen av besagda lärda verk än på nå-
gon tid ej lär tryta."

I Lund blev man icke svaret skyldig på de ständiga angreppen mot akade-
min i Kellgrens tidning. En av fakulteternas dekaner formulerade till över-
ordnad myndighet sin protest i en särskild skrivelse. Om Stockholms Posten
sägs det där, att i denna tidning "religion, lärda språk och vetenskaper
samt hela vårt nuvarande undervisningsverk i synnerhet det academiska,
häcklas, förkastas och göras löjliga med den fräckaste myndighet, men utan
minsta försyn och blygsel, och allt vad den ärbara och vördade ålderdomen
såsom gott, anständigt och gagneligt samt med Guds uppenbarelses före-
skrift och borgerliga samhällets bestånd och vältrevnad överensstämmande
stadgat, nu begabbas, tadlas och förklaras odugeligt med yttersta förakt och
löje".

Vad Stockholms Postens Kellgren och hans meningsfränder i sin temperamentsfulla polemik förbisåg, var att 1700-talets universitet också var en härd för den nya upplysningen. "Vetenskaperna är alltså det ljus, som upplyser folk som i mörkret vandra", hade Linné sagt, och i själva verket hade inom naturvetenskaperna det nya ljuset börjat lysa också i Lundauniversitetets skumma lärosalar. Fysikprofessorn Conrad Quensel hade varit den förste professor, som i Sverige offentligt försvarade den kopernikanska världsbilden; i en disputation från 1714 polemiserade han mot astrologernas tro på stjärnornas inflytande över människornas öden. I en annan disputation hade den gamla alkemins fördomar bekämpats. Newtons fysik hade slagit igenom på bred front, och Aristoteles auktoritet hade inom etik och rättslära förklarats otjänlig och obrukbar av professorn i praktisk filosofi, Johan Nelander, en av företrädarna för naturrätten vid mitten av 1700-talet.

Men det skulle dröja ännu ett trettiotal år tills landsortsuniversiteten skulle ta ledningen i den intellektuella och litterära debatten. Då hade romantikens revolution skett i tänkesätt, konst och vetenskaper, ett systemskifte, som i filosofins historia brukar ledas tillbaka till Kant och hans kopernikanska omvälvning.

Filosofiskt systemskifte

Immanuel Kant introducerades i den lundensiska världen tidigt nog. Det skedde med tolkningen till svenska av hans estetiska traktat Beobachtungen über das Gefühl des Schönen und Erhabenen. Översättningen publicerades år 1777 i Lunds Weckoblad, den av juristprofessorn Lars Colling grundade tidning, där dåtidens unga Lund fann ett litterärt forum. Översättaren var docenten i tyska, Johan Henrik Denell, väl orienterad i samtida tysk litteratur och ivrig Wertherbeundrare.

Vid tiden för den första Kantöversättningen i Lunds Weckoblad, hade den tyske filosofen ännu själv inte publicerat det verk, som bildar en avgörande skiljelinje i filosofins historia, Kritik der reinen Vernunft. Först i denna skrift, tryckt 1781, framlägger Kant sin originella undersökning av den mänskliga kunskapsförmågan och dess räckvidd. Enligt Kant är vi genom vår kunskapsförmågas art för alltid bundna inom de gränser som våra sinnesiakttagelser och vårt förstånd utstakar. Vi är så inrättade att vi bara kan tänka oss den yttre verkligheten, fenomenens värld, i rummets och tidens former. Vårt förstånd hämtar inte sina lagar utifrån, utan föreskriver naturen dess lagar; orsakslagen är den viktigaste av förståndets kategorier. Däremot är vi förhindrade att få kunskap om vad som kan dölja sig bakom fenomenvärlden; om ett bortomvarande ting i sig — das Ding an sich —

har vi ingen kunskap. Att det finns en osinnlig verklighet och en frihetens värld, är för Kant en nödvändig trossats. I känsla av vördnad stannade han inför stjärnhimlen över våra huvuden och den moraliska lagen i människans inre.

Samma år som översättningen av Kants estetiska traktat publicerades i Lunds Weckoblad, blev Mattheus Fremling adjunkt i filosofi i Lund och fyra år senare professor i teoretisk filosofi. Det var Fremling, som jämte professorskollegan i praktisk filosofi, Lars Peter Munthe, i föreläsningsserier presenterade Kant för den unga generationen av studerande. Fremling hade tagit sin magistergrad i Greifswald år 1770 och möjligen redan då träffat på Kants skrifter. Under följande decennium — närmare bestämt 1784 — nämner han Kant som en av samtidens djupsinniga logiker och metafysiker.

Fremling hade börjat sina studier under en tid, då ännu den wolffianska traditionen dominerade. Efter magistergraden drev han studier i naturvetenskap och medicin i Uppsala och Stockholm. Därigenom fick hans tänkande en mer empirisk, rentav fysiologisk inriktning; han citerar nu gärna både engelska och franska upplysningsfilosofer: Locke, D'Alembert och Condillac. På 1790-talet föreläste han om Kants Kritik av det rena förnuftet. Själv ställde han sig i viss grad kritisk till de tankar han förmedlade, och avfärdade Kants lära om rummet liksom hans moralfilosofi med det kategoriska imperativet.

In på det nya århundradet föreläste Fremling över Fichtes idealism och över Schellings natur- och identitetsfilosofi. Det senare ledde till ett ingrepp av dåvarande universitetskanslern, Lars von Engeström, som befarade "unga huvudens förvillande". Fremling försvarade lärofriheten med framgång. Han såg som sin uppgift — med hans egen formulering — "att oavbrutet fortskrida med tidevarvet, övergiva gamla villor utan att fastna för nya". Typisk för hans på samma gång öppna och kritiska inställning är hans yttrande i samband med en disputation: "Skall vetenskapens framgång befordras, så måste stridiga lärobyggnader icke mindre nu än tillförne fortvara; och ingen av dem må tillåtas att /———/ tränga sig fram till en monopolistisk läsrättighet." Så tecknar han programmet för en från skolbildningar obunden lundensisk filosofisk universitetstradition. Fremling har påverkat både Thorild och Tegnér, de främsta begåvningarna bland hans elever.

Men han levde inte endast i de filosofiska abstraktionernas värld. Om Fremlings pedagogiska metod berättar en av hans studenter, att han lyckades fånga intresset genom exempel, hämtade från det praktiska livet "varmed han kryddade de torraste delar av filosofien, såsom logiken och ontologien". En annan av eleverna berättar en episod från det tillfälle då han som student kommit för att låna böcker ur professorns bibliotek. Han fann

Fremling stående på sin gårdsplan bakom korsvirkeshuset på Kiliansgatan i färd med att kasta ut havre till en mängd gäss, höns, ankor och kalkoner, som råkade i slagsmål om födan. Kraftmätningen bland fjäderfäna gav honom anledning till en kort föreläsning i praktisk filosofi om de stridande intressena i samhället — en typisk scen från den akademiska bondbyns 1700-tal.

Samtida med Fremling var Lars Peter Munthe, innehavare av den lärostol som hade benämningen juris et philosophiæ practicæ professor. Också han hade tillträtt sin professur på 1780-talet. I sina angrepp mot den wolffska rationalismen hämtade han sina vapen från den engelska moral senseskolans filosofer, från Hutcheson, Smith och andra. Samtidigt återknöt han till äldre lundensisk tradition, till Andreas Rydelius och hans lära om sinnena och förnuftet. Från 1790-talet försvarade han ivrigt Kants praktiska filosofi, som han försökte bringa i harmoni med sin tidigare moral senseåskådning; vad Kant kallar det praktiska förnuftet ville han identifiera med vad hans äldre lärofäder kallat common sense.

Framställningen av Munthes kollegium i etik känner vi bland annat genom de föreläsningsanteckningar som gjordes av den unge Esaias Tegnér. Till Munthe stod Tegnér i ett personligt förhållande. Det är också Tegnérs karakteristik av sin lärare, som oftast blivit citerad: ''Munthe som föredrog moralfilosofien var en av de ädlaste män som någonsin suttit på en akademisk lärostol. Han var en ivrig Kantian, och dels genom samtal, dels genom de böcker som han lämnade mig till genomläsning förde han mig in i denna för mig främmande värld. Vitterhet älskade han mycket och uppmuntrade ofta mina försök i denna väg.''

Under inflytande från den engelska moral sense-skolan och den tyska kantianska filosofien stod också en tredje lundensare, Tegnérs lärare i estetik, Anders Lidbeck, professor i detta ämne från 1801. Hans karriär är ett exempel på den då ännu existerande rörligheten i det akademiska befordringsväsendet. Efter magisterpromotionen, där han var primus, blev han docent i naturalhistoria, det ämne där hans far, Erik Gustaf Lidbeck, var professor. Han gjorde sig samtidigt känd för insikter i ''vitterheten'' och fick i uppdrag att meddela den undervisning i ämnet, som enligt ett kungligt brev skulle finnas vid universitetet knutet till sysslan som universitetsbibliotekarie. Lidbeck gjorde betydande insatser också för biblioteket, vars tidiga historia han skrev.

I sina föreläsningar i ''Aesthetiken och därtill hörande delar'' utgick han från den vid denna tid — också i Köpenhamn och Uppsala — så högt skattade Eschenburg och hans Theorie der schönen Künste. Liksom Eschenburg hade han perspektivet öppet mot engelsk litteratur och filosofi och citerade gärna den engelska 1700-talsempirismens auktoriteter men också Shaftesbury. År 1796 föreläste han med utgångspunkt från Kants estetik i hans Kritik der Urtheilskraft. Lidbeck sökte, som flera av sina jämnåriga, kompromissa mellan gammalt och nytt, och avvisade Kants rigorism i hans moraliska filosofi. Han följer Schiller i dennes strävan att ta konsterna till hjälp i människans moraliska fostran för att bringa harmoni mellan människans sinnliga och förnuftiga natur. I sin egen litterära smak stod han kvar på den gamla skolans ståndpunkt. I sina studentminnen berättar P. G. Ahnfelt att Lidbeck i biblioteket vänt ett porträtt av Spinoza med ryggsidan utåt och hängt Schellings porträtt upp och ned ''till att beteckna att den författaren alltid står på huvudet''. Det hindrade honom inte att i tryck ge ut en framställning av de estetiska systemerna, från Wolff och Baumgarten till Schiller och Schelling.

Det var på Lidbecks initiativ som den då ännu unge okände värmländske studenten Esaias Tegnér fästes som amanuens vid universitetsbiblioteket och sedan som docent i estetik.

Den nya språkforskningen

Från Tyskland kom nya impulser inte bara i filosofin och estetiken utan också inom språkforskningen. Tiden var nyklassicismens.

Det förnyade studiet av de antika klassikerna inriktades inte — som tidigare — exklusivt mot formen utan mot hela det antika kulturarvet. En av nyklassicismens främsta representanter i Tyskland var Johann August Ernesti, professor i fornklassisk litteratur och vältalighet i Leipzig, kallad den tyske Cicero. En förnyelse av det orientaliska språkstudiet inleddes samtidigt av Johann David Michaëlis, professor i filosofi och österländska språk i Göttingen. Båda fick elever som omsider blev framstående lärare vid det lundensiska lärosätet.

Ernesti hade som lärjunge Johan Lundblad, en fattig torparson från Halland. Hans begåvning hade uppmärksammats av hemortens präster, och han kom efter att ha gått i Göteborgs gymnasium som stipendiat till Tyskland år 1774. Det var mitt under Wertherperioden, och Lundblad tog djupa intryck av tidens sentimentala modeströmning. Som elev av Ernesti disputerade han och promoverades i Leipzig, fortsatte sina studier i Halle och Greifswald och blev, återvänd till hemlandet, först docent, sedan professor i romersk vältalighet och poesi. Han företräder den tidiga typ av nyklassicism som ännu fann sina mönster och ideal i den romerska litteraturen. Själv skrev han formfulländad latinsk vers och en perfekt ciceroniansk prosa. Lund blev genom hans insats ett av de sista reservaten i Europa för den romerska vältaligheten. Medan de klassiska studierna i Uppsala samtidigt genomgick en nedgångsperiod, lockade Lundblad en generation av begåvade studenter till det klassiska studiet, vilka senare skulle bära upp den klassiska traditionen vid universitetet: bland dem Anders Otto Lindfors och Esaias Tegnér.

Lundblad var en förmögen och praktisk man, ägde det största professorshemmet i staden och betalade den högsta skatten näst biskopen. Till hans inkomster bidrog det boktryckeri och den bokhandel som han inrättat i Lund efter mönster av vad han sett i de tyska lärdomsstäderna. Han blev på äldre dagar ett skrattretande professorsoriginal, utsatt för P.G. Ahnfelts skarpa iakttagelser och giftiga penna. Hans entusiasm över de latinska författarnas stil kunde förenas med en sentimentalitet av förromantiskt märke, inhämtad i hans ungdoms Tyskland. Hur denna blandning tedde sig framgår av en av Ahnfelts anekdoter i hans Studentminnen. Lundblad skulle översätta Ciceros vändning i ett brev, där han tilltalar adressaten "mi Cotta". Lundblads ord föll: "Ett skönt uttryck, mina herrar! Cicero vill säga: min Cotta, min kära Cotta, min egen, min enda Cotta". Och — fortsätter Ahnfelt — "nu runno tårarna utför hans kinder". En lika älsklig bild av poeseos professor Johan Lundblad, bortdrömd och förlorad i antikens värld, ger författarinnan Cecilia Bååth-Holmberg i sin en gång så uppskattade berättelse från det gamla Lund i boken När seklet var ungt; där går han under namnet professor Livius.

Av annat kynne var hans kollega, professorn i orientaliska språk, Mathias Norberg, liksom Johan Lundblad framstående vältalare på latin. Sina tidiga studieår hade han haft i Uppsala, där han blivit docent i grekiska. Med kungligt understöd anträdde han år 1777 en utländsk resa som över Tyskland, Holland, England och Frankrike förde honom till Italien. I Parisbiblioteket upptäckte han en orientalisk handskrift, som han skulle utge under titeln Adamsboken och som skulle göra hans namn berömt. Till Paris hade detta manuskript märkligt nog förts av en landsman till Norberg, den i Lund utbildade Johan Otter, som efter resor i Orienten blivit professor vid Sorbonne på 1740-talet. I ambrosianska biblioteket i Milano gjorde Norberg en avskrift av ett annat, föga känt manuskript, Codex Syriaco-Hexaplaris.

I Norbergs resplaner ingick att i Konstantinopel träffa samman med en annan svensk orientalist, Jacob Jonas Biörnståhl, flitig brevskrivare och samlare av arabiska, persiska och turkiska handskrifter. Under sin orientaliska resa hade Biörnståhl blivit utnämnd till professor i österländska språk i Lund. Men tjänsten kom han aldrig att tillträda. Han dog dessförinnan i Saloniki; han och Mathias Norberg träffades aldrig. Ensam fick Norberg nu fortsätta sina språkstudier i Turkiet under ledning av turkiska lärda. Samtidigt skaffade han sig religionshistoriska kunskaper. På hemväg till Sverige höll han i ett lärt samfund i Göttingen en föreläsning om sabéernas religion

Mathias Norberg (1747—1826)
"Orientens vän och Nordens
heder". Oljemålning av akade-
miritmästare Martin David
Roth. Norberg bär på porträttet
den av Gustaf III införda
"svenska dräkten".

och språk, senare tryckt i samfundets skriftserie. I Göttingen umgicks han med den germanska världens orakel i de orientaliska språken, den tidigare nämnde Johann David Michaëlis.

Mathias Norberg utnämndes till professor i österländska och grekiska språken i Lund år 1780. Sin verksamhet som utgivare började han med att publicera den kodex han funnit i Milanobiblioteket, den syriska texten till några av Gamla Testamentets profeter, med bifogad latinsk översättning. Det väntade storverket, översättningen av Adamsboken, numera kallad Ginza, skattkammaren, föregicks av ett stort antal latinska avhandlingar under Norbergs presidium. I sin helhet utkom det först in på 1800-talet. Översättningen är ett arbete på närmare tusen sidor i liten kvart, omfattande syrisk text och latinsk översättning.

Det skulle dröja ytterligare femtio år, innan den mandeiska dialekt, som Adamsboken är skriven på, blev tillfredsställande grammatiskt bearbetad, och det skulle dröja hundra år, innan en enligt nutida bedömning tillfredsställande översättning av Parismanuskriptet utgavs. Mathias Norberg var den oförvägne men — försäkrar en senare tids sakkunskap — otillbörligt slarvige pionjären. I romantikens Sverige och ute i Europa där många av diktarna drogs mot Orienten och dess religiösa urkunder blev Adamsboken högt skattad; redan Michaëlis trodde sig i denna finna "Orientens egen rikedom''. Erik Johan Stagnelius, som en kort tid studerat i Lund, byggde sin mytologi i Liljor i Saron delvis på Adamsboken och dedicerade följdriktigt sin diktsamling till Norberg. Esaias Tegnér, som studerat grekiska för Norberg, tillägnade sin forne lärare den episka dikten Nattvardsbarnen. I dedikationsdikten gav han en karakteristik av Norberg som universitetets vise patriark: ''Du Orientens vän och Nordens heder''. Ahnfelt har givit en bild av honom som föreläsare i katedern över Jobs bok.

> ''Med ljungande slag belyste han den uråldriga texten, först återgivande den med fotografisk noggrannhet, sedan förklarande den med tillhjälp av sin rika orientaliska fornkunskap och sin på ort och ställe förvärvade bekantskap med österns natur och folkliv /———/ Till slut gav han en mera lätt och fri översättning av det hela, dock utan all parafrastisk bredd.''

Han lämnade sin professur och lämnade Lund två årtionden in på 1800-talet. I en skrivelse till universitetskanslern motiverade han sitt avsked med följande ord: ''Min återstående själs och kropps förmåga ämnar jag få ägna i stillhet åt några arbeten i min vetenskap, som jag ej hunnit fullborda.'' Det är en troskyldig suck ur ett emeritihjärta. Det hör till pjäsen att det sista arbete han under sena år sysslade med — en jämförelse mellan ett stort antal språk för att visa deras gemensamma ursprung — står metodiskt helt främmande för den vid denna tid frambrytande, moderna jämförande språkforskningen.

Naturvetenskap i 1700-talets Lund. Det första vetenskapliga samfundet

Någon blomstring motsvarande den som naturvetenskaperna under frihetstiden upplevt i Linnés, Scheeles och Torbern Bergmanns Uppsala har Lund inte att uppvisa. Först med Anders Jahan Retzius fick universitetet en forskare som, i likhet med Linné, behärskade alla naturens tre riken. ''Min vetenskap'', sade han, ''är ett hav.''

Han var befryndad med två av Lunds lärdomssläkter, Rydelius och Stobaeus. Sin bana började han som apotekselev i Lund, inskrevs som student på 1750-talet, avbröt studierna för en apotekarexamen i Stockholm, och återvände till Lund för en akademisk karriär. Efter att ha promoverats blev han docent, först i kemi, sedan i naturalhistoria och samtidigt botanices demonstrator. Han utnämndes 1786 till ordinarie professor, först i eko-

Anders Jahan Retzius (1742—1821), professor i naturalhistoria, stiftare av Fysiografiska sällskapet, ledamot av Vetenskapsakademien och Lantbruksakademien samt ett antal utländska lärda samfund.

nomi, sedan i naturalhistoria och ekonomi efter Erik Gustaf Lidbeck, slutligen även i kemi.

Under docentåren samarbetade han med tidevarvets mest geniale kemist, Carl Wilhelm Scheele, bland annat under dennes tid som apotekare i Malmö. Tillsammans med Scheele lyckades han framställa vinsyra i kristallinisk form och publicerade på Scheeles uppmaning resultaten av sina kemiska experiment i Vetenskapsakademiens handlingar. En annan av hans kemiska analyser gällde citronsyran — på nytt aktuell i våra dagars biokemi. Resultatet av denna analys publicerades i samma skriftserie.

Hans föreläsningar handlade omväxlande om zoologi, botanik, mineralogi och kemi. Där och i sina tryckta verk är hans huvudintresse att systematiskt beskriva och ordna de olika områdena inom "naturalhistorien". En utvidgad och i systematiken förbättrad upplaga av Linnés svenska fauna utgav han i Leipzig, omfattande däggdjur, fåglar, amfibier och fiskar, Fauna Sueciae pars prima. Inom botaniken faller arbeten om Skånes flora men också det internationellt uppmärksammade verket Observationes botanicae (1779—91), i sex folioband med kolorerade kopparstick. Flera av de svenska örter han avbildar och beskriver har han själv först upptäckt; utöver de svenska arterna avbildas många dittills okända växter från exotiska länder. I den botaniska trädgården i Lund lät han plantera träd och buskar från Sibi-

83

rien och från Nordamerika. Typisk för tidens nyttoinriktade botanik — som alltså ämnesmässigt kombinerades med ekonomi — är inriktningen i hans arbete Flora oeconomica Sveciae eller Swenska wäxters nytta och skada i hushållningen. Det var en handbok för självhushållare i det agrara Sverige, där odalmännen kunde inhämta nyttiga kunskaper om foderväxter och oljeväxter, om kryddväxter, virkesträd och pilhäckar. Boken kom ut ett par år in på 1800-talet och förblev ett länge använt uppslagsverk, prisbelönt av Vetenskapsakademien.

Som systematiker och samlare ägnade sig Retzius också åt att bringa samman fossila fynd från skånska torvmossar, bl a av uroxe. Med en uppsats om dessa fynd lade han grunden för den kvartärpaleontologi som fått en högborg vid Lundauniversitetet. Han samlade vidare fornsaker; på hans initiativ delades den forna Stobaeiska naturaliekammaren i ett naturhistoriskt och ett kulturhistoriskt museum. Till det förra skänkte han utom sitt herbarium på över 20 000 arter sina zoologiska och geologiska samlingar; till det senare sin samling av antikviteter.

Han var den siste i Sverige som i sin forskning omfattade hela naturalhistoriens område; efter hans bortgång klövs den professur han haft i trenne. Genom sitt universella engagemang var Retzius också en av sin tids mest stimulerande lärare. Till hans elever hörde både blivande botaniker som Carl Adolph Agardh och Elias Fries, en entomolog som Carl Fredrik Fallén, och zoologen, geologen och arkeologen Sven Nilsson.

Sjuttonhundratalet var de lärda samfundens tid. Både i Uppsala och Stockholm hade sådana sällskap grundats. I Lund tog Anders Jahan Retzius initiativet till universitetets älsta ännu existerande lärda samfund, Fysiografiska sällskapet, stiftat 1772. Ordet fysiografi betydde närmast naturbeskrivning, och enligt stiftelseurkunden skulle medlemmarna främst ägna sig åt att utforska och belysa Skånes naturalhistoria och ekonomi; senare har verksamheten utvidgats att omfatta alla naturvetenskapens och medicinens grenar. De första medlemmarna var lundensare; tidigt invaldes en dansk ledamot, veterinärprofessorn P.C. Abildgaard. Kretsen vidgades ytterligare; på 1770-talet invaldes både Carl von Linné och bröderna Ahlströmer; också enstaka lärda med humanistisk inriktning som Sven Lagerbring och Christofer Gjörwell bereddes plats. Sällskapet, som fick kunglig sanktion 1778, gav ut Handlingar och ett kortlivat Magazin; i Handlingarna, för vilka Gjörwell var förläggare, trycktes åtskilliga av Retzius egna uppsatser. Han var länge sällskapets sekreterare och blev vid dess rekonstruktion — sedan det under en period inställt sin verksamhet — från 1815 dess præses. På Fysiografiska sällskapets initiativ restes Retzius byst i brons på universitetsplatsen, den forna botaniska trädgården. Året var 1906.

Invalet av Abildgaard i Fysiografiska sällskapet är ett tecken bland andra på de förnyade kontakterna med Köpenhamn och danskt vetenskapligt liv.

I själva verket hade förbindelserna mellan Lund och Köpenhamn aldrig varit helt avbrutna. Från mitten av 1700-talet hade de blivit livligare; både Kilian Stobaeus och Sven Lagerbring hade nära förbindelser med danska kolleger; den senare vistades ju i Köpenhamn för sina historiska forskningar. Flera av den medicinska fakultetens studiosi och blivande professorer sökte sig till den danska huvudstaden för att där ta del av den kliniska undervisningen.

Under 1700-talet hämtades också en lärare från Köpenhamns universitet: språkmästaren Ivar Kraak. Hans verksamhet som undervisare i franska, spanska och engelska sträckte sig över fem årtionden; han utgav bland annat en fransk och en engelsk grammatik. I religiöst avseende tillhörde han herrnhutismen, en riktning, som eljest hade få förespråkare vid det fortfarande strängt renläriga Lundauniversitetet.

Från Danmark kom vidare den förste i en släkt som skulle spela en väsentlig roll i universitetets boktryckarhistoria, Carl Gustaf Berling. Som efternamnet antyder tillhörde han samma familj som i Danmark grundat Det Berlingske Bogtrykkeri och Berlingske Tidende. På 1740-talet anhöll nämnde Berling om de akademiska myndigheternas tillstånd att få upprätta boktryckeri i staden; han övertog rättigheten efter en ättling till akademins andre boktryckare av släkten Haberegger. På sin officin utgav Berling under 1700-talet bland annat Sven Lagerbrings Svenska historia, ett antal akademiska program och tal, från 1775 Lunds Weckoblad, andaktsböcker, folkböcker och kistebrev. I fyra generationer fortsatte samma släkt att driva det Berlingska boktryckeriet. Bland mera kända tryckalster som bär Berlings namn på titelbladet märks Mathias Norbergs Codex Nasareus med syrisk och arabisk text, Schlyters samling av svenska lagar, Thomanders Theologisk Qvartalsskrift, en rad Tegnértryck — bland dem dikten till Karl XII:s minne, Nattvardsbarnen, Axel och avskedsföreläsningen — Carl August Hagbergs Shakespeareöversättningar och en del av Sven Nilssons arbeten. Från det allra första häftet trycks också hos Berlings Svenska Akademiens Ordbok.

Förbindelserna mellan Lund och Köpenhamn, som markeras av namnen Kraak och Berling intensifierades under 1700-talets sista decennium. Under 1790-talet vistades i Lund den danske litteratören Jens Kragh Høst, i nära förbindelse med flera av universitetslärarna, bland dem Anders Lidbeck. Høst var en av dem som tidigast strävade att åstadkomma samförstånd mellan de nordiska folken. Han grundade 1795 tidskriften Nordia och året därefter Det skandinaviske Literurselskab. I de dansk-svenska publikationerna Nordia och Skandinavisk Museum trycktes bidrag från både köpenhamnskt och lundensiskt universitetshåll; i det skandinaviska litteratursällskapet inträdde som svenska ledamöter Lidbeck, Retzius, den blivande medicinprofessorn Florman och historikern Sjöborg.

Lunds universitet, en gång grundat som en nationell motvikt mot universitetet i den danska huvudstaden hade börjat träda i allt närmare förbindelse med det geografiskt närbelägna lärosätet. De återknutna kontakterna pekar fram mot den livligare litterära, kulturella och politiska skandinavism, som kom att prägla atmosfären i studentstaden under det kommande århundradet.

Sturm und Drangstämningar. Ekon av franska revolutionen

Den kritiska och radikala form av upplysning med franska förtecken som vunnit insteg i den gustavianska huvudstadens kulturliv och som satte sin prägel på stora delar av pressen, på kungens hov och akademi kom — som tidigare utretts — aldrig att få något genomslag vid de svenska universiteten.

Däremot fann den förromantiska strömningen, Sturm und Drangtidens känsloladdade uppror mot förtorkad intellektualism, tidigt genklang hos en ung studentgeneration. Under 1770-talet kom två av den svenska förromantikens blivande koryféer, Thomas Thorild och Bengt Lidner till Lund, närmast från gymnasiet i Göteborg. Båda kom för att studera juridik.

Decenniet var vänskapssvärmeriets, naturdyrkans och sentimentalitetens tid. Thorild knöt vänskapsförbindelser med flera av sina jämnåriga, dokumenterade i tidstypiska brev. En av hans nära vänner var den unge Johan Lundblad, nyss hemkommen från Wertherfeberns Tyskland. Med ungdomlig livskänsla reagerade Thorild mot det allmänna tvång och pedanteri som han mötte i lärdomsstaden; han kände sig moraliskt död i denna "lärdomens öken" med dess "grälar" och "terrible ortodoxer". I staden lade man märke till hans sällsamma vanor; tidigt på morgonen vandrade han upp till Helgonabacken för att därifrån betrakta soluppgången. "Gå du i templet och tillbed Messias, jag går upp på Helgonabacken och tillbeder naturen", skall han ha sagt till en av sina jämnåriga en tidig pingstmorgon.

Thorild och Lidner tog livlig del i nationssammankomsterna, där orationer och disputationer ännu hörde till ordningen för dagen. I den göteborgska landskapsföreningen, där Eberhard Rosén Rosenblad var inspektor, framträdde båda offentligt. Thorild höll ett märkligt tal år 1778, där han lade fram grundtankarna i sin kommande filosofi, tog ställning till samtidens tänkare, främst Rousseau, försvarade tankefriheten och fördömde Sorbonne. Bengt Lidner försvarade vid en disputationsakt i samma nation ett antal teser, bland dem den latinska sentensen In lacrymis voluptas — i tårar vällust; nationskamraten Thorild fungerade vid samma tillfälle som opponent.

I Lunds Weckoblad publicerade de unga förromantiska författarna sina vittra alster. Lidner inledde tidningens första nummer med en hyllningsdikt till Gustaf III och skrev åtskilligt i tidens sentimentala stil, författade bl a ett ode över magisterpromotionen 1775. Thorild tryckte i Lunds Weckoblad ett sorgekväde på känslosam prosa. Över huvud speglar tidningen på ett intressant sätt de nya strömningarna inom akademin.

Thorild och Lidner var två stormsvalor för en ny generation. Det finns tecken på ett ökat självmedvetande och en viss radikalisering av studentkåren fram på 1790-talet, efter franska revolutionen. Från början av detta årtionde bar studenterna — långt före studentmössans tid — som kårmärke en kokard på hatten. Sympatierna för den franska revolutionens idéer framträder öppnare i Juntans Uppsala, men enstaka episoder antyder liknande stämningar i Lund. Ett studentupplopp 1793 kom av åklagarmyndigheterna att tolkas som en radikal politisk manifestation. Det fanns vid detta tillfälle åtskilliga adelsfamiljer i staden, inflyttade från landet, efter vad som påstods, i ängslan för vad som hänt deras ståndsfränder i Frankrike. Några

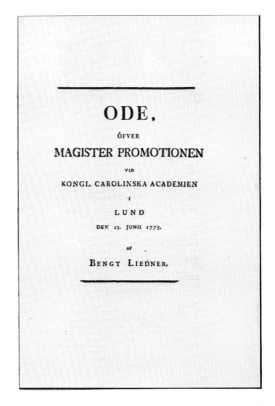

Titelblad till det ode som Bengt Lidner
författade till magisterpromotionen i
Lund den 23 juni 1775.

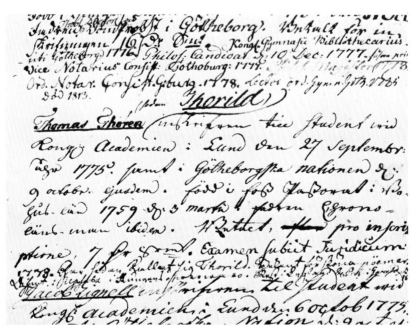

Sida ur Göteborgs nations matrikel med notiser om Thomas Thorén, sedermera Thorild (namnteckningen egenhändig) — hans inskrivning, examina och "sköna poemer".

officerare i staden anordnade en bal, från vilken man avsett att stänga ute alla studenter genom höga biljettpriser. Medan balen pågick samlades en hop uppretade studenter under rop och buller utanför. De tvingade ut en löjtnant som fällt förgripliga yttranden om studenterna för att göra offentlig avbön. I en rapport från militären framställdes uppträdet som ett utslag av tygellös jakobinism. Någon av studenterna skulle ha sjungit en mot adeln riktad politisk visa, som sades vara kommen från Uppsala och som erinrade om den franska revolutionsvisan "ça ira". Följande år fann man en vårmorgon på Lundagård ett frihetsträd planterat med inskriften L'arbre chéri sacrifié à la liberté. Vid båda tillfällena sökte universitetets rektor bagatellisera händelserna. Men Reuterholm och hertig Karl visade sin misstro mot studenterna genom att vid en Skåneresa aldrig besöka staden Lund.

Till frihetsvännerna i den unga studentgenerationen hörde — till sin faders, biskopens förtvivlan — också läkarstuderanden Eberhard Zacharias Munck af Rosenschöld, i tidens fullbordan professor i teoretisk medicin. Han gäller för att vara författare eller möjligen översättare av en anonym bok om den franska revolutionens män från 1799. Under resor i Europa under nästa sekel trädde han i förbindelse med flera av tidens ledande politiska personligheter.

Jakobinska sympatier och beundran för den unge Bonaparte — i hans roll som kämpe för friheten och förnuftet mot despoterna — visade också en ung student som år 1799 kom till Lund. Han hette Esaias Tegnér. När man i den värmländska nation som han tillhörde vägrade de yngre studenterna rösträtt och lät nationskurator och seniorer ensamma bestämma, såg han i det auktoritära styrelsesättet en direkt parallell till den despotism, som franska revolutionen vräkt över ända. Upprörd frågade han i ett brev, på tal om de förnuftsvidriga regler som ansågs gälla i studentnationen: ''Äro de sådana som anstå ett fritt samfund eller sådana som anstå en asiatisk trälande hop? Äro de förnuftets och rättvisans eller despotismens och fåväldets?''

De politiska revoltstämningarna skulle söka sig nya uttryck under det kommande seklet. Men det var inom vetenskap och vitterhet som en revolution fullbordades i den svenska romantikens 1800-tal.

3
1800-talet. Från romantik till positivism

(Bilden på föregående sida.)
Sandgatan med Lundagårdsmuren på 1820-talet. Längst fram t v ligger Sylvanska gården, senare Akademiska Föreningens första hem. T v om Lundagårdshuset syns den nya annexbyggnaden till akademien, uppförd i början av 1800-talet och riven 1897. Invid Lundagårdsmuren skymtar flera personer; den mest voluminöse skall enligt en samtida tradition vara filosofiprofessorn Mattias Fremling.

Tidsskifte

Romantiken innebar — för att citera Esaias Tegnérs ord i Reformationstalet 1817 — "en omvälvning i tänkesätt, i vetenskap och konster".

Impulserna till den svenska romantiken kom främst från tyska filosofer, forskare och diktare. En ny, organisk helhetssyn — motsatt den föregående tidens mekaniska förklaringsmodell — kom att prägla både naturvetenskaper, medicin, juridik och humaniora.

Hade i Sverige under den gustavianska epoken huvudstaden varit kulturlivets centrum, flyttades med romantikens inbrott tyngdpunkten till universiteten. I Tyskland hade universiteten i Jena och Heidelberg varit bålverk för den romantiska strömningen. I vårt land kom Uppsala och Lund att spela motsvarande roll. Här studerades den filosofiska idealismen, Schelling, Schleiermacher, Fichte och senare Hegel. Här befriades den stelnade teologiska dogmbyggnaden långsamt ur rationalismens och neologins grepp. Här återupptäcktes den grekiska antiken, idealiskt tolkad i Winckelmanns och nyhumanismens anda. Här utforskades den nationella historien, uttydd som en spegling av nationens innersta liv. Här skrevs och lästes de nya dikterna.

Under Napoleonkrigen hade i Tyskland ett nytt universitet skapats i Berlin i tecknet av den tyska nationella samlingen. Bakom dess program stod män som Schleiermacher, Fichte och Wilhelm von Humboldt. Filosofi och humaniora gavs en plats i förgrunden; samtidigt bereddes en plats åt naturvetenskaperna. En rangplats fick den nya bildningshärden ett par årtionden in på 1800-talet genom en framsynt rekryteringspolitik.

Framstående lärda inom skilda ämnen kallades till Berlin: bröderna Jacob och Wilhelm Grimm, den historiska germanska språkforskningens grundläggare, filologen Karl Lachmann, de homeriska och de medeltida eposens utforskare, Leopold von Ranke, den dåtida tyska historievetenskapens främsta namn, Karl von Savigny, grundaren av den historiska skolan inom rättsvetenskapen. I Berlin hölls det första stora internationella naturforskarmötet år 1828.

Impulser från de tyska universiteten, från tysk filosofi, tysk teologi, tysk filologi, tysk historievetenskap och juridik, senare också tysk naturvetenskap kom att utöva ett dominerande inflytande på 1800-talets Lundaakade-

Lars von Engeström, universitetskansler för Lunds universitet 1810—1824. Oljemålning av Pehr Krafft d y.

mi. Det är ett tänkvärt faktum att både Jacob Grimm, Karl Lachmann och Friedrich Schleiermacher besökte Lund, dit redan vid seklets början Ernst Moritz Arndt från Greifswalduniversitetet funnit vägen. Det är också ett känt förhållande, att en rad lundensiska akademiker stod i personlig kontakt med sina tyska kolleger och — som Agardh och Tegnér — sökte upp dem på ort och ställe under resor söderut.

Europeisk bildning, men närmast av fransk typ, präglade den man som under tidigt 1800-tal var Lundauniversitetets kansler, Lars von Engeström. Han var samtidigt utrikesminister, hade tidigare varit diplomat, var biskopsson från Lund och på mödernet befryndad med lärdomssläkten Benzelius. Ett lärosätes historia kan sällan skrivas som dess kanslerers. Men det tidiga 1800-talets är i viss mån ett undantag. Det var i icke ringa grad Lars von Engeströms förtjänst att universitetet under hans tid blev en bildningsinstitution att räkna med. "Den som icke går fram med sitt århundrade går tillbaka" var ett av hans maningsord till universitetet och dess lärare. Det var på hans personliga initiativ som flera av lärosätets mest framstående män — bland dem Tegnér och Agardh — knöts till professorstjänster, utan att han för övrigt bryddе sig om att följa gällande lagar och förordningar för befordran.

Men hans bildningsiver hade en avigsida. Professurerna inrättades utan att motsvarande löneanslag kom till stånd. En av de nyutnämnda professorerna kunde med rätta i ett brev klaga: "Det är ett vanligt, ehuru ofördelaktigt förhållande, att de yngre lärarna vid Akademien ofta hela 6—8 åren och längre nödgas tjäna lönlösa, även om de under tiden haft sig ålagda professors funktioner." I bästa fall fick den nyutnämnde professorn fortsätta att uppbära sin lön från en tidigare, lägre tjänst vid akademin och invänta att en företrädare eller någon äldre kollega avgick med döden.

Fram till 1830-talet var universitetet en självförsörjande institution, uteslutande hänvisad till de intäkter av akademigods och tiondemedel som på 1600-talet ställts till dess förfogande. En förändring kom till stånd i och med att ständerna från år 1830 beviljade ett nytt, statligt anslag till rikets båda universitet. Men det dröjde ytterligare tio år, till 1842, innan medel för nya professorslöner utanordnades; samtidigt anslogs för första gången medel till ett begränsat antal emeritilöner.

Bakom dessa reformer låg utredningar och förslag, som framställts av Stora uppfostringskommittén, också kallad Snillekommittén. Den hade utsetts för att se över rikets allmänna undervisningsverk. I kommittén hade invalts landets ledande intelligenser bland universitetsmännen; från Lundauniversitetet ingick Tegnér, Agardh och Lindfors, från Uppsala bl a Geijer och Grubbe. I Stora uppfostringskommitténs principuttalanden kommer romantikens allmänna kulturperspektiv, dess syn på bildning och utbildning klart till uttryck. I slutbetänkandet slås fast, att universiteten skall vara medelpunkten för nationens vetenskapliga bildning, centrum för dess intellektuella liv. Lärosätena måste ha en universell inriktning och, såvitt möjligt, omfatta hela området för allt mänskligt vetande. Forskningsresultaten inom de olika vetenskapsgrenarna skulle sammanfogas till en harmonisk enhet; så återupplivas drömmen om en universitas scientiarum. Det var i stort sett samma syn på universitetens roll, som inskrivits på det vid 1800-talets början grundade Berlinuniversitetets program, utformat av män som Humboldt och Schleiermacher.

Motsatsen mellan begreppen bildning och utbildning är aktuell i debatterna inom uppfostringskommittén. Tegnér förklarar i ett brev redan år 1824 att universiteten numera har ett dubbelt ändamål: ett egentligen vetenskapligt och ett praktiskt. I det förra avseendet, det vetenskapliga, ser Tegnér universitetet som "icke blott Nationens utan Tidens gemensamma sensorium". I det andra avseendet ser han det som ett praktiskt institut för att utbilda ämbetsmän — så som man betraktat det under 1700-talet. Om syftena kolliderar, upphäver de varandra. Tegnér föreslår som lösning av konflikten att man bör fördela undervisningen så, att universitetsadjunkterna skall åta sig befattningen med ämbetsexamina, medan professorerna skall få tid och möjlighet att ägna sig åt det rent vetenskapliga.

Både Tegnér och Agardh vill samtidigt slå vakt om universitetets kritiskt skolande uppgift. "Skepsis är alltid den akademiska undersökningens utgångspunkt, och självdom, egen auktoritet dess slut"; orden är Agardhs i ett bekant yttrande. Samma inställning har Tegnér givit uttryck åt i Epilogens bevingade ord, riktade till tidens akademiska ungdom :

En var kan icke bli en genius
på säkra vingar stigande mot ljuset
men vem som vill kan pröva förr'n han dömer
kan fatta själv den sanning han besvärjer
kan känna själv det sköna han beundrar.

Den yttre ramen

Den yttre ramen kring universitetets verksamhet förändrades långsamt, i etapper under 1800-talets lopp. Trots ett begränsat studentantal med omkring 100 nyinskrivna per år vid seklets början och en akademisk lärarstab av blygsam storlek var universitetet trångbott. I april år 1800 lades grundstenen till en ny byggnad, som stod klar två år därefter. Officiellt hette den "Nya akademien"; det gängse namnet blev "Kuggis". Namnet förklaras av att det nya akademihuset, som gav plats åt rektor, räntekammare och kansli, också inrymde den lokal, där examina hölls, bland annat den inträdesexamen som först år 1863 ersattes av studentexamen vid läroverken. På gamla fotografier från Lundagård skymtar Nya akademien, ett tvåvåningshus i nyantik stil med lågt sadeltak. Den var en av två planerade flygelbyggnader, avsedda att resas på var sin sida om det gamla akademihuset. Bara den ena kom till utförande; den revs ned efter mindre än hundraårig tjänst, år 1897.

Samtidigt med att den Nya akademien kom till, rustades den gamla upp. En tredje våning byggdes, ritad av C.G. Brunius, där bland annat universitetsbiblioteket tills vidare fick sin plats. Boksamlingen var stadd i växande; år 1799 omfattade den 18 000 volymer men hade under den nitiske Lidbecks vård vuxit till 32 000. Det större auditoriet på bottenplanet, den gamla Carolinasalen, behölls och renoverades; en av professorerna anmärkte på den — sedan också av andra påtalade — oseden bland studenterna att skära namn i bänkar och skrank.

I kapitelbibliotekets forna byggnad, Liberiet, söder om domkyrkan, inreddes en fäktsal. Det var här Per Henrik Ling ledde övningarna under sin

Lundagård med universitetets år 1802 uppförda och år 1897 nedrivna annexbyggnad, kallad Kuggis.

tid som universitetets fäktmästare åren 1805—1813. Han hade under seklets tidiga år vistats i Henrik Steffens och Adam Oehlenschlägers Köpenhamn och där gripits av den nordiskt romantiska väckelsen. Till den nordiska renässansen i sitt hemland bidrog han inte bara genom sitt gymnastiska system utan också med sina lika storvulna som förfelade försök att skapa poesi i götisk anda.

Centralplatsen för det akademiska livet i Lund var nu liksom tidigare Lundagård, som ännu låg omgärdad av murar. Där promenerade lärare och studenter, där skred de högtidliga akademiska processionerna fram mellan akademi och domkyrka. När studentbeväringen infördes, blev Lundagård exercisfält. Den var festplats på första maj, då studenterna samlades under de nylövade kronorna och sjöng den gamla vårsången Maj är välkommen!; under tidiga år på 1800-talet kunde man ännu på Lundagård också få höra

Marseljäsen. Efter ceremonin på Lundagård drog studenterna vidare, dansade på Lilla Torg och tågade i slutna led genom stadens gator, förbi professorernas bostäder, ropade "vivat" och någon gång "pereat".

Den spontana sången ersattes längre fram på århundradet med ordnad körsång. Sedan Tegnér skrivit sin Majsång — Se över dal och klyfta — tonsatt av Haeffner, blev denna dikt ett obligatoriskt inslag i sångrepertoaren. Efter det att Lunds studentsångförening grundats något av 1830-talets första år och Otto Lindblad blivit dess dirigent, kom hans tonsättningar att dominera på repertoaren. Prins Gustafs studentsång — Sjungom studentens lyckliga dag — hör också till majfirandet; sången fick sitt genomslag efter seklets mitt. I organiserade former förekom majfester med maskeradupptåg från 1850-talet, då det studentikosa sällskapslivet över huvud taget upplevde en tid av ny blomstring.

Vid två tillfällen fick studenterna anledning att träda i bräschen för att skydda sin kultplats och sitt revir, Lundagård. Träden hade under de 50 år som gått, sedan de planterades, vuxit i höjden och skulle enligt ett konsistoriebeslut av år 1802 beskäras. Åtgärden uppfattades som en vandalisering av helig mark och ledde till ett studentupplopp, där akademin så när för alltid hade mist den unge, lovande student som hette Esaias Tegnér. Beväpnade med stammar och grenar från de kapade träden begav sig en uppretad skara studenter till rektor Engelharts hus. Enligt Tegnérs egen skildring blev han, i egenskap av primus vid årets promotion, nära nog tvingad att delta i protestmarschen. Hunna till rektors bostad på Bredgatan uppstämde studenterna ropet "pereat Rector, vivat Lundagård". Tegnér blev efteråt kallad till rektor och hotad med relegation, om han inte uppgav namnet på sina upproriska kamrater. Tegnér vägrade; det hela upplöstes i intet eftersom det fanns andra professorer som skyddade Tegnér och gärna såg att rektor fick en näsbränna.

Lika inflammerad blev situationen, då frågan om Lundagårdsmurens vara eller icke vara kom på tal. Muren hade inte bara topografisk utan symbolisk innebörd: innanför låg Lundagård som ett fridlyst territorium. Den nye kanslern, Lars von Engeström, uppvuxen i Lund, var som god lokalpatriot angelägen om att den yttre ramen kring akademins byggnader skulle vara prydlig. I det syftet föreslog han att murarna skulle rivas och Lundagård på så sätt få ett friare läge. På 1810-talet revs också den södra muren, men övriga lämnades kvar. Tjugo år senare befanns de vara i så uselt skick att man inte ansåg sig ha råd att reparera dem. En kommitté inom konsistoriet föreslog att murarna äntligen skulle demoleras. I protokollet från 1836 kan man avläsa, hur röstningen utföll. Beslutet om rivning avgjordes med rektors utslagsröst.

Men därmed var frågan inte utagerad. Ett antal yngre lärare och studenter ingav en petition, med yrkande att murarna skulle få stå kvar. De anförde som motivering att murarna skyddade platsen för vindar och yrväder; alla visste, hur svår blåsten svepte kring domkyrkan. De angav också estetiska skäl och slutade skrivelsen: "För närvarande utgör Lundagård en avskild, på visst sätt lantlig plats mitt i staden, varest man, utan att störas av stadslivets rörelse och trafiken på gatorna med lugn och stillhet kan överlämna sig åt meditationer samt efter mödosamma timmar, använda vid studierna, kan rekreera själens och kroppens krafter."

Skrivelserna från lärare och studenter ledde inte till något resultat. Beslutet i konsistorium upprepades. Carl Georg Brunius, universitetets expert i byggnadsfrågor, fick uppdraget att anskaffa ett stängsel i form av stenpelare med järnkättingar. I april 1837 började rivningen. Den utlöste ett nytt, remarkabelt studentupplopp. Ett rykte hade spritts, att det var universitetets prokansler, den åldrige biskop Faxe och hans biskopinna som för att få bättre utsikt från deras tillfälliga bostad vid Lilla Torg, ville ha bort muren. Studenternas vrede växte, och en aprilkväll kastade någon en sten in genom ett fönster. Den hamnade i biskopens sovrum och träffade hans högvördighet i huvudet. De ansvariga dömdes till relegation av den akademiska domstolen; i samband med ett senare kungabesök blev de benådade, på förbön av biskopen själv.

Till episoden med stenkastningen mot biskop Faxes hus är en av de klassiska men möjligen apokryfiska Tegnéranekdoterna förknippad. Verkan av den sten som Faxe fick i huvudet skulle ha blivit, att biskopen blev fri från den huvudvärk, som han tidigare förgäves sökt bot för. Tegnér skall enligt anekdoten ha gratulerat biskopen med orden: "Jag lyckönskar dig att hava övervunnit din sjukdom. Blir du stenad en gång om året, så blir du, ta mig f. . . odödlig." I viss mån blev Tegnér sannspådd; den gamle biskop Faxe överlevde i varje fall honom själv. Tegnérs förhoppning att som biskop få återvända från Växjö till Lund grusades för alltid.

Som regel var studenternas vardag en händelselös tillvaro i inackorderingsrum och studentkaserner. Rummen var påvert möblerade — ett bord, en säng, en stol, ofta inte mer. Studentkasernerna fick pittoreska namn. En kallades Mekka — husets hyresvärd sades vara snål som en turk — andra hette Lyktan, Glädjen, Långholmen, Riddarhuset eller försågs med latinska namn som Locus peccatorum och Locus virtutum, syndarnas hus och dygdernas. Det förstnämnda, Locus peccatorum, ett korsvirkeshus, står fortfarande kvar på Kulturhistoriska museets mark. Det har fått sitt namn efter en tragisk händelse år 1829, då en av studenterna som bodde i huset blev dräpt av en nationskamrat. Gärningsmannen dömdes och avrättades; över den dräpte skrev Tegnérepigonen Assar Lindeblad ett tårdrypande kväde.

Sederna kunde fortfarande vara hårda; handgemäng mellan studenter och gesäller, "brackor", förekom långt fram mot seklets mitt. Det gick ofta hett och häftigt till under denna form av beslöjad klasskamp. Under ett

Skumraskbravader. Teckning av C. G. W. Carleman i boken En students miss-
öden, med text av A. J. Afzelius, år 1845.

bråk, då några studentbeväringar var inblandade, dyker Viktor Rydbergs
namn upp i förhörsprotokollen.

Men som regel var umgängesformerna, inom akademin, tillfredsställan-
de, åtminstone om man får döma av denna bild av en observant iakttagare,
den danske universitetsmannen Christian Molbech, i hans Breve fra Sverri-
ge i Aaret 1812. Han skriver:

> ''Jeg har i Almindelighed fundet Omgangstonen i Lund, saavel imellem
> de academiske Lærere indbyrdes (i hvis Kredse jeg naturligvis mest har
> levet) som imellem Professorer og Studenter, om ikke den elegante Ver-
> dens, (der ikke altid er den aedelste) dog meget god og anstaending. Det
> har fornøiet mig at see Professorerna omgaaes de Studerende med Ven-
> lighed og liberal Artighed, (hvori man har sagt mig, at de skulle overgaa
> Professorerna i Upsala).''

Omdömet om Lund som präglats av en mer demokratisk umgängeston än
Uppsala återkommer hos memoarförfattare genom tre århundraden.

Tillfällena till kulturella förströelser var högst begränsade. I ett ofta citerat brev från 1826 talar Tegnér om Lund som "en akademisk bondby, där man sällan ser andra spektakel än dem studenterna improviserar på gatorna, eller konsistoriales inom fyra väggar". I själva verket hade redan 1759 införts förbud mot spektakler — alltså teaterföreställningar — under terminerna; studiefliten fick inte störas. De resande teatersällskapen — den Stenborgska och senare den Djurströmska truppen — uppträdde företrädesvis under ferierna. Ännu 1853 avgick från Lunds akademi en skrivelse till den överordnade myndigheten, där det åt kanslersämbetet överlämnades att efter omständigheterna pröva och förordna, huruvida i universitetsstäderna skådespel under lästerminen finge uppföras.

Studenterna i inackorderingsrum och studentkaserner hade "väckare" som kom tidigt på morgonen och gjorde upp eld i kakelugnar. Vanorna var tidiga; föreläsningarna hölls som regel om morgnarna. Studenternas matordning var av enklaste slag. Många bar hem sin mat från storkök ute i staden i "mathämtare", två eller tre på varandra ställda tennskålar som hölls samman med en rem. Andra hade fört med sig det mesta av sin mat hemifrån; den kunde månadsvis förvaras i en matkista. Ett flertal studenter kom ännu från hem på den skånska landsbygden. Under de första tio åren av 1800-talet räknar man med att 26 procent av studenterna var prästsöner, 19 procent bondsöner; fram på 60-talet hade prästsönernas antal minskat men bondsönernas ökat.

Tegnér och Lundahumanismen

Som portalfigurer till romantikens epok i Lundauniversitetets historia står en värmlänning och en skåning: Esaias Tegnér och Carl Adolph Agardh. En meningsfull slump ordnade det så, att de skrevs in som studenter samma dag i universitetets matrikel: den 4 oktober 1799.

"Herr Tegnér är bland den studerande corpsen den kvickaste och kunnigaste jag känner." Så formulerade sig Anders Lidbeck, universitetsbibliotekarie och estetices professor, i en skrivelse till universitetskanslern år 1801, där han rekommenderade den unge Tegnér som extra amanuens vid biblioteket. Platsen var oavlönad men gav innehavaren rätt att räkna tjänsteår, ett för tidens befordringsväsende typiskt arrangemang. Tegnér blev sysselsatt med katalogiseringsarbete vid biblioteket; från hans hand härrör bland annat en katalog över avdelningen estetik. Samtidigt drev han studier i filosofi, lekte — för att citera hans egen ironiska jargong i ett brev — "blindbock med Kant", och disputerade på en avhandling om Kants tinget i sig. Docentur i estetik fick han 1803; den var liksom extra amanuenstjänsten en oavlönad syssla. Då Lidbeck år 1808 var tjänstledig för att fungera som universitetsrektor, höll Tegnér som hans vikarie föreläsningar under rubriken Inledning till estetiken. De bevarade föreläsningsmanuskripten visar, att han tillgodogjort sig den Kant-Schillerska uppfattningen av konsten; i sin privata undervisning har han angivit som ämne "artem poeticam", poesins konst. Det var inom denna konst han skulle vinna sin berömmelse.

Från år 1812 är Tegnér uppförd i föreläsningskatalogen som professor i grekiska. Han hade för sin akademiska karriär tvekat mellan anbud från Anders Lidbeck och Mathias Norberg. Den senares professur omfattade kombinationen orientaliska språk och grekiska, men grekiskan hade under Norbergs tid fått komma i andra rummet. Norberg insåg det rimliga i att skilja ut grekiskan som ett fristående ämne. Till kanslern, Lars von Engeström, skrev han: "En graecæ lingva professor är nödvändig och har varit här av ålder. Därmed kunde vår omistelige Tegnér fästas vid akademien." Tegnérs vetenskapliga barlast inom klassiska språk var inte tyngande; för en tidig liten avhandling om Anacreons liv hade han haft Norberg som praeses. Universitetskanslern tog saken i egna händer och lät utnämna Tegnér

Carl Adolph Agardh och Esaias Tegnér inskrivna sida vid sida i universitetets studentmatrikel den 4 oktober 1799.

till graecae lingva professor, utan att bry sig om proceduren med ansökan och förslagsrum.

Om de tio år då Tegnér verkade på denna professur skriver han i sina självbiografiska anteckningar: "Grekiskan blev ett studium på modet; och jag kan utan skryt säga, att jag lämnade denna litteratur både mera känd och aktad vid Akademien än jag mottog den." Själv såg han i den grekiska odlingen höjdpunkten i antikens historia; det var hans övertygelse, formulerad redan i hans första föreläsning som professor. Han prisar där "de gamles humanitet" som en integrerande del i all mänsklig bildning. Den tyska nyhumanismens ideal, förkunnat av Herder, Schiller, Goethe och Humboldt, är också Tegnérs.

En av hans beundrande elever, Peter Wieselgren, adjunkt i estetik, docent i litteraturhistoria och universitetsbibliotekarie, tolkar samma nyhumanistiska inställning, då han i sina brev om akademin i Lund skriver: "Jag anser att Academierna böra stå likt fornvärldar i sammandrag, mitt i den nya tiden." Han fortsätter: "Hit träde ynglingen i sin livligaste ålder, här genomleve han Roms och Greklands historia, sammansmälte han med dess författare, tänke han med dess filosofer och sjunge han med dess skalder."

Tegnér höll sina första föreläsningar om Homeros tidevarv och levnad; under senare år föreläste han bl a om Pindaros hymner och om Thukydides. Den homeriska frågan var genom tysk antikforskning aktuell. Tegnér

103

anlägger ett historiskt synsätt och ansluter sig liksom F.A. Wolf och Friedrich Schlegel till tanken att de homeriska dikterna är produkter av "ett episkt tidevarv", inte av enskild författare.

Om Tegnér som föreläsare har P.G. Ahnfelt berättat i sina Studentminnen. Skildringen börjar "Först verterade (översatte) han ordagrant med den finaste lingvistiska analys och textkritik". "Därefter", heter det,

"belyste han stället från historisk synpunkt och antikvarisk samt återgav det slutligen fritt. Då var honom ingen flykt för hög, ingen anspelning för fin, ingen kombination för djärv."

Fortsättningen i Ahnfelts Minnen ger ett stycke klassisk lundensisk miljöhistoria:

"Tegnér var även en mycket punktlig föreläsare. På slaget 3/4 till 2 e m lät han väcka sig ur sin middagssömn, den han aldrig lät frånpruta sig, stod genast upp, samlade sina anteckningar och lade dem vid sidan av den rapsodi eller hymn, han för dagen skulle utlägga, drack ett glas, stundom vin, stundom ock vatten och gick i sakta mak och med något lutande gång, med den omistliga mopsen vid sin sida, utan att iakttaga, vad som föregick omkring honom, till bestämd ort, blickade ett slag uppåt, när han inträdde på Lundagård, gick sen lik en drömmande upp i lärosalen, intog katedern, slog doktorshatten ('trollhättan', som han kallade den) i pulpeten, där den stundom blev liggande hela föreläsningen över, och började läsa, i begynnelsen litet sömnigt, men snart tog det sig, och tonen blev, icke egentligen behaglig, ty den hade väl mycket av nasalljud, men uttrycksfull och levande. Läste han då över Pindarus, blev han snart inspirerad och kunde någon gång glömma, vad klockan var. Ingen påminnelse från auditorium störde honom då, ty alla voro tacksamma för en sådan överläsning. 'Jag tror, klockan är många', kunde han säga, när han kom ned på trappan från akademihuset, och sade även något annat gott ord till de ynglingar, som följde honom ut på Lundagård, mellan vars skuggor den grekiske siaren försvann."

I det klassiska bildningsarv som Tegnér förde vidare ingick den platonska idéläran i den form den förnyats av samtidens tyska filosofer, av Schelling och Fichte. Den utgör grundränningen i den poetiskt filosofiska åskådning som präglar hans poesi efter det romantiska genombrottet kring 1810. Den finns med som ett inslag i hans tolkning av kristendomen, sådan han ger uttryck åt den i sin diktning och i predikningarna, både från tiden som prebendepastor i Stävie under Lundaåren och under biskopstiden i Växjö.

Som medlem av uppfostringskommissionen fick han anledning att övertänka och i någon mån revidera sin inställning till det klassiska arvets roll för nutiden. Han ställer sig här ingalunda avvisande till den nya bildningens rätt; han har insikt i att den naturvetenskapliga omvälvningen redan präglat och skulle komma att prägla den nya tiden.

Tegnérs roll i Lundauniversitetets historia kan inte mätas efter pedagogiska insatser eller efter tryckta vetenskapliga skrifter. Vad han presterat i den vetenskapliga avhandlingens form var obetydliga småsaker som inte satt några spår vare sig i internationell eller svensk diskussion; de delar därmed ödet av många samtida — och senare — akademiska alster. Hans betydelse låg på ett annat plan.

Genom sin poesi och sin talekonst skänkte han glans och berömmelse åt sitt universitet. Med de minnesdikter han skrev om sin ungdoms universitetslärare — Munthe, Fremling, Lidbeck, Lundblad, Norberg — skapade han ett traditionsmedvetande inom akademin som knappast funnits tidigare. Hans stora akademiska tal — alla på svenska — innehöll program och paroller som väckte genklang i vida kretsar. Så det tal han höll i Carolinasalen vid reformationsjubileet 1817, där temat var själva epokskiftet mellan upplysningstid och romantik. Så också det tal han höll som avskedsföreläsning vid de akademiska föreläsningarnas avslutande 1824.

Kritik hade riktats mot det i latinitetens form stelnade disputationsväsendet och mot den ålderdomliga promotionsceremonin. Tegnér tog upp utmaningen. I sin Epilog vid magisterpromotionen 1820 göt han nytt innehåll i denna gamla rite de passage genom den poetiskt djupsinniga tolkningen av lärdomssymbolerna: ringen, diplomet, lagerkransen. Samtidigt formade han sin promotionsdikt till 1800-talshumanismens stora credo. Vid en senare magisterpromotion — år 1829, då också en av hans egna söner fick magistergraden — lyfte han akten i domkyrkan till symbolisk dignitet genom den inlagda, improviserade hyllningen till skaldebrodern Oehlenschläger. ''Det var en syn för Italien, knappast för Norden'' skrev hans vän och kollega Agardh om lagerkröningen av den danske skalden. Tegnér befäste den från 1700-talet framväxande samhörigheten mellan universiteten i Lund och Köpenhamn — Oehlenschläger var själv professor i den estetiska vetenskapen. Gesten fick en djupare innebörd; de bevingade orden om Nordens enhet och den övervunna splittringen blev ofta upprepade paroller för den framväxande akademiska skandinavismen under ett halvsekel framåt.

Det är knappast heller någon överdrift att säga, att Tegnér skapade den lundensiska myten. Lund är för honom ''Saxos gamla stad''; därmed knöt han an till de medeltida lärda traditionerna. Kultplatserna i den akademiska geografin, Helgonabacken och Lundagård, gav han en poetisk status. Helgonabacken satte han som titelförslag på sin sena, aldrig fullbordade historiska dikt kring Lunds medeltida historia; Lundagård, vars träd blivit kapade i hans tidiga ungdom, finns med i snart sagt alla de av hans dikter som har med staden, akademin, och hans lärare att göra. I dikten Flyttningen, där han ser tillbaka på de många åren i Lund fäller han orden:

Här har min själ sitt fädernesland. Fastvuxen är hon
Lundagård vid ditt valv, buret av pelarestam.

När han i en tidigare dikt bjuder avsked åt sin vän Per Henrik Ling, då denne år 1823 flyttade från Lund till Stockholm, försummar han inte att erinra om Lundagård, även om tonvikten i dessa två rader faller på det ord, som markerar förbehållet, ordet ändå:

Över mycket gott ändå
välver Lundagård sin krona.

Tegnér var ingen kritiklös lokalpatriot. Många av hans yttranden vittnar om en total respektlöshet gentemot akademiskt väsen, en attityd av samma slag som man möter i 1700-talets lärdomssatir. Han, om någon, var "Lundaskeptiker"; hans spefulla, ironiska ton har bildat skola i senare lundensisk tradition. Den finns hos hans sonson, Elof Tegnér, universitetsbibliotekarien, inte i hans officiella universitetshistoria men väl i hans privata anteckningar om det slutande 1800-talets Lundaakademiker. Den återuppstår hos Bengt Lidforss i hans porträttsamling av akademiska undantagsgubbar, hos Torgny Segerstedt d ä i många av hans I Dag-artiklar om det akademiska livet, liksom i Olle Holmbergs journalistik. Men denna ton av ironi och kritik paras hos Tegnér — liksom hos alla de nu nämnda — med en känsla av samhörighet och hemkänsla i den lokala miljön. Kort innan han utnämnts till biskop i Växjö skrev Tegnér i ett brev till sin överordnade och gynnare, universitetskanslern von Engeström: "Jag älskar dessutom Lunds akademi som min själs fädernesland, och jag är skyldig densamma vida mer än jag hittills kunnat betala."

Den krets, där Tegnér spetsat sin replikkonst och kvickhet kallades Härbärget. Sitt namn hade den fått efter den lokal, där herrklubben brukade samlas, en fastighet norr om Lilla Torg, som tidigare varit gästgiveri. Där bodde från 1813 två av Tegnérs nära vänner och kolleger. Den ene var Magnus Bolméer, vid denna tid adjunkt i historia och senare Mathias Norbergs efterträdare som professor i orientaliska språk. Den andre var akademiadjunkten Christopher Isac Heurlin som hade många strängar på sin akademiska lyra: romersk vältalighet, matematik och ekonomi, senare också teologi. Hit kom som gäster Anders Lidbeck, estetikern, Holmbergsson, juristen; en trofast deltagare var också Carl Adolph Agardh. I denna klubb for-

Kyrkogatan, sedd från söder i början av 1870-talet. På höger hand ligger Härbärget, ett tvåvånings korsvirkeshus, samlingspunkten för den Tegnérska sällskapskretsen.

mades — skriver Tegnér — ''kärnan till åsikter och tänkesätt som sedermera ej blevo utan inflytande på Academien. /———/ Men kastade boll med idéer och infall som väl kunde förtjänt att bliva allmännare bekanta''. Här har Tegnér läst upp sina nyskrivna dikter, också de polemiska och politiska. Här har man diskuterat litteratur och vetenskap, dagens händelser och dagens skvaller; här har man kokat hop akademiska intriger — också som intrigör för egen räkning hade Tegnér utpräglad begåvning. Han hade skaffat sig en tämligen fri ställning vid akademin, manifesterad bland annat vid det tillfälle, då han vägrade att åta sig rektoratet, en under denna tid på 1800-talet årlig tjänst som eljest cirkulerade bland professorerna.

Härbärgets akademiska sällskapsklubb är ett exempel bland många på att det intellektuella livet i en universitetsstad bäst trivts i små, begränsade cirklar. Av denna sociologiskt intressanta typ av gruppbildning finns det spår redan på Thorilds och Lidners tid i Lund. Den krets, där Viktor Rydberg rörde sig på 1850-talet, kallad Sjustjärnan, är en formation av samma slag. Av liknande typ är De unga gubbarna — D U G — på 1880-talet,

107

Tuakretsen och D Y G under följande årtionde, Englar och demoner på 1910-talet, den första Lundagårdskretsen på 1920-talet och en rad senare gruppbildningar, bland dem 1950-talets Litterära studentklubb.

Sin bostad hade Tegnér under många år vid Gråbrödersgatan; under professorsåren i det envåningshus, varav ett par rum ännu står kvar som museum. Här skrev han Epilogen 1820, Frithiofs saga, mycket av sin spirituella sällskapspoesi liksom krisdikten Mjältsjukan. På Tegnérs tid var huset större, en gård byggd i vinkel, med tio rum, stall och uthus. Till gården hörde en fälad på 2 1/2 tunnland. Professorn i grekiska var samtidigt lantbrukare, ägde får av merinoras och goda mjölkkor, allt försålt vid auktionen, då han lämnade Lund för Växjö. Men hans ekonomi var aldrig lysande. I likhet med sina professorskolleger hade Tegnér som inackorderingar unga studenter med deras handledare. Som så många fick han i åratal invänta sin lönetur; först 1822, kort innan han lämnade sin tjänst, fick han full professorslön efter en då avliden kollega. Lönen betalades som spannmålslön: 150 tunnor råg och 150 tunnor korn; den varierade i värde efter spannmålspriserna. Tegnérs ord om Lund som den akademiska bondbyn var en exakt beskrivning, också agrart-ekonomiskt.

På karnevalsaffischen för Lundakarnevalen 1934 har Esaias Tegnér fått inte en studentmössa över lagerkransen men väl en studentska vid sin sida.

Waldemar Bülow lät i sin tidning följande insändare inflyta, sedan återgiven i hans bok Allvarsord (1917):

Under de snart 63 år, under vilka undertecknad varit stationerad härstädes, har det mångfaldiga gånger inträffat att jag nattetid blivit på olika sätt hyllad av allmänheten. Så ha vid upprepade tillfällen studentmössor placerats på mitt huvud. Däremot har jag över huvud taget icke mycket att invända, förutsatt att mössorna äro något så när rena. Likaledes har jag rätt ofta uppvaktats med blommor och även några gånger med hela granar. Det må också vara hänt. Mindre smickrad har jag däremot känt mig då man häromåret iförde mig en underkjol. Och absolut protesterar jag emot att man — såsom härom natten hände — placerar en tom kruka ovanpå mitt huvud.

Inför detta ofog anhåller jag vördsamt om skydd för min person och kommer i vidrigaste fall att gå min väg.

Lund den 19 maj 1916

Esaias Tegnér
staty

(Ur Waldemar Bülows Folkets tidning)

I Svenska Akademien invaldes Tegnér år 1818, som den förste lundapro-
fessorn, snart följd av Agardh, Thomander och Reuterdahl. Många av hans
dikter och tal lästes långt utöver landets gränser, översatta till tyska, franska
och engelska.

I Lund blev Tegnér efter sin död legend. Sju år efter hans bortgång av-
täcktes hans staty på platsen framför Akademiska Föreningen, den 22 juni
år 1853. Det var den första offentliga statyn i staden, modellerad av skulp-
tören Qvarnström och gjuten i brons i München. En studenttradition utbil-
dades redan under nästa decennium: kring statyn samlades studenterna
med standar, facklor och sång den 4 oktober, den dag då Tegnér skrivits in
vid akademien. Dagen fick snart rangen av universitetets egen högtidsdag
och ersatte som sådan Carldagen, den 28 januari, som från den karolinska
akademiens grundande var dess officiella festdag. Till Tegnérfesten den 4
oktober knöts på 1860-talet ett hälsningsgille, då årets nyinskrivna studen-
ter välkomnades som medlemmar i Akademiska Föreningen med festlighet
och tal. Tegnérfest och hälsningsgille ägde bestånd i över hundra år och för-
svann först efter 1968, studentrevoltens år, i förändringarnas värld, då så
många traditioner sopades under mattan. Men ännu sedan 4-oktoberfiran-
det försvunnit, har Tegnérstatyn kunnat få sin hyllning på första maj eller
på karnevalsdagarna — med en studentmössa fäst över lagerkransen.

Långt fram på 1900-talet har Tegnér ställts fram som den lundensiska
humanismens främsta namn. Det var hans dikt Det eviga, som lästes i radio
den 9 april 1940, då de nordiska grannländerna härtagits. Och ännu när
Hjalmar Gullberg, en diktare av lundensisk extraktion och med grekiska i
sin kandidatexamen, promoverades till hedersdoktor år 1944, infogade han
i dikten Ungdomsstaden sig själv i den apostoliska successionen:

Ur årens skymning stiger ungdomsstaden
och släktled efter släktled drar förbi.
Jag är ett nummer i den långa raden,
en lärling från Tegnérs akademi.

Carl Adolph Agardh och botaniken

Om Tegnér var den främste humanisten vid Lundauniversitetet, har Carl
Adolph Agardh rangen av den främsta naturvetenskapliga begåvningen vid
samma tid.

Agardh kom till Lund bara fjorton år gammal och inskrevs, som förut
nämnts, i universitetets matrikel samma dag som Tegnér. Under sin upp-
växt hade han genom en kyrkoherde av tidens linneanska typ fått sitt bota-
niska intresse väckt. I Lund blev Anders Jahan Retzius hans lärare. Ämnet

för Agardhs första disputation var botanisk systematik; i avhandlingen jämförde han Linnés sexualsystem med fransmannen Jussieus "naturliga" system. Efter att ha blivit docent i matematik på en avhandling om meteoriter, återvände Agardh till sitt favoritämne: botaniken. När Retzius avgick, klövs professuren i naturalhistoria i tre. Agardh fick år 1812 den professur som omfattade botanik och praktisk ekonomi; samtidigt blev han Botaniska trädgårdens föreståndare. Av studentkåren var han högt uppburen bl a i egenskap av skånska nationens inspektor.

I bevarade dagböcker kan man följa hans utveckling åt romantikens håll. Han läste tidigt Jean Paul, Swedenborg och Schellings Einleitung zu dem Entwurf eines Systems der Naturphilosophie. Schellings bok tycktes honom av så stor vikt att han lät trycka den på tyska i Lund, där han startat ett eget tryckeri- och bokhandelsföretag. Det är också Schellings grundsyn som bestämt hans uppfattning av skapelsen, bakom vilken han anar "en tanke, ett oändligt förstånd, som ordnat naturen till ett helt". För romantikens synsätt rådde ingen motsättning mellan naturvetenskap och kristen tro: naturen ses som en Gudomens uppenbarelse: "man skall läsa på växternas blad, liksom på bladen i en högre bok den Högstes verk och hans tankar", skriver Agardh. Naturen tolkar han som en harmonisk, sammanhängande skala som rymmer olika grader av fullkomning. Också inom växtriket finns en hierarki stigande mot allt högre former, från svampar och alger upp mot fanerogamerna.

Agardh är samtidigt empiriker. Han vill börja med att studera de lägsta formerna i växternas rike i syfte att ordna dem till en helhet. Inom botaniken blev algerna hans specialområde. Med sina föreläsningar och vetenskapliga skrifter, bland dem Systema algarum, lade han grunden till en forskningsgren, algeologin, som långt in i detta århundrade varit en lundensisk specialitet.

Sina herbarier skänkte han till den botaniska institutionen; samlingarna har utökats av nya forskargenerationer. Själv företog han flera forskningsresor, den viktigaste i sällskap med sin unge son, i sinom tid botanikprofessor och algforskare också han. Resmålet var Adriatiska havet. Där fann Agardh en algflora av rikare sammansättning än vad någon tidigare hade beskrivit; en första reserapport gav han i Vetenskapsakademiens årsberättelse. På hemvägen träffade han samman med Schelling själv. I dennes sällskap trodde han sig i ett mikroskop kunna iaktta, hur en alg förvandlades till ett levande djur: ett tecken på naturens obrutna kedja. Till Schelling dedicerade han sin Lärobok i botanik, som översattes till tyska. Boken innehåller åtskilliga inslag av naturfilosofi och blev utsatt för den nyktre Berzelius mördande kritik.

Agardh var ett av de mångsidiga men problematiska genier som romantikens epok var rik på. Hans omfattande intressefär ledde till en splittring,

Carl Adolph Agardh (1785—1859). Akvarell av L. H. Roos af Hjelmsäter 1823.

som begränsade verkan av hans företag. Pedagogiska frågor hade intresserat honom alltifrån tidiga år, då han i Stockholmsromantikernas tidskrift, Lyceum, skrev en uppsats om Pestalozzis undervisningsmetod. Han gjorde vägande inlägg i tidens debatt om universitetens roll och uppgifter i egenskap av medlem i uppfostringskommittén av år 1825. Han bekämpade den utilistiska syn på vetenskapen som den föregående tiden hävdat; vetenskapen skulle utövas fritt, oberoende av alla yttre intressen, oberoende av resultatens större eller mindre användbarhet. Det är samma höga tanke om vetenskapen som han mött i samtida tysk universitetsfilosofi — han kände också Fichte personligen — och som fanns manifesterad i Berlinuniversitetets program och organisation.

Mot det gammalmodiga disputationsväsendet och examenssystemet var han kritisk. Med Tegnér — som ibland stod på Agardhs sida i de pedagogiska debatterna, ibland fronderade — diskuterade han bland annat prästutbildningen; Agardh ville lägga den utanför universiteten, liksom annan praktisk ämbetsmannautbildning. I ett brev skriver han: "Examen vid akademien förstör akademierna och förstör gymnasierna och förstör ämbetsmannabildningen och examen är en läxa. Min Gud! Är man då vid akademien för att läsa läxor? Är man där ej för att tänka, forska och granska eller rättare för att lära sig det?" I den modernisering av universiteten som han krävde ville han inte avstå från den klassiska bildningen. Men han kämpade

111

för att de naturvetenskapliga ämnena skulle anses likvärdiga med de humanistiska.

Den professur Agardh innehade innefattade utom botaniken också praktisk ekonomi. Även om ekonomien de facto på Agardhs initiativ uteslöts ur kandidatexamen som ett alltför starkt utilistiskt inriktat ämne, intresserade honom de ekonomiska teorierna i betydande grad. Han skrev en Granskning av statsekonomiens grundläror och behandlade frågor om statsskulden och penningväsendet. Hans lära om staten står i stort sett på romantikens grund: staten är en organism, där ingen del i längden kan bibehålla sig utom i förbindelse med det hela. Näringslivet har som syfte att ge staten de ekonomiska resurser som i sin tur kan bidra till medborgarnas andliga fullkomning.

Agardh var, bland mycket annat, också en de många praktiska initiativens man. Sålunda var han den drivande kraften bakom tillkomsten av den specifikt lundensiska inrättning som heter Akademiska Föreningen. Tillsammans med ett antal jämnåriga akademiker bildade han ett bolag, som år 1830 inköpte den Sylvanska gården öster om Lundagård; den blev Akademiska Föreningens första hem. Han fick också i uppdrag att utarbeta en plan för verksamheten inom dess murar. I den patriarkaliska form som han föreslog, blev inrättningen aldrig förverkligad. Själv vägrade han — med ett av sina typiska lynneskast — att låta sig väljas till förman. Men det framtidsdugliga initiativet skulle överleva både honom och hans sekel.

Själv lämnade Agardh Lund 1835 för att tillträda episkopatet i Karlstad. Där fortsatte han oförtrutet sin vetenskapliga verksamhet, behandlade i skrift teologiska spörsmål, författade dilettantiska arbeten om differentialkalkylens metafysik och skrev ett pionjärarbete, Försök till matematisk statistik över Sverige. Han fick plats i Svenska Akademien, där han i en dikt hälsades av Tegnér, som erinrade honom om de avundsvärda tider i det förflutna som de tillbragt vid akademien i Lund. Det är i ett brev av Tegnér till Lilliebjörn, som vi möter den ofta citerade karakteristiken av hans forne professorskollega: "Det är utan fråga ett av landets briljantaste huvuden: skarpsinnigt, fantasirikt, ofta paradoxt."

Agardhs pedagogiska intressen var inte bara teoretiska. Han har räknats som en av Lundauniversitetets genom tiderna främsta lärare, berömd också för framställningskonsten. I sina föreläsningar behandlade han allmän och speciell botanik men också den nya vetenskapsgrenen växtfysiologi. Till skillnad från Tegnér, som fick beundrare och poetiska epigoner men knappast någon elev av rang inom sitt vetenskapsområde, fick Agardh lärjungar som fortsatte som forskare i hans ämne.

En av dem var Elias Fries. När han var ung student kom han till Agardh och visade honom sin samling av svampar. Inför ett av de exemplar han fört med sig utbrast Agardh förtjust: "Det var en skön svamp, den har jag ej sett förut." Den unge adepten fick i uppdrag att ordna Agardhs egen samling av lavar och han disputerade pro exercitio på ett av Agardhs arbeten om alger.

Liksom Agardh själv representerar Fries den för tiden typiska föreningen av empiri och romantisk naturspekulation. "Ett specialstudium kan icke lösryckas ur den vetenskapliga kedjan", brukade han säga, "det hänger nära tillsammans med de övriga länkarna i kedjan." En av Fries lärofäder var en tysk naturfilosof av Schellings skola, Lorentz Oken, ansedd som en spekulativ föregångare till den nutida utvecklingsläran. På det stora naturforskarmötet i Berlin 1828 träffade Elias Fries personligen samman med denne fantasifulle naturforskare. Okens idéer om en plan för skapelsen följer Elias Fries i inledningen till sitt viktigaste växtsystematiska arbete, med tryckorterna Lund och Greifswald, Systema mycologicum. Här sammanfattar han för en internationell publik sina forskningar om svamparna på latin, det språk som han använder också i korrespondensen med utländska botanister.

Elias Fries avlägsnade sig gradvis från det alltför uppenbart spekulativa i naturfilosofin; i hans nästa arbete, en översikt över Europas lavar, förekommer inte längre några citat från de romantiska naturfilosoferna, som han så ofta hänvisat till i tidigare skrifter. Hans utveckling mot det empiriska motsvarar den övergång från romantik till realism, som på många håll kan spåras i svenskt kulturliv från 1830-talet och framåt. Men den grundläggande synen på en gudomlig princip, manifesterad i naturens olika former, lämnar han lika litet som sin lärare.

Det fanns inbyggda motsättningar mellan Agardhs natursystem och Fries som efter hand ledde till kontroverser mellan de två. Fries påstod oförsiktigt, att studiet av algerna, Agardhs specialitet, låg hundra år efter vetenskapen om svamparna. Vad som var lika illa: han påstod att algerna stod på en lägre nivå i naturens skala än svamparna. Agardh bemötte påståendet med det än djärvare, att svamparna egentligen inte var några växter utan missbildningar, uppkomna genom jäsningsprocesser. Polemiken fördes delvis inför tyskt forum. Till Fries vänner och Agardhs fiender hörde Thomander, som tillsammans med Nils Otto Ahnfelt utgav den satiriska universitetstidskriften Gefion (med namnet efter den första ångbåten på Öresund). De två skribenterna gycklade hänsynslöst med Agardhs språk och spekulationer, med den mest förödande av alla polemiska metoder: direkta citat ur Agardhs egen prosa. Fries och Agardh lämnade Lund utan att ha försonats; Agardh för att bli biskop i Karlstad, Fries för att bli professor i Uppsala.

För Fries måste det i viss mån ha känts som ett återvändande. Under sin ungdom hade han haft nära kontakt med botanister i poeten Atterboms krets. Och när Atterbom själv gav ut sin diktsvit Blommorna försåg han den med följande motto från en av Elias Fries skrifter: "Naturalstren själva äro ett mytiskt teckenspråk, som tydes lika av varje sinne på samma bildningsgrad. Ju närmare denna ligger naturen, såsom både i släktets och den enskildes ungdom, ju öppnare är sinnet för detta levande bildspråk."

Teologerna och det romantiska genombrottet

Romantikens inbrott i det lundensiska vetenskapssamhället sker med olika snabbhet inom olika fakulteter. Tämligen sent äger förändringen rum inom den teologiska fakulteten, där ortodoxi och rationalism länge suttit i högsätet.

Bilden av fakulteten under det tidiga 1800-talet har kommit att präglas, delvis förvridas, av memoarförfattarnas kostliga skildringar av förste professorn och domprosten Christian Wåhlin. I yngre dagar hade han gjort sig känd för praktisk duglighet och som läroboksförfattare i upplysningstidens anda; under de sista decennierna av sitt liv var han en mänsklig ruin, ett matvrak av oformliga proportioner. Hans förhörsfrågor vid examina inbjöd till parodiska svar, som när det i protokollet (fört av Thomander) antecknas, att Jesu största underverk skulle vara hans bespisande av fem tusen män eller att mohammedanernas största religiösa villfarelse vore förbudet mot att förtära alkohol. Groteska scener ur hans föreläsningar och examina återgavs — förmedlade av Thomander — av humoristen Dahlgren i hans prosaverk Nahum Fredrik Bergströms krönika.

Ännu bestod under decennier framåt den gamla regeln, att studenter som skulle läsa vidare i juridik, medicin eller filosofi först skulle gå igenom en examen teologicum. En stor del av undervisning och examination inom fakulteten var följaktligen lagd på en högst elementär nivå. Den förste som vågade ställa högre kunskapskrav i sin examination, liksom vid granskning av disputationer och specimina för högre tjänster, var Martin Erik Ahlman. En tid på 1810-talet var han prefekt vid det nyinrättade prästseminariet, en undervisningsform inom fakulteten, som direkt syftade att ge utbildning för prästyrket.

Ahlman var den förste inom sin fakultet som tagit direkta intryck av Kants kritiska filosofi, därmed också av strängare vetenskaplig metod; han hade klar insikt i de tolkningsproblem som ställs av de nytestamentliga texterna. Med hans befordran till professor år 1816 börjar ett nytt skede i den teologiska fakultetens historia och en ny period inom den teologiska forskningen i Sverige.

114

Också inom teologin kom de nya impulserna från Tyskland, utom från Kant främst från Schleiermacher. Denne drog upp en skarp gräns mellan religionens område å ena sidan, kunskapens och moralens å den andra. Religionens organ var för honom den omedelbara åskådningen och känslan, den upplevda erfarenheten att allt ändligt är till i och genom det oändliga. Uppfattad som en del av den empiriska verkligheten blir religionen ett eget, självständigt område, som kan bli föremål för objektiv analys och beskrivning.

I direkt anknytning till denna Schleiermachers ståndpunkt hävdade det lundensiska triumviratet Reuterdahl, Thomander och Ahlman teologins ställning som vetenskap bland andra vetenskaper. Det skedde programmatiskt i den år 1828 startade Theologisk Quartalsskrift, en publikation som kom att bilda epok i den svenska teologins historia. Initiativtagare och den ledande själen i företaget var Henrik Reuterdahl.

I sina postumt utgivna memoarer berättar Reuterdahl i ljusa färger om sin ungdoms studieår och om de tongivande lärarna, Fremling, Tegnér och Agardh. Ämnet för sin gradualavhandling, om grekiska epigram, hade han fått av Tegnér, som han också personligen stod nära. Tidigt kom Reuterdahl att fängslas av sin briljant begåvade studiekamrat Johan Henrik Thomander.

Med ungdomlig hänförelse läste Reuterdahl Schleiermachers Reden über die Religion och hans dogmatiska huvudarbete Der christliche Glaube. Det gjorde honom immun mot den förnumstiga rationalismen, mot den äldre ortodoxin och mot hegelianismens försök att fånga det religiösa i förnuftsbegrepp och system.

En förmiddag år 1833, då Reuterdahl just kommit hem från domkyrkan, stod en för honom okänd man i hans tambur, ''en liten puckelryggig gubbe med stort huvud, klara ljusa ögon och snillrika anletsdrag''. Den okände presenterade sig med orden: ''Ich bin Professor Schleiermacher aus Berlin.'' ''Jag vet icke — fortsätter Reuterdahl sin berättelse — vilket besök på mig kunnat djupare och mäktigare verka. Schleiermacher var ännu för mig den störste teologen, den mest tillfredsställande filosofen, den man som riktigast och oemotsägligast löst alla tankens och livets viktigaste frågor.'' Det är ett symboliskt ögonblick i Lundateologins historia. Den som förberett mötet var Esaias Tegnér som under en resa till Tyskland besökt Schleiermacher i Berlin och givit honom adressen till Reuterdahl. — Det skall tilläggas, att Reuterdahl med åren blev mer konservativ både i sin politiska och religiösa åskådning, och att han, klädd i ärkebiskopsmitran, inte längre kände samma sympati för sin ungdoms filosofiska orakel, som då han skrev sitt encyklopediska huvudarbete Inledning till teologien eller i Lund höll sina föreläsningar med utgångspunkt från Schleiermachers Kurze Darstellung des theologischen Studiums. Det har antecknats, att han alltid

föreläste efter koncept och lade fram sina åsikter i korta, avhuggna satser; hans tal liknade, har en samtida sagt, en klockas klämtande.

Reuterdahls bestående vetenskapliga insats kom främst att ligga på kyrkohistoriens område. I trettio år var han sysselsatt med det arbete, Svenska kyrkans historia, där han i fyra band tecknade den religiösa utvecklingen i landet fram till och med reformationen. För sin tid var det en banbrytande insats, särskilt vad gäller källforskning och källkritik. Han formade framställningen som en kritisk krönika, i medveten motsats till hegelianernas historiska konstruktioner. Det är betecknande, att den uppsaliensiska historieprofessorn Erik Gustaf Geijer, som själv företrädde en historieforskning och historietolkning med spekulativa inslag, vände sig mot de källkritiska resonemangen och den enligt hans synsätt onödiga plats de upptog i texten.

Temperamentsmässigt och med tiden också ideologiskt var Reuterdahls motsats hans ungdomsvän Johan Henrik Thomander. I yngre år hade Thomander ägnat sig åt skönlitterära övningar, främst som översättare. Han utgav tolkningar av Aristofanes och Byron och återgav på svenska inte mindre än fem Shakespearedramer; så gott som ordagrant övertog Carl August Hagberg Thomanders text i sin egen, berömdare översättning. I sin litterära åskådning stod Thomander romantiken och dess idealism nära. Bland sina intima vänner hade han tvenne av författarna i den andra romantiska generationen, C.F. Dahlgren och Carl Jonas Love Almqvist. Han arbetade — men förgäves — för att Almqvist skulle få den professur i estetik och moderna språk i Lund, som han sökte. Det var också till Thomander Almqvist skrev sitt avskedsbrev, då han gick i landsflykt, brevet med underskriften "Love, lite bättre än sitt rykte".

"Man vill med hins gevalt erövra mig åt teologien, som föga smakar mig", skrev Thomander som ung student till vännen Dahlgren. Men när han väl trätt in i teologiska fakulteten — som docent vid prästseminariet och från 1830-talet som professor, först i pastoralteologi, sedan i dogmatik — kom hans insatser att bli av betydelse också där. Med sin mångsidiga begåvning var han sina kolleger överlägsen och var väl medveten om det. Som examinator i det teologiska seminariet blev han känd för stränga krav och fick följaktligen vid upprepade tillfällen sina fönsterrutor sönderslagna vid studenternas missnöjesdemonstrationer.

I sin tids Lund var han en dominerande gestalt med stor förmåga att tända och blända men också att väcka anstöt. Agardh gav inför ett domprostval följande dubbelbottnade karakteristik av den sökande:

"Thomander är en vida överlägsnare person (än sin medsökande), överlägsen genom sin friska natur, sin duktiga kropp, sina livliga manér, sin hittighet, sin kvickhet, sin kännedom om modern litteratur, sin förmåga att träda fram när det gäller, sin oförsynthet, sin dristighet, sin aplomb, sitt sätt att göra sig själv viktig och alla andra till bagateller. Han är duglig till allt, till hovman, till småpoet, till statsman, till litteratör, till översättare, till recensent, till jurist, till präst, till professor, varför då icke också till domprost?"

Domproststriden blev i själva verket en av tidens mest uppmärksammade befordringstvister, där Thomander inte sparade sin satiriska penna. I veckobladet Gefion hudflängde han sina motståndare inom och utom akademin.

Åt kyrkan och kyrkopolitiken kom han att ägna huvuddelen av sin verksamhet. Han blev ledamot av kyrkolagskommittén, var på 1840-talet riksdagsman i det liberala lägret, ivrade liksom Agardh för en representations-

reform och engagerade sig liksom denne i folkuppfostringsfrågor. Genom
sin radikalism och sin liberala grundinställning vann han popularitet i 30-
talets studentgeneration, också som kvick och lysande tillfällestalare. När
man i den nystartade Akademiska Föreningen skulle välja den första ordfö-
randen utsågs Thomander.

Genom ett förmöget gifte blev han ägare till en av de förnämsta profes-
sorsgårdarna i staden. Det Thomanderska huset, ursprungligen vid Paradis-
gatan, senare återuppfört på Kulturhistoriska museets område, ger en bild
av en dåtida burgen professorsmiljö. Där återfinns också det Thomanderska
biblioteket, omkring fyra tusen band, med en stor avdelning facklitteratur
— teologisk, historisk, juridisk och språkvetenskaplig — och en lika impo-
nerande samling svensk och utländsk skönlitteratur.

Han lämnade hemmet och staden för att bli domprost i Göteborg men
återkom till Lund, där han efterträdde sin tidigare vän och senare trätobro-
der Reuterdahl som biskop och prokansler år 1856. På nytt hördes hans väl-
diga stämma i domkyrkan; han var en av tidens främsta vältalare och predi-
kanter. I egenskap av biskop flyttade han efter Reuterdahl in i det av
Brunius ''i ädel medeltidsstil'' uppförda biskopshuset på Helgonabacken.
Det hade ursprungligen byggts för att bli institutionsbyggnad för samtliga
naturvetenskapliga ämnen: den magnifika andra våningen var avsedd att
hysa skelettet av en jätteval. Nu fick huset i stället bli bostad åt den väldige
Thomander, om vilken en av hans Köpenhamnskolleger yttrade: ''Alt er
kolossalt her i Lund. Domkirken er kolossal, Bispen er kolossal, og Bispehu-
set med sin Gaestefrihed er kolossalt.'' En annan dansk, som besökte Lund,
stod enligt en samtida anekdot i vapenhuset till domkyrkan, då Thoman-
der predikade. Kyrkan var fylld till trängsel och folkmassan hindrade man-
nen att se predikanten. Han frågade en herre som stod bredvid, vem det var
som hade så mäktig stämma. ''Thomander'', blev svaret. ''Ja, det vil jeg
gjerne tro at det maa vaere to Mand der, een synes det nok ikke at kunde
vaere.''

Efter treklövern Reuterdahl, Thomander, Ahlman, gruppen bakom
Theologisk Quartalsskrift med dess vidsynta perspektiv och värnande om
forskningens frihet, följer i en ny generation kvartetten Bring, Flensburg,
Melin och Anton Niklas Sundberg. De formerar en teologisk fakultet av an-
nan hållning och strängare observans. De är den nya högkyrlighetens tales-
män, förkämpar för statskyrkans religiösa monopol, de ser kyrkan ensam
som frälsningsanstalt och slår vakt om prästämbetet. En betydande själv-
medvetenhet talar ur den benämning som föll dem i smaken: de kallade sig
''den stora fakulteten''.

Också i deras fall kom impulserna från Tyskland, men inte längre från
Schleiermachers idéarsenal. På hegelianismens högra flank hade en speku-
lativ teologi med konservativa accenter tagit ledningen. Från den nyluther-

ske teologen Theodor Kliefoth, verksam i Mecklenburg, hämtade de hög-kyrkliga lundensiska teologerna det program, som de förde fram i den 1855 startade Svensk kyrkotidning. Beroendet av den tyske teologen ledde till beskyllningen att fakulteten inte stod på egen fot utan på Kliefoth.

En signal till mer radikalt teologiskt nytänkande kom i 1830-talets Tysk-land från vänsterhegelianskt håll, med David Friedrich Strauss och hans bok om Jesu liv. Strauss ville se evangelierna inte som berättelser om ett hi-storiskt händelseförlopp utan som skapelser av en mytisk fantasi. Teologin förvandlades till antropologi. Boken om Jesu liv utlöste mycken debatt också i Sverige. En av professorerna i Lundafakulteten, H.M. Melin, tog upp den till häftigt kritiskt bemötande i en serie föreläsningar om Jesu le-verne, sedan utgivna som bok. Känd i vidare kretsar blev samme Melin ge-nom en nyöversättning av Bibeln med kommentarer, kallad Melins bibel.

Den högkyrkliga riktning som Lundafakulteten företrädde kom att bety-da åtskilligt för det andliga klimatet i tiden — inte minst genom den oppo-sition den väckte. Till de häftigaste opponenterna hörde liberalen Viktor Rydberg. I ett brev berättar han, att hans idéroman Den siste atenaren — ett spjut slungat i krigarens lovliga avsikt att såra och döda — aldrig skulle kommit ut som bok, om han inte funnit det vara sin plikt att motarbeta den kyrkligt politiska reaktion med katolicerande tendenser, som under namnet nylutheranism hotade att översvämma landet. I en tidningsartikel talade han med indignation om ''den från Mecklenburg importerade kyrk-liga reaktionen som valt Lund till sitt residens''.

Juristerna av den rättshistoriska skolan

För den juridiska fakulteten innebar de tidiga åren av 1800-talet en upp-ryckning. Förtjänsten av detta tillkommer i första rummet Johan Holm-bergsson. I den juridiska undervisningen var han nydanare genom sin un-dervisningsmetod, inriktad samtidigt på vetenskaplighet och på praktisk nytta. En ny examensstadga i juridik av 1815 var väsentligen hans verk. Stor vikt läggs där på rättshistorien, både den svenska och den internationella. Det hänger samman med signalerna från den rättshistoriska skolan i Tysk-land.

Där hade män som Adam Müller och Berlinprofessorn Karl von Savigny utformat en rättsfilosofisk uppfattning stick i stäv mot naturrättens idéer. I stället för att se rätten grundad i den allmänmänskliga naturen, betraktade de rättsordningen som resultatet av en nationell utveckling. Lagarna blir för deras synsätt ett testamente från gångna århundraden, den nationella his-toriens essens. Samhället betraktas i enlighet med romantikens historiefilosofi som en organism, en genom generationerna bevarad levande enhet, vars kontinuitet det gäller att vidmakthålla.

Om redan Holmbergsson tagit intryck av de tyska rättslärda, blev Carl Johan Schlyter den rättshistoriska skolans främste talesman i Lund. Han anknyter direkt till Savigny redan i en 1835 tryckt avhandling om laghistoriens studium. Från den rättshistoriska skolans utgångspunkt blir studiet av de älsta bevarade nationella lagtexterna centrum i rättsvetenskapen; viktigt också för samtida lagstiftning.

Holmbergsson hade tagit ett första initiativ till en ny upplaga av de medeltida svenska landskapslagarna i form av en serie akademiska dissertationer. Den som med den nya filologiska vetenskapens strängaste krav fullföljde arbetet var hans lärjunge, Carl Johan Schlyter.

Uppdraget att utge en källkritiskt grundad edition av de gamla lagarna kom närmast från den lagkommitté, som hade till uppgift att revidera 1734 års lag, en kommitté som Schlyter själv tillhörde. I hans stora plan ingick att jämföra alla existerande både tryckta och otryckta medeltida svenska lagtexter. De urkunder han hade att komparera uppgick för vissa lagars del till ett hundratal; alla avvikelser skulle redovisas. Det var med andra ord en gigantisk arbetsuppgift Schlyter tagit på sig. Han arbetade först i Kungliga Biblioteket, då beläget i Stockholms slott, tillsammans med en medarbetare, Samuel Collin. Sedan denne dött, fortsatte han som ensam editor. Efter ett kort mellanspel som professor i Uppsala — en stad där han aldrig trivdes — återvände han till Lund som professor först i allmän lagfarenhet, efter 1840 i laghistoria. Från denna sin tjänst var han efter nästa decennium ständigt tjänstledig för att helt kunna ägna sig åt sitt lagverk, sitt livsverk.

Den stora publikationen av lagtexterna omfattar tolv band och kom ut under loppet av fyrtiotvå år, det sista bandet 1869. Utom texterna innehåller verket en beskrivning av handskrifterna, upplysningar om lagens ålder och dess källor. Som ett slutband tillfogade den då över sjuttioårige Schlyter en ordbok över lagarnas ordförråd. Om den noggrannhet med vilken han arbetade berättas, att han i korrekturet med en knappnål stack ett hål under varje bokstav för att markera, att han kontrollerat texterna in i minsta detalj.

För den konkreta lagstiftningen fick emellertid utgåvan av de gamla laghandskrifterna knappast den betydelse Schlyter hade tänkt sig. Den tyska rättshistoriska skolans uppfattning fick inom lagkommittén i det konkreta lagstiftningsarbetet vika för en mer verklighetsanknuten, rationell syn. Det är följaktligen främst i egenskap av textfilolog som Schlyter gått till historien. För att bestämma förhållandet mellan de olika handskrifterna till samma lag gjorde Schlyter upp ett stamträd, en s k stemma. Hans träddiagram från 1827, konstruerat efter vad som brukar kallas "de gemensamma felens metod" anses vara det första i sitt slag i filologiens historia. Före de tyska

Carl Johan Schlyter (1795—1888) inne-
havare av en personlig professur i lag-
historia.

medeltidsfilologerna hade han nått fram till det tillvägagångssätt som tra-
ditionellt brukat benämnas Lachmanns metod, men där Schlyter i själva
verket möjligen har prioriteten.

Tillsammans med sin kollega Collin promoverades Schlyter år 1820 till
juris doktor. Promotor i deras fakultet var Holmbergsson. Det var vid sam-
ma tillfälle som Tegnér i egenskap av filosofiska fakultetens promotor
framträdde med sin Epilog vid magisterpromotionen. Bönen i domkyrkan
lästes av Henrik Schartau, den kände kyrkomannen, som med sitt tunga
allvar och sitt betonande av det plikttrogna arbetet, kom att utöva ett bety-
dande inflytande också inom Lunds akademiska värld. Efter Schartaus död
åtog sig Schlyter utgivningen av Schartaus predikningar. Kombinationen
schartauan, textfilolog och lexikograf är en psykologiskt intressant samman-
koppling, som också senare möter i lundensisk filologisk tradition.

Personligen var Schlyter en barsk herre, med stränga krav både på sig
själv och andra. Till skillnad från Holmbergsson fick han egentligen inga
elever. Hans anseende som vetenskapsman var emellertid redan i samtiden
stort; också inom den tyska rättshistoriska forskningen med dess intresse för
germanska rättskällor blev hans insats tillbörligt uppskattad. Han blev le-
damot av Vitterhetsakademien och Vetenskapsakademien och kallad att in-
ta en stol också i Svenska Akademien. Tre Lundaprofessorer har veterligen
avböjt att ta inträde där; Schlyter var den förste.

Lundamedici — romantiker och praktiker

Den romantiska filosofin satte spår också inom naturvetenskap och medicin. Mot den mekaniska syn, som hävdats av Leydenläkaren Boerhaave och hans lärjungar, framträdde mot slutet av 1700-talet ett antal biologer och läkare med en dynamisk och vitalistisk grundsyn: de återknöt till tanken om en hemlighetsfull livskraft, en vis vitalis, som den yttersta grunden för alla livsyttringar. Hälsa och sjukdom, liv och död ställdes av romantikens medicinare in i ett kosmiskt sammanhang.

Det tidiga 1800-talets Lundamedicinare var uppenbarligen väl förtrogna med de spekulativa lärorna. Det framgår av föreläsningsdiarier, där det förekommer ämnen som ''vis vitalis egenskaper och vidsträckta verkningskrets'', ''organismens förhållande till universum och sina särskilda delar'', ''månens inflytande på människokroppen'', ''livskraft och elektricitet som identiska''. Också den animala magnetismen — Wienläkaren Mesmers lära om ett fluidum i universum, som kunde överföras till en patient genom strykningar av läkarens händer — fann förespråkare i Lund. Den främste av dem var medicine adjunkten P.G. Cederschiöld, som studerat hos Ørsted i Köpenhamn i syfte att förkovra sig i naturfilosofi. En tidig medicinsk avhandling av Cederschiölds hand inleds tidstypiskt med ett citat från Schelling. Men den romantiska medicinens läror möttes på sina håll också med kritik. En av de ledande lärde inom Lundafakulteten betecknade naturfilosofien som ''medicinen upplyft på Idealismens styltor utan fasthet''. Det fanns i Lund heller inte någon så extrem företrädare för romantikens läkekonst som Israel Hwasser i Uppsala.

Flertalet av det tidiga 1800-talets Lundamedici var praktiska empiriker, som utan spekulativa trollkonster utövade läkaryrket. Samtliga fakultetens fyra professorer hade studerat i utlandet. Äldst i gruppen var Johan Henrik Engelhart. Under en europeisk studieresa trädde han i förbindelse med flera av sin tids främsta medicinare. I Edinburgh mötte han och tog intryck av William Cullen. Denne hade utformat ett eget patologiskt system. Edinburghskolan — dit också Cullens lärjunge John Brown hörde — tog avstånd från den äldre mekaniska modellen för tolkande av hälsa och sjukdom. Själv blev Engelhart medlem av en engelsk läkarsocietet och, återvänd till Sverige, omsider också kunglig livmedikus. I universitetets historia är han känd som upphovsman till den s k pastoralmedicinen. Syftet med en medico-teologisk utbildning av prästerna var, att de på avlägsna orter skulle kunna rycka in som läkare. Stipendier inrättades för den nya prästmedicinen, och undervisning kom i gång, dock med kortvarigt bestånd.

Efterhand tröttnade Engelhart själv på att vara medicinprofessor, disputerade på en avhandling om Pilatus fråga: Vad är sanning?, blev prästvigd och erhöll ett fett pastorat, i konkurrens med bl a Tegnér. Universitetets kansler, Engeström, som motarbetat utnämningen och på goda grunder hade en tveksam tanke om Engelharts personliga lämplighet för det allvarliga prästkallet, dikterade ett ironiskt yttrande till statsrådsprotokollet: "Den som endast studerat läkarkonsten, lärer väl därigenom föga vara beredd till själavård; dock har erfarenheten visat, att ett pastorat, icke litet utan rikligen lönat, ingivit kallelse till prästvigning åt en femtioårig man, vilken hittills icke studerat teologi."

De övriga tre medicinprofessorerna i Lundafakulteten hade alla haft sina studier i Köpenhamn. Där stod medicinen på hög nivå, och där fanns ett välutbyggt sjukhus. Kirurgen Winslow och veterinärmedicinaren Abildgaard var lärare för Arvid Henrik Florman, senare anatomiprofessor i Lund. Abildgaard varnade honom för "speculative Raisonnementer"; det var Florman som fällde det nyss citerade yttrandet om "medicinen upplyft på Idealismens styltor". Från Abildgaard fick han vidare incitament att inrätta en veterinärhögskola i Lund som ägde bestånd ett antal år.

Florman införde studiet av komparativ anatomi, författade läroböcker i ämnet och arbetade träget med obduktioner i anatomisalen i Orangeriet. Där kunde det vintertid vara så kallt, att kadavren frös och inte lät sig angripas med kniv. För sin tid var Florman en framstående humanpatalog, dessutom den förste antropologen i vårt land. När Andreas Sunesens grav i domkyrkan år 1833 skulle öppnas, fick Florman i uppgift att undersöka skelett och kranium.

Eberhard Zacharias Munck av Rosenschöld — son av Lundabiskopen Petrus Munck — innehade professuren i teoretisk medicin. Han var en högst originell personlighet, bekant för sina tidiga sympatier för revolutionsidéerna; under en vistelse i Frankrike trädde han i förbindelse med Benjamin Constant, De la Fayette och andra politiskt engagerade märkesmän. I sina föreläsningar behandlade han så olika ting som frenologen Galls Cranioscopie, Browns homeopati — mot vilken han ställde sig kritisk — och den i samtiden så uppburna animala magnetismen. I den danska medicinarmiljön, där han gärna rörde sig, fick han upp ögonen för den upptäckt som engelsmannen Edward Jenner gjort på 1790-talet och som innebar möjligheten att vaccinera mot smittkoppor med kokoppor. Rosenschöld utförde den första vaccinationen i Sverige och utgav populära propagandaskrifter för koppympningen. Han kunde vid slutad verksamhet berömma sig av att ha vaccinerat över tvåtusen personer, barn och äldre, en bragd som bland annat renderade honom den kungliga vaccinationsmedaljen i guld. Till karaktären var han en särling, en både rörlig och retlig natur, som lätt kom i konflikt med kolleger; i sin privata livsföring ett stycke gustavian.

I Köpenhamn, där Rosenschöld studerat för de berömda läkarna Bang och Winslow, började också Carl Fredrik Liljewalch sin avancerade medicinarutbildning, sedan fortsatt i Frankrike. Det ämne, i vilket han blev professor, var obstetrik; samtidigt undervisade han tidvis i kirurgi. På akademins mark lät han uppföra det första barnbördshuset, vars prefekt han blev; där hade man redan tidigare infört tångförlossningens konst. Vid sidan av sin verksamhet vid sjukhuset var han en i staden anlitad och ansedd familjeläkare; bland annat var han under tjugo år Tegnérs husläkare. Den vittre patientens omdömen om honom är i allmänhet inte favorabla. "Han vill kurera mig som hovslagare annan fänad, och om en inre själssjukdom, vars följd är en kroppslig kan jag icke bibringa honom något begrepp", klagade Tegnér i ett brev under Mjältsjukans krisår, med egna bittra insikter i psykosomatiska sammanhang. En sentida medicinhistoriker har nyktert kommenterat Tegnérs diatriber: "Förklaringen till dessa överdrifter torde ligga hos patienten mer än hos läkaren."

För lasarettets och de medicinska studiernas del innebar — liksom för universitetet i övrigt — Lars von Engeströms kanslerstid en välbehövlig upprustning. Mellan medicinsk undervisning och klinisk praxis hade sambandet tidigare varit föga utvecklat. På Engeströms initiativ inrättades ett "Institutum clinicum", som trädde i verksamhet från 1813. Här hölls kliniska föreläsningar i samband med ronderna för att ge de medicine studerande praktisk erfarenhet av diagnos och sjukvård. För högre kirurgisk ut-

Den äldsta kvarstående lasarettsbyggnaden, kurhuset av 1824 med tillbyggnaden från 1864, kallad cura posterior. Numera administrationsbyggnad.

bildning fanns ännu bara möjligheter vid Medico-kirurgiska institutet i Stockholm, senare kallat Karolinska institutet. I praktiken betydde det, att de som önskade full kompetens för att bli statliga eller civila tjänsteläkare måste förlägga sina studier både vid universitetet i Lund och i huvudstaden.

Vid mitten av 1820-talet bestod sjukhuset av tre byggnader, det egentliga lasarettet, ett nyuppfört barnbördshus, med Liljewalch som föreståndare, och ett likaså nyuppfört kurhus, för de veneriskt sjuka. Den senare byggnaden, färdig 1824, i hörnet av Sandgatan och Paradisgatan, är den äldsta kvarvarande byggnaden från det gamla lasarettets tid, länge i bruk som poliklinik, nu administrationsbyggnad, en symbolisk förvandling.

Fornforskare och språkforskare

I den filosofiska fakultet, där Tegnér och Agardh var de stora namnen och vingslagen av romantikens filosofi svävade över vattnen, levde ännu åtskilligt kvar av 1700-talets nyktra, empiriska grundsyn och samlarflit. Inom historieämnets ram var lusten för romantikens spekulativa tolkningar av det förflutna vida mindre framträdande i Nils Henrik Sjöborgs eller Anders Otto Lindfors Lund än i Geijers Uppsala. En av dem som uppmärksammade förhållandet och beklagade det, var Achatius Kahl, själv Swedenborgare och vid Lundaakademin undervisare i klassiska och orientaliska språk. I sin memoarbok Tegnér och hans samtida skriver Kahl på tal om de föreläsningar som hölls av professorn i historia, Nils Henrik Sjöborg: "Han fördjupade sig varken i filosofiska betraktelser över de närvarande förhållandenas beroende av det förflutna eller över deras betydelse för det tillkommande. Han sökte icke efter spåren till en osynlig högre ledning, till en evig världsplan, framskymtande under mänsklighetens alla skiften och i tidernas växlingar."

Däremot sökte han spåren av den nordiska forntiden på det arkeologiska fältet och i de gamla texterna. Såtillvida representerar han ett tidigt stadium i den nordiska renässans, som fick sitt forum i Götiska Förbundets tidskrift Iduna. Där publicerade sig en diktare som Tegnér — med sånger ur Frithiofs saga — sida vid sida med en fornforskare som Sjöborg.

Impulser till sin arkeologiska forskning hade Sjöborg fått både från Tyskland och från Danmark. I Köpenhamn studerade han den Arnemagneanska handskriftsamlingen; han utgav isländska dikter — Rigsmal och Lodbrokar-Qvida — med text och översättning. De isländska studierna befordrade han också med en isländsk grammatik, givetvis på latin.

Men hans främsta insatser är knutna till den nordiska arkeologin. Tids-

mässigt hör han till samlarnas och de topografiska studiernas epok. Han gav bl a ut en handbok i fäderneslandets antikviteter, vidare Samlingar till Skånes historia; det senare verket har återutgivits i facsimile i nutiden. Som en av hans insatser kan nämnas, att det var han som räddade Kiviksgraven.

Sin professorssyssla i Lund lämnade han relativt tidigt för att tillträda en tjänst som närmast motsvarar riksantikvariens. Men sin professorslön behöll han stadgeenligt till sin död; emeritilöner fanns ju ännu inte. Återvänd till Lund på en antikvarisk resa, sextiofem år gammal, var han närvarande vid en magisterpromotion. När han trädde in i salen, där han var den älste professorn och såg tretton yngre i sin fakultet, många oavlönade, gick han fram till en av de okända kollegerna, med den tänkvärda hälsningen "Förlåten mig, mina herrar, att jag ännu lever."

T v: Promotion i domkyrkan. På kortrappan de vitklädda kransflickorna. Vid foten av trappan kung Gustaf VI Adolf, lagerkransad.

Nedan: När professor Sjöborg införde den älskliga ceremonien med kransflickor vid Lundapromotionerna anade han knappast vidden av de bekymmersamma situationer som kunde uppstå. Om detta visste Alf Sjöwall, kvinnoklinikens chef från 1940-talet, åtskilligt mera. Han lät hos silversmeden Wiven Nilsson beställa nedan avbildade pjäs i drivet silver. Inskriptionerna är alla på latin. Längs kanten står den hälsningsfras, som promotor använder, då han sätter doktorshatten på sitt huvud: Quod bonum faustum felixque sit (Må det lända till lycka och framgång). På ena sidan finns ingraverat universitetets sigill med dess dubbeltydiga valspråk: ad utrumque.

Hans namn och insats är också på annat sätt än genom denna anekdot knutna till de lundensiska promotionernas historia. Det var Sjöborg som år 1811 — då han själv var promotor — införde den älskliga ceremonin med kransflickorna. Deras antal var ursprungligen nio; de skulle representera de nio muserna och åtföljdes av en gosse i vit skrud, som föreställde Apollo. Detta inslag av klassicerande rococo har blivit Sjöborgs ännu i kraft varande testamente till det akademiska ceremonielet, länge unikt för Lund.

Att steget mellan nordiskt och klassiskt inte var långt i Tegnérs och Sjöborgs Lund bekräftas ytterligare av karriären hos den lärare som under en följd av år vikarierade som historieprofessor men fick sin sluttjänst i ämnet romersk vältalighet och poesi. Han hette Anders Otto Lindfors. Isländska studerade han för en av den nordiska renässansens vetenskapliga föregångsmän i Köpenhamn, språkmannen Rasmus Rask. För de isländska studierna i sitt hemland verkade han bl a genom sin publikation av en liten isländsk litteraturhistoria; dessutom skrev han en avhandlingsserie om Jomsvikingarna. Men hans viktigaste insats ligger på latinitetens fält. Känd för generationer blev han som en av de första lundensiska lexikograferna genom sitt latinsk-svenska lexikon. Det blev det oumbärliga hjälpmedlet för alla som studerade klassiska språk, liksom hans — efter tyska förlagor — framställda handbok i romerska antikviteter. Som ledamot i den stora uppfostringskommittén var han den som ivrigast försvarade de klassiska studierna i skolan. I sin ungdom hade han hört till härbärgisterna och varit Tegnérs vän; senare skildes deras vägar genom politiska motsättningar — Lindfors hatade Napoleon — och genom att de en vacker dag kom att stå som konkurrenter: båda sökte episkopatet i Växjö.

Sin bostad hade Lindfors i den gård vid Adelgatan som ännu bär hans namn. Den var byggd vid mitten av 1700-talet och var på sin tid ett av de största stenhusen i staden. Gården hade ägts av Per Henrik Ling, under hans tid som fäktmästare vid universitetet; Lindfors hade för övrigt berett marken för de gymnasistiska intressena genom en serie avhandlingar de arte gymnastica. Lindfors hus med sina rymliga lokaliteter fick vid några tillfällen tjänstgöra som universitetets solennitetssal, men också som föreläsningsauditorium. Hos kansler anhöll den då sextioårige Lindfors att under den kalla årstiden slippa att hålla föreläsningar i det vanligtvis kalla auditoriet i huset på Lundagård — en situationsbild från ett pövert 1800-tal. Lindfors kunde med skäl anföra, att han själv ägde "en rymlig och passande lokal". Han var inte ensam om sin begäran att vintertid slippa de vådliga lokaliteterna på Lundagård; samma vädjan kom från både Thomander och Schlyter.

Latin var fortfarande ett obligatoriskt språk för de universitetsstuderande, och fornisländska hade blivit ett studium på modet. Undervisning i de tre europeiska huvudspråken hade sedan universitetets första tid och i mer än hundra år främst hafts om hand av utländska språkmästare. Ett tecken på att latinets ställning som ensamt vetenskapsspråk börjat vika, är en donationshandling som Mathias Norberg utfärdade år 1811 för en professur i franska, tyska och engelska. Där heter det: "om någonting är nödvändigt vid ett högre lärosäte, är det visst en upplyst lärare även i de levande språken". Visserligen hade Norberg, professorn i orientaliska språk och grekiska, ursprungligen tänkt skänka medel till en lärostol i grekiska. Men hans handlingskraftiga syster förmådde honom att ändra bestämmelserna till en professur i moderna språk, avsedd för hans systerson, sjökaptenen Jonas Stecksén. Denne ansågs under sina färder på de sju haven ha förvärvat sådana språkliga insikter att han borde kunna sköta sysslan. Efter en avhandling om substantivens genus i franskan ansågs han ha gjort sig kompetent. Han tillträdde år 1816 den nya s k Norbergska professionen.

Men valet av person var inte lyckligt. Memoarförfattarna från tidigt 1800-tal skildrar Stecksén som en kufisk person. Mest såg man honom sittande på någon bänk i Lundagård, explicerande elementära franska eller tyska texter för unga studenter. I själva verket kom han aldrig att erkännas som likvärdig med kollegerna i den filosofiska fakulteten; säte och stämma i konsistorium fick han aldrig. Kanske bidrog denna utfrysning till att han testamenterade sin ärvda förmögenhet — vari ingick betydande jordar norr om Lund — till Uppsala universitet. Problemet med de Stecksénska jordarna och deras förvaltning blev en segsliten, ytterst utdragen förhandlingsfråga. Den avslutades först långt in på 1900-talet genom att jordarna inlöstes av Lundauniversitetet. Flera av de på 1900-talet byggda naturvetenskapliga institutionerna har sin plats på vad som en gång varit Uppsalauniversitetets mark.

Det Stecksénska äventyret fördröjde också utvecklingen av det ämne som kallades den nyeuropeiska lingvistiken. Först i följande generationer, med män som Emanuel Olde och Edvard Lidforss, kom studiet av de levande språken upp på en betryggande nivå.

Naturvetenskap på långsam frammarsch

Fysik, kemi och matematik förde en undanskymd tillvaro vid Lundaakademin under romantikens tidiga 1800-tal. Först genom en långsam differentieringsprocess får de olika ämnena en någotsånär självständig ställning. Under Lars von Engeströms kanslerstid bryts först matematiken ut och får en egen professur från 1812. Två decennier senare utfärdas ett kungligt brev med tillkännagivande att en professur i fysik skulle inrättas. År 1837 stadfäste riksdagen detta förslag; tidigare hade fysiken under en lång följd av år varit förenad med astronomien. Ämnet kemi hade under Anders Jahan Retzius tid ingått i ämnet naturalhistoria tillsammans med zoologi, botanik och mineralogi. På 1830-talet skapades en professur i kemi och mineralogi, en kombination som bestod ända till 1900-talets början.

I fysiken hade elektricitetsläran kommit i centrum för intresset vid 1700-talets mitt. Ett tecken på inriktningen mot denna intressesfär är den gåva som instrumentkammaren vid Lundaakademin år 1754 erhöll av greve Piper på Krageholm: en elektricitetsmaskin och en tidig version av den berömda Leidenflaskan som laddades via elektricitetsmaskinens konduktor.

Fram mot sekelskiftet år 1800 inleddes i Europa en ny period i fysikens historia genom Galvanis och Voltas upptäckter inom elektrodynamiken. Man har antagit att den galvaniska strömmen demonstrerades vid det tillfälle, då Gustaf IV Adolf och drottning Fredrika gästade Lund i september 1801. Adjunkten i kemi fick då i uppdrag att inför kungligheterna utföra fysiska och kemiska experiment, så som traditionsenligt brukade äga rum, då kungliga personer eller andra prominenser besökte tidens akademier.

Den siste företrädaren för det kombinerade ämnet fysik och astronomi hette Jonas Brag. Han hade studerat i Köpenhamn hos Ørsted, den store fysikern som fördjupat sig i den romantiska naturfilosofin hos Schelling och Henrik Steffens. När Brag som nyutnämnd professor begynte sin fysikundervisning, lade han en lärobok av Ørsted till grund för sina föreläsningar. Före professorsutnämningen hade Brag varit astronomie observator; han brukade tentera mellan nio och tolv på kvällen, medan stjärnhimlen lyste över Lund. Ett bevis för att han lika litet som Ørsted stod främmande för romantikens kosmiska syn, visar ett av hans poetiska alster, dikten Stjärnhimlen. Han åberopar där både Keplers lagar och Wilhelm Herschels iakttagelser om vintergatorna, men tolkar också, i platonisk riktning, stjärnhimlen som en spegling av evigheten.

En kommande periods nyktert empiriska inriktning företräder den förste professorn i det odelade ämnet fysik, Adam Wilhelm Ekelund. När han år 1839 blivit tillsatt på den nya tjänsten, erhöll han tjänstledighet för att anskaffa ny apparatur, som kunde sätta institutionens resurser i jämnbredd med de utländska universitetens. I olika instrumentverkstäder i Paris inköptes en representativ samling apparater för experiment inom elektromagnetism, elektrostatik, akustik, optik och värmelära. Också en utrustning för Daguerres fotografiska metod ingick i den samling som 1840 överlämnades till universitetet.

Liksom fysiken hade kemin från tidigt 1800-tal utvecklats till en empirisk vetenskap. En av de grundläggande insatserna hade gjorts av svensken Jöns Jacob Berzelius, professor vid Karolinska institutet i Stockholm. Det var han som ställde upp den första atomviktstabellen och införde en enhetlig nomenklatur inom ämnet. En av Berzelius sista personliga elever, Nils Berlin, innehade på 1840- och 50-talen professuren i kemi och mineralogi i Lund. Främst blev han känd som läroboksförfattare.

När Berlin år 1862 övergick till att bli generaldirektör för Kungl. sundhetskollegium, fick han som efterträdare sin elev Christian Wilhelm Blomstrand, en för sin tid framstående kemist, också han i den berzelianska traditionen. Blomstrand arbetade både inom organisk och oorganisk kemi, lade mycken vikt vid precisa analyser och ägnade sig särskilt åt mineralanalys. Han var känd för sin outtröttliga arbetsflit. Flera dagar i följd kunde han börja klockan sex på morgonen i laboratoriet på Magle Lilla Kyrkogata och hålla ut till midnatt. Klädd i lång nattrock, som bar spår av laboratoriearbetet, med ständigt blossande pipa i munnen, blev han ett känt original i sin stad. Som föreläsare hade han en klangfull röst; när den sänktes blev stämman gråtmild, och det hette då bland hans studenter: ''Ack, nu gråter Blomstrand för att atomerna är alltför små.''

Bortom de empiriska fakta sökte han sig till en syntes och utvecklade den berzelianska åskådningen vidare, bland annat i ett arbete med titeln Die Chemie der Jetzzeit från 1869. Han var en auktoritet ännu för den Strindberg som orienterade sig i naturvetenskaperna på egen hand. — Det var också Blomstrand som tog initiativ till bildandet av den Kemisk-mineralogiska föreningen i Lund. Själv höll han det första föredraget om ''Metallernas ammoniakföreningar''. I samma förening skulle Janne Rydberg år 1883 hålla den märkliga föreläsning, där han framförde sin tanke, att inte atomvikten utan andra egenskaper, främst optiska var viktigare för ett ämnes plats i det periodiska systemet. Det var också inför samma forum som Rydberg några år senare meddelade sin upptäckt av vad som nu kallas Rydbergs konstant.

Artonhundratalets isolerade universitetsmiljö gynnade uppkomsten av professorsoriginal. En rik provkarta på vad universitetet i det avseendet kunde bjuda, ger Oscar Svahn, själv en gång filosofidocent i staden, i sin bok Våra överliggare. Under namn av gubben Höök tecknar han där sin bild av den excentriske Carl Johan Hill, som från 1839 innehade professuren i matematik i Lund. Han var flitig inom sitt ämne, författade under sina trettio professorsår ett stort antal skrifter inom den rena matematiken på latin och franska. Innehållet i somliga av dem har emellertid förblivit något av en sluten skattkammare. Han införde där ett eget matematiskt teckensystem, med symboler, gåtfulla stjärnor, cirklar med punkter i, som ingen av hans efterföljare åtagit sig att dechiffrera.

Kring hans originella person har otaliga anekdoter samlats. Hill levde ofta i konflikt med yttervärlden, försökte sig på mekaniska uppfinningar som inte fungerade, förde juridiska processer mot staden som han förlorade, blev berömd för sitt husbygge på Skomakargatan, där det påstås att han glömt att i ritningarna markera någon trappa till övervåningen.

En gång höll han på att bli förevigad av Marcus Larssons pensel. Det var då denne konstmålare åtagit sig att på tio timmar måla en kolossal tavla med ett av sina romantiska motiv: en brinnande ångbåt invid ett fyrtorn, en blixt och en måne. Studenterna hade fått löfte om tavlan, som än i dag tillhör Akademiska Föreningen. Bäst som Marcus Larsson höll på att stryka natthimlen, kom Hill in i rummet. Konstnären fixerade honom, och när Hill lämnat salen, målade han i tavlans ena hörn, mitt i den svarta natten en bild av gubben med slängkappa och glasögon till studenternas hörbara jubel. Förvånad över skrattsalvorna steg Hill från Tegnérplatsen på nytt in i hörnrummet i Föreningen. Det gav Marcus Larsson anledning att snabbt utplåna porträttet och måla över en helt oförmodad komet, som ännu syns i tavlans högra hörn, för eftervärlden lika svårförklarlig som Hills matematiska teckenspråk för dem som inte äger nyckeln.

Men det blev genom en annan och mer berömd målare, genom sin son Carl Hill, som den gamle, kanske inte alltid aimable tyrannen och matematikprofessorn fått sin plats i historien. Som ett mer fruktat än älskat oidipalt faderskomplex figurerar han i Hills sjukdomskonst. Så väldig var den sjuke konstnärens produktionslust, att familjen hade svårt att förse honom med målarduk. Man gav honom billigt omslagspapper att teckna och måla på och sin pappas gamla manuskript, över vilka han ritade sina fantastiska figurer. Aldrig torde några föreläsningsmanuskript fått bättre skjuts mot den konstnärliga evigheten eller ett högre ekonomiskt marknadsvärde.

En lärdomsgigant

Äldre studiekamret med Elias Fries var en av de mest originella företrädarna för naturforskningen i Lund, Sven Nilsson, professor i naturalhistoria från 1832 till 1856, verksam som forskare också långt efter emeritiåren, död först 1883. Sina insatser gjorde han inom tre områden: zoologi, geologi och arkeologi. Av romantisk, naturfilosofisk idealistisk spekulation förefaller han totalt oberörd: "ej särdeles djup" karakteriserar honom hans mer spekulative vän Elias Fries. Han var bondson från skånska slätten och berättar från sin bardom om sin tidiga läggning som iakttagare: "allt vad jag såg, vare sig en blomma, en sten eller ett djur, fästade sin bild outplånligt hos mig". Han var till sin läggning sann empiriker; som sin grundsats formulerade han maximen: "Endast den nakna sanningen gäller som contant."

Till Lund kom han för att i likhet med så många bondsöner studera till präst. I det psykologiska ögonblicket erbjöd honom Retzius att bli docent i naturhistoria och amanuens vid det naturhistoriska museet. Han kom

Sven Nilsson (1787—1883), en lärdomens gigant.

omsider att berika dess samlingar med de i torvmossar funna resterna av en försvunnen djurvärld, bl a uroxe- och bisonskelett.

Zoologin var vid denna tid i Sverige en tämligen ny vetenskap; botaniken hade sedan Linnés tid dominerat. ''Ornitologin är den del av naturen, som jag anser mig hava fått till läxa'', skrev Sven Nilsson i ett brev från tidiga Lundaår. I Köpenhamn, där han fortsatte studier i zoologi, anatomi och mineralogi, trycktes på latin de två banden av hans Ornithologia Svecica en bok som rönte betydande uppmärksamhet också bland utländska lärda i Tyskland och Holland. I svensk översättning och bearbetning kom boken att ingå som en av delarna i Sven Nilssons klassiska verk Skandinavisk fauna. Övriga delar omfattar däggdjur, amfibier — till vilka på den tiden även kräldjuren räknades — och fiskar. Med detta verk blev han grundläggare av modern svensk faunistik. Boken fick en stor läsekrets till vilken också August Strindberg, den alltid vetgirige, hörde. Till dess attraktionskraft har bidragit att Sven Nilsson kryddat framställningen med anekdoter, med folktro och drastiska historier, ofta undanstuckna i de finstilta noterna.

Under samma professur som naturalhistorien hörde vid denna tid på 1800-talet geologin. Också den upplevde en blomstringstid under Sven Nilssons fögderi. Hans studier av fossila djur och växter i stenkolsformationer och avlagringar kulminerade i arbetet Petrificata Suecana från 1827.

Fynd av subfossila däggdjur i skånska torvmossar ledde honom att lansera den för tiden epokgörande tanken att Skåne en gång varit landfast med Tyskland och att dess djurvärld i förhistorisk tid hade invandrat söderifrån. På det första naturforskarmötet i Göteborg, år 1839, talade han om ett allmängeologiskt problem, jordytans växelvis skeende höjningar och sänkningar i södra Sverige. I en föreläsningsserie i Stockholm på 1840-talet lade han fram en sammanfattning av sina åsikter om Skandinaviens allmänna geologiska byggnad.

En av Sven Nilssons elever, Otto Torell, studerade med större empiriskt material och säkrare metoder glacialgeologin. På forskningsresor till Alperna, Island, Spetsbergen, Grönland och norra Finnmarken företog han ingående undersökningar av glaciala bildningar, som förde fram till teorin om den stora nedisningen. När Torell år 1866 utnämndes till e o professor i Lund — ämneskombinationen var nu zoologi och geologi — fick geologin för första gången en mer självständig ställning; han är den förste som med fackspecialiseringens rätt kan kallas yrkesgeolog.

Fornsaker hade Sven Nilsson börjat samla redan i sin ungdom, stimulerad av historieprofessorn Sjöborg och av besök på Oldsagmuseet i Runde Taarn i Köpenhamn. I samband med studier i jaktens och fiskets historia — Sven Nilsson var själv passionerad jägare — kom han att fästa sin uppmärksamhet vid utseendet av olika fångstredskap. Han jämförde fiske- och jaktredskap av sten och ben från nordisk forntid med liknande redskap som begagnades av naturfolken i Nordamerika och Australien. Samma typ av komparativ metod som börjat användas i anatomi och på annat håll för han över till antropologin. I ett brev skriver han: "Ämnet 'människosläktets naturalhistoria' bör behandlas som alla andra delar av denna vetenskap, nämligen med den komparativa metoden." Så har skett i det stora arbete som fick titeln Skandinaviska Nordens Ur-invånare, ett försök i komparativa etnografin och ett bidrag till människosläktets kulturhistoria. I själva verket slår Sven Nilsson med sin verksamhet en bro över från 1700-talets och Retzius mer statiska vetenskapssyn till 1800-talets historiska utvecklingsperspektiv. Man har betecknat honom som en pionjär också i samhällsvetenskaplig analys, då han redan i sina arbeten på 1830-talet formulerade en indelning av samhällsutvecklingen i fyra stadier, baserade inte på teknologiska förändringar utan på ekonomisk utveckling. Tanken på framåtskridandet fick en förnyande impuls genom studiet av primitiva folk.

Om samma intresse för utvecklingsperspektiv vittnar hans studier i nordisk forntid, med inriktning på dess kronologi. Närmast från sin danske kollega C.J. Thomsen hade han övertagit treperiodsystemet med stenålder, bronsålder och järnålder. Men han nyanserar det, bland annat med insikten, att stenföremål använts också i de senare epokerna. Han tänkte sig att de tre åldrarna skulle ha införts av tre olika folk. Särskilt bekant och omstridd blev hans idé om bronsåldern. Med stöd av studier i bronsföremålens ornamentik, ville han göra troligt, att en fenicisk folkstam sjövägen skulle ha bragt bronsåldern till Norden. Han fann ornamentiken med spiralen som huvudform påminna om vapnen från homerisk tid; och han underställde sin idé om bronsålderns förmodade feniciska ursprung Geijers omdöme. Med ökad kännedom om kulturens och bruksföremålens vandringar, har denna, liksom andra av Sven Nilssons djärvaste teorier övergivits. Ändå står han, med sin uppslagsrikedom och kunskapsrikedom som den främste företrädaren av svensk arkeologi före Hildebrands och Montelius dagar.

Hans forskningar rönte betydande uppmärksamhet utomlands; flera av hans verk översattes till de tre europeiska huvudspråken. I Charles Darwins bevarade bibliotek står fortfarande en av hans skrifter. Med Darwin har han brevväxlat; den engelske forskaren, som vid denna tid var sysselsatt med The Descent of Man har från Sven Nilsson i sitt arbete infogat några pusselbitar i resonemangen.

Överhuvud hade Sven Nilsson vidsträckta kontakter inom och utom Norden. I hans brevsamling är 300 av de 800 korrespondenterna utlänningar. Många brev finns från hans danske kollega Thomsen. Ett litet antal härrör från den engelske geologen Charles Lyell — den tidens ledande geolog — som under en forskningsresa, då han studerade landhöjningen i Sverige, besökte Sven Nilsson i Lund. Ett trettiotal brev har bevarats från John Lubbock, som utgav den engelska upplagan av Sven Nilssons Skandinaviska Nordens Ur-invånare.

De vetenskapliga kontakterna odlade han också genom att flitigt delta i de internationella kongresser, som bildade ett så viktigt nytt inslag i 1800-talets lärda värld. Tillsammans med en rad andra svenska forskare deltog han i det stora naturforskarmötet i Berlin, som glansfullt leddes av Alexander von Humboldt. Han for till de engelska naturforskarmötena i Bristol, Oxford och Bath; han var med om att grunda de skandinaviska naturforskarmötena och han var flitig gäst på arkeologiska kongresser, bl a i Paris 1867. Knappast någon av hans generation har i motsvarande grad odlat de utländska förbindelserna.

Men han var rotfast i Lund. Han var en självmedveten professor, inte så litet av despot, som hade lätt att komma i gräl med sina kolleger. ''Gud vet — skrev han — om någon annan haft så många avundsmän och förtalare som jag.'' Till avundsmännen hörde Esaias Tegnér, som missunnade Sven Nilsson prebendepastoratet i Nöbbelöv och Skivarp och som i ett brev formulerade den ringaktande karakteristiken av kollegan: ''Mannen är berömd för att kunna fjella fisk och känna höns, efter rent vetenskapliga grunder.'' Själv var Sven Nilsson medveten om sin betydelse. Han kunde ge de samtida intrycket av en forntida patriark eller profet, en förkunnare som inte tålde motsägelser. Samtidigt kunde han vara en sällskapsmänniska, som till en Stockholmskorrespondent år 1869 kunde ge följande bild ur stadens liv:

"Här saknas baletter, lustspel och operor, men också här kan man någon gång få se en lustig sångpjäs, uppförd av muntra studenter. Dessutom kan här också träffas en bildad societet, även av intelligenta damer. /———/ En mängd av provinsens nobless har flyttat in och tillbringar vintrarna i staden."

Alltsedan Anders Jahan Retzius som amanuens föreläst om insekternas ekonomiska nytta och betydelse, hade entomologin sin plats i den zoologiska forskningen i Lund. Den hade under 1800-talet en lång rad representanter, var och en med sin insektsgrupp eller sina insektsgrupper som specialstudium: både C.A. Fallén och hans efterträdare Zetterstedt skrev om Dipteras, tvåvingarnas grupp. Men den främste företrädaren för insektologien blev under detta sekel Carl Gustaf Thomson, intendent vid den entomologiska avdelningen vid zoologiska museet från 1862 och erbjuden samma befattning vid motsvarande institution i Berlin. Han hör, liksom föregångarna, främst till samlarnas grupp, och har katalogiserat 2 375 för vår fauna nya insekter. På sina strövtåg i naturen hade han för vana att bära med sig en flöjt. Efter lyckliga fynd brukade han slå sig ned i gröngräset och spela en glad melodi på flöjten. Det måste ha blivit åtskilligt musicerande i Guds fria natur, innan han blev färdig med de tio banden om Coleoptera, skalbaggarna och de fem banden om steklarna, Hymenoptera, och de tjugotvå banden Opuscula entomologica.

Det entomologiska museum som skapats i Lund efter insatser av nya generationer av forskare hyser landets största samlingar av svenska insekter. I tidens fullbordan skulle entomologin få en egen lärostol. Det skedde år 1949; dess förste och ende innehavare blev Carl H. Lindroth, genom program i radio och TV känd som en av de lärda i Lund. När han avgick, förändrades tjänsten till en professur i systematisk zoologi.

Liberalism och skandinavism

I bilden av det tidiga 1800-talets Lund sådant det ter sig i memoarernas ljus, dominerar de stora lärargestalterna. På 1830- och 1840-talen framträder, i de samtidas minnesbilder, en ung studentgeneration med nytt självmedvetande och gruppmedvetande som en — visserligen ännu icke organiserad — "student-corps". Mer eller mindre medvetet företräder studenter-

Sylvanska gården, Akademiska Föreningens äldsta byggnad.

na idén om ungdomen som en skapande makt, som representant för fram-
åtskridandet. Här, som på så många håll ute i Europa går romantiken hos
en ung generation samman med eller över i liberalismen.

Studenterna är i full färd med att skapa nya egna institutioner och nya
traditioner. Alltifrån universitetets första årtionden hade studentnationer-
na spelat en viktig roll, med patriarkaliska relationer mellan nationsinspek-
tor och de inskrivna. Nationerna levde vidare, men som en överordnad in-
stitution, innefattande alla studenter i samtliga nationer formades år 1830
Akademiska Föreningen. Denna sammanslutning — för Lundauniversite-
tet unik — hade som sin närmaste förebild Studenterforeningen i Köpen-
hamn. En betydelsefull skillnad var och är, att i Lund också de akademiska
lärarna kom att ingå i den nya korporationen.

En gård vid Sandgatan, den Sylvanska, hade inköpts; i den fick Lunda-
studenterna för första gången ett eget hem. Inom dess murar bereddes rum
för ett föreningsliv med rikt förgrenade verksamheter. Den sociala avdel-
ningen — eller med den ursprungliga beteckningen Societeten — hade till
uppgift att ordna föredrag med diskussioner, soaréer med musik och sceni-
ska övningar. Ateneum, den andra avdelningen, var namnet på ett läse-,
tidnings- och litteratursällskap; redan enligt den ursprungliga planen skul-
le man där tillhandahålla alla svenska dagblad och veckotidningar, liksom
utländska tidningar av politiskt och allmänkulturellt intresse. Denna sida
av Akademiska Föreningens verksamhet utgjorde i viss mån ett fullföljande
av en äldre idé, motsvarande det "läsesällskap" som på kansler von Enge-

ströms förslag införts i Lund så tidigt som 1812. Från slutet av 1830 knöts ett bibliotek till Ateneum. Det skulle enligt stadgarna främst innehålla nyare nordisk skönlitteratur; under en senare epok kom det också att fungera som kursbibliotek. En tredje avdelning var det s k konviktoriet, en klubbinrättning för gemensam bespisning.

Akademiska Föreningen gav studenterna möjligheter till umgänge, sällskapsliv, diskussioner, politisk aktivitet, ett varierat bildningsliv utanför de snäva brödstudiernas ramar. Bland de nya verksamheterna blev sången viktig. Kvartettsång hade förekommit tidigare i smärre grupper, i Lundagårds park. Nu organiserades ett studenternas sångsällskap, en sångförening, som gav egna konserter. En tonsättares namn och två diktares är nära knutna till den lundensiska studentsången i dess tidiga skede. Kompositören är Otto Lindblad, ledande och sammanhållande kraft inom studentsången från år 1831. Diktarna är C.V. Strandberg och Herman Sätherberg, båda ursprungligen uppsaliensare. Den förre möter vi som skandinavismens skald; den senare har skrivit orden till den mest kända studentsången: Sjungom studentens lyckliga dag.

Ute i Europa blåste nya vindar efter romantikens tid av stiltje och politisk reaktion. År 1830 var den franska julirevolutionens år; det var också den polska upprorsrörelsens. Sympatierna för den polska frihetskampen manifesterades i handling, då tre unga medicinare anmälde sig som frivilliga till fältläkarkåren. De hyllades vid sin avfärd på Lundagård med sång och vid återkomsten med nya festligheter. Över huvud orienterade sig många av studenterna mot de liberala strömningarna i tiden; liberalismen stärkte självkänslan och kårandan.

Vid upprepade tillfällen under 1830- och 1840-talen markerade Lundastudenterna sina sympatier för inrikespolitiska liberala reformer. Den av de akademiska lärarna som oftast uppträdde på de liberala studenternas sida var Johan Henrik Thomander, vald till Akademiska Föreningens förste ordförande. Uppe i det mer konservativa Uppsala — där inslaget av adelsmän i studentkåren var betydligt större — fick Lundastudenterna rykte om sig att vara "frisinnade och modiga" och att iaktta mer demokratiska umgängesformer. Men givetvis fanns det också i Lund akademiker som med oro såg "republikanska" idéer spridas. I egenskap av Atenei förman väckte Henrik Reuterdahl — teolog liksom Thomander, men nu mer konservativ vorden än i sin första ungdom — en motion om att Akademiska Föreningens stadgar skulle ändras, och alla politiska meningsyttringar förbjudas. Motionen slogs ned vid omröstningen.

1830- och 40-talen betecknar en tidig kulminationsperiod också för den nationalliberala studentskandinavismen. Rörelsen hade sitt egentliga ursprung i Danmark. Där önskade man engagera alla de nordiska länderna i ett politiskt förbund som skulle avvärja det tyska militära hotet mot Slesvig. Rörelsen grep omkring sig i de unga studentgenerationerna. När Öresund vintern 1838 frös till, begagnade studenterna från Köpenhamn och Lund tillfället till ömsesidiga besök. I större skala och med fastare organisation fortsatte kontakterna studentkårerna emellan under de följande årtiondena. År 1842 for inte mindre än 130 Lundastudenter över Öresund till en fest i Dyrehaven; under färden skall Otto Lindblad enligt traditionen ha komponerat den Ångbåtssång — Herr Kapten, sätt maskinen i gång! — som sjöngs från bladet, då båten närmade sig Köpenhamn. Ett stort skandinaviskt studentmöte ägde rum i Uppsala följande år med deltagare från alla de nordiska länderna; år 1845 blev både Lund och Köpenhamn huvudorter för de ungdomliga samnordiska manifestationerna. För första gången bars vid detta tillfälle studentmössan som ett kåremblem.

En av dem som gav färg åt det lundensiska studentlivet var den tidigare nämnde poeten C.V. Strandberg, pseudonymen Talis Qvalis. Han hade kommit till Lund i början av 1838, ett politiskt märkesår bland annat genom Geijers ''avfall''. Strandbergs tioåriga studenttid sammanföll med liberalismens och skandinavismens högflod. Han sågs ofta i sällskapsrummen i Akademiska Föreningen, där han slog sig ned vid pianot, och inte sällan slutade sin privatkonsert med att spela Marseljäsen, som han — berättar en samtida — rikt varierade. Vid samma piano komponerade Otto Lindblad många av sina kvartetter och andra sånger; Strandberg skrev texten till flera av dem med eggande titlar som Frihet och fosterland, Stridsbön och Hymn. Strandbergs hymn, Kungssången — Ur svenska hjärtans djup en gång — sjöngs första gången i Lund 1845 som ett inslag i den akademiska fest, med vilken man firade Oscar I:s uppstigande på tronen.

Diktaren firade sin största personliga triumf vid det tillfälle, i juni 1845, då studenter från Uppsala och Kristiania stannat till i Lund på väg till ett studentmöte i Köpenhamn. På kvällen hade alla samlats på Lundagård. Tal hölls, sånger sjöngs och skålar utbragtes för de nordiska studentstäderna, den sista skålen för universitetet i Helsingfors i det Finland som nu var en del av det ryska tsarväldet. Strandberg grep ögonblicket, sprang upp på en bänk och med sin starka stämma läste han den eggande dikten Vaticinium, med upptakten ''Finland, så jag ville ropa . . .''

Studentmötet i Köpenhamn 1845 är en av studentskandinavismens kulminationspunkter. Men den mest högtflygande entusiasmens tid var snart förbi, också för Strandbergs del. Han lämnade Lund med en slät kansliexamen på fickan efter vad han själv kallat år av ''rödblommig ungdomsglädje''. Som radikal opinionsbildare hade han emellertid redan skaffat sig ett forum i pressen, i Lunds Weckoblad och i olika skandinavistiska publikationer. En tid stod han som redaktör i Skånska Correspondenten, där han redan i första numret fyrade av sitt radikala batteri. Sina argument mot allt vad han ville komma åt i sitt Lund och sitt land — konservatismen, passiviteten, ortodoxin — hämtade han hos vänsterhegelianerna.

Hos andra gick studentskandinavismens patos samman med en mer konservativ politisk hållning. Så hos publicisten och akademikern Bernhard August Cronholm, i presshistorien känd som grundaren av tidningen Snällposten, senare omformad till Sydsvenska Dagbladet Snällposten. I unga år stod han som initiativtagare till den svensk-danska kalendern Hertha som i sin första årgång kom ut år 1838. Talis Qvalis framträdde i denna publikation med en broderlig hälsning till "Danmarks söner". Andra författare följde i spåren: det var här som H.C. Andersen, gripen av skandinavistisk yra, skaldade:

Paa Fjaeld, i Skov, og ved det mørkblaa Hav
Jeg jubler højt: Jeg er en Skandinav.

Som skandinav hyllades den danske diktaren också i Lund, där han ett par gånger var gäst. Vid hans första besök, år 1840, var det den nyss nämnde Cronholm som förde studenternas talan. Han yttrade: "När snart hela Europa nämner H.C. Andersens namn, glöm inte, att studenterna i Lund voro de första som offentligt bragte er den hyllning Ni förtjänade." I sin självbiografi berättar Andersen med stolthet om hur han mottogs av studenterna "i deres gamle By" med festmåltid, tal och serenadsång.

Studenternas första husbygge. Politiska opinionsvågor

Skådeplatsen för många av de nordiska, enkannerligen svensk-danska manifestationerna, blev under följande årtionden Akademiska Föreningens röda tegelborg. Den 14 maj 1851 hissades flaggorna i topp på tornen som signal till invigningen av studenternas första husbygge. Ritningen var signerad av en av C.G. Brunius elever, studerande av Göteborgs nation, sedermera stadsarkitekt i Göteborg, H.J. Strömberg. För uppdraget erhöll han i betalning 100 riksdaler banco.

En kanonsalut med tolv skott blev upptakten till en invigningsfest som varade i dagarna tre. Efter akademisk procession till den nya festsalen hölls högtidstal av Akademiska Föreningens dåvarande förman, den unge estetikdocenten Gustaf Ljunggren och av den från många skandinavistiska studentmöten i Lund välkände danske skalden och politikern Carl Ploug. Vid en konsert, där Otto Lindblad förde taktpinnen exekverades nyskriven kör-

Akademiska Föreningen av år 1851. Trägravyr ur Nordiska taflor, 1862.

musik och skålar utbragtes i mängd. I festceremonielet ingick en bal, där krinolinerna virvlade.

Det nybyggda tegelhuset, rest på samma plats där den Sylvanska gården stått, sedan många gånger ombyggt, tillbyggt och restaurerat, blev central- punkten för nya decenniers, för ett helt nytt århundrades studentliv. Nu startades på allvar lördagssoaréerna med sång eller föredrag, tidiga före- gångare till nutidens studentaftnar. I stora salen spelades studentfarser lik- som andra sceniska föreställningar. Samma sal blev lokalen för de fest- arrangemang som avlöste vardagarnas studiemöda — vi närmar oss den epok som Strindberg kallade jubelfesternas tidevarv. Inom Akademiska Föreningens ram återupptogs den nordiska fest för fädrens minne med tungt fornnordiskt ceremoniel, som första gången firats 1845. År 1853 in- fördes på förslag av Gustaf Ljunggren en fest till Karl XII:s minne med tal, sång och fackeltåg. Tre år senare, 1856, firades för första gången Tegnérfest

141

Spexföreställning i Akademiska Föreningens stora sal 1950, ännu tämligen oförändrad sedan invigningen 1851. Spexet är Skandalen i Bengalen eller De visas sten.

den 4 oktober, på årsdagen av Tegnérs inskrivning vid akademin, med sång vid statyn och ett leve för hans minne. Till festen knöts — som tidigare nämnts — från 1868 ett hälsningsgille för de nyinskrivna studenterna med sång och tal. Redan på första hälsningsgillet sjöngs den av Fredrik Andersson författade ''novischvisan'': Novitie, novitie, i dag är dagen glad, välkänd för många generationer av Lundastudenter.

Inom och utanför Akademiska Föreningens murar upplevde studentskandinavismen en efterblomstring på 1850-talet, i de politiska löftenas, i retorikens och punschens tecken. Men kort efteråt förlorade den sin politiska trovärdighet: vid det tyska överfallet på Danmark i 1863—64 års krig förblev Sverige och Norge militärt neutrala; fem Lundastudenter lär ha anmält sig som frivilliga. ''Folken hade icke hållit vad studenterna lovat'' konstaterade man med resignationens bitterhet vid ett studentmöte i Kristiania 1869.

Skandinavismens debâcle ledde emellertid till att studenterna i stället för politiskt samarbete sökte former för samverkan med kulturpolitiska förtecken. På sikt fick det avgörande betydelse för den generation av vetenskapsmän som gav Lundauniversitetet dess profil under det slutande 1800-talet.

Ett konkret initiativ för att förnya det svensk-danska studentutbytet togs i samband med studentmötet i Kristiania. Studenterna från Köpenhamn hade tagit vägen över Lund på sin färd till Norge. Under uppehållet i Lund anordnades en fælleskonsert av de danska och lundensiska studentsångarna. Det beslöts, att medlen som inflöt vid konserten, skulle bli grundplåten till en fond som skulle ge möjlighet för studenter från Köpenhamn och Lund till studier vid andra nordiska univeristet.

Efter konserten samlades man på Lundagård; i de tal och sånger som följde erinrade man om skaldekröningen i Lunds domkyrka, som ägt rum jämnt 40 år tidigare. Under mötet i Kristiania ett par dagar senare höll dåvarande akademiadjunkten Martin Weibull ett tal, där han pläderade för ett omfattande nordiskt akademiskt samarbete och framlade förslag, bl a om nordisk tentamensgiltighet. Samtidigt gav han programförklaringen för den nygrundade stiftelse som fick namnet den Tegnér-Oehlenschlägerska. Från 1872 och framåt genom mer än hundra år har fonden kunnat dela ut stipendier till studenter från Lund och Köpenhamn. Det finns många, senare kända namn, i den långa listan på Tegnér-Oehlenschlägerstipendiater. Genom dess förmedling kom bland andra stud.theol. Johannes Edvard Lehmann att tillbringa en god del av året 1885 i Lund; han återvände i tidens fullbordan år 1913 kallad som den förste professorn i religionshistoria till universitetet. Av lundensare har bland andra diktaren och folkhögskolemannen A.U. Bååth, historikern Lauritz Weibull, litteraturhistorikern Albert Nilsson, sanskritisten Herbert Petterson och docenten i turkisk språkvetenskap, och senare ambassadören Gunnar Jarring på fondens stipendiemedel kunnat förlägga en studietermin eller flera till Köpenhamns universitet.

Den liberala våg, som burit upp de ledande krafterna inom studentkåren på 1830- och 40-talen ebbade efter hand ut. Samma studentkår som prisats — respektive begabbats — för sitt frisinne, fick några decennier senare rykte om sig att vara svårt reaktionär. Då frågan väcktes att fira 1865 års liberala representationsreform med en illumination avslogs förslaget med 98 röster mot 65. ''Mycket sällan har väl ett beslut av en studentkår väckt större uppmärksamhet och framkallat så häftiga fördömelser'', skrev i en minnesartikel dåvarande lundabiskopen Gottfrid Billing. Han hade som tjugofyraårig — tillsammans med Elof Tegnér — burit huvudansvaret för avstyrkandet. Av opinionsstormen i den liberala pressen väckte en artikel av signaturen Orvar Odd störst uppseende. Den bar titeln Unga gubbar, en tidsbild

På världens tak. Studenter på taket till Akademiska Föreningens byggnad från 1851.

med tillämpning. I artikeln raljerar författaren — som själv haft nära förbindelser med det liberala Lund — över hur studenterna som en gång velat spela rollen av ljusets riddarvakt nu svikit framstegsidéerna. Med handen under hakan — skrev han — uttalar den nya studentgenerationen sina tvivel från statslärans synpunkt över det befogade i en reform som sägs bryta mot den historiska kontinuiteten. Under de sista orden i Orvar Odds artikel hör man ekot av de hegelianska och boströmianska fraser med vilka det gamla samhällsskicket försvarades från universitetshåll. Från konservativ sida fick studenterna beröm. En schartauansk prost på Västkusten erbjöd ett stipendium på 10 000 kronor som belöning för studenternas hållning i samband med representationsreformen.

Men den nya tiden och det nya riket var obevekligt på väg. Ståndssamhället stod inför sin upplösning. Industrialism och arbetarrörelse var på frammarsch också i det agrara Sverige, hand i hand med den nya tekniska civilisationen. På södra stambanan frustade det första festsmyckade lokomotivet in på sin jungfrufärd mellan Lund och Malmö; året var 1856. Talet i residensstaden vid järnvägsinvigningen hölls från universitetshåll av estetikprofessorn Carl August Hagberg. "Jag sade dem — berättar han i en brevrapport — att det icke var obetingat att jubilera över vad som nyligen skett, ty vi veta icke varåt det leder." I samfärdseln över gränserna trodde han mera på idéerna än på ångloken.

Med det blev obestridligen järnvägen som förde Lund i närmare kontakt med Danmark och kontinenten också när det gällde idékommunikation. I hundra år förblev Lund en naturlig anhalt för akademiker från utlandet på besök i Sverige. Adertonhundratalet ut blev det också tradition att förbipasserande notabiliteter — som Ibsen och Strindberg — hyllades på perrongen vid Lunds Central av uppvaktande studenter.

Om liberalismen förtvinat under 1860-talet, levde de skandinaviska idealen vidare, trots debâclet av år 1864. De upplevde en sen eftersommar ännu under 1870-talet. "Nordiskhetens himmel välvde sig över Lundagård" skriver en av dem, som var unga under detta decennium. Den nynordiska väckelsen fick stöd av tongivande kulturpersoner som Viktor Rydberg och Björnson. Den fornnordiska litteraturen, särskilt den isländska, studerades med ny intensitet. Den från Grundtvig inspirerade folkhögskolerörelsen med sitt av nordisk och kristen idealism präglade program slog rot i Sverige; vid den första svenska folkhögskolan, Hvilan, några mil söder om Lund, blev Lundadocenten Leonard Holmström föreståndare och Lundastudenten och Skåneskalden A.U. Bååth en av de första lärarna. Bååth var under 70-talet studentkårens främste diktare; stora delar av hans författarskap är präglade av den nynordiska väckelsen. Han översatte isländska sagor och skrev sin doktorsavhandling om ättesagorna.

Nya statuter; nya examina

Från mitten av 1800-talet skedde en modernisering av universitetets författning, dess verksamhetsformer och examensformer. År 1852 utfärdades nya statuter gemensamma för Uppsala och Lund och året efter en ny examensstadga. De nya bestämmelserna bär i mycket spåren av den liberala epokens samhällssyn, vetenskapssyn och bildningsideal.

Om undervisningen stadgades, att den inte borde begränsas till vissa examensfordringar utan syfta till studenternas självständiga vetenskapliga utveckling. En timme varje "läsedag" skulle professorerna hålla en offentlig föreläsning i sitt ämne; läsedagarnas antal var fyra i veckan. Om föreläsningarna heter det: "I övrigt stående varje lärare fritt, att så inrätta sina föredrag och sin undervisning, som han med avseende å ämnets beskaffenhet och för utbredande av sann upplysning ändamålsenligt finner." Stadgandet av 1852 i dess § 117 har kallats den svenska akademiska undervisningens Magna Charta. Den bestod i ett århundrade och garanterade en från överordnade och underordnade instanser fri uppläggning inom varje ämne. Bestämmelsen försvann i ett annat politiskt, pedagogiskt och ekonomiskt klimat, år 1956, utan att någon i första ögonblicket på allvar tycktes lägga märke till förlusten av denna del av den akademiska friheten.

Fria var 1800-talets föreläsningar också i en annan bemärkelse: de var inte obligatoriska för studenterna. Den obligatoriska, kursbundna undervisningen är en uppfinning av senare tidsåldrar. Tankegången i statuterna av 1852 motsvarar väl vad Lundakonsistoriet i ett eget yttrande anfört, att universitetet skulle få vara ''en asyl för vetenskaperna'' och att universitetslärarnas uppgift vore att ''med all iver bedriva de särskilda vetenskaperna till en högsta möjliga blomstring''. Därmed överensstämmer också en annan paragraf i de nya statuterna: att endast vetenskaplig skicklighet skulle vara grund för tillsättning av lärare. Det är ett steg mot professionalisering och specialisering.

Helt i linje med denna en ny tids strängare syn på vetenskaplig skicklighet, dokumenterad genom tryckt produktion kan man se grundandet av serien Lunds universitets årsskrift, Acta universitatis lundensis; dess första årgång utkom 1864. De krav på vetenskaplighet som ställdes på bidragen avsågs garantera att publikationen skulle bli av intresse för en lärd publik också utanför landets gränser.

I statuterna reglerade särskilda bestämmelser val av universitetskansler, gemensam för de två universiteten. Likaså reglerades formerna för rektorsval. Samtidigt avskaffades universitetens tidigare domsrätt, som gällt både dess tjänstemän, deras familjer och studenterna. Bara enstaka disciplinmål återstod för framtiden inom universitetets domvärjo. Så hade universitetsfolket, en gång ett avskilt, självständigt skrå, med privilegier av samma slag som kyrkans, integrerats i det nya samhället.

Ytterligare nya bestämmelser tillkom i 1876 års statuter. Nu reglerades sakkunnigförfarandet vid tillsättning av professorer. Det bestämdes att tre professorer, tillhörande ämnesområdet, skulle väljas till en kommitté av sakkunniga. De hade att upprätta ett i skrift motiverat förslag med tre namn till den ledigförklarade professuren. Därmed hade tidens krav på vetenskaplig speciminering inom det särskilda ämnet ytterligare slagits fast. Sakkunniginstitutionen skulle i denna form ha bestånd i hundra år. Den fanns kvar tills i ett nytt kulturpolitiskt klimat, de tidigare tre ''sakkunniga'' utbyttes mot tre ''särskilda ledamöter'' i en kommitté, där betydelsen av deras ställningstaganden reducerats.

Inom examensväsendet skedde under 1800-talets lopp en rad förändringar. I en examensstadga av år 1853 avskaffades den preliminärexamen i teologi som sedan gammal tid varit obligatorisk för dem som avsåg att ta ma-

Student-Bref.

Ynglingen *Carl Fehrman*,
som, enligt företedde intyg, är född i *Halmstad*
den *24 December* 18*40*, samt,
från Lunds Elementar läroverk dimitterad, undergått
Student-examen härstädes den *11 December 1858.*
med hufvudbetyget *Godkänd* , är under inneva-
rande dag, efter aflagd ed, som Student vid Kongl. Carolinska Universitetet
inskrifven. Hvilket honom härigenom till bevis meddelas.

Lund den *14 December* 185*8.*

C. J. Tornberg

Kongl. Carolinska Universitetets n. v.   Rector.

Student-Eden.

Jag *Carl Fehrman*
lofvar och svär vid Gud och Hans Heliga Evangelium, att jag städse skall
vara min rätte Konung, den Stormäktigste Furste och Herre, OSCAR I,
Sveriges, Norriges, Göthes och Wendes Konung, samt det Kongl. Huset,
huld och trogen. Jag skall ock med lif och blod försvara det Konungsliga
väldet samt Rikets Ständers Fri- och Rättigheter; allt i öfverensstämmelse
med Rikets Grundlagar, dem jag till alla delar skall lyda och efterkomma.
Desslikes vill och skall jag, medan jag vid Universitetet vistas, troget efter-
komma hvad Universitetets stadgar de Studerande föreskrifva, samt visa den
Academiska Styrelsen tillbörlig lydnad. Detta lofvar jag på heder och sam-
vete hålla. *Så sannt mig Gud hjelpe till lif och själ.*

Ännu vid mitten av 1800-talet hade studenten vid inskrivningen vid akademien att avlägga studenteden, liksom professorn vid tillträde av sin befattning hade att avlägga professorseden.

147

gistergrad eller doktorsgrad i andra fakulteter. Bortfallet av den teologiska preliminärexamen var en symbolisk förändring som markerade att den teologiska fakulteten inte längre kunde betraktas som överordnad i universitetssystemet. Om sekulariseringen vittnar också det faktum att bestämmelsen om bekännelsetrohet, som tidigare funnits i statuterna, försvann med 1850-talet.

Den överordnade roll som teologiska fakulteten miste, överflyttades till den filosofiska. Det fastslogs att både teologiska, juridiska och medicinska studier skulle föregås av en prövning i filosofisk fakultet. Så tillkom i 1853 års stadga de förberedande examina som kallades teologicofilen, juridicofilen och medicofilen. I samma stadga infördes en ny filosofie kandidatexamen, omfattande minst 12 betyg. Några ämnen i denna examen var obligatoriska, så latin, grekiska, historia och de två filosofierna. Dessutom skulle i examen ingå antingen matematik eller något av de naturvetenskapliga ämnena.

Redan år 1870 var tiden inne för en revision av den nya examensstadgan. Nu ersattes den omfångsrika filosofie kandidatexamen av två examina: filosofie kandidatexamen och filosofie licentiatexamen. Om den förra heter det i studieplanen från Lund av samma år att den skulle ge en ''allmännare, övervägande humanistisk grundläggning av det vetenskapliga studiet som är fakultetens högsta mål; den är sålunda väsentligen en för filosofie licentiatexamen förberedande examen''. Därmed hade universitetets övergripande syfte än en gång formulerats som rent vetenskapligt.

Den nya, i omfånget minskade filosofie kandidatexamen skulle omfatta fem ämnen och avsågs kunna avläggas på tre år. För dem som valde en humanistisk examen skulle fortfarande matematik eller *ett* naturvetenskapligt ämne också vara obligatoriskt. I gengäld skulle de blivande naturvetarna och medicinarna i sin grundexamen ha ett par ämnen från den humanistiska gruppen; av dessa två var latinet obligatoriskt fram till år 1891, då det för alltid ströks. Examenskraven är tecken på, att vad som senare kallats ''de två kulturerna'' ännu inte helt gått åtskils eller isolerats från varandra. Men att naturvetenskaperna tillerkändes en alltmer självständig ställning framgår indirekt av statuterna av 1876. Då delades den filosofiska fakulteten i två sektioner, den humanistiska och den naturvetenskapliga. Indelningen bestod till 1956, då sektionerna blev två självständiga fakulteter.

Den nyinförda filosofie licentiatexamen omfattade enligt 1870 års stadga tre ämnen. I ett av dessa ämnen skulle examinanden författa ett skriftligt, vetenskapligt specimen, en licentiatavhandling. För doktorsgraden krävdes en tryckt avhandling, ännu av blygsamt format. När den offentligt ventilerades skulle två opponenter utses att fungera. Inofficiellt tillkom institutionen med en tredje opponent med den delikata uppgiften att driva gäck med avhandling, avhandlingsförfattare och i viss mån hela den allvarliga ceremonin. Formerna för doktorsavhandling och disputation bestod i stort sett oförändrade i bortåt hundra år.

Om avhandlingarna bestämdes att de skulle vara avfattade antingen på svenska eller på något av de europeiska huvudspråken; bara i de klassiska disciplinerna överlevde latinet som möjligt avhandlingsspråk. Latinets slutliga reträtt vid akademin kan iakttas också på ett annat område. Fram till 1866 trycktes föreläsningskatalogen med uppgifter om professorernas, docenternas och akademiadjunkternas undervisning endast på latin, under rubriken Index scholarum. På höstterminen 1866 trycktes den för första gången därjämte på svenska med titeln Föreläsningar och övningar. Efter något år nöjde man sig med att låta den tryckas enbart på svenska. Det markerar ett tidsskifte; vi befinner oss i en ny epok, den som Strindberg, visserligen ironiskt, kallade Det nya rikets.

Kvar blev efter alla reformer en ceremoni av medeltida ursprung: doktorspromotionens rite de passage, då de gamla lärdomsinsignierna utdelades. Och kvar förblev in i nutiden som magiskt inslag i akten i domkyrkan, trollformlerna på det gamla lärdomsspråket och kyrkospråket, latinet, ett eko av den forna latinkulturen. Den latinska bön, varmed promotionsakten i domkyrkan ännu avslutas, läst av biskopen i Lunds stift, är också en sista historisk relikt från ett äldre skede. Den binder samman med den tid, då stiftets biskop var universitetets prokansler, då latinet var universitetets officiella språk, och då bekännelsen till den rena lutherska läran ingick både i den obligatoriska studenteden och i den ämbetsed som varje professor hade att avlägga vid sitt tillträde till tjänsten.

C. G. Brunius och drömmen om medeltiden

Vid seklets mitt höll staden Lund på att byta ansikte.

Domkyrkan restaurerades av Carl Georg Brunius, Tegnérs efterträdare på professuren i grekiska. Med stenhuggarredskap i handen äntrade han själv byggnadsställningarna och övervakade i alla detaljer arbetet; känd är anekdoten om formuleringen på hans visitkort: ''träffas i domkyrkan alla dagar utom söndagar''.

Brunius gav prägel åt sin stad inte bara genom restaureringen av Lundadomen. Han fick också i uppdrag att bygga om det gamla akademihuset på Lundagård som han försåg med en tredje våning. I det längsta trodde Brunius att huset var en byggnad från medeltiden, identisk med den forna biskopsborgen. Från Jacob Erlansens tvärmur i domkyrkan, som revs, räddade han en portal med romerska kolonner. Den lät han flytta och bilda entrén till Carolinasalen. I begynnelsen var domkyrkan; det ligger en djupare historisk innebörd i att vi än i dag stiger in i en av universitetets äldsta salar genom en kyrkoportal.

Brunius historiska misstag beträffande huset på Lundagård förledde honom att uppföra en rad nya universitetsbyggnader i samma förment romanska medeltidsstil. Det är den som präglar både det nuvarande biskopshuset vid Sandgatan, Historiska museet och Brunius egen privatbostad, alla tegelbyggnader i pastischerande rundbågestil. I denna arkitektur lever ännu medeltidsromantiken kvar i Lund.

Jacob Erlansens portal, som C. G. Brunius lät flytta från domkyrkan till det av honom restaurerade Lundagårdshuset, där den nu utgör entrén till Carolinasalen.

*Carl Georg Brunius (1792—1869),
Esaias Tegnérs efterträdare på profes-
suren i grekiska, mer känd för sin
verksamhet att restaurera kyrkor.*

Sina lagrar vann Brunius inte som klassisk filolog, även om han var en av
de sista skickliga latinpoeterna; över huvud inte som någon nitisk universi-
tetslärare. Han figurerar i tidens memoarer som en råbarkad professor,
känd för sitt högljudda svärjande, en barsk herre som nonchalerade sin un-
dervisning och emellanåt jagade bort de stackars studenter som ville ta hans
tid i anspråk för tentamina. Själv ägnade han sig helst åt andra verksam-
hetsområden, långt från den grekiska professurens, åt kyrkobyggnadskons-
ten och dess historia.

Det var snarast en tillfällighet — det faktum att han satt som fungerande
ordförande i domkyrkorådet — som ledde till hans första uppdrag som kyr-
korestauratör. Han åtog sig det, enligt sina egna ord, "mera av nitälskan
för den uråldriga byggnaden än av förtroende för sin förmåga". På egen
hand skaffade han sig de historiska, teoretiska och tekniska kunskaper som

var nödvändiga. Parallellt med sitt praktiska arbete med domkyrkorestaure-
ringen färdigställde han manuskriptet till sin monografi Nordens äldsta
metropolitankyrka eller historisk och arkitektonisk beskrivning av Lunds
domkyrka. Boken har betecknats som den första arkitekturhistoriskt och
konsthistoriskt upplagda kyrkomonografin i Norden; delvis gjord efter ty-
ska mönster. De skriftliga källornas vittnesbörd jämför Brunius med vad
han själv kunnat iaktta och utläsa genom studier av murar, valv och bygg-
nadsfragment. Han blev den förste metodiskt arbetande medeltidsarkeolo-
gen i vårt land, företrädare för en vetenskapsgren som också i framtiden
skulle komma att få hemortsrätt vid Lundauniversitetet. Sitt värde har hans
bok om domkyrkan främst genom de exakta observationerna, i mindre grad
genom de tolkningsförsök i romantikens anda, vilande på pytagoreisk och
teosofisk spekulation, som han prövar både på arkitekturen och på den
skulpturala symboliken.

Uppdraget att restaurera Lundadomen kom att få betydelse för Brunius
fortsatta verksamhet i flera avseenden. Dels blev han flitigt anlitad att res-
taurera kyrkor i städer och på landsbygd och som arkitekt till nya kyrkliga
och profana byggnader, dels kom han som forskare att också i fortsättning-
en ägna sitt intresse åt konsthistoria och kulturhistoria. Han skrev en Skånes
medeltida konsthistoria och en mäktig Gotlands konsthistoria i trenne de-
lar. Vid en tid, då konsthistorien inte med namns nämnande ingick i någon
professur vid universitetet — det gjorde den först 1858 — skapade Brunius
på egen hand en niche åt denna vetenskap. Han är i vårt land den främste
företrädaren för den internationella romantiska smakriktning, som i be-
undran för medeltidens byggnadskonst och stilar fördömde den efterhär-
mande klassicismen liksom barocken och rococon.

"En grälig konsistorieledamot, en medelmåttig professor i grekiska och
en dilettantisk byggmästare" — så faller den lundensiske universitetsbib-
liotikarien Elof Tegnérs njugga omdöme om sin farfars efterträdare i hans
personligt hållna memoarer. Eftervärlden har haft en mer försonlig syn på
vad Brunius uträttat. Onekligen präglar den medeltidsstil han införde än i
dag stora partier av stadsbilden — även om domkyrkan genom Zettervall
fick en totalt annan skepnad än den Brunius med större varsamhet skapade.

Språkforskning och språkundervisning mot nya mål

I Tyskland men också i Danmark hade den klassiska filologin under tidigt
1800-tal utvecklats mot historiska och komparativa perspektiv. De nya sig-
nalerna nådde sent till Lund. Särskilt inom latinet hade Lund varit ett reser-

vat för den undervisning av äldre typ, som lagt tyngdpunkten vid färdigheten att tala och skriva ett felfritt språk. Mot mitten av århundradet hade en ny uppfattning brutit igenom, avläsbar redan i universitetsstatuterna av 1852. Nyordningen skedde inte utan lundensiska protester. Achatius Kahl, själv en gengångare från den lundbladska skolans tid, demonstrerade sitt missnöje med en skrift om latinska klassicitetens förfall.

Det blev något av en sensation, när den dåvarande professorn i latin, Johan Gustaf Ek, tog upp den av Kahl kastade stridshandsken och år 1856 publicerade ett promotionsprogram på svenska språket — sådana hade alltid tidigare skrivits på latin. Redan titeln på programmet ger samtidigt en antydan om en ny tids filologiska inriktning: Komparativ språkforskning och latinsk etymologi. Såtillvida var även Ek ett barn av den gamla latinkulturen, som han var i stånd att skriva flytande latinsk vers; bland annat översatte han till latin sånger ur Tegnérs Frithiofs saga. Men hans väsentliga insats är att ha lyft den klassiska filologin till samtidens erkända vetenskapliga nivå.

Eks efterträdare var Albert Lysander, akademins främsta kvickhuvud, känd genom otaliga anekdoter och bons mots, obarmhärtigt härmad på grund av ett talfel. På grund av latinets ställning i det dåtida examensväsendet var latinprofessuren den mest betungande tjänsten vid universitetet. Under Lysanders tid tillkom en ny undervisningsmodell: seminariet. Dittills hade föreläsningarna varit den enda erkända officiella undervisningsformen. Mot dem restes invändningen att de lät studenterna förbli avskrivare av en diktamen. I Tyskland hade seminarieväsendet utvecklats vid universiteten alltifrån 1700-talet. En av lärarna i klassiska språk i Lund, Carl Vilhelm Linder, fick under en studieresa på 1860-talet positiva erfarenheter av vad seminarieformen hade att ge. Med direkt mönster från Göttingen utarbetade han, tillsammans med Lysander, ett förslag till ett "filologiskt seminarium" i Lund. Två gånger i veckan skulle deltagarna övas i textkritik; varannan vecka skulle någon av dem lägga fram en uppsats för offentlig diskussion. Universitetskanslern beviljade anslag för denna försöksundervisning, med särskilda stipendier för fem deltagare. År 1866 började det första seminariet sin verksamhet. Det är ett viktigt datum inte bara i lundensisk men i nordisk undervisningshistoria: här infördes för första gången i vårt land en undervisningsform som visat sig ha bärkraft i mer än hundra år. I en egen skrift har Lysander närmare berättat om de tio första verksamhetsåren i det filologiska seminariet med dess två avdelningar, en för latinsk, en för grekisk filologi. Experimentet slog väl ut; efter hand infördes seminarier i ämne efter ämne inom filosofisk, teologisk och juridisk fakultet.

Lysanders egen vetenskapliga verksamhet kom bara till en del att falla inom de klassiska studiernas fält. Han föreläste om romersk litteraturhistoria och gav ut sina föreläsningar som blev en länge använd lärobok i ämnet. Minst lika viktig var hans produktion inom nyare europeisk och svensk litteraturhistoria. Här införde han komparativa grepp, skrev om Virgiliusimitationen i Dantes komedi, jämförde Goethes Faust med nyare idédramer och skrev den första, grundläggande biografin över Carl Jonas Love Almqvist där han ville sätta allt i vad han kallar "psykologiskt och litterärt sammanhang".

Han var från tidiga år nära vän med Viktor Rydberg. Det var på Lysanders initiativ som Rydberg erbjöds att bli hedersdoktor i sin studiestad Lund; då hade emellertid redan Uppsala hunnit före med ett motsvarande förslag. Lysander var i mångt och mycket en den nya tidens man. Han var den förste som på svenska skrev en längre studie över Søren Kierkegaard och som därmed bidrog att introducera nya idéimpulser i lundensisk tankemiljö; han skrev vidare om den engelske diktaren Shelley, delvis i opposition mot Georg Brandes framställning. Själv klagar han i ett brev över sin splittring: "jag har varit inriktad på alltför många fält för att vara utmärkt på något."

Detsamma kunde knappast ha sagts om eller av hans kollega Christian Cavallin, vars hela verksamhet föll inom klassisk filologi. Efter att ha varit docent i romersk vältalighet och poesi blev han professor i grekiska språket och litteraturen. Hans förebild inom forskning och undervisning var den danske textfilologen Madvig, vars utgåva av latinska carmina selecta han använde som underlag för sina föreläsningar i latinsk poesi. Han var en av sin svenska samtids främsta klassiska filologer, högt uppburen av elever och kolleger inom universitetet. För eftervärlden har Cavallin blivit bäst känd genom sina latinska lexika, använda av generationer av studenter och gymnasister långt in på 1900-talet. Cavallin var — som så många av 1800-talsprofessorerna — prästson, hade från hemmet ett kristet trosarv och hör till det i Lund inte ovanliga släktet fromma lexikografer. På gammaldags vis behärskade han latin både i tal och skrift; till och med hans privatbrev är ofta skrivna på detta språk. En bildningsresa förde honom till Tyskland och Italien, resten av livet tillbragte han i Lund, en stillsam, försynt man, häftig endast då hans lokalpatriotiska hjärta svallade över, om stadens eller universitetets intressen blev ifrågasatta.

Lokalpatriot av renaste vatten var också Carl August Hagberg, född i staden och senare återbördad dit. Från en docentur i Uppsala kom han som den förste innehavaren av den ombildade Norbergska professionen. I sin nya form omfattade den estetik, moderna språk och litteratur. Hagberg fick sin befattning efter en häftig befordringsstrid i konkurrens med Carl Jonas Love Almqvist, diktaren och pedagogen, som trots att han fått stöd av den mäktige Thomander fick stryka på foten.

Carl August Hagberg (1810—1864),
Shakespeareöversättaren.

Det berättas att Hagberg gjorde sina första visiter i staden iförd vita gla-céhandskar. Sådant uppfattades i det akademiska Lund som utmanande snobberi. Men det var i Hagbergs fall ett minne från hans tid som paris-svensk; under en europeisk bildningsresa hade han umgåtts med en rad av sin tids litterära och filosofiska koryféer i tidens mondäna salonger. "Tysk-land lever i det förflutna, Frankrike i det tillkommande", skrev han i sin dagbok, fångad av 1830-talets framstegsidéer. I resebrev berättar han om föreläsningar han bevistat på Sorbonne, om besök hos Lamartine och hos Victor Hugo och om sitt inval i ett nystiftat Institut historique, där han ta-git inträde med en föreläsning om La Littérature en Suède. Han kom med en fransysk fläkt in i det av tyska traditioner dominerade Lund. Men det var som förmedlare av engelsk kultur han skulle komma att göra sin främsta insats.

Som professor i Lund från 1840 föreläste han dels i estetik, efter Solgers filosofiska system, dels i engelsk och fransk litteraturhistoria med textge-nomgångar i båda språken. Estetikföreläsningarna samlade fullt hus, me-dan föreläsningarna i det ännu föga senterade engelska språket i början till-drog sig föga uppmärksamhet. Samtidigt redigerade han på 1840-talet tidskriften Studier, kritiker och notiser, där han gång efter annan förde in provstycken av översättningar ur Shakespeares dramer. I samband med ett utsnitt ur komedin En midsommarnattsdröm meddelade han i ett häfte hösten 1844: "Det felas ännu i Sverige en komplett översättning av Shakespeares dramatiska arbeten; en sådan är för närvarande under arbete."

Tolkningen av Shakespeares samtliga skådespel blev hans unika bidrag till svensk bildningshistoria. De tolv volymerna av Hagbergs översättningar, utkomna mellan 1847 och 1851, har överlevt, återutgivits och uppförts på scenen långt in i nutiden. Det är och förblir en av de mest imponerande prestationerna i svensk översättningskonst. Lundastudenterna fick njuta av primörerna; bland annat läste han upp brottstycken ur dramerna på Akademiska Föreningens lördagssoaréer.

Samma år som översättningsarbetet var fullbordat kallades han till ledamot av Svenska Akademien. För dess räkning fick han uppdraget att börja arbeta på den stora ordbok över svenska språket, som akademien beslutat utge. Han övergick i detta sammanhang till en vid universitetet nyinrättad professur i nordiska språk; i sin installationsföreläsning behandlade han Niáls saga. Hos Hagberg slår intresset för isländskan en brygga över från romantiken till den nynordiska eller nygötiska strömningen. Språket betraktade han på romantikens vis som en levande organism; det har sitt levnadslopp och sin historia som kan tjäna nutiden till ledning och rättelse. Filosofiskt sett stod han nära en hegelianism av högermärke och befästes politiskt

Gleerupska huset med fasad åt Södergatan. I dess tredje våning bodde professor Hagberg åren 1860—1864..

i en konservativ hållning, sedan hans ungdoms liberala idéhänförelse för-
dunstat.

Som föreläsare och talare var han en av Lundauniversitetets främsta; han
höll minnestalet över Tegnér efter dennes bortgång och skrev programmet
vid avtäckningen av Tegnérs bildstod. Men främst var han en de trägna stu-
diernas man, en arbetsmyra som i sitt hem på Klostergatan föredrog att sit-
ta lutad över böcker och manuskript. En septemberdag år 1855 skriver han i
ett brev: "Vi hava några dagar bortåt full höst; kulet, regnigt och kallt.
Men det är den sköna tiden, den sköna arbetstiden, som nu riktigt går in."
Knappt tio år efteråt hade för hans del den sköna arbetstiden för alltid gått
ut.

Trots all flit hann Carl August Hagberg knappast göra några större insat-
ser på den nordiska språkforskningens område under de sex år han inneha-
de den nya professuren. Som grundläggaren av den nordiska filologins ve-
tenskapliga traditioner i Lund gäller i stället hans efterträdare, Theodor
Wisén. I första årgången av Lunds universitets årsskrift — Acta universitatis
lundensis — publicerade han som professorsspecimen en studie över
ordfogningen i den äldre Eddan. Också i fortsättningen gav han bidrag till
den vid denna tid både i Tyskland och i Norden livaktiga forskningen om
isländskt språk, isländsk dikt och prosa.

Wiséns program för hur studierna i nordiska språk bör läggas upp, for-
mulerar han i ett utkast till studieplan från 1873. "Då vetenskaplig insikt i
modersmålet och de övriga nyskandinaviska språken icke är möjlig utan
kunskap om deras historiska utveckling, måste studiet företrädesvis, om än
icke uteslutande, vara inriktat på de skandinaviska fornspråken". Den
språkhistoriska inriktningen av ämnet med krav på kunskaper i isländska
och fornsvenska som inskrevs i den första studieplanen bestod i själva verket
ända till de stora universitetsreformernas tid vid mitten av 1900-talet. I sina
föreläsningar sysslade Wisén företrädesvis med isländska texter, bland dem
Saemunds Edda. I undervisningen införde han från 1868 den från Tyskland
emanerande seminarieformen.

Som medlem av Svenska Akademien föreslog och genomdrev Wisén att
det av Hagbergs död avbrutna förberedelsearbetet på en ordbok över svens-
ka språket skulle återupptas. Före sin tidiga bortgång hann Wisén också
med att utarbeta en plan för ordbokens utgivning och förelägga akademin
ett första tryckt provark. Därmed blev för framtiden arbetet vid Svenska
Akademiens ordboksredaktion knutet till Lund; det bidrog att inrikta ge-
nerationer av nordiska språkforskare mot lexikografiska uppgifter.

Wiséns efterträdare som professor blev Knut Söderwall. Han hade i unga
år författat den första översikten över huvudepokerna i svenska språkets ut-
veckling, inspirerad av tidens allmänna inriktning mot språkhistorien. Men
hans främsta bragd blev hans Ordbok över svenska medeltidsspråket, än i

dag det oumbärliga hjälpmedlet vid tolkningen av våra medeltida skrifter. Ordboken var frukten av oräknade arbetstimmars enmansmöda; den omfattar mer än 2 100 tättryckta tvåspaltiga kvartosidor.

Samma år som det första häftet av ordboken utkom — år 1884 — inträdde Söderwall i redaktionen av Svenska Akademiens Ordbok. Efter Wiséns död övertog han chefskapet. Svenska Akademiens Ordbok — populärt kallad SAOB — är ett omfattande lagarbete, fortsatt genom mer än hundra år. Den kommer — om världen står — vid sekelskiftet år 2000 att ha fullbordats till alfabetets sista bokstav. Den noggrannhet i principer, metoder och utförande, som präglar verket, har främst Söderwall stadfäst. Själv var han, liksom lagutgivaren och ordboksförfattaren Schlyter, präglad av ett schartauanskt fromhetsarv, en utpräglad pliktmänniska, som med något av en klostermunks flit fullgjorde sitt värv. Till lynne och läggning en tillbakadragen ungkarl lämnade han sällan och ogärna sin stad, inte ens för sammanträdena i Svenska Akademien, där han efter Wisén invalts som ledamot.

Bland de fromma lundensiska lexikograferna från 1800-talet intas en annan av hedersplatserna av prosten J.E. Rietz. Under sin ungdom, som docent och lärare vid universitetet, utgav han som disputationer en serie fornsvenska texter. Impulser till sin språkforskning hade han fått bland annat från Danmark. Han var nära vän med den köpenhamnske bibliotekarien och litteraturprofessorn Christian Molbech, en flitig gäst i Lund, kännare av staden och dess historia, som framgår av hans utgivna Breve fra Sverrige. Men Rietz hade också personligen träffat och inspirerats av den tyska språkforskningens stormästare, Jacob Grimm. Som prost i Tygelsjö blev han omsider färdig med sitt magnum opus, Svenskt dialektlexikon eller Ordbok över allmogespråket. Det är ett verk som — trots sina av tiden betingade brister — i mer än hundra år behållit sitt värde för den nordiska filologin; det har i nutiden utgivits i faksimileupplaga.

Den österländska språkvetenskapen hade efter mitten av 1800-talet en av sina glansperioder vid universitetet. Från Uppsala kom orientalisten Carl Johan Tornberg som väckte studiet av de orientaliska språken till nytt liv; det hade mer eller mindre slumrat in under den tid då lärostolen innehafts av Bengt Magnus Bolméer — en gång medlem av den tegnérska kretsen kring Härbärget. Bakom sig hade Tornberg en längre europeisk studieresa. Under den hade han studerat arabiska, persiska och turkiska för sin tids mest framstående orientalister i Frankrike: Silvestre de Sacy, Étienne Quatremère och Pierre Jaubert.

Till hans Lundaår hör hans främsta verk som arabist, en edition i 14 band av Ibn-al-Athirs universalhistoria, utgiven i Leyden åren 1851—76. Den vilar på omfattande handskriftsstudier vid europeiska bibliotek. Partier av det stora verket översatte han och utgav också på svenska; vidare svarade han för den första svenska översättningen av Koranen. Över existerande orientaliska handskrifter i universitetsbiblioteken i Lund och Uppsala gav han ut fullständiga förteckningar; han katalogiserade också i svenska samlingar befintliga arabiska och sassanidiska mynt med deras skrift och symboler.

I sin egenskap av universitetets prorektor författade han år 1863 ett program om österländska språk som universitetsstudium. Han lägger där fram sin syn på hur de orientaliska språkstudierna i framtiden borde organiseras i Sverige. Han påpekar, att dessa språk i det svenska systemet missgynnats, jämfört med förhållandena utomlands; om hans egen ställning i internationell vetenskap vittnar ledamotskap i europeiska och amerikanska lärda sällskap. Han uttalar sin oro över att de svenska universiteten skall sjunka ned till utbildningsanstalter uteslutande av ämbetsmän och att språkvetenskap där skall betraktas som en onödig och lärd lyx. Hans patos bärs av insikten, ofta uttryckt i tidens romantiska språkfilosofi, om språkets roll som "människoandens högsta produkt".

Filosofiska fronter

Tiden fram mot 1800-talets mitt är den hegelianska filosofins glansdagar ute i Europa, i Norden och i Lund. Hegelianismen avlöstes i vårt land av den specifikt svenska formen av absolut idealism, som går under Uppsalafilosofen Christopher Boströms namn. Rekryteringen av de två filosofiprofessurerna i Lund sker efter seklets mitt från Uppsala. Boströmianismens främste talesman blev Axel Nyblaeus, adjunkt i teoretisk och praktisk filosofi från 1853, efter tre år professor i det senare ämnet. Under en kortare tid hade han som kollega vid sin sida den likaså från Uppsala utgångne och efter hand till Uppsala återvände Carl Yngve Sahlin.

Enligt Boströms läror som i decennier framåt docerades också i Lund, är yttervärlden, med tid, rum, rörelse och förändring, endast en skenvärld. Den gundläggande motsättningen i hans system står mellan sken och väsen, mellan sinnlighet och förnuft, så både i hans teoretiska och praktiska filosofi. Gud fattas som ett personligt väsen, som i sig inbegriper andra personligheter; världen är ett system av personligheter.

I sitt förhållande till personlighetsfilosofen Boström var Nyblaeus en Johannes vid mästarens fötter. I sin ungdom hade han varit hegelianskt skolad, men ägnade senare sina ansträngningar åt att vederlägga hegelianismen: vad han främst reagerade mot var Hegels undervärdering av individualiteten i den historiska utvecklingen och mot Hegels illusoriska frihetslära.

Som motvikt mot de alltför höga abstraktionerna i Boströms idealistiska system hade Nyblaeus ett historiskt sinne, en estetisk sensibilitet, en litterär kringsyn och en skriftställartalang, vilket allt saknades hos skolgrundaren. Dessutom var han en utmärkt föreläsare i katedern, till det yttre inte så litet av en estet, med ledigt knuten halsduk av livlig färg och ett elegant rörelseschema som gav honom spenamnet "dansmästaren"; hans bror var, inom parentes sagt, universitetets fäktmästare. Till Axel Nyblaeus kollokvier på fredagskvällarna i hans hem, vid dämpad belysning, med ett enda stearinljus i kronljuskronan i taket, samlades en rad tänkande ungdomar; "så mycken 'absolut idealism' — skriver en av deltagarna — har Lundagårds kronor väl aldrig överskuggat som under decenniet 1865—75 på vandringen hemåt efter seminarieövningen".

Nyblaeus följde ivrigt med i sin tids filosofiska idéutveckling. Han gjorde inlägg i striden om tro och vetande mellan Rasmus Nielsen och Georg Brandes; han ingrep i debatten om Viktor Rydbergs Bibelns lära om Kristus mot den konservative biskopen Beckman; han yttrade sig positivt om den amerikanske fritänkaren Theodor Parker — under en tid Strindbergs religiöse vägledare — och om Parkers strävanden att reformera den protestantiska teologin; i en annan av sina skrifter tog han upp John Stuart Mills liberala samhällsfilosofi. Han hör till boströmianismens vänsterflygel. Mot Bismarcks Tyskland är han strängt kritisk. Liksom flertalet av sina lundensiska kolleger var han varm skandinav och samtidigt rojalist; det var under hans rektorstid som för första gången en svensk kunglig person, kronprins Oscar, den blivande Oscar II, kröntes till hedersdoktor. Promotionsföreläsningen som han höll i domkyrkan handlade, boströmianskt stilenligt, om "det absoluta".

Sin största vetenskapliga insats gjorde han genom verket Den filosofiska forskningen i Sverige från slutet av adertonde århundradet. Med sina tvåtusen sidor är detta arbete det hittills mest omfångsrika inom svensk filosofihistoria. Mot bakgrund i europeisk tankeutveckling skildrar han personlighetsfilosofins linje som det nationellt säregna i de svenska — det vill främst säga de uppsaliensiska — tankesystemen, från Thorilds och Höijers 1700-tal fram över Geijer och Biberg. Det var hans avsikt att låta verket mynna ut i en framställning av Boströms filosofi som den naturliga slutpunkten; till slutet nådde han aldrig fram. Också åt enstaka lundensiska filosofiska insatser har han ägnat smärre studier, åt Samuel Pufendorf, åt Andreas Rydelius och åt Esaias Tegnér som religiös och pedagogisk tänkare.

Mot avfällingar från Boströms lära var han ständigt beredd att gå till angrepp. Berömd i tiden blev hans strid angående Boströms lära om Guds idéer; striden markerade en schism inom den Boströmska läran. I denna strid ingrep — ursprungligen i en tysk tidskrift — också den andre av det slutande 1800-talets betydande lundensiska filosofer, Johan Jacob Borelius.

Filosofiprofessorn och hegelianen
Johan Jacob Borelius (1823—1909).

Hans artikel hade den signifikativa titeln Den boströmska filosofiens själv-
upplösning.

Också Borelius hade sin utbildning i Uppsala. Men redan på 1850-talet
drabbade han samman med boströmianerna där, som övertygad anhängare
av Hegels filosofi. Hans kritik av Boströms lärosystem uppkallade mästaren
själv till ett barskt genmäle med den hånfulla titeln Den speculativa Philo-
sophen Johan Jacob Borelius i Kalmar; elakheten låg i nämnandet av nam-
net på den småstad där Borelius hade tjänst som lektor. I sin egenskap av
hegelian och antiboströmsk filosof blev Borelius i det längsta motarbetad i
sin akademiska befordran. Men när han väl år 1866 blivit professor i teore-
tisk filosofi och omsider flyttat in i sitt hus vid Trekanten i Lund, kom han
att utöva ett avgörande inflytande på idélivet vid universitetet ända fram
till den generation av studenter, dit Bengt Lidforss, Elis Strömgren, Johan
C.W. Thyrén, Hans Larsson och Axel Herrlin hörde.

I sina föreläsningar behandlade han dels ämnen ur filosofins historia,
dels psykologi. Han följde i den historiska genomgången de filosofiska sy-
stemen från Nicolaus Cusanus till Leibniz och Kant, men kunde också på
1890-talet ägna en hel termin åt Spencer. I psykologi annonserade han —
bland annat år 1897, ett av de år då Strindberg var i Lund — som ämne
drömmen, det abnorma själslivet och det omedvetna själslivet. I kurslittera-

turen införde han från 80-talet sin danske vän och kollega Harald Høffdings Empirisk psykologi, en bok som stod kvar på kursplanerna i Lund ännu på 1930-talet.

I början av 1880-talet lät han trycka de första arken av sin Metafysik. Ursprungligen var boken avsedd som en introducerande framställning av Hegels system, hans metod och kategorier. Men verket växte ark för ark och fick en mer självständig karaktär genom de konkreta exempel som Borelius anknöt till exposén av Hegels kategorier; sitt material hämtade han främst från den moderna naturvetenskapens fält. På så sätt ville han supplera och beriktiga Hegels spekulation, väl medveten om att Hegel inom naturvetenskapen tillåtit sig äventyrliga utflykter.

Medan i det samtida Uppsala filosofer och naturvetare gick skilda vägar, rådde i Borelius Lund en påtaglig intressegemenskap mellan dem. På Borelius privata kollokvier diskuterades både Spencer och Darwin. Borelius själv var ingalunda främmande för tanken på utvecklingen, som ju finns inbyggd i Hegels dialektiska system; däremot vände han sig mot de nya evolutionslärornas anspråk att förklara tillvaron ur uteslutande mekaniska orsaker. För honom, som för hans läromästare Hegel, tedde sig de fysiska krafterna underordnade högre, andliga principer, som syftade att förverkliga ett ändamål.

Med vaket intresse föjde han de filosofiska klimatväxlingarna i Europa. Så tidigt som i en anmälan av vänsterhegelianen David Friedrich Strauss skrift om gammal och ny tro i Svensk Tidskrift 1874 hade han haft anledning att dryfta Darwins världsbild. Senare skrev han bland annat om den materialistiske filosofen Haeckel och om nykantianen Friedrich Albert Lange, liksom om Renan. Ett speciellt intresse ägnade han Eduard von Hartmann, ''det omedvetnas filosof'. Med Hartmann, som han personligen träffat, förde han en filosofisk dialog i en bevarad brevväxling.

Hartmanns verk, Det omedvetnas filosofi, som hade översatts till svenska på initiativ av Strindberg och hans Stockholmskrets, kom att spela en viktig roll i lundensiskt tankeliv. Synen på en omedveten eller blind vilja bakom världsförloppet — en tanke som Borelius tog avstånd från — har starkt påverkat en av de skånska diktare som på 80-talet trädde fram ur Lundastudenternas krets, Ola Hansson. Hartmanns psykologi med dess åtskillnad mellan diskursivt och intuitivt tänkande gav uppslag och incitament också till Hans Larsson, när han formade sin intuitionslära.

Typiskt för Borelius och viktigt för diskussionsklimatet var hans vidsynthet. Om hans öppna vetenskapssyn och hans tilltro till tankens kraft att lösa livsgåtorna har Bengt Lidforss berättat en minnesvärd episod. Som sjuttonårig student hade Lidforss besökt den hegelianske filosofen, för att få besked i en — som han skrivit — ''högst pinsam hjärtesak: viljans frihet''. När han lämnade Borelius bostad, gick han hem ''med klappande hjärta'':

under armen bar han Schopenhauers prisskrift om viljans frihet, Høffdings Den humane Etik och ännu ett par andra verk — "idel skrifter som gingo stick i stäv mot den uppfattning som Borelius själv hyste". Lidforss tillägger: "så starkt hade hans eget sanningssökande varit och så blint trodde han på sanningens seger över lögnen att han ej ett ögonblick tvekade att i en ung studentpojkes händer sätta verk av geniala män, vilkas åsikter han själv ansåg som förfelade".

Med sitt bländvita hår, sina yviga polisonger, sin försynthet och sin lärda tankspriddhet, sin aldrig färdiga Metafysik, blev Borelius — "gubben Bore" — något av en legend i staden. Till myten lokaliserades några av de klassiska professorsanekdoterna. Den berömdaste har berättats otaliga gånger och handlar om hur Borelius skulle skriva sin namnteckning på ett papper, undertecknat av de olika fakultetsmedlemmarna. Det fanns en stor bläckfläck strax över den plats, där Borelius skulle sätta sitt namn. Vaktmästaren som kom med listan berättade, att den professor som skrivit där hade råkat sanda sin namnteckning med bläckhornet i stället för med strödosan. Borelius skrattade hjärtligt åt kollegan Lysanders distraktion. Men när han lämnade tillbaka papperet, visade det sig att han råkat skriva: Johan Jakob Bläckhorn. Under detta vedernamn har han ingått i den lundensiska universitetshistorien.

Historia — filosofi och empiri

Inom historieämnet kom vid mitten av 1800-talet de nya impulserna från Geijertraditionens och den boströmianska filosofins Uppsala.

Till tidsmässigt vetenskaplig nivå fördes det historiska studiet genom utnämningen till professor av uppsaliensaren Wilhelm Erik Svedelius, i studenternas jargong känd under namnet "gubben Sved". Under sin sexåriga tid som Lundaprofessor, innan han återvände till Uppsala, utgav han år 1857 en metodologiskt betydelsefull skrift: Om historiska studier med avseende på de svenska universiteternas ungdom. Han anknyter här till Guizot, den franske forskare vars namn — skriver han — "är stort inom den historiska vetenskapen". Liksom denne drar han en klar skiljelinje mellan faktasamlande och orsaksanalys. En huvudpunkt för Svedelius blir betonandet av den historiska vetenskapens empiriska karaktär och vikten av källredovisning. Men hans övergripande historiesyn är ännu bestämd av romantikens historieidealism av geijerskt och hegelskt märke.

Från Uppsala kom också Svedelius efterträdare, Claes Theodor Odhner, elev av historikern F.F. Carlson och av filosofen Boström. I anknytning till den senares variant av den absoluta idealismen, hade Odhner som ung skrivit om möjligheterna av en historiens filosofi. Med Boström hade han hävdat, att en förnuftets lag verkar i de historiska händelserna. Den enbart empiriska undersökningen stannar vid det yttre förloppet. Bakom detta har den historiske filosofen att söka de ideella makter — nationen, mänskligheten, religionen — som utgör de yttersta drivkrafterna. Också den enskilda historiska personligheten ses ytterst som ett organ för högre makter.

Till Odhners Lundatid på 1870- och 80-talen hör hans historiska läroböcker för olika stadier, som i nära ett halvt århundrade kom att dominera undervisningen i svenska skolor. De är burna av ett patriotiskt och religiöst patos; historien har för Odhner en nationellt fostrande uppgift. Inriktningen mot statshistoria och krigshistoria är markant; däremot lämnas de sociala sammanhangen åt sidan. De stora personligheterna hyllas. Gustaf Adolf är "en av de yppersta kungar världshistorien har att omtala"; dessutom blev han med åren "tämligen fet". I sådana formuleringar, varav många blev bevingade ord, spikade Odhner fast sina karakteristiker.

Ett av de ämnen han valde för sina föreläsningar i Lund var Gustaf III:s historia. I föreläsningarna, liksom i det stora arbete om Sveriges politiska historia under Gustaf III:s regering, som han senare utgav, dokumenterar han sig som empirisk historiker. Med historisk källkritik som ett vetenskapskrav framträder han här, liksom i den serie akademiska föreläsningar han höll sitt sista år i Lund: Kritiska undersökningar i svensk historia. Pendeln började inom historievetenskapen som inom andra ämnen slå tillbaka från idealistisk grundsyn mot empiri och kritisk realism.

När Odhner lämnade Lund för att bli riksarkivarie, intogs hans plats av Martin Weibull som redan tidigare haft en e o professorstjänst i historia. Till skillnad från sina företrädare var Weibull lundensare av födsel och ohejdad vana. Det programmatiskt utstakade provinshistoriska intresset var från början hans signum.

Som ung universitetsadjunkt fick han i uppdrag att författa en historik till Lunds universitets tvåhundraårsjubileum år 1868; som medförfattare hade han Elof Tegnér, en sonson till skalden och liksom denne anställd vid universitetets bibliotek, där han omsider blev överbibliotekarie. Arbetet gav Weibull hemkänsla i och djup förtrogenhet med den lundensiska miljön. När, i samband med sekularfesten, Akademiska Föreningens festsal skulle rustas upp och få ny utsmyckning, kom Weibull med ett förslag, typiskt för hans traditionskänsla och hans roll som traditionsskapare. Han föreslog att namnen på universitetets berömda män skulle anbringas i en namnräcka längs balustraderna. Med denna åskådliga pedagogik skulle för framtiden samhörigheten mellan äldre och yngre generationer vid universitetet befästas. En hedersplats i namnräckan fick de fem som Föreningen särskilt ville hedra: i mitten Esaias Tegnér, vid hans sida Agardh, Rydelius, Lagerbring och Thomander. Namnserien har senare, vid några tillfällen, utfyllts med nya namn; också Martin Weibulls eget har på goda grunder fått sin plats i minnesraden. Det var också Martin Weibull som samma år som universitetsjubileet firades, gav upphov till idén att Tegnérfesten den 4 oktober skulle kombineras med ett hälsningsgille för de nyinskrivna studenterna.

Från sin ungdom var Martin Weibull övertygad skandinav. Den skånskdanska skandinavismen blev en bärande kraft både i hans personlighet, präglande dialekten, och i hans officiella gärning. Som en av universitetets främsta vältalare gjorde han sin stämma hörd vid nordiska studentmöten, vid nordisk fest till fädrens minne och vid statyavtäckningar. En av höjdpunkterna i hans skandinaviska engagemang och hans talekonst var det tillfälle, då monumentet över slaget vid Lund avtäcktes år 1883. Det hade uppförts efter ritningar av Zettervall på Weibulls initiativ. Det överlämnades vid ett sångarmöte, där ungdom från Lund och Köpenhamn deltog, som en samtidens försoningsgärd i framtida ungdomsskarors vård. "Må dessa vallfärda hit som idag", slutade Weibull sitt högstämda tal.

Mer än han kunde ana blev han sannspådd. På fredagen den 8 maj 1945, efter tyskarnas kapitulation i andra världskriget och Danmarks befrielse, drog ett medborgartåg med facklor till detta monument. De landsflyktiga, i Lund övervintrande danska studenterna och deras lärare spelade här en symbolisk huvudroll. Ett av talen hölls av Martin Weibulls son, Lauritz, som trofast fullföljde traditionerna från fadern.

Skandinavismen, i dess dansk-svenska form, bildar ett viktigt inslag också i Martin Weibulls vetenskapliga gärning. I Skåne och i Lund såg han det historiska förbindelseledet mellan de två länderna. I skriften Lund och Lundagårds minnen tecknade han i ett bildsvep ärkebiskopsstadens och universitetsstadens äldre öden. Redan hans gradualavhandling, Om Skåne vid medlet av 17:de århundradet, representerar den provins- och lokalhistoriska linjen i hans omfattande produktion. Han utgav och redigerade samlingar till Skånes historia med urkunder och originaluppsatser. Tillsammans med sonen Lauritz startade han Historisk Tidskrift för Skåneland — det sista ordet hade han skapat för att beteckna samtliga de tre södra provinser som en gång tillhört Danmark. Genom dessa och andra arbeten lade han grunden till en specifikt lundensisk forskartradition, inriktad mot den tidiga utvecklingen i dessa landskap, under nära anknytning till dansk historieforskning.

Den andra huvudlinjen i Weibulls historiska författarskap representeras av de arbeten där han behandlar svensk, nordisk och fransk 1600-talshistoria. Inom detta område faller skrifter om Gustaf II Adolf, Karl X Gustaf och ett påbörjat arbete om Kristina. Sin framställning byggde han på ett omsorgsfullt genomforskat arkivmaterial. Från mitten av 1880-talet kan man hos Weibull iaktta ett ökat intresse för källkritiska problem. En

uppsats från 1882 om den franske diplomaten Chanuts rapporter är ett av tidens källkritiska genombrottsarbeten.

Hans metodiska orientering var internationell, med viss fransk och dansk accent. I den studieplan han 1894 föreslog för ämnet historia i fil kand- och fil lic-examen ingår arbeten av Guizot och Ranke — de hade funnits med i kursen redan på Odhners tid — men också av Taine, och av danskarna Paludan Müller, Steenstrup och Erslev. Steenstrup, som han stod särskilt nära, inbjöd han till Lund för att bli hedersdoktor vid det tillfälle då sonen Lauritz Weibull promoverades.

Martin Weibulls framställningskonst, i muntliga föreläsningar och i böcker var utformad med sinne för retoriska effekter. Han gjorde intryck på sitt auditorium — dit också några av de första kvinnliga studenterna sökte sig — redan genom sin Apolloprofil. Som halvt improviserande föreläsare, stående i katedern, rullade han upp historiens händelseförlopp i dramatiska tablåer, slutade gärna med en oväntad poäng och gjorde sedan en snabb sortie brillante. Undervisningsformerna i sitt ämne förnyade han genom att från 1894 införa seminarier.

För historiefilosofiska subtiliteter hade han föga tillövers. En gång citerar han med instämmande Michelets ord: "L'histoire, c'est la resurrection" — historien är återuppståndelsen. För honom själv innebar det främst ett återväckande av historiens stora gestalter; det fanns inte så lite av snilledyrkan i hans värdering av gestalter som Gustaf II Adolf och Kristina. Ännu var historieämnet en ideologiskt produktiv disciplin, i centrum av det oscariska universitetssamhällets idealbildning.

Ur ämnet historia utbröts två discipliner under 1800-talets sista decennier: statsvetenskap och geografi.

Statskunskapen kunde motiveras som ett självständigt ämne vid det oscariska universitetet genom akademins egenskap av byråkratins utbildningscentral. Pontus Fahlbeck, innehavaren av en e o professur i historia och statskunskap från 1889, betonade sambandet mellan samhällsvetenskapen och den praktiska politiken. Han var själv yrkespolitiker, bl a som medlem av Första Kammaren; hans politiska ståndpunkt var protektionistisk och antiliberal. Också i dessa avseenden stod han i motsatsställning mot historieprofessorn Martin Weibull, som var hans antagonist i skilda universitetsfrågor.

Pontus Fahlbeck började sina föreläsningar som statskunskapsprofessor med en serie om Sveriges officiella statistik, fortsatte att behandla kolonier och kolonialvälden, de sociala rörelserna under 1800-talet, Sveriges regeringsform av 1809 och dess källor, men också nationalekonomiska spörsmål. Själv definierade han ämnet statskunskap som ''politik och statistik'', politik definierat som statslära. Det var hans ambition att reformera ämnesdisciplinen efter tidsenliga krav; hans insats var att professuren 1902 omdöptes till professur i statskunskap och statistik.

Det sociologiska fältet närmade han sig i ett arbete om stånd och klasser, där han skildrade det svenska ståndssamhällets omvandling till klassamhälle. Av statistisk-demografisk art är ett verk om Sveriges adel; själv var han ingift i en renommerad finländsk adelssläkt, var varm Finlandsvän och Tysklandsvän under första världskriget. Tillsammans med några kolleger grundade han på 1890-talet den ännu existerande Statsvetenskaplig Tidskrift; genom en donation, den Fahlbeckska stiftelsen, tryggade han dess utgivning för framtiden. Han lämnade Lund tio år före emeritusåldern med tjänstledigheter för olika uppdrag, bosatt i den Djursholmsvilla som han döpte till Villa Lundagård.

Martin Weibull hade, innan historieprofessuren klövs, omväxlande föreläst i historia, statskunskap och geografi. År 1897 tillkom en e o professur i geografi och historia, med H.H. von Schwerin som förste innehavare. Fortfarande uppfattades geografiämnet — liksom till en del statskunskapen — som ett *historiskt* ämne; Schwerins doktorsspecimen handlade om Herodotos framställning av Europas geografi. Men nya signaler var på väg också inom denna disciplin. Det skulle dröja till nästa sekel, innan geografin kom att räknas till de naturvetenskapliga ämnena.

Estetik, konst- och litteraturhistoria

Kulturidealism med eller utan kristna övertoner, liberal framtidstro som omärkligt övergick i tillit till det bestående samhället, och skandinavisk orientering är gemensamma drag för några av det sena 1800-talets lundensiska humanister. Till gruppen hörde, som en av de ledande, Gustaf Ljunggren, den förste professorn i estetik, konst- och litteraturhistoria.

1830-talsliberalismen och den politiska frihetsdrömmen delade han som ung student med Carl Vilhelm Strandberg; han var Talis Qvalis bäste vän och blev hans förste minnestecknare. Liksom denne var han tidigt journalistiskt verksam; redaktörskapet för Skånska Correspondenten lämnade han för förnyade studier. Han kom att spela en central roll vid universitetet under många decennier, vald som dess rektor vid upprepade tillfällen. Genom hans opublicerade självbiografiska anteckningar kan man följa hans liv år för år, ibland nästan dag för dag.

Anteckningarna ger en konkret bild av hur en examen kunde se ut före universitetsreformen av 1852, vid en tidpunkt, då den ännu omfattade samtliga ämnen i filosofiska fakulteten. Sin första tentamen avlade Ljunggren för estetikprofessorn Carl August Hagberg den 24 mars 1843 och fick det högsta betyget, Laudatur. Nästa tentamen, en månad senare, avlades med betyget Cum laude för hegelianen och historieprofessorn Ebbe Samuel Bring. Den 9 och 17 juni tenterade han i latin för adjunkten Lindfors med betyget Non sine laude, och två junidagar för professor Brunius i grekiska med betyget Approbatur — ''vilket jag ansåg för litet'' tillägger han i anteckningarna. Omdömet må vara berättigat dels med tanke på Brunius erkända ovilja att tentera, dels med tanke på att kursen omfattade både Homeros Iliad, en bok av Thukydides och en av Herodotos. För adjunkten Krook tenterade Ljunggren den 18 och 19 juni i orientaliska språk med bl a Psaltaren och delar av profeten Jesaja som kurs. I den offentliga, formella examen gick han upp den 20 juni.

Följande åt tenterade han den 16 februari i praktisk filosofi för adjunkt Lindblom med betyget Non sine laude, och den 15 och 19 mars för den excentriske matematikprofessorn Hill med Approbatur. En sentida läsare av anteckningarna förlåter Ljunggren den därefter inströdda indiskreta upplysningen: ''var första och enda gången full i min livstid''. Dock var han redan den 18 april beredd att tentera i astronomi för professor Brag där han antecknar ''kurs ingenting'' och det i sådana sammanhang tillåtna betyget Admittitur. I teoretisk filosofi manglades han i fyra omgångar för docenten Rietz — den senare bekante dialektforskaren — den 23 och 26 april samt den 23 och 24 maj, med betyget Approbatur. Under tvenne majdagar tenterade han för professorn Sven Nilsson i zoologi, med en kurs som omfattade däggdjur, fåglar och amfibier; resultatet blev Cum laude. I kemi för professor Engström fick han Non sine laude; i fysik för professor Eklund och i botanik för professor Zetterstedt blev betyget Approbatur. Den fjärde juni var han så färdig för att gå upp i och få papper på avslutad filosofie kandidatexamen. Han disputerade pro gradu den 15 juni på en av Rietz författad utgåva av en medeltidshandskrift, Claustrum animae. Tillsammans med 17 unga kamrater promoverades han och fick lagerkransen; promotor var orientalisten professor Bolmeer. Året var 1844 och Ljunggrens ålder 23 år.

Det var i Hagbergs spår och i Hagbergs ämne som han tre år senare disputerade på en ny, av honom själv skriven avhandling, där han jämförde ett antikt drama och ett Shakespearedrama. Efter detta datum faller en utländsk bildningsresa, då han på ett resestipendium besökte universitet och konstmuseer i Tyskland och Frankrike. Första anhalten var Berlin. Närmast for han till Tübingen för att lyssna till och träffa tidens ledande auktoritet inom ämnet estetik, hegelianen Friedrich Theodor Vischer. Ljunggren lade där upp en plan för de närmaste åren, att skriva en studie över det natursköna och en tidsenlig lärobok i estetik. Resan avslutades i Paris, där han var åsyna vittne till Balzacs begravning.

Återvänd till Lund tillträdde han år 1859 den nyinrättade professuren i estetik, konst- och litteraturhistoria. Han skrev och utgav de planerade estetiska skrifterna. Framställningen av de förnämsta estetiska systemerna från Kant till Hegel och Hegels skola, där Vischers insats bildade slutpunkten, kom att användas som lärobok ända fram på 1900-talet.

Från de estetiska begreppsutredningarna vände sig Ljunggren till den konkretare litteraturhistorien. Genom sina föreläsningar och ur dem framgångna skrifter om det äldre svenska dramats historia, om Carl Michael Bellman, om den gustavianska tiden och om romantiken, slutgiltigt genom de fem delarna av Svenska vitterhetens hävder blev han den egentlige grundaren av den historiska litteraturforskningen i vårt land. Hans främsta mönster och förebild var Hermann Hettner, den tyske konst- och litteraturforskaren som redan på 1840-talet hade offentliggjort en skrift riktad mot den spekulativa estetiken och som byggde sin egen framställning av upplysningstidevarvets europeiska litteratur på fast historisk och dokumentarisk grund. Detsamma gjorde Ljunggren i sitt vetenskapliga huvudarbete. Med sorgfälligt utnyttjande av allt tillgängligt källmaterial, av författarbrev, av samtida press, av litterära texter i tidskrifter och böcker följer han där utvecklingen av svensk litteratur från den gustavianska tiden till och med 1820-talet. Framställningen är, som hos Hettner, disponerad i kronologiska snitt. Ljunggrens sympati finns hos gustavianerna och hos Tegnér; för den extrema romantiken hade han mindre till övers. Inom konsthistorien — som också tillhörde professurens ämnesområde — föreläste och skrev han om Winckelmann och Ehrensvärd; från hans hand stammar också ett digert arbete om Skånska herresäten.

Liberalen med de heta frihetsidéerna från 1840-talet blev med åren alltmer konservativ i sin ideologi och sin smak. I Svenska Akademien efterträdde han en annan lundensare och litteratör, liberalen Johan Henrik Thomander och hälsades välkommen av ungdomsvännen och exlundensaren Strandberg. Med kritisk uppmärksamhet följde han den litterära utvecklingen i det samtida Norden. De bevarade föreläsningsdiarierna visar, att han redan på våren 1872 behandlade Georg Brandes åsikt ''att en skald bör alltid sätta en fråga under debatt''. Det var en snabb replik på Brandes bekanta inledningsföreläsning till serien om de europeiska huvudströmningarna året innan. Betecknande är vidare, att Ljunggren på 1880-talet skrev ett satiriskt divertissement med utgångspunkt från Ibsens Ett dukkehjem, uppfört som sällskapsspektakel. Hemmet på Mårtenstorget var ett centrum för högborgerligt akademiskt umgängesliv; där mottogs som gäster både H.C. Andersen och andra danska diktare, professorskolleger från Köpenhamn och den engelska Skandinavienspecialisten Edmund Gosse. Inom studentvärld, akademi och stad hade han en rad förtroendeuppdrag. Han var i fem års tid förman för Akademiska Föreningen. Han var i unga år kurator och senare inspektor för Skånska nationerna. Han var lundensisk huvudrepresentant vid Studenterforeningens fest i Köpenhamn 1863. Som universitetets rektor höll han högtidstalet vid universitetsjubileet 1868. Han stod vid universitetskanslerns sida år 1878, då grundstenen lades till den nya universitetsbyggnaden i Lund. Vid dess invigning fyra år senare höll han invigningstalet, då ånyo i egenskap av universitetsrektor. När han år 1891 tagit avsked från sin professur, fick han som efterträdare Henrik Schück, som tio år tidigare hade hyllat honom med orden: ''den man till vilken varje ung litteraturhistoriker måste blicka upp till såsom till en ledare''.

Som så ofta innebar personskiftet också ett vetenskapligt klimatskifte. Schück representerade en senare generations vetenskapsideal, dess mer respektlösa hållning inför traditioner. För den efterhegelianska estetiken hade han ingenting till övers. Han var — eller ville vara — ren empiriker. I sin vetenskapssyn stod han nära positivismen, med dess kult av fakta och dess ovilja mot spekulativa historieförklaringar. Själv var han skolad i sin tids filologi, nära vän och lärjunge till den uppsaliensiska språkforskaren Adolf Noreen. Hans litteraturhistoriska intresse var — liksom språkmännens — länge förankrat i äldre epoker, i medeltid och 1600-tal. Till Lundaåren hör utgivandet av hans bok om Wivallius, som samtidigt är en edition av ett antal Wivalliustexter; till tiden i Lund hör vidare första upplagan av den tillsammans med Karl Warburg utgivna Illustrerad svensk litteraturhisto-

*Professor Gustaf Ljunggren
(1823—1905) vid skrivbordet i sitt
arbetsrum år 1902.*

ria. Där har Schück tagit om hand forntid, medeltid och stormaktstid.

Han kom aldrig att riktigt trivas i den sydsvenska staden. ''Lund är i mina ögon ett Herculaneum'', skrev han till sin forne lärare, Adolf Noreen i Uppsala, i känslan av att ha hamnat i en ruinstad med spår av förgången storhet. Till hans omdöme om den vetenskapliga atmosfären bör ha bidragit att en av de sakkunniga för Lundaprofessuren, filosofiprofessorn, hegelianen Borelius förklarat honom inkompetent till tjänsten. Det skedde med motiveringen att det gällde en professur i estetik, konst- och litteraturhistoria, där redan ordningsföljden i benämningen markerade estetikens centrala roll. Inom estetiken hade Schück ingenting publicerat. Det stod dessutom av hans uttalanden klart, att han betraktade den tyska estetiken som en relikt, ett övervunnet vetenskapsstadium.

För sin installationsföreläsning i Lund valde han ett ämne med anknytning till egna tidigare Shakespeareforskningar. I sina föreläsningar och seminarieserier gick han in på skilda områden: engelsk litteratur, utländska inflytanden på skandinavisk medeltidslitteratur, konsthistoriens epoker bland dem den italienska renässansen; det var han som i kurslitteraturen införde Burckhardts Geschichte der Renaissance in Italien. ''Som föreläsare var han utomordentligt medryckande, gladlynt och trevlig, full av uppslag och paradoxer, som eggade och uppfriskade. Det var klang av tjuvpojke i rösten och över hela hans företeelse något av renässansens ande'', skriver en av hans åhörare från tiden i Lund, författaren Ossiannilsson.

Han samlade en liten men distingerad lärjungekrets, till vilken bland andra Johan Mortensen, Fredrik Vetterlund och Lauritz Weibull hörde. Till några få av sina lundensiska kolleger stod han i nära vänskap, bland dem till historikern och universitetsbibliotekarien Elof Tegnér. Läser man dennes anteckningar, nedskrivna på 1890-talet och utgivna i nutiden, med deras skarpsynta iakttagelser av de många stofiler som rörde sig i dåtidens akademiska miljö, får man en förmodligen exakt bild av hur den unge uppsaliensaren Schück betraktade sin förvisningsort. I det lundensiska medvetandet lämnade Schück ett förblivande avtryck genom ett av honom formulerat ord om Lundagård ''världens vackraste park''. Han tog avsked från Lund och Lundagård för att återvända till Uppsala och Odinslund och för att där fortsätta sin gigantiska insats som litteraturhistoriker, som en tid gav honom en sådan ställning att hans namn och verk blev nära nog liktydigt med begreppet svensk litteraturhistoria.

Naturvetenskapligt paradigmskifte

Uppbrottet från de romantiska, idealistiskt spekulativa forskningstraditionerna sker i Lundaakademin under 1800-talets andra hälft tidigast och mest eftertryckligt inom naturvetenskaperna. De vetenskapsteoretiska grundvalarna för positivismen hade lagts av män som Auguste Comte och Stuart Mill. I sin lärobok i logik hade Mill givit en klassisk utformning av positivismens kunskapsteori när han skriver:

> ''Vi ha ingen kunskap om något annat än om fenomenen, och vår kunskap om fenomenen är relativ, inte absolut. Vi känner inte det innersta väsendet hos något faktum utan blott dess relationer till andra fakta i tidsföljdens eller likhetens form. Allt som vi vet om fenomenen begränsar sig till kunskapen om deras *lagar*.''

Med de strikt empiriska och experimentella metoderna rycker naturvetenskap och medicin fram; de blir ledande och riktningsgivande även för andra discipliner. Tidigast avtecknar sig förändringen inom botaniken och zoologin, där Darwins lära om utvecklingen radikalt förändrar perspektiven. Konkret illustreras paradigmskiftet, vid det tillfälle då Fredrik Wilhelm Areschough år 1879 erhöll den professur som före honom innehafts av Jacob Georg Agardh. Denne hade i faderns spår gjort sin främsta insats inom algsystematiken, hade beskrivit ett stort antal nya arter och ordnat dem gruppvis, systematiskt och morfologiskt; han vann på detta område internationellt erkännande. Men hans natursyn var, liksom faderns och den unge Elias Fries, idealistisk, nästan platonsk. "Varje organism måste anses bildad efter en viss typ, en viss plan, framställa så att säga någon idé" — så formulerade han sin grundsyn i skriften Växtsystemets metodologi. Arten ansåg han till sitt väsen vara konstant — som en parallell kan man erinra om, hur de samtida filosoferande historikerna betraktade nationen eller religionen som ideella entiteter av liknande slag. Tilläggas skall, att Agardh tänkte sig möjligheten av en utveckling av formerna, men endast inom artgränserna.

När Charles Darwin år 1859 publicerat sin bok om arternas ursprung, Origin of species, skickade han exemplar av boken till samtida europeiska vetenskapsmän, som kunde tänkas ha intresse för hans teorier. På så sätt hamnade en volym med Darwins egenhändiga dedikation på Jacob Georg Agardhs bord; den bevaras ännu i den botaniska institutionen, "Agardhianum". Mot Darwins tankar på en utveckling ställde sig Agardh emellertid helt avvisande. Han menar, att boken "skriven med hänförande talang, dock i sin grund är falsk" — så faller hans ord i ett brev till den som skulle bli hans efterträdare som botanikprofessor, Areschough.

På mödernet härstammade Areschough från en vetenskapssläkt; hans morfar var Lundazoologen Fallén. Areschough var en av de få svenska naturforskare som fascinerades av Darwins utvecklingslära redan vid dess första framträdande. Som systematiker forskade han i släktet Rubus. "Jag har valt detta släkte huvudsakligen för att anställa en *proba* på Darwinska läran, till vilken jag mer och mer ansluter mig", skrev han i ett brev år 1867. På ett naturforskarmöte året efter hänvisade han i ett föredrag till denna *"struggle for existence* som Darwin så snillrikt uppfattat och så mästerligt skildrat". Av sådan styrka var ännu motståndet mot utvecklingsläran att det ansågs som ett halv skandalöst tilltag att Areschough, utnämnd till professor år 1879, höll sin offentliga installationsföreläsning om darwinismen och utsatte de invändningar som rests mot Darwins lära för förödande kritik. Året efter Darwins död publicerade han föreläsningen, under titeln Charles Darwin. Ett minnesblad (1883). Ur den skriften fick många av dem som då var unga den första invigningen i den nya, omstörtande naturvetenskapliga världsbilden.

Areschougs insats var inte bara introduktörens. Han byggde vidare genom sina iakttagelser att förändringar i artbildningen inom Rubussläktet kunde ske "stötvis"; på så sätt föregrep han de Vries lära om mutationer. En annan av de vetenskapsgrenar Areschoug lanserade i Sverige, var växtanatomin som han studerat hos tidens berömde växtanatom, Hugo von Mohl i Tübingen; på 1870-talet införde Areschough en växtanatomisk kurs i studieplanen i sitt ämne. Hans verksamhet omfattade också andra områ-

Charles Darwins egenhändiga dedikation i arbetet Arternas ursprung, som han sände till Jacob Georg Agardh. Botaniska Institutionens bibliotek.

From the Author

den inom botaniken; ett floristiskt arbete av betydelse är hans Skånes flora, med omfattande fyndortsuppgifter, en provinsflora, som ersatts först i nutiden. Men hans i samtiden mest uppmärksammade insats var och förblev introduktionen av Darwin. Om Areschough som undervisare ger Hans Larsson följande målande karakteristik: han var "prosaisk på ett trevligt sätt, särskilt trygg både till kroppshydda och dialekt (obesvärad skånska), mycket omtyckt av sina olikriktade lärjungar".

Oppositionen mot utvecklingsläran, sådan Darwin utformat den vidare i The Descent of Man, berodde på att den gick stick i stäv mot den kristna skapelsetron och undanröjde övertygelsen om människans unika, av Gud bestämda ställning i tillvaron. August Quennerstedt, professor i zoologi under 1800-talets sista år, har för eftervärlden blivit mer känd för sitt hårdnackade motstånd mot allt vad darwinistisk åskådning hette än för sin ungdoms forskningsresor i arktiska trakter eller för sina studier av infusoriefaunan i Sverige. Alltifrån 1860-talet och ett trettiotal år framöver förde han en häftig polemik mot darwinismens grundtankar i föredrag och artiklar, bland annat — tidstypiskt nog — i Tidskrift för kristlig tro och bildning. Hans invändningar var av både teoretisk och moralisk art; han såg i darwinismen en obevisad vetenskaplig hypotes, som ofrånkomligen måste leda till en materialistisk naturfilosofi och världsförklaring där den gudomliga viljan och planen ersattes av blint verkande orsaker; sådana slutsatser hade ju också dragits av en rad tyska darwinister. Mot utvecklingslärans förklaring vidhöll Quennerstedt i det längsta den idealistiska morfologins sätt att tolka mångfalden av former och formserier, inte som resultatet av någon kamp för tillvaron utan som en följd av inneboende, ändamålsstyrda lagar.

Först mot slutet av århundradet synes Quennerstedt ha retirerat från sin mest extrema ståndpunkt. Samtidigt, eller redan tidigare, hade han också mist intresset för nyorienterande zoologisk forskning och — om man får tro den illvillige iakttagaren Bengt Lidforss — också för sin institution. Han ägnade sig nu istället åt studier av Karl XII:s tidevarv och utgav den för historikerna viktiga serien av karolinernas dagböcker. Hans hem, den ännu bevarade villan mittemot Allhelgonakyrkan, blev en kultplats för dyrkan av hjältekonungen, med tända vaxljus kring Kraffts porträtt av Karl XII den 30 november. I kampen mellan en naturalistisk och romantisk världsåskådning stod han obönhörligt på romantikens sida. Sitt eftermäle — obarmhärtigt och skoningslöst — har han fått i Bengt Lidforss lysande pamflett Akademiska undantagsgubbar. Efter att ha talat om Quennerstedts hårdnackade motstånd mot darwinismen och hans beundran för Karl XII ger Lidforss där följande skildring av zoologiska museet vid 1900-talets början.

"Sedan Sven Nilssons tid har detta museum stoltare anor än de flesta, och professor Quennerstedt skulle icke vara den man han är, om han icke visste att uppskatta dess historiska valör. För honom är zoologiska institutionen i främsta rummet ett ärevördigt fornminne, en ättehög, dit han vallfärdar en, kanske två gånger om året för att se till att allting är som det var, den minnesvärda dag han fick denna institution anförtrodd åt sin vård. Det kan svårligen betvivlas, att det härvidlag understundom uppstått en konflikt mellan institutionsföreståndarens pliktkänsla och fosterlandsvännens konservativa forntidsentusiasm, men det är väl onödigt att påpeka, att den sistnämnda makten genomgående vunnit lysande segrar. Inga nymodigheter, intet vetenskapligt prål, framför allt så lite ändringar och utvidgningar som möjligt! I dessa sina strävanden synes professor Quennerstedt verkligen ha krönts med framgång: det lär i detta ögonblick icke blott vara de subfossila uroxeskeletten på vinden, utan även spritpreparat och mycket annat som rätteligen kunna katalogiseras som fornlämningar.''

Om man söker en motbild till denna onekligen illvilliga nidbild av den åldrande zoologiprofessorn, kan man slå upp de sidor i minnesboken Under Lundagårds kronor, där dåvarande professorn i grekiska, Claes Lindskog, tecknar ett mer respektfullt porträtt av samme Quennerstedt i hans roll av universitets rector magnificus. Från sin studenttid berättar Lindskog om hur Quennerstedt vann en studentgenerations bevågenhet vid det tillfälle då universitetets konsistorium hade att, för sista gången, utöva sin sekelgamla domsrätt. Året var 1896, och det disciplinmål man hade att döma i gällde en anklagelse mot studentsångarna som uppträtt med viss frihet gentemot stadens ordningsmakt efter en fest. Domsalen utgjordes av konsistorierummet med de allvarliga kanslersporträtten, och Quennerstedt skötte i ämbetets grandezza sitt domarkall som om han aldrig gjort något annat än suttit som rättens ordförande. Det enhälliga domslutet blev friande för studentsångarna.

Darwins omstörtande lära hade, trots Quennerstedts väktarroll, trängt in också i de lundensiska zoologernas högborg. Den jämförande anatomin var en av de vetenskapsgrenar vars iakttagelser skulle komma att bekräfta Darwins syn på utvecklingen. I själva verket hade redan Quennerstedts företrädare som professor i zoologi, Fredrik Wahlgren, fört in den komparativa anatomin i sitt ämne. Under studier i Tyskland och Holland hade Wahlgren lärt sig en mikroskopisk undersökningsteknik, som med stark förstoring av objekten möjliggjorde en klarare uppfattning av organens byggnad och funktion. Det första mikroskopet — det nya, oundgängliga instrumentet inom den empiriska naturvetenskapen — hade inköpts till den zoologiska institutionen på Wahlgrens tid, närmare bestämt år 1860.

Två unga Lundazoologer, Wilhelm Leche och David Bergendal, studerade båda i Heidelberg hos den tyske anatomen Carl Gegenbaur, den moderna morfologins skapare. Gegenbaur var en av de forskare som genom sina arbeten i jämförande anatomi med iakttagelser om djurarternas inbördes släktskap gav empiriskt stöd åt Darwins descendensteori. Båda lundensarna återvände som ivriga förespråkare för evolutionsläran, Leche för att bli professor i zoologi vid Stockholms Högskola, Bergendal för att bli Quennerstedts efterträdare i Lund. Med Bergendals verksamhet började en ny epok vid zoologiska institutionen. I sina forskningar använde han den mikroteknik han lärt i Tyskland; han gav kurser i jämförande anatomi, i embryologi och histologi. I undervisningen beredde han plats också åt ett så nyorienterande ämne som djurgeografi.

Darwinism och utvecklingslära kom att påverka idélivet långt utanför de egentliga naturvetarnas krets. Den fick hos en generation av unga intellektuella en nära nog religiös prägel: den beredde vägen för utvecklingstro också på det sociala området. Den ingick i naturupplevelser och i stämningsliv hos en diktare som Ola Hansson och hos en filosof som Hans Larsson. Den blev något av en naturvetenskaplig uppenbarelse för den unge naturforskare och ideolog som hette Bengt Lidforss. Några ord av Ola Hansson i en av novellerna i samlingen Studentliv anger stämningsläget:

"När jag första gången läste Darwin, var det som om jag trädde ut ur ett skumt rum med unken luft, så den friska luften och glittrande solglans slog emot mig. /———/ Jag fick det intrycket: här ligger denna underbara jord med sina underbara väsen framför dig, den är ditt rätta hem, se dig kring på alla dessa härligheter, var jublande stolt, ty här står du själv som naturens krona, men var ej förmäten, ty med minsta kryp på marken är du i släkt och av samma lilla cell är du framgången!"

Inom två andra naturvetenskaper, inom fysik och astronomi, skedde vid ungefär samma tidpunkt lika genomgripande perspektivskiften. Omvälvningen pekar i samtliga fall fram mot förändringar inom dessa vetenskapsområden som skulle inträffa under det följande seklet, på 1900-talet.

Ute i Europa hade fysiken genomgått en storartad utveckling under 1800-talets lopp: från att under föregående sekel ha varit tillämpad matematik blev den nu en empirisk vetenskap och fick ny teoretisk grundläggning. I Lund tycks laborationer ha införts på 1860-talet. Två årtionden senare fick fysiken en egen institutionsbyggnad; där upplevde den lundensiska fysiken en första klassisk period. I dag vittnar en minnesplatta i den gamla institutionsbyggnaden om en av dessa insatser. Orden på minnestavlan lyder: "Johannes Robert Rydberg grundlade här vår kunskap om atomernas byggnad."

Janne Rydbergs forskningar hade betydelse främst på tvenne områden: för utformningen av den moderna atomteorin och för spektralanalysen. Under nära fyrtio år utförde han undersökningar över grundämnenas periodiska system; det var Rydberg som gav deras ordningsnummer benämningen atomnummer och därmed tillerkände dem en djupare innebörd. Med spektralanalys studerade han grundämnenas emissionsspektra och påvisade att våglängden för en spektrallinje kan anges genom en formel med några få konstanter. Av dem är en gemensam för alla ämnen; den har inom internationell vetenskap fått namnet "Rydbergs konstant".

Många i samtiden hade svårt att inse det framtidsdigra i Rydbergs forskningar. När han sökte professur, var det bara en av de sakkunniga, den danske professorn C. Christiansen, som gav honom första rummet. En rad av tidens ledande tyska fysiker tillkallades emellertid för att yttra sig om undersökningarnas värde, bland dem Nernst och Wiedemann. Trots deras positiva omdömen och trots konsistoriets förord erhöll Rydberg inte tjänsten. Han fick nöja sig med en e o professur och fick som institutionsföreståndare leda den laborativa undervisningen.

Inte heller vid det stora naturforskarmötet i Wien 1907, där han framträdde med en rapport om sin nyss publicerade skrift Elektron, das erste Grundstoff, fick han det erkännande han hoppats på. Tidigt sjuklig, med anlag för bisarrerier och nu en definitivt bruten man, fick han, kort före sin död, som erkännande motta Royal Academy's stora guldmedalj; förmodligen uppfattade han aldrig utmärkelsen. — "Blir du på jorden icke stor/ej blir du det på månen", skrev Tegnér sarkastiskt om en föraktad samtida litteratör. Om Rydberg gäller i viss mån motsatsen. På jorden blev han aldrig stor; hans egenheter framträdde med åren alltmer. Men när efter den första amerikanska månlandningen en karta gjordes upp över månens terräng, gav man ett av bergen det passande namnet efter den lundensiske fysikern, "Rydberg".

Också inom den astronomiska forskningen kom Lund från slutet av 1800-talet att inta en rangplats. Med Carl Vilhelm Charliers tillträde som chef för astronomiska institutionen år 1897, inleddes en vital period i dess historia. Han kom från Uppsala, hade tillhört Verdandikretsarna, där naturvetenskapligt grundad livsåskådning, ateism och politisk radikalism smälte samman. Han sågs med oblida ögon av de styrande vid Lundaakade-

Minnestavlan över Janne Rydberg i nuvarande klassiska, tidigare fysiska institutionen.

Lunds Observatorium vid Svanegatan år 1868. I bakgrunden syns domkyrkotornen, nu skymda av bebyggelsen och observatorieparkens träd.

min; redan tillsättningsproceduren hade varit invecklad och intrigfylld. Vetenskapligt var han synnerligen väl meriterad genom studier bl a vid Pulkova-observatoriet i Ryssland och det moderna observatoriet i Berlin.

Charlier lät anskaffa nya instrument och bygga ut observationsmöjligheterna. Sina tidiga forskningar och föreläsningar ägnade han åt den celesta mekaniken och åt teorin för himlakropparnas rörelser. Han fortsatte med studier av Vintergatans byggnad. Som en huvuduppgift satte han att utveckla exakta matematiska metoder för att så noggrant som möjligt kunna analysera de stora mängder observationsmaterial som började strömma in särskilt från de amerikanska jätteobservatorierna.

Charlier hade även i fortsättningen nära kontakter med utländska forskare och utländsk forskning. Som styrelsemedlem i det tyska Astronomische Gesellschaft ledde han den internationella astronomiska kongressen i Lund 1904, avslutad på Tycho Brahes Hven, hans egen favoritplats i det astronomiska Skåne. På 1920-talet kallades han att föreläsa i Berkeley; ämnet var stellarstatistik. Han publicerade en rad studier inom detta ämne liksom inom matematisk statistik. År 1907 föreläste han i Lund om sannolikhetskalkyl. Det var på hans initiativ som ämnet matematisk statistik fick en självständig ställning vid Lundauniversitetet. En av hans elever som disputerat i astronomi övergick till matematisk statistik och blev den förste professorn i statistik: Sven Dag Wicksell. Därmed hade den för framtiden inom så många ämnen allt viktigare kvantitativa statistiska metodiken fått hemortsrätt vid den forna humanistiska akademin.

Nyorientering inom medicinen

Efter romantikens period befriades medicinen från de inslag av mystik och filosofisk spekulation, som fördröjt dess utveckling i empirisk riktning. Föregångsmännen för det nya skedet var en rad franska forskare, som studerade organismens vävnader, hjärtats, muskelsystemets och nervsystemets patologi och fysiologi. Samtidigt utvecklades den kliniska diagnostiken genom nya instrument och metoder. Stetoskopet uppfanns och kom i bruk. Etern infördes som narkosmedel, vilket möjliggjorde kirurgins framsteg hand i hand med antiseptikens genombrott; på 1860-talet upptäcktes den första av alla mikrober.

I Österrike och Tyskland fortsatte en generation av forskare att utveckla medicinen i takt med tidens naturvetenskap. Över dessa länder nådde impulserna till vårt lands läkarvetenskap; längre utlandsresor ingick i utbildningen för snart sagt alla de vid Lundafakulteten vid denna tid verksamma medicinarna.

Vid seklets mitt hade Rudolf Virchow i Berlin utformat celläran och ställt upp tesen att sjukliga förändringar i kroppen beror på rubbningar i cellerna. I Wien hade patologen Karl von Rokitanski slagit fast den patologiska anatomin som grundval för läkarens vetande och handlande. Hos båda dessa auktoriteter studerade i unga år Lundamedicinaren Gustaf Sven Trägårdh. Återvänd till sin egen universitetsstad började han på 1860-talet en serie föreläsningar i patologisk anatomi och blev senare professor i praktisk medicin. Trägårdh var en av stiftarna av Läkaresällskapet i Lund, en sammanslutning, bildad 1862 i syfte att ge medlemmarna tillfälle att följa den aktuella utvecklingen på skilda områden genom föredrag och diskussioner.

Till de i utlandet fostrade Lundamedici hörde Victor Odenius. Under fyra månader följde han hos Virchow i Berlin föreläsningar och obduktioner. Under utländska studieresor besökte han ett antal främmande universitet, Wien, Bonn, Würzburg, Paris, Brüssel och Leyden, överallt i kontakt med

Hans Bendz (1851—1914) den spirituelle medicinprofessorn från trakten söder om landsvägen. Teckning i Akademiska Föreningens arkiv.

den nya medicinska forskningens företrädare. Sin installationsföreläsning år 1875 höll han om de nyare åsikterna om orsakerna till de smittosamma sjukdomarna. I egenskap av professor i teoretisk medicin och rättsmedicin — som ämnet nu hette — verkade han för att ge patologin en central ställning i studierna. Det var under hans tid som den första patologiska institutionen byggdes i Lund. Han hade en gammaldags humanistisk bildning och översatte som emeritus från latin Cornelius Celsus Åtta böcker om läkekonsten; han var också en av de sista medicinprofessorerna som kunde tala latin flytande. De sista tretton åren av sitt liv var han på grund av sjukdom sängliggande, läsande sina klassiker. Det sista ord han yttrade skall ha varit ett latinskt läkarord: moribundus.

Sina främsta insatser gjorde både Trägårdh och Odenius som undervisare. Några mer självständiga bidrag till sin tids vetenskap gav de knappast. I än mindre grad gällde det om Hans Bendz, Odenius efterträdare på den professur, som nu fått ämnesområdet benämnt patologisk anatomi, rättsoch statsmedicin samt hygien. Däremot blev Hans Bendz namn känt över land och rike genom hans slagfärdighet och skånska gemyt. Han gav upphov till och spridning åt många spirituella formuleringar och bevingade ord. Hans vagga hade stått i Västra Tomarp; det är genom honom som uttrycket "söder om landsvägen" blivit känt. Till hans berömda yttranden hör utsagan, att han kunde hålla sig i nivå med vetenskapens nya rön "genom försiktigt och förståndigt utfrågande av kunniga tentander". Möjlig-

heten står — sedan enskilda privata tentamina i nutiden blivit alltmer ovanliga — tyvärr inte i samma mån dagens professorer till buds.

Den medicinska fakulteten bestod vid slutet av 1800-talet av tio professorer och fem docenter. Två av fakultetens framträdande medlemmar hade haft sina studieår i Uppsala men blev trofasta lundensare: Seved Ribbing och Jaques Borelius. Det var deras gemensamma förtjänst att en sekelgammal konflikt mellan lasarettsdirektion och akademi fick en för alla parter gynnsam lösning. Tidigare hade lasarettsdirektionen förbehållit sig rätten att utse lasarettsläkare, och endast hälften av sjuksängarna hade fått disponeras för undervisningens behov. Från 1900-talets början antogs en ny ordning. Den innebar att överläkarna på lasarettets dåvarande fem huvudavdelningar skulle vara medicinska fakultetens professorer i motsvarande ämnen. Därigenom blev alla sjukavdelningarna baser för klinisk undervisning.

När Seved Ribbing år 1888 tillträdde professuren i praktisk medicin, höll han sin installationsföreläsning om den moderna terapins grunder och grundläggare. Sina kliniska föreläsningar höll han vid ronderna på sjuksalen med patienterna som åhörare. Sjukdomarnas namn, diagnoser och prognoser nämndes därvid alltid på latin; Ribbing var för övrigt den siste i sin fakultet som röstade för att latin skulle vara obligatoriskt också för medicinare; han åberopade att latinet i mer än ett och ett halvt årtusende hade varit den medicinska vetenskapens universalspråk.

Privat var Ribbing en av provinsens mest anlitade läkare, i slott och koja. Man såg honom ofta på kuskbocken på sina läkarresor — det var före bilarnas tid. Till studenterna, särskilt i den nation, där han var inspektor, den göteborgska, stod han i ett nära och varmt förhållande, rådfrågad och hjälpsam både i medicinska och i ekonomiska angelägenheter. Vid sidan av sin verksamhet som utövande läkare var han en i vida kretsar anlitad folkföreläsare. Han var också författare till en rad populärvetenskapliga medicinska broschyrer. Det föredrag han år 1886 höll på Akademiska Föreningen i det delikata ämnet sexualhygien, speglar den victorianska tidens uppfattningar; när han utgivit föredraget i tryck, blev han utsatt för sarkastisk kritik från en av den unga radikala generationens män, Knut Wicksell.

Skylt från
Gamla Lasarettets tid.

Vid det gamla universitetet förblev hans ställning orubbad; uppskattningen visade sig bl a av att han valdes till dess rektor. Om den aktning han som läkarpersonlighet åtnjöt i sin tid och sin stad vittnar slutakten i hans livs stillsamma drama. Då hans kista, en februarikväll 1921, fördes från hans hem, Spoletorp, för att enligt gammal sed bisättas i domkyrkans krypta, var levande ljus tända i alla fönster i de hus som likvagnen passerade. Det var ett tecken på en då ännu existerande stark känsla av samhörighet mellan stad och universitet.

Ribbings kollega, Jaques Borelius, hade disputerat på en avhandling om ett då aktuellt ämne: antiseptikens utveckling och tillämpning. Han blev docent i kirurgi år 1890 och professor i samma ämne nio år senare. Med ho-

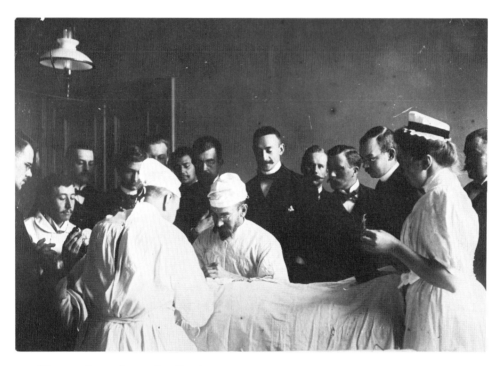

Kirurgprofessorn Jaques Borelius (1859—1921) opererar. Fotografi från omkring år 1900. Rummet upplyses av en fotogenlampa; läkarkandidaterna bär ännu inte den vita rocken.

nom började en ny epok för kirurgin, som länge legat i lägervall. Hans första insats gällde moderniseringen av den kirurgiska kliniken. Som kirurg ryckte han fram bland de främsta i sin generation. Han blev den sammanhållande kraften i de nordiska kirurgkongresserna; kirurgiska fallstudier publicerade han i tidens tyska facktidskrifter. En studieresa på 1910-talet förde honom i kontakt med tidens ledande kirurger i Förenta Staterna: Cushing, Murphy och bröderna Mayo. Men det var främst som praktiskt arbetande kirurgprofessor och som organisatör — i befattningen sjukhusdirektör — som han utförde sin livsgärning. Han står med rätta staty framför den forna kirurgiska kliniken. Hans slagfärdige kollega — Hans Bendz — gav denna karakteristik av mannen: "Borelius har blott två passioner: att operera och att undervisa. Han är en lycklig man!"

Två moderna språkvetare

Positivismens vetenskapssyn som fick sitt genombrott inom naturvetenskaperna och medicinen kom att få betydelse också inom humaniora. Tidigast kom det från naturvetenskaperna övertagna vetenskapsidealet att påverka språkvetenskapen. Närmast från den komparativa anatomin hämtade man en jämförande metodik, som kunde tillämpas på språkets element; från de naturvetenskaper, där utvecklingslagarna kunnat bekräftas övertog man tanken om en språkets inre lagbundna utveckling. I Tyskland var språkvetaren Max Müller den komparativa metodens främsta målsman; i Danmark var N.L. Westergaard det ledande namnet inom det nu blomstrande sanskritstudiet och iranistiken, vid sidan av Köpenhamnskollegan Vilhelm Thomsen, som företrädde ämnet jämförande språkvetenskap.

Från alla de nu nämnda har Esaias Tegnér d y hämtat impulser; med de två danskarna har han haft nära personliga kontakter. Den första föreläsningsserie Tegnér höll i Lund år 1877, samma år som han blev professor i orientaliska språk, ligger helt i linje med den då moderna komparativa språkforskningen. Han föreläste om det indoeuropeiska urspråket och dess ljudlagsenliga förändringar. Tegnér tog där upp ett speciellt språkvetenskapligt spörsmål och påbörjade tryckningen av ett arbete om de ariska språkens palataler. Han hade kommit nära lösningen av ett problem, som flera forskare — bland dem Vilhelm Thomsen — ungefär samtidigt arbetade med. Tryckningen av Tegnérs avhandling avbröts, när han såg sig förekommen av en tysk forskare. Men eftersom Tegnérs skrift blev känd i ett oavslutat korrektur har han icke desto mindre fått en petitnotis i den indoeuropeiska filologins tidiga historia.

I sina föreläsningar fortsatte han att behandla det indoeuropeiska urspråket, vid sidan av arabiska och persiska. Men i sin skriftställarverksamhet vände han sig från fornspråken till det svenska nutidsspråket. Berömt redan genom titeln blev hans arbete från 1880, Språkets makt över tanken, ursprungligen titeln på hans installationsföreläsning. I inledningen till arbetet tecknar han programmet för en empirisk, positivistisk språkforskning efter tyskarnas mönster. Han skriver: "språkvetenskapens metod är numera i det hela densamma som naturvetenskapens"; han betonar att endast med sådan metodik kan man bedriva forskning inom ett sådant område som fonetiken. Samtidigt avvisar han de spekulativa språkfilosofernas uppfattning av språket som en levande "organism". Han ser språket som ett "system", tillkommet genom konvention, och han ser ordens väsentliga funktion som "redskap för meddelelsen". Utöver denna språkets kommunikativa uppgift tillägger han språket en nationalitetsbildande roll.

Frågan om "språk och nationalitet" hade han behandlat i en föreläsningsserie på 1870-talet, som också den trycktes. Här riktar han kritik dels mot boströmianernas språkfilosofi som i språket ville se en uppenbarelse av nationalandan, fattad som ett förnuftigt väsen, dels mot språkpurismen med dess inslag av götisk romantik, sådan den i samtiden företräddes av bl a Viktor Rydberg. Hans rationella och pragmatiska språksyn ligger bakom hans plädering för förenklade grammatiska regler — exempelvis gällande verbens pluralformer — och hans förslag till en rättstavningsreform av det slag som genomfördes 1906.

I Svenska Akademien invaldes han år 1882. Hans kollega, spyflugan Lysander, som själv haft aspirationer på plats i den höga församlingen, formulerade ett av sina bons mots för att förklara invalet: "Studenterna säger, att det är språkets makt över tanken." Sitt inträde i Akademien tog Tegnér med en föreläsning om poesiens språk, där han strör ut iakttagelser om egenheter i skaldernas ordval och val av former. Framställningen är präglad av den estetiska ståndpunkt som representerades av signaturpoeterna; han avfärdar med förment språkliga argument 80-talets realistiska och naturalistiska litteratur.

Huvuddelen av sin arbetskraft kom han under 1900-talet att ägna dels åt Svenska Akademiens ordbok, vars chef han en tid var, dels åt den nya Bibelöversättning som blev färdig 1917. Arbetet på tolkningen av Gamla Testamentet förde honom tillbaka till det orientaliska språkområdet. Hans filologiska insikter i de bibliska grundspråken har prisats. Men hans kompromissförsök mellan äldre Bibelstil och det slutande 1800-talets normalprosa ledde till ett delvis artificiellt språk, som snart kom att visa sig föråldrat. Historiens ironi ville att den kvickaste och mest drabbande av hans kritiker blev en lundensare av 1920-talsgenerationen, Frans G. Bengtsson som skrev den dräpande essän om kapitlet om Jehu i Konungaboken.

Redan genom sitt namn och sin härstamning var Esaias Tegnér d y fast förankrad i den lundensiska miljön. Med sin ibland överdrivna förbindlighet, sin stillsamt harmoniska personlighet, blev han som åldring med svallande vita lockar — han dog först vid 85 års ålder — något av stadens genius loci, igenkänd av alla, också alla nya generationer av studenter. "Hans väsen var mildhet, harmoni, serenitas", skriver en av dem som känt honom, Anders Österling, i memoarboken Minnets vägar. Från sitt hem, den vita herrgårdsliknande byggnad, som i folkmun fått namnet Bondpinan, där hans stora bibliotek stod uppställt, hade han som närmaste utsikt från fönstren statyn av sin farfar, sin mer berömde namne.

De moderna europeiska språken hade inte haft någon gynnad ställning vid det universitet, där latiniteten så länge dominerat. Ännu Carl August Hagberg klagade över att så få ville besöka hans föreläsningar i engelska; han skyllde på att hans latinkollega ensidigt drev propaganda för de gamla språ-

Esaias Tegnér d y (1843—1928) i sitt bibliotek.

ken och öppet uttalade sitt förakt för de nyare.

En omsvängning till de moderna språkens favör inträffade under 1800-talets sena decennier. Professor i — som ämnet hette — ''nyeuropeisk lingvistik och modern litteratur'' blev år 1878 Volter Edvard Lidforss. Han föreläste under tolv år som adjunkt och sedan som professor över hela professurens vidsträckta fält: över forntyska och modernare tyska texter, över Shakespeare, Dante, Boccaccio och Ariosto, över spanska författare som Cervantes och Calderon, över franska texter från medeltid och renässans fram till Molière och Boileau. Sin avhandling för docentur hade han skrivit på franska; den handlade om Ronsard och hans samtidas språkbruk.

Lidforss kallar i ett brev från 1879 det ämne han företräder ''fullkomligt apokryfiskt'' och menar med skäl, att det snarast borde klyvas och ersättas med ''germanska och romanska språk''. En sådan uppdelning kom också omsider till stånd men först år 1888. Då övertog Fredrik Wulff — känd som nystavare och Petrarcaöversättare — i egenskap av e o professor, undervisning och examination i de romanska språken, medan Lidforss behöll de germanska. Det var en nödtvungen kompromiss; egentligen var Lidforss egen orientering, dokumenterad också i hans boksamling, inriktad mot det romanska språkområdet. Det är som översättare av tvenne klassiska verk från detta fält han blivit mest känd: den vetenskapligt kommenterade tolkningen av Dantes Divina Commedia och översättningen av Cervantes Don Quijote.

Genom utlandsresor och besök på kongresser uppehöll Lidforss kontakten med samtida filologisk vetenskap. Bland annat berömmer han sig i ett brev av att vara den förste som introducerat och föreläst i ämnet fonetik. Lidforss medverkade också, då ett filologiskt seminarium inrättades för undervisningen i de moderna språken. I ett yttrande från 1885 framhöll han det angelägna i att anställa infödda lärare i de tre europeiska huvudspråken — tidigare hade universitetet fått nöja sig med en enda språkmästartjänst. Utländska lektorer hade redan tillsatts i Uppsala och beviljades för Lunds räkning genom ett riksdagsbeslut år 1889. De hade att verka genom läsövningar av moderna författare, genom översättningar till de främmande språken, genom samtalsövningar och skrivövningar. De deltog också i det på 1870-talet inrättade seminariet. Inte bara för allmän språkfärdighet utan också för kulturkontakter med Europa har utlandslektorerna spelat en viktig roll för denna och för alla följande generationer.

I sin livsstil var Lidforss en typisk representant för det oscarianska tidevarvet. En av hans åhörare har berättat en karakteristisk episod från en termin, då Lidforss föreläste om tysk medeltidslitteratur, bl a om Walther von der Vogelweide. I auditoriet fanns en enda studentska. Då hon för en gångs skull var frånvarande, sade professorn: Nu läser vi Unter den Linden. Walther von der Vogelweides berömda vårdikt och kärleksdikt ansågs inte kunna läsas i tvåkönat sällskap. Det var i enlighet med historiens obevekliga dialektik som den mest namnkunnige företrädaren för 1880-talets Lundaradikalism, sonen Bengt, växte upp i det ombonade Lidforsska hemmet på Bytaregatan.

Representativ offentlighet. Universitetet i jubileumsyra

I maj 1868 firades med all den pompa som tillhörde jubelfesternas tidevarv universitetets tvåhundraårsjubileum. Festen varade i trenne dagar. Den inleddes med kanonskott och med morgongudstjänst i domkyrkan där biskop Flensburg predikade. Klockan tio avgick processionen från "Kuggis" till domkyrkan. Utanför akademihuset på Lundagård stod i två led den akademiska vakten, ännu beväpnad med hillebarder. Universitetets rektor uppträdde i den guldkantade kåpan av purpursammet och bar på sitt huvud den bredbrättade hatten.

Studenterna i tåget bar den vita mössan. Den hade införts som kåremblem året innan genom ett beslut av Lunds studentkår. Som självständig korporation hade studentkåren bildats först 1867; beslutet om den nya kårsymbolen var i själva verket ett av dess första. Tidigare hade en blåkullig studentmössa använts av lundensarna, så under de skandinaviska studentmötenas tid. Den degraderades från och med nu till vinterstudentmössa.

När den frackklädda och vitmössade festprocessionen nått fram till domkyrkan och Karl XV intagit sin plats, steg latinprofessorn Lysander upp i en talarstol för att hålla en oration på latin. Han var liten till växten, syntes inte över katedern och lär heller inte ha hörts. En kör av etthundra mans- och kvinnoröster utförde en kantat, skriven av den forne Lundastudenten Talis Qvalis. Lundarektorn professor Gustaf Ljunggren bjöd välkommen. Därefter trädde ombuden för de främmande universiteten fram, från Tyskland rektorn vid Rostocks universitet, från Danmark filologerna Madvig och Westergaard, från Finland skalden Topelius.

På middagen i biskopsgården, där både Karl XV och kronprins Oscar var närvarande stod på matsedeln tolv rätter och lika många viner. Dagen avslutades med en kungabal på Akademiska Föreningen, där damerna ännu var klädda i krinoliner och hade väldiga chignoner som hårprydnad; kung Karl inledde dansen med att föra landshövdingskan. Ute i staden undfägnades femhundra av stadens fattiga med en festmåltid, bekostad genom sammanskott av enskilda personer.

Andra och tredje dagarna hölls promotion i de fyra fakulteterna. Promotor i juridiska fakulteten, lagutgivaren Schlyter tog i sitt anförande de ålderdomliga ceremonierna i försvar mot belackarna. Kronprins Oscar utsågs att spela en huvudroll; han fick tända det praktfulla fyrverkeriet under en av festkvällarna. Men han blev också själv vid en improviserad ceremoni högtidligen lagerkrönt i domkyrkan under den sista promotionsdagen. Det var första gången en kunglighet blev föremål för denna form av hyllning av ett underdånigt universitet; på kvällen ledde han anglaisen vid sidan av biskopinnan. På ett symboliskt sätt avspeglar festceremonierna universitetets ställning, underordnat de högsta världsliga och de högsta andliga myndigheterna.

Inga medel hade sparats för att rusta upp festlokalen i Akademiska Föreningen och dekorera domkyrkan. En minnesmedalj hade beställts av en av tidens gravörer för att hugfästa jubileet. Minnespenningen visar Minerva, vishetens gudinna, som lägger ned en olivgren på en pelare. Vitterhetsakademien, som enligt traditionen fått medaljutkastet till granskning, hade invänt mot Minervas osköna ställning och hade föreslagit att Minerva i stället skulle överlämna fridssymbolen åt en allegorisk kvinnofigur föreställande landskapet Skåne. Konsistoriet avvisade i en skrivelse till kanslersämbetet detta förslag som olämpligt då — heter det i protokollet — ''anbringandet av en kvinnofigur föreställande Skåne lätt skulle kunna föranleda den skeva uppfattningen att man i Lund betraktade lärosätet som ett blott skånskt universitet''.

Det tyder på sårad självkänsla hos styresmännen för landsortsuniversite-

Jubileumsfyrverkeriet på Tegnérplatsen vid 200-årsfesten 1868. Ur Ny Illustrerad Tidning 1868.

tet. Men i själva verket var den sydsvenska prägeln hos akademien fortfarande uppenbar. Av de under jubileumsåret 338 inskrivna studenterna tillhörde inte mindre än 212 de skånska nationernas fem avdelningar. Av universitetslärarna hade likaså en överväldigande majoritet rekryterats från Skåne. Det var onekligen ett utpräglat sydsvenskt universitet, som i humanismens 1800-tal begick tvåhundraårsdagen av sin tillblivelse.

Ett tiotal år senare firade Köpenhamns universitet sin fyrahundraårsfest; året var 1879. Lundensarna deltog med en manstark delegation. I samband med detta tillfälle skapades nya former för kontinuerliga kontakter mellan de två universiteten. De danska och svenska universitetslärarna som då möttes, träffade nämligen en överenskommelse att inleda regelbundna universitetsmöten. Det första ägde rum i Köpenhamn i september 1880, då ett femtital akademiska lärare från Lund gästade systerakademin. Året efter blev det Lunds tur att svara för inbjudan. Vilhelm Thomsen, den framstående danske språkforskaren, skrev efter visiten i Lund till sin svenske kollega Esaias Tegnér d y: "Disse gensidige Besøg anser jeg for et af de allerbedste /———/ resultater af den praktiske skandinavisme. Gid de må trives længe." Vilhelm Thomsen blev sannspådd. Med ett par års mellanrum fortsatte dessa sammankomster i den stora stilen fram till 1960-talet. För generationer av akademiker på båda sidorna av Sundet gav de incitament till kontakter både på det personliga och det vetenskapliga planet. Under de båda världskrigen fick de en djupare betydelse, som manifestationer av en gemensam intellektuell front. I sitt tal vid universitetsmötet år 1916 kunde Lundauniversitetets dåvarande rektor Johan C.W. Thyrén konstatera, att så många gäster aldrig tidigare mött upp. När kriget väl var över och sammankomsten nästa gång hölls i Lund, hyllade den danske litteraturhistorikern Vilhelm Andersen syskonuniversitetet i ett skisserat långtidsperspektiv: "Lunds universitet, der blev grundlagt i de gamle danske Lande, har i Tidens Løb virket som et Organ at føre dansk Aand ind i Sverige."

"Dansk Aand", också genom det danska språkets medium. Som ett resultat av 1900-talets praktiska nordism infördes i ämnet nordiska språk i Lund från 1920-talet kurser i danska språket som gavs av danska lektorer. Officiell status fick de nordiska universitetslektoraten under följande decennium.

De stora dansk-svenska universitetsmötena, som initierats vid Köpenhamns universitetsjubileum, upphörde, när de två universiteten vuxit i sådan omfattning, att sammankomster mellan de två universitetens samtliga lärare av alla fakulteter inte längre lät sig regisseras. Nya tider har bland annat genom tillkomsten av donationsfonder skapat andra former för fortsatta kontaker ämnesvis och fakultetsvis.

Nytt universitetshus — nytt universitetsbibliotek

Vid tiden för tvåhundraårsjubileet var Lunds universitet med sina 338 studenter av ungefär samma format som de tyska småstadsuniversiteten i Rostock och Münster. Uppsala hade vid samma tid 1 216 studenter, Bonn och Halle något fler; Berlinuniversitetet räknade mellan fyra och fem tusen. Det skulle dröja bortåt hundra år, innan Lund nådde upp till den sista siffran.

Lundauniversitetet hade under 1800-talets andra hälft vuxit ur inte bara äldre organisationsformer utan också, rent konkret, vuxit ur gamla lokaler. Efter 1840-talet uppfördes en rad nya institutionsbyggnader; sin kulmen nådde 1800-talets byggnadsetapp med invigningen av ett nytt universitetshus år 1882, arkitekten Helgo Zettervalls skapelse. De nya institutionshusen är synliga tecken på expansionen inom naturvetenskaper och medicin. Den nya universitetsbyggnaden står som ett slutmonument över 1800-talets humanism, avläsbart i arkitekturens teckenspråk.

De kemiska, fysiska och zoologiska institutionerna fick ett gemensamt hemvist i den i stilen Bruniuska tegelbyggnaden vid Krafts Torg, sedermera övertagen av Historiska museet. Närmast i tur stod anatomi och teoretisk medicin. De fick sina institutionsbyggnader vid Biskopsgatan. I Botaniska trädgården uppfördes en botanisk institution under Jacob Agardhs ledning. Astronomerna som tidigare disponerat tornet i Lundagårdshuset fick nya lokaler i Svanelyckan. Den gamla enheten kring domkyrkan och Lundagård hade därmed brutits upp. Det beklagades av en äldre generation, som i spridningen av bebyggelsen såg ett tecken på splittring av en ursprunglig universitas scientiarum. I viss mening återställdes centrum, när det nya universitetshuset byggdes med fasaden strategiskt mitt emot Akademiska Föreningens tegelborg.

Helgo Zettervall hade kommit till Lund 1860 för att efterträda C.G. Brunius som domkyrkoarkitekt. Han fick en rad uppdrag också för universitetets räkning. Han gjorde ritningarna till den nya kirurgiska kliniken vid Sandgatan. Mitt emot byggde han sin egen villa i läcker renässansstil. Universitetsbyggnaden blev hans främsta arkitektoniska skapelse, olika bedömd av olika epoker. "En dröm av skönhet" skrev reportern i lokaltidningen; "dies Scheusal" — detta vidunder — sade en spefull dansk, Edvard Lehmann, som på 1900-talet blev professor i Lund; "dies immerhin schöne Gebäude" — denna trots allt vackra byggnad — replikerade en gästande tysk antikkännare, Wilamowitz Moellendorff. Att den nya monumentalbyggnaden i staden med de låga husen gjorde intryck i samtiden visas bland annat när 80-talets Lundadiktare låter huset skymta i romaner och noveller.

1882 stod den nya universitetsbyggnaden färdig, Helgo Zettervalls skapelse i antikiserande stil.

Byggnaden är ett stycke avancerad representationsarkitektur i antikiserande stil, en materialisation av 1800-talets klassiskt humanistiska grundidéer. Dess arkitekt hade vistats i Rom men måste också ha tagit intryck av Karl Friedrich Schinkels klassicistiska skapelser Altes Museum och Schauspielhaus i Berlin. Av de ursprungliga dekorativa inslagen dominerade vid entrén fyra stora, i arkaisk stil draperade kvinnogestalter med inskriptionstavlorna Theologia, Juris scientia, Medicina och Philosophia. De fyra "fakultetsmadammerna" togs bort redan 1902, enligt en lokal tradition därför att de skrämt en professor på hans nattvandring nära nog från vettet; enligt en materialistisk historietolkning därför att de inte var av hållbart, homogent material. Försvunnit har också, fast långt senare, de fyra vingade sfinxer, som prydde universitetshusets tak; de hade redan startat sin flykt i en Lundanovell av skaldinnan Elsa Grave.

Till byggnaden med dess mångtydiga symboler för konst och vetenskaper — Medusahuvud, ugglor, lyror — lades grundstenen 1878. Vid grundläggningsarbetena användes resterna av en del av murarna kring Lundagård och den gamla Botaniska trädgården. Invigningen skedde fyra år senare, den 27 september 1882, i närvaro av företrädare för de andra skandinaviska universiteten, av ärkebiskop och Lundabiskop i full ornat, av representanter för

1901 års studentuppvaktning för rektor magnificus. Ännu står de fyra "fakultets-
madammerna" kvar på sin plats, så skildarade av en anonym poet i Lunds Wecko-
blad vid universitetsinvigningen 1882:

Fakulteterna stå med mjukt avrundade former
(ack vad man göra kan mycket skönt i cement!)

riksdag och regering med Oscar II i têten; han överlämnade vid detta tillfäl-
le som gåva den ännu i bruk varande förgyllda rektorskedjan. Så markera-
des än en gång symboliskt universitetets plats i den nordiska gemenskapen
och i det oscariska överhetssamhället.

Prokansler, biskop Flensburg, predikade i domkyrkan om Herren Chris-
tus som det rätta svaret på tidens frågor till evigheten. Rektor, Gustaf
Ljunggren, höll i samma lokal högtidstalet, talade om universitetets upp-
gift som vetenskaplig men samtidigt fosterländsk. Mot tidens nyttighets-
strävanden hyllade han det nyhumanistiska bildningsidealet: de humanis-
tiska vetenskaperna skulle skapa samband mellan disciplinerna. I byggna-
den såg han en symbol för en sådan strävan.

Som ett minne från de antikt formade sentensernas tidsålder står ännu
den grekiska inskriften över ingången till universitetets aula: MÄDEN
AMOUSON — ingenting oskönt, ingenting som skulle kunna misshaga
muserna. Orden är förmodligen formulerade av Gustaf Ljunggren, den
klassiskt bildade estetikprofessorn, i anknytning till en av inskrifterna över

194

oraklet i Delfi, MÄDEN AGAN — Måtta i allt. För senare generationer av studenter, okunniga i grekisk skrift och grekiskt språk har den djärva tolkningen presterats, att mottot över aulan, högtidssalen, skulle betyda rökning förbjuden, f ö ingen oäven översättning i förbudssverige.

I invigningshögtidligheterna ingick processioner, promotioner, fyrverkeri, bankett och bal. Uppseende väckte ett historiskt festtåg, studenternas eget bidrag till festen. Det heter i en samtida skildring: ''Över 300 personer, mest studenter men även några damer deltogo i tåget, som till häst och i skenet av elektriskt ljus (då en ny uppfinning) skred fram över platsen framför det nya universitetshuset, från vars galleri det åskådades av Konungen och andra gäster.'' Som initiativtagare till festtåget stod den dåvarande e o professorn i historia, den traditionsskapande urlundensaren Martin Weibull.

När alla festligheter väl var över, kunde universitetet tas i bruk för vardagens uppgifter. I nedervåningen fick rektor, kansli och förvaltning ståndsmässiga rum; fakulteter och konsistorium fick rum för sammanträden och examination; i källaren fick det trångbodda historiska museet en tid plats för sina arkeologiska samlingar. På andra våningen inrymdes lärosalar; på tredje tavelgalleri och myntkabinett. Byggnadens funktioner har med tiderna förändrats; under byråkraternas triumftåg på 1960- och 70-talen,

En av de fyra sprudlande fakultetsgrodorna på fontänen vid universitetsplatsen.

togs flertalet av utrymmena i anspråk av den svällande administrationen. Kvar har genom alla förändringar blivit aulan som universitetets högtidssal, plats för installationer och andra universitära fester.

I samband med att universitetsbyggnaden uppfördes fick platsen framför universitetet sin nuvarande utformning. Där den forna hårlemanska Botaniska trädgårdens orangeri varit beläget, uppfördes en byggnadskropp, som rymde gymnastiksal och sal för musik och sång, med de klassiskt klingande namnet Palaestra et odeum. Den gamla spegeldammen lades igen. I dess ställe uppfördes framför universitetshuset en av Zettervall ritad cirkelformad fontän. På skålkantens fyra postament står fyra vattensprutande grodor, universitetsgrodorna. På piedestalens sida finns snäckornament och lejonhuvuden. Det blygsamma formatet på lejonen har givit upphov till talesättet att i denna lärdomens stad grodorna är större än lejonen.

Sedan den nya universitetsbyggnaden invigts, fick universitetsbiblioteket överta samtliga våningar i Lundagårdshuset, där det haft begränsad plats alltsedan 1600-talet. Den gamla festsalen i byggnaden — Carolinasalen — inreddes till bokmagasin, och en ny läsesal inrättades. Men det hela blev ett temporärt arrangemang. Under loppet av 1800-talet hade boksamlingarna vuxit i betydande omfattning. Flera stora donationer hade tillkommit. Volymerna av handskrifter hade utökats med bland annat det omfattande Delagardieska arkivet på Löberöd, med C.A. Agardhs brevväxling och Esaias Tegnérs efterlämnade papper och brev, de senare överlämnade vid Tegnérjubileet 1882. Med boksamlingen hade införlivats en rad professorsbibliotek och delar av Carl XV:s boksamling på över tvåtusen band. Bytesförbindelserna med utländska bibliotek hade vidgats, och inköpen av utländsk litteratur och tidskrifter bidrog till att spränga ramarna. Vid sekelskiftet år 1900 innehöll samlingarna omkring 200 000 band, därav 5 000 handskrifter. Under ledning av överbibliotekarien Elof Tegnér, som nu stod i spetsen för det bibliotek där hans farfar en gång varit vice bibliotekarie, skedde en nykatalogisering av bokbeståndet i en nominalkatalog och en realkatalog.

Utrymmet i det gamla Lundagårdshuset visade sig efter få decennier otillräckligt; en plan på tillbyggnad på själva Lundagård kom aldrig till utförande. På Helgonabacken restes åren 1902—1907 med Alfred Hellerström som arkitekt, en ny biblioteksbyggnad av rött tegel med listverk och orneringar av kalksten. Den har under 1900-talet byggts till och byggts om i etapper, sedan också dess utrymmen visat sig för små för den boksamling, som kring 1980 beräknats omfatta cirka 2,5 millioner band. Bland de nya donationer som tillkommit under detta sekel märks C.M. Collins privatbibliotek med en dyrbar Goethe- och Dantesamling och konsul Otto Taussigs Franz Schubert-samling. Handskriftsbeståndet har vidare utökats med manuskript och brev från en lång rad vetenskapliga och skönlitterära författare mestadels av sydsvensk extraktion.

Stora läsesalen i universitetsbiblioteket år 1930. Med ingång till höger låg tidskrifts-rummet med den genom Frans G. Bengtsson berömda inskriften "Här får intet arbete utföras".

Trångboddhet framtvingade på 1970-talet en klyvning av bibliotekets bokbestånd. Humaniora och teologi har fått stanna kvar i byggnaden på Helgonabacken. Naturvetenskap och medicin har förts över till en ny biblioteksbyggnad, uppförd i den del av staden, där de nya naturvetenskapliga institutionsbyggnaderna är belägna. Klyvningen är ett av de många tecken i tiden, på att de "två kulturerna" gått åtskils.

I en särskild byggnad finns det för studenterna avsedda kursbiblioteket. Tidningsbiblioteket har fått egna lokaler i stadens periferi. Som enda svenska bibliotek utanför Stockholm har Lund fått behålla den fortsatta rätten till originalexemplar av samtliga svenska dagstidningar. Det är en av de materiella förutsättningarna för den i Lund livaktiga pressforskning som vuxit fram på senare decennier.

Unga radikaler, kabaler och karnevaler

De unga studenter av 1880-talets generation, som trädde in i det nya universitetshusets atrium med dess marmorgolv och pelare, eller i den smyckade aulan med dess karaktär av antikt tempel, var inte alla beredda att troskyldigt bejaka den idealbildning som där manifesterats. Motsatsen mellan en traditionsbevarande, konservativ miljö och en grupp ungdomar av radikal, upprorisk sort hör till de återkommande fenomenen i varje studentstad. Men knappast någonsin tidigare hade motsatsförhållandet mellan gammalt och nytt trätt i dagen tydligare än vid detta tidsskifte.

Uppgörelsen med universitetsmiljön är ett genomgående drag hos 80-talets författare med akademisk bakgrund. Samma kritiska syn på den antikverade lärdomen och den tomma idealismens fraser som Strindberg och Geijerstam givit uttryck åt i sina studentlivsskildringar från Uppsala, har Ola Hansson, Axel Lundegård och i viss mån också Victoria Benedictsson verbaliserat för Lunds vidkommande. I novellen Fest, där Ola Hansson skildrat invigningen av universitetshuset i Lund år 1882, låter han titelfiguren morgonen efter festen gå förbi den prunkande byggnaden. Men vad han hör från skumma katedrar är ekon och rop som för länge sedan varit tidens lösen och vad han ser är ''dessa gamla stearinljus och talgdankar, som en pust av en ny tid kunde blåsa ut i en blink eller en liten, liten strimma av nutidskulturens dager kunde komma att förblekna''. Hade den tidigare generationen i sina bästa representanter varit idealiska svärmare, var de som nu kom brutala armbågskarlar. Studieglädje och sångarfröjd var försvunna; kvar blev — för att återigen citera Ola Hansson — ''svineri och pluggeri: tertium non datur''.

Bilden av ett traditionsbrott på alla livsfronter har fixerats också i Ola Hanssons i minnesperspektiv skrivna, självbiografiska roman Resan hem. I kapitlet Studentdagarna i Lund ger han sina minnen av en ny generation, präglad av misstro, skepsis och cynism. ''Idealen — vad fan ska vi med de gamla luderna'', lyder en replik som har livets egen färg. Nära anknuten till verkligheten ter sig också skildringen av hur den unge studenten upplever den flagnande nynordiska retoriken under högtidstalen vid Nordisk fest till fädrens minne. Inte minst skildringen av ''det unga gardet'' med dess vilda och bullrande studentikosa tillvaro, med äventyrliga lånetransaktioner och täta utflykter till nöjesstaden Köpenhamn har för eftervärlden kommit att prägla bilden av 80-talets Lund, liksom porträttet av överliggaren. Typen tecknas inte bara av Ola Hansson utan också — säkerligen efter levande modell — hos Oscar Swahn i den mot studiestaden kritiska bok, som har ordet i själva titeln ''Våra överliggare''. I olika varianter hade typen, den förliste studenten utan examen, funnits långt förut; nya ekonomiska låneresurser, de begynnande studentväxlarnas tid, hade givit honom nya existensmöjligheter.

I de litterära studentskildringarna — Ola Hanssons och andras — blir det sällan tid till studier. Verkligheten såg i det fallet för det stora flertalet studenter annorlunda ut. Ur den unga, upproriska studentfalang som framträder under 1880-talet, steg några av universitetets genom tiderna främsta lärare och forskarbegåvningar fram med nya värderingar, nya impulser, den nya tidens vetenskapssyn. I vetenskapshistorien är ofta — som här — traditionsbrottet själva pulsslaget i rytmen mellan innovation och konsolidering; förnyelsen inträffar när en ny generation inträder på arenan.

En gång hade O.P. Sturzenbecker i en artikel i Aftonbladet häcklat Lunds studenter för deras bristande frisinne och framstegstro och kallat dem Unga gubbar. Efter ett par årtionden dyker Orvar Odds vedernamn upp på nytt, men nu med omvända förtecken. Det usurperades av studenterna själva som ett självironiskt namn på en skämttidning — Den unge gubben — utgiven av en av 80-talets lundensiska studentklubbar, Lilla diskussionsföreningen. Namnet övergick senare att bli beteckningen på den sammanslutning, som de mer radikala medlemmarna i diskussionsföreningen formerade. För Lunds del kom studentklubben Den unge gubben, mera känd under förkortningen D U G, att spela samma roll som den radikala studentföreningen Verdandi i Uppsala.

Inom D U G samlades spetsarna i den unga intelligentian av en ny generation. Alla hade en modern empiriskt natuvetenskaplig skolning, hade läst Darwin, Mill och Spencer. Gemensamt för gruppen var en stark utvecklingsoptimism, parad med politiska vänstersympatier. Många skulle göra sin insats inom naturvetenskap eller medicin. Det gällde Bengt Lidforss, med tiden docent och professor i botanik: hans första tidningsartikel, signerad B.L. hade varit en anmälan av Areschoughs bok om Darwin. Det gällde Karl Petrén, medicinare med neurologi som en av sina specialiteter, senare professor i praktisk medicin i Lund. Det gällde Elis Strömgren som blev docent i astronomi i Kiel, senare professor i ämnet i Köpenhamn och direktor för det astronomiska observatoriet där. Det gällde Hans Wallengren, zoologen, Axel Wallengrens kusin. Det gällde Paul Rosenius, läkare och naturskildrare; det är han som givit den klassiska bilden av gruppen i den dokumentariska romanen De unga gubbarne. Den natuvetenskapliga skolningen och de politiska vänstersynpunkterna fanns också hos två mer filosofiskt inriktade sympatisörer med D U G, Axel Herrlin och Hans Larsson. Den förre fann ett av sina specialområden i gränsfältet mellan psykologi och psykiatri. Den senare avsåg från början att bli läkare och började med studier i naturvetenskap.

Under 1880-talet hävdade medlemmarna av D U G sina positioner dels vid diskussionsaftnarna på Akademiska Föreningen, dels vid kårmöten, där studentkårsfrågor avgjordes. Det var D U G som år 1889 lyckades få till stånd studentkårens fest för att fira hundraårsminnet av franska revolutionen. Det var också D U G som samma höst lyckades få det traditionella fackeltåget till Karl XII:s minne inställt. Firandet av Karl XII:s dödsdag den siste november återupptogs visserligen följande år. Men som protest mot den patriotiska festen ordnade de ledande inom D U G en fest med internationella och fredliga förtecken: ett fackeltåg till ära för Robert Koch och hans medicinska upptäckter.

Uppseende väckte kristendomsdebatterna i Stora diskussionsföreningen, där också äldre akademiker deltog. Vid den första inledde den unge botanikern Bengt Lidforss med att ställa frågan, om en etik kan byggas på utvecklingslärans grund, vilket han bejakade. De kristna grundvärderingarna försvarades vid detta tillfälle av den liberale teologen Magnus Pfannenstill. Det blev upptakten till debatter, som skulle fortsätta genom flera årtionden, där den nya utvecklingslärans företrädare drabbade samman med försvararna av kristen livsåskådning; av diskussionerna finns mer eller mindre autentiska skildringar i en rad Lundaromaner, utom av Paul Rosenius också av Gustaf Hellström.

Formellt upplöstes D U G år 1891. Men de ledande inom kretsen fortsatte att göra sig gällande i nya sammanhang. Epilogen i D U G:s historia utgjordes av en diskussion om socialismen den 14 maj 1891. Inledare var Paul Rosenius och inbjuden att delta var den socialdemokratiske politikern och journalisten från Malmö, Axel Danielsson. Detta datum har av Lidforss betecknats som den akademiska socialismens födelsestund.

Nya strömdrag kom in i den lundensiska studentmiljön med 1890-talet. Fortfarande var Akademiska Föreningens stora sal forum för de offentliga diskussionsaftnarna. Men en mindre, mera intim lokal blev hemvist för och fick ge namn åt det kotteri av skönandar och bohémer som kom att sätta sin prägel på den litterära miljön i studentstaden. Det var kafé Tua. Sitt namn hade rummet fått efter den italienska sångerskan Teresina Tua, som under 80-talet flera gånger besökt Lund och hänfört ett ungdomligt auditorium. Stamtruppen i Tua-kotteriet kom från D U G. En dominerande roll spelade i den nya formationen Axel Wallengren; hans novell Mannen med två huvuden är en nyckelskildring som ger åtskilligt av atmosfären. Tua-kotteriet gav ut en egen studentkalender: Från Lundagård och Helgonabacken. I dess första årgång, utkommen 1891, medverkade Bengt Lidforss med en uppsats Om kärleken, döden och det eviga livet; litterära bidrag skrevs av bland andra Emil Kléen, Paul Rosenius och Axel Wallengren själv. I Lidforss naturfilosofiska essä finns tidiga spår av Nietzsches övermänniskofilosofi, sammankopplad med Darwins lära om det naturliga urvalet. Den elitism och de övermänniskolater som Nietzschedyrkan hos en del bland Lun-

Medlemmar ur D U G våren 1888. Stående från vänster: Clemens Cavallin, Bengt Lidforss, Paul Rosenius, Hans Cavallin, Sven Åkerlund. Sittande: David Fredricson, Magnus Blidberg, Peter Gunnarsson, Karl Petrén och Axel Wallengren (Falstaff, fakir).

dabohemen gav upphov till gick i längden knappast att trovärdigt förbinda med de utilistiska och demokratiska värderingarna.

I närmare kontakt med den samtida sociala verkligheten stod föreningen Studenter och arbetare. Den bildades ursprungligen 1893, upplöstes efter kort tid men återuppstod tre år senare med nya krafter i ledningen. Idéerna till denna sammanslutning kom närmast från The Fabian Society i London som med skrifter och föredrag gav spridning åt socialistiskt färgade åsikter; till den engelska gruppen hörde många intellektuella, bland andra författaren Bernard Shaw. Samma år som Studenter och arbetare nybildades, 1896, stiftades D Y G — De yngre gubbarna — en generationsförnyelse av det äldre D U G. Samarbetet mellan Studenter och arbetare å ena sidan D Y G å den andra blev intimt; delvis fungerade samma personer i båda förening- arnas styrelser, bland dem Bengt Lidforss. Svedalastrejken 1898 — då en grupp studenter uppträdde som strejkbrytare — ledde till en brytning in-

201

om den förra gruppen. D Y G ägde bestånd fram till andra världskrigets dagar; ur dess krets rekryterades en rad ledande politiker under 1900-talets första hälft.

Det slutande århundradets Lund fick sin prägel i lika mån av livsåskådningsdebatterna, av den trägna studiefliten och av det muntra studentlivet. Under vårfesterna i maj slog studentglädjen ut i blom. Från 1850-talet och framåt hade vårfester regisserats efter en genomtänkt plan, med ett tryckt program. Ett maskeraduppåg som de skånska nationerna anordnade den 1 maj 1858 under rubriken Ett bondbröllop brukar räknas som den första Lundakarnevalen. Efter hand blev vårkarnevalerna en hela kårens angelägenhet. Karnevalstågen, som på ett bestämt — eller obestämt — klockslag startade från Akademiska Föreningen och Lundagård och efter en marschroute i staden återvände till utgångspunkten, hade ofta tidsanknutna teman — Italiens enande, fyrståndsrepresentationens genomförande, aktuell politik i Amerika eller Grekland, Andrées ballongfärd till Nordpolen.

Karnevalsdagens uppsluppna skämt hade lett till allvarliga protester, då i maj 1865 den s k Lincolnvisan framfördes till positiv av en hop vissångare som bar en bild av den avlidne presidenten Abraham Lincoln. Visan om ''huru Kungen i det Norra Amerika/ blev skjuten alldeles itu'' var en parodi på tidens skillingtrycksvisor och blev själv spridd som skillingtryck. Den liberala pressen rasade över studenternas tilltag; Viktor Rydberg, en gång själv Lundastudent, skrev i Handelstidningen om vad han kallade ''ett slags nidfest med anledning av Lincolns död'' och klagade över studenternas tilltagande råhet. Upphovsmannen till visan var en som tillfällesskald och festtalare känd Lundastudent vid namn Henrik Hallbäck; han disputerade kort efteråt på en avhandling om romanen och dess historiska uppkomst och blev Gustaf Ljunggrens docent i estetik. Hans talang användes flitigt också vid mer seriösa tillfällen; han skrev texten till kantaterna vid universitetets sorgefester över drottning Lovisa och Carl XV och höll högtidstalet vid studentgillet, då universitetets tvåhundraårsminne firades.

Sin specifikt lundensiska stilprägel fick karnevaler och karnevalsprogram från den tid, då Axel Wallengren, Falstaff, fakir, knöts till karnevalskommittéerna. År 1888 var karnevalens rubrik Världstragedin. På ett effektfullt sätt sammanfattar Wallengren bilden av karnevalens maskeradtåg i en dikt som börjar:

''Världstragediens'' skiftande gestalter
i brokig ordning draga genom Lund
där de en vårdag samlats för en stund
att dränka livets ve i skämtets Lethe.

I de tryckta karnevalsprogrammen och karnevalstidningarna med deras

Från Lundakarnevalen 1904.

halsbrytande och absurdistiska jargong slipade den blivande författaren Falstaff, fakir den stil, som sedan tog gestalt i böckerna Envar sin egen professor och Envar sin egen gentleman.

Ur grekernas uppsluppna karnevalståg, vid Dionysosfesten i det gamla Athén, ur dess "komos", uppstod den antika komedien med dess tidsanknutna komik, dess ofta lasciva skämt och dess parodiska anspelningar på samtida filosofer och författare. I samband med Lundakarnevalernas majfester uppstod den typ av parodisk studentkomedi som heter spex. Det första egentliga Lundaspexet tillkom år 1886. Det hette Gerda; namnet och ämnet knyter an till ett aldrig fullbordat epos av Tegnér, Gerda eller Helgonabacken. Huvudförfattarna till det första spexet var två Lundastudenter som i tidens fullbordan båda skulle bli professorer i estetik, konst- och litteraturhistoria, den ene i Lund, den andre i Göteborg: Ewert Wrangel och Otto Sylwan.

Till detta motsatsfyllda Lund, där allvar och skämt, gammalt och nytt

203

bröts, kom i december 1896 August Strindberg, vinddriven från sin europeiska odyssé, för att slå sig ned och umgås med ett antal unga intellektuella. Eller, med Strindbergs egna ord: "Jagad av erinnyerna fann jag mig slutligen i december månad 1896 fastsurrad i den lilla universitetsstaden L. i Sverige. En sammangyttring av småborgerliga hus omkring en domkyrka, en palatslik universitetsbyggnad och ett bibliotek, bildande en civilisationsoas på den stora sydsvenska slätten."

Strindberg sökte sig till en grupp yngre forskare och författare, bland dem Axel Herrlin, Hans Larsson, poeten Emil Kléen och journalisten Waldemar Bülow. Strindbergs stamlokus blev ett rum i värdshuset Åke Hans. I anteckningarna i Ockulta Dagboken, liksom i sin bok Legender ger han sina — ofta förbryllande — bilder av Lundamiljön och Lundaumgänget.

I det förord han skrev till den postuma upplagan av Axel Wallengrens skrifter står hans klassiska, ofta citerade rader om Lund: "Lund den lilla hemlighetsfulla staden, som man aldrig blir klok på; sluten, ogenomtränglig; vänlig men icke med öppna armar; allvarlig och arbetsam som ett klos-

Omslaget till Envar sin egen Professor av Falstaff, fakir.

Otto Rydbeck (1872—1954) sedermera arkeologiprofessor, som student modellerande Strindbergs huvud till karnevalen år 1900. Året innan hade Strindberg firat sin 50-årsdag i Lund.

ter, dit man icke går in godvilligt, men ändå lämnar med saknad; som man tror sig kunna fly, men dit man kommer igen.''

Strindberg återkom vid flera tillfällen; bland annat firade han sin femtioårsdag i Lund i Waldemar Bülows hem i kretsen av lärda vänner. Den 20 juni 1899 lämnade han staden för alltid. Men han behöll kontakten med flera av lundensarna också i fortsättningen. Till hans Lundaumgänge hade hört flera radikala medicinare ur D U G:s grupp, bland dem den blivande medicinprofessorn Karl Petrén; honom konsulterade han ännu under sin sista sjukdom.

Studentskan gör entré

Under mer än tvåhundra år hade universitetsmiljön haft karaktären av en exkluxiv herrklubb. Några kvinnliga ansikten skymtar inte ofta i äldre universitetshistoriker — vilket givetvis kan ha att göra med att de författats av män. Ty självfallet har kvinnor haft en rad viktiga men ofta borglömda roller i universitetslivets centrum eller periferi. Någon gång avtecknar sig konkret en kvinnlig handstil på den akademiska krönikans blad — som då

Anna Myhrman, Esaias Tegnérs hustru, egenhändigt skrivit rent sin makes sekreterarprotokoll. I memoarerna har givetvis heller inte de tillfällen förglömts, då en rektorshustru i krinolin eller en professorsfru med spetskrås blivit uppbjudna till dans vid akademiska baler av gästande kungligheter eller andra dignitärer.

Någon sällsynt gång dristade sig en professorska att pröva eget författarskap. Så Mathilda Naumann, hustru till en anatomiprofessor. Under författarpseudonymen Sorella utgav hon på 1870- och 80-talen berättelsesamlingar ur Lundamiljö. Under eget namn vågade långt senare en annan professorska, också hon tillhörande den medicinska fakultetens krets, Emma Bendz, ge ut skildringar från de akademiska miljöerna i det sena 1800-talets Lund. I sin bok Från pilträdens land och syrenernas stad målar hon idylliska bilder från tidiga vårar och snörika vintrar, berättar om fester som hon själv varit med om, bland dem det nya universitetshusets invigning 1882.

Men professorskornas viktigaste roll var — reverenter talat — den de spelade i det akademiska samhällets självreproduktion. Den som ville följa de universitära genealogierna i Lund, finge ett drygt arbete, och skulle bli slagen av i hur hög grad de akademiska ämbetena gått i arv inom ett begränsat antal släkter, förhoppningsvis med rätt till namnet lärdomssläkter.

En grupp kvinnor som man ofta träffar på i äldre studentskildringar är matlagens förestånderskor, ofta sedesamma prästänkor, och de hedervärda, omutliga och oumbärliga studentstäden. A.U. Bååth har ägnat ett exemplar av den senare arten en välförtjänt hyllningsdikt. Om sådant kan man läsa i samtida tidsskildringar. Däremot tiger ännu 1800-talsskildringarna — före naturalismens genombrott — nästan helt om den roll som de prostituerade spelade i det vakuum, som studentsamhället — i frånvaron av kvinnligt umgänge — bildade. Först hos Ola Hansson och hans generation möter bilder av de prostituerade som studenternas lättfångna byte med ibland fatala följder för de nedsmittade. Ännu åren 1877—1907 uppgick i Lund antalet prostituerade som enligt polisens rulla var underkastade läkarbesiktning, till 117. I Paul Rosenius bok De unga gubbarne heter det med brutal uppriktighet om Lund; orden är lagda i Axel Wallengrens mun: "Det är en lömsk ungdomsförförare den lilla tysta staden med sin stora kyrka. Det finns inga andra avledare för ungdomsglädjen än två stora kloaker: de smutsiga krogarna och de gamla fnasken."

Med studentskans inträde på scenen sker en omvälvning i universitetsmiljön, säkerligen den mest genomgripande inom den akademiska mentalitetshistorien. Men förändringen sker i etapper, långsamt och med fördröjd effekt. Frågan om kvinnans rätt att studera och ta examina i likhet med sina manliga jämnåriga behandlades för första gången i fakulteter och konsistorium i Lund efter en remiss från Kungl. Maj:t år 1867. Olika upp-

Efter en botanisk exkursion år 1900. De deltagande studentskorna är fr v: Hildur Sandberg, Siri Petersén, Torborg Sylwan och Louise Petrén.

fattningar bröt sig inom de fyra fakulteterna, där frågan diskuterades med tidspräglade argument om kvinnans förmenta bestämmelse, om sårad blyg-samhet och hotande förförelse. I medicinska fakulteten började den förste talaren sitt anförande med ord som skulle kunna duga också i en modern jämställdhetsombudsmans mun: "Qvinnans förmåga att inom vetandets värld höja sig till jembredd med mannen är genom historiens vittnesbörd satt utom allt tvivel." Samtliga närvarande i fakulteten trädde in för kvin-nans rätt att i framtiden avlägga medicinska examina och att erhålla statlig tjänst; bara en professor uttryckte en mild reservation, förmodligen med ett omärkligt leende i mungiporna, mot lämpligheten att anställa kvinna som "regements-, bataljons-, provincial- eller stadsläkarinna".

Också det lundensiska konsistoriets majoritet intog en i princip positiv hållning till förslaget om kvinnans rätt till akademiska studier. Men ärendets behandling drog ut på tiden i överordnade instanser; inte förrän 1870 erhöll kvinnan rätt att avlägga studentexamen vid elementarläroverken, vilket var den självfallna förutsättningen för tillträde till akademiska studier. Först 1873 utfärdade Kungl. Maj:t bestämmelser som gav kvinnorna rätt att begagna den offentliga undervisningen och avlägga *samtliga* examina vid universitetet — med undantag för examen inför teologisk fakultet och juridisk licentiatexamen. Det skulle dröja åtskilliga decennier innan också dessa sista förbehåll föll bort.

I praktiken var föret trögt i portgången. De första kvinnliga studenterna i Lund skrevs in 1880. En av dem hette Hedda Andersson, dotter av en på sin tid vida känd naturläkare, den s k Lundaqvinnan. Hedda Andersson avlade sin medicine licentiatexamen 1892. Hon blev Lunds första och landets andra kvinnliga läkare, fortsatte sin utbildning vid kliniker i Köpenhamn och Leipzig, öppnade gynekologisk praktik i Malmö och Stockholm och verkade långt in i det nya seklet.

Under loppet av 1880-talet skrevs sammanlagt 15 studentskor in vid Lundaakademin, under nästa decennium obetydligt flera. En av dem som läste humaniora var Matilda Kruse. Hennes sejour vid universitetet varade endast en termin; hon for sedan till Herman Bangs Köpenhamn. Under författarpseudonymen Stella Kleve gjorde hon en viss succé de scandale i dekadenternas efterföljd. Till hennes vänner hörde både Axel Wallengren, fakiren, och Ola Hansson.

Hildur Sandberg hette en av de unga studentskor, som vid tiden kring sekelskiftet drog till sig mångas blickar. Hon frapperade genom sin skönhet och väckte uppmärksamhet genom sin frigjordhet. Hon levde i ett fritt förhållande med en medicinare, något för tiden skandalöst; hon blev utsatt för angrepp och förtal också på grund av sin politiska radikalism. Tidigt anknöt hon till D Y G , och som den första studentskan i Sverige gick hon in i socialdemokratiska partiet. Brottstycken ur hennes livsöde — hon blev en av de unga döda — har skildrats i Lundaromaner av Gustaf Hellström och av Ossiannilson; hennes biografi har blivit skriven åttio år efteråt. ''Lejoninnan från Lund'' var onekligen av annan art — kanske djurart — än sina medsystrar i studentkåren, av vilka en stor procent var sedesamma döttrar från borgerliga professorshem i staden.

Till de målmedvetna i denna senare grupp hörde Hilma Borelius, den hegelianske filosofens dotter. Tillsammans med tre kvinnliga kamrater gick hon på Henrik Schücks föreläsningar om Shakespeare och italiensk renässans, på Martin Weibulls föreläsningar i historia och på Fredrik Wulffs i romanska språk. Hon blev den första ordföranden i den kvinnliga studentförening som bildades år 1900 med uppgift att ta till vara studentskornas särintressen. Till studentskeföreningen inbjöds föreläsare, också professorer, där hölls diskussioner om kvinnlig rösträtt, och där förekom underhållning av skilda slag. Hilma Borelius blev år 1910 universitetets första kvinnliga doktor och docent, med litteraturhistoria som sitt fack. Till pionjärerna hörde också den första kvinnliga disputand som uppträdde i katedern för att försvara en avhandling i ett naturvetenskapligt ämne, närmare bestämt matematisk fysik. Hennes namn var Louise Petrén, gift Overton; hon tillhörde en akademiskt berömd syskonskara.

Länge förblev studentskorna numerärt en oansenlig grupp. Enligt memoarernas uppgifter blev de kamratligt och hänsynsfullt behandlade av sina manliga kolleger. "Det blir inga berusade i Malmö nation, så länge de kvinnliga studenterna är närvarande", kunde en nationstjänsteman år 1904 försäkra. Men visst behärskades den lilla gruppen av mindervärdeskomplex; det visade sig redan i diskussionerna om de borde få anses ha rätt att räkna sig till studentkåren och bära det manliga kåremblemet, studentmössan. Före en studentutflykt till Köpenhamn år 1894 dryftades den viktiga frågan om studentskorna borde bära hatt eller mössa. Fronten genombröts, och på Köpenhamnsbåten visade sig tre tappra studentskor i den vita mössan, medan fem bar hatt. Nittio år senare bär studentskan varken studentmössa eller hatt utom möjligen på första maj. Men det gör heller inte hennes manliga kolleger.

University extension

Universitetet hade länge varit ett slutet samhälle också i andra avseenden än som ett exklusivt manligt kulturreservat. Visserligen hade Lundagårdsmuren — den symboliska skiljegränsen — rivits och akademins egen jurisdiktion från mitten av 1800-talet upphävts. Men karaktären av ett slutet skråsamhälle hade den intellektuella miljön i det längsta bibehållit, även om det redan tidigt på 1800-talet förekommit att en Peter Wieselgren eller Assar Lindeblad kunnat locka en bredare allmänhet till föreläsningssalen. Universitetet var och förblev länge en priviligierad utbildningscentral för blivande ämbetsmän inom samhällets offentliga sektor: av präster, lärare, jurister och läkare.

Tendenser att bryta isoleringen visade sig under 1800-talets sista decennier. Då hade inom arbetarrörelsen ett nytt bildningsintresse vuxit fram. Föreläsningsföreningar bildades, förankrade i de på 1800-talet startade arbetarinstituten. Här sökte man kontakt med universiteten, där det fanns en önskan att nå ut med den nya vetenskapens resultat till samhällsskikt utanför de priviligierades. Det fanns hos många akademiker i de yngre generationerna en demokratiskt grundad övertygelse om att vetenskapen, om den gjordes allmänt tillgänglig, kunde bidra att överbrygga klyftorna mellan klasserna. I Skåne bildades den första föreläsningsföreningen i Malmö år 1883; många Lundaakademiker i olika fakulteter engagerades som föreläsare.

Initiativen kom också från universiteten själva. En inom universitetet organiserad verksamhet på den fria folkbildningens fält tillkom med de akademiska sommarkurserna. Den första hade ordnats i Uppsala år 1893; den andra i Lund året efter. Bland de över hundra deltagarna i den första sommarkursen i Lund var flertalet folkskollärare och folkskollärarinnor utan studentexamen och följaktligen utan formell rätt att inskrivas vid universitetet. Undervisningen bedrevs i form av föreläsningar och exkursioner. Lokalen var det nya universitetshuset och de olika naturvetenskapliga institutionerna. Ett inträdeskort till samtliga föreläsningar kostade 10 kronor; för flera av kurserna fanns tryckta "grundlinjer".

Ledningen av den första sommarkursen anförtroddes åt medicinprofessorn Seved Ribbing. Som ung hade han hört till Fredrika Bremers krets på Årsta och tagit intryck av hennes liberala idéer. Också hans egen orientering var klart anglosachsisk; just i England hade idén om university extension tidigt förverkligats. Till de föreläsare som engagerade sig i sommarkursernas föreläsningar hörde professorer och docenter i alla fakulteter; flitiga utom Ribbing själv var bland andra teologen Magnus Pfannenstill och juristen Johan C.W. Thyrén. Av naturvetenskaperna var astronomi, geologi, botanik och fysik företrädda. Inom humaniora ställde tidigt både Martin Weibull och Ewert Wrangel upp. Universitetets sommarkurser ägde bestånd fram på 1920-talet i föga förändrade former. De försvann i de nya mediernas värld, definitivt efter radions genombrott. En sorts fortsättning fick de i de på 1930- och 40-talen ordnade feriekurserna för utländska studenter, förlagda till somrar och tidiga höstar.

En organisation, som liksom sommarkursernas folk, arbetade för university extension var den 1898 i Lund bildade Centralbyrån för populära vetenskapliga föreläsningar. Dess uppgift har varit att bistå arbetarinstitut, folkhögskolor och andra sammanslutningar med föreläsare. Från första början fick Föreläsningsbyrån en fast förankring vid universitetet. Seved Ribbing med sitt starka folkbildningspatos, blev dess förste ordförande och stod kvar i den funktionen till sin död. I styrelsen invaldes representanter för samtliga fakulteter. Under de första femtio åren av sin tillvaro distribuerade Föreläsningsbyrån mer än ett tusen föreläsningar om året; ungefär en tredjedel av föreläsarna kom från Lundauniversitetet.

Det slutande 1800-talet hade plats för och beundran för den vetenskapliga eller populärvetenskapliga allvetaren. Ribbing hörde själv till denna typ. Han kunde samma vecka eller samma dag föreläsa i svenska bygder om så skiftande ämnen som Maria Stuart, struphuvudets byggnad, Ling och den svenska gymnastiken samt agrarrörelsen. Till polyhistortypen hörde i eminent grad den akademiska övermänniskan Johan C.W. Thyrén. I bondföreläsningarnas tidevarv blev han berömd för ett oslagbart rekord: han rekvirerade för egna medel ett lokomotiv med extratåg för att i tid hinna fram till den ort, där dagens föreläsning skulle hållas. Kanske var kvällens ämne det som mest slog an i hans breda repertoar: Karakteristik av Napoleon.

Alla generationer gjorde sin kulturella värnplikt som folkföreläsare — bondföreläsare, som termen löd — också de unga inom D U G. Det var en bildningsverksamhet, buren av stor entusiasm som kunde ge de flitiga också en del ekonomisk revenue; flera professorsvillor byggdes med bidrag av medel från dessa föreläsningar. Det finns enstaka kritiska skildringar av verksamheten, så i Ola Hanssons Resan hem, där författaren låter en föreläsare vid en folkhögskolefest uppträda under det respektlösa vedernamnet professor Klibbing. — En replik, förmedlad av den spirituelle Hans Bendz, antyder det måttliga intresset hos den genuina skånska allmogen för föreläsningarna: "Di kan va mi'ed bra på etterhöstanna, men sin ha vi ju julagillena, och så kommer auktionerna."

Ovedersägligen är föreläsningsverksamheten ett tecken på den dominerande roll som universiteten skaffade sig i det allmänna medvetandet under det slutande 1800-talet och tidiga 1900-talet. Man talar i fransk sociologisk kulturhistoria om "den universitära epoken eller cykeln", som där sträcker sig fram ungefär till 1920-talet. Man kan använda samma term och begrepp också för Sveriges del. Initiativen och styrningen kom ännu från universiteten själva. Det gällde skolväsendet, där censorinstitutionen garanterade, att universitetens krav upprätthölls för mogenhetsexamen. Det gällde kyrkan som hämtade sina biskopar och ärkebiskopar från de teologiska fakulteternas professorer. Det gällde i hög grad pressen och den tidiga radion, där män med universitetsexamina eller ämbeten placerades i ledande positioner. En ordfyndig filosofiprofessor, själv verksam både som journalist och folkföreläsare, uttryckte en gång tendensen i orden, att det mindre var frågan om att demokratisera kulturen än att kultivera demokratin.

Efter 1920- och 30-talen skedde en kontinuerlig nedgång i den äldre typen av folkföreläsningsverksamhet. Delvis var reträtten ekonomiskt betingad; statsanslagen skars ned. Men främst hängde den samman med en ny kultursituation och nya typer av kulturkommunikation. Andra former för university extension har i nutiden prövats, universitetscirklar och kursverksamhet. Lundastudenternas kursverksamhet ger ett rikt differentierat utbud av undervisning som också riktats mot nya samhällsgrupper: invandrare och pensionärer. Men främst blev det radion och i någon mån TV:n som tog över. Radiotjänst öppnade redan på 20-talet ett nytt forum för akademiker. De kom till tals i orienterande översikter av populärvetenskaplig art och i litteraturkrönikor. Program i radio och TV av typen Lärda i Lund och

Fråga Lund skvallrar redan genom rubrikerna om sin anknytning till det sydsvenska universitetet. Också föreläsningarna i den Malmöredigerade söndagsserien Värt att veta har ofta haft utpräglad Lundaaccent.

Något liknande gäller om de senaste decenniernas större svenska encyklopedier. Svensk uppslagsbok, den sista med betryggande bibliografiska referenser, hade lundensisk redaktion, förankrad vid Lunds universitetsbibliotek. Huvudredaktör var överbibliotekarien Gunnar Carlquist och medarbetarstaben bestod till övervägande del av Lundalärda, många av dem med tidigare anknytning till folkbildningsrörelse och folkföreläsningsverksamhet.

Ett annat dokument om lundensisk forskarflit och folkbildningsnit är den outtömliga uppslagsboken Bevingade ord. Mannen bakom verket, honorärprofessorn Pelle Holm, var en av de flitigaste om än icke frommaste i den långa serien av lundensiska lexikografer, chef för Svenska Akademiens ordbok och redaktör för flera upplagor av Svenska Akademiens ordlista, därtill en flitig folkföreläsare i provinsen och i Sveriges Radio.

Så har det slutande 1800-talets universitära folkbildningsrörelse i nya former förts över till vårt eget århundrade, ända fram i den postuniversitära epoken.

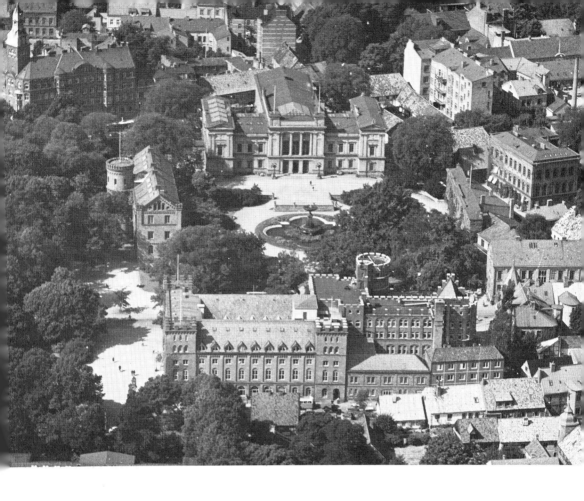

4

1900-talet. Från autokrati över
demokrati till byråkrati

(Bilden på föregående sida.)
Universitetsplatsen, en arkitektoniskt formad helhet, speglande tanken om universi-
tetet som en enhet och helhet.

Förkrigstidens Lund

När domkyrkans tornväktare blåste i sin lur en kvart över tio den sista decembernatten 1899, slogs portarna upp till kyrkorummet som strålade i ny, elektrisk belysning. Vid sekelslutsmässan predikade förste teologie professorn och domprosten Pehr Eklund. Han talade om det gångna århundradet som en tid av framsteg och utveckling, med nya uppfinningar som röntgenstrålar och telefoner — Lund hade nyss fått sitt telefonnät — men också som ett den begynnande otrons tidevarv. Så började orgeln brusa och klockorna ringa. Två av tornets klockor var ännu de samma som ringt, när universitetet invigdes. Gammal och ny tid möttes i luftrummet: då klockorna tystnat utförde Arbetarnas sångförening körsång i Lundagård.

Vid det nya seklets ingång hade Lund mellan sexton och sjutton tusen invånare. Studenternas antal var enligt studentkatalogen 581. Av dessa hörde mer än 300 till den filosofiska fakulteten. Näst störst var den juridiska med 117 inskrivna. Därnäst i storlek kom den medicinska med 78; minst var den teologiska med 71. Av landskapsföreningarna var Lunds nation den största med 115 studenter; den hade tio år tidigare brutits ut ur de skånska nationernas gemenskap. Minst var Värmlands nation med bara fem medlemmar.

De akademiska lärarnas antal var 105, av dessa hade nio telefon. Av lärarkåren var 27 ordinarie professorer, 13 extra ordinarie. Docenternas antal var 55. Språklektorer fanns i vart och ett av de tre europeiska huvudspråken. Excercitiemästarnas antal var likaledes tre. Känd långt utanför stadens och rentav landets gränser blev en av dem, kapellmästaren Alfred Berg — Fader Berg kallad — som i egenskap av dirigent ledde studentsångarna till nya triumfer. Den siste akademiadjunkten hade gått i graven eller åtminstone i pension; efter ett riksdagsbeslut år 1877 hade universitetsadjunkturerna efter hand omvandlats till extra ordinarie professurer.

Studenter och lärare utgjorde en liten men i ögonen fallande del av stadens befolkning. Professorerna bar visserligen inte längre, som enstaka exemplar ännu mot mitten av 1800-talet, doktorshatt till vardags. Men i den lilla akademiska småstaden, där alla kände alla, försvann de inte i anonymitet: de behöll sin ståndsmässiga status.

Den vetenskapliga allvetaren, polyhistortypen, var ännu inte helt för-
svunnen. Men den kategori av forskare som kom att sätta sin prägel på det
nya århundradets vetenskap var en annan: specialisten. I själva verket hade
professorstypen genomgått avgörande förändringar under århundradena.
Sjuttonhundratalets universitetsprofessor, "den lärde", var samlaren,
ordnaren, systematikern. Det tidiga 1800-talets akademiker, romantikens
idealtyp, var den snillrika tolkaren av det förflutnas texter och naturens
hemligheter. Efter mitten av 1800-talet framträdde vetenskapsidealet i ny
inkarnation: empirikern, positivisten som söker lagarna för den biologiska
utvecklingen eller för språkens förändringar. Med striktare krav på exakt
detaljiakttagelse, på källkritik och verifikation, uppträder 1900-talets pro-
fessorstyp, den vetenskaplige specialisten.

Inom varje enskilt ämne var professorn nära nog enväldig. Han bestämde
— med fakultetens och kanslerns benägna tillstånd — studiekursernas
omfång och sammansättning; han bestämde termin för termin ämnena för
sina föreläsningar och seminarier, oftast i anknytning till de vetenskapliga
uppgifter han själv var sysselsatt med. Han såg gärna till att verk ur hans
egen tryckta vetenskapliga produktion ingick i tentamensfordringarna. På

så sätt skapades en homogenitet inom ämnena, där studenterna framför allt vid seminarierna i generation efter generation inskolades i lärarens vetenskapssyn och metod. Forskningen inom olika discipliner befann sig i stilla växt, utan direktiv från statliga myndigheter eller departementschefer.

Att Lund var en stad präglad av sina professorer framgick redan av bebyggelsen. Öster om Helgonabacken växte professorsstaden upp, det område där professorer ur olika fakulteter byggde sina villor; senare generationers professorer bor på sin höjd i radhus. Tentamina i flertalet ämnen ägde ännu fram på 1930- och 40-talen vanligen rum i professorns privatbostad; att tentera — från grundexamina till licentiandkurser — var exklusivt professorsgöra.

Examina inom de fyra fakulteterna var kandidatexamen och licentiatexamen; år 1907 infördes i filosofiska fakulteten en särskild filosofisk ämbetsexamen, som gav rätt till titeln filosofie magister. Omfånget av filosofie kandidatexamen reducerades genom att antalet obligatoriska ämnen skars ned. Licentiatexamen som tidigare tagits i två eller flera ämnen blev en enämnesexamen. Doktorsavhandlingarna växte däremot i omfång, och kraven på behärskning av referenslitteratur och vetenskaplig redovisning ökade. Från de blygsamma häften som långt fram på 1800-talet godtagits som doktorsspecimina svällde de ut och blev — särskilt i filosofiska fakulteten — böcker på många hundra, i extremfall på tusentals sidor. För dem som inte avancerade inom universitetets egen hierarki tjänade doktorsavhandlingen i filosofisk och teologisk fakultet som merit för läroverkslektorat: den blev fundamentet för den svenska lärdomsskolan, så länge denna skola ägde bestånd.

Om i det begynnande 1900-talet många av professorerna ännu markerade sin värdighet med att bära hög hatt till vardags, gick studenterna utan undantag i den vita mössan, från förste maj till den fjärde oktober, ett skråemblem som de avundsjukt skyddade mot intrång från andra grupper. De gick, eller rättare sagt: de promenerade. I den stilla staden, före biltrafikens tid, promenerade man: i Lundagård, på Bullis, på den gamla stadsvallen vid Gyllenkrok. En Lundastudent från 1910-talet, Gabriel Jönsson, har fångat ett stämningsläge och en situation i tvenne diktrader: "Vad alla Lunds alléer voro korta/för långa samtal om serena ting."

Flertalet studenter bodde i privata inackorderingsrum; det var vindskupornas och fotogenlampornas tid. Det fanns vid seklets början bara tre studenthem; nationsbyggena och de stora studenthusen började uppföras först på 1940-talet. Matlagen, ofta med prästänkor som föreståndare, spelade en viktig roll inte bara för studenternas dagliga bröd; om deras betydelse för intellektuellt utbyte och kotteribildning finns talrika vittnesbörd i memoarer från 1900-talets första årtionden. Den starka maskulina dominansen inom studentkåren bestod. Vid seklets första decennium uppgick studentskornas antal bara till något tiotal; under 1910-talet ökade det till över 100.

Lund var fram till 1921 en konservativt styrd stad. Vid sidan av det dominerande borgerliga samlingspartiet fanns en borgerlig vänster. Lunds frisinnade förening bildades år 1909, med fyra akademiker, en från var fakultet, bland stiftarna: från teologernas håll docenten i religionshistoria Torgny Segerstedt, från juristerna professorn i romersk rätt, den mångbetrodde C.G. Björling, från medicinarna Karl Petrén och från humanisterna filosofiprofessorn Hans Larsson.

Industrin var på frammarsch i den forna akademiska bondbyn och hand i hand därmed arbetarrörelsen. År 1902 drog den första rösträttsdemonstrationen genom stadens gator under fackföreningarnas röda fanor. Det väckte tillbörlig uppmärksamhet att ett par led av studenter i vita mössor deltog. Samma år, 1902, hade dåvarande botanikdocenten Bengt Lidforss begärt sitt inträde i Lunds arbetarkommun. Han var den förste akademiske lärare som anslöt sig till socialdemokratiska partiet.

Det dagliga livet och de akademiska händelserna speglades på nära håll i stadens tidningar. Lunds Dagblad — tidigare Lunds Weckoblad, från 1898 daglig tidning — hade konservativ färg. De frisinnades organ var Folkets Tidning. Dess redaktör var Waldemar Bülow, tidigare medlem av D U G, en av Strindbergs nära Lundavänner på 1890-talet, och kusin med Axel Wallengren, Falstaff, fakir. I sina spalter kommenterade Bülow med gamängens frispråkighet universitetslivet. I Malmö var de ledande tidningarna Sydsvenska Dagbladet, med konservativ färg, och Arbetet, socialdemokratisk. I den senare var Axel Danielsson redaktör och Bengt Lidforss den akademiska medarbetare och krönikör, som respektlöst och med utmanande kvickhet anställde betraktelser över de akademiska lärofäderna och undantagsgubbarna.

Traditionskänslan inom universitetet var stark. Som symbol för samhörigheten med gångna generationer kan man se resandet av bysterna på universitetsplatsen och Lundagård. Först i raden kom den skånske astronomen Tycho Brahe. Invid det gamla akademihuset på Lundagård, vars torn länge inrymt den astronomiska institutionen restes hans byst år 1901, formad av den danske konstnären Bissen; den har senare flyttats till den nya observatorieparken vid Gyllenkrok.

Närmast i tur kom Sven Nilsson, som år 1902 fick den hedersplats som han ännu intar vid södra entrén till det nya universitetshuset. Vid tillfället då hans byst invigdes kom studentkåren med fanor, akademistaten med rektor i spetsen, Oscar Montelius från Vitterhetsakademien och historieprofessorn Steenstrup från Köpenhamn. År 1906 utökades statyernas samkväm med Kilian Stobaeus och Anders Jahan Retzius, de två frejdade naturforskarna från 1700-talet som fortfarande flankerar universitetshusets fasad; skulptören var finländaren Walter Runeberg. Det är kring postamentet på

Ett stycke försvunnet Lundagård med kiosk och vattenservering.

Stobaeus byst som de från förstamajtalen i Lund legendariska magnoliorna varje vår blommar. År 1907 firade universitetet en minnesfest med anledning av 200-årsdagen av Sven Lagerbrings födelse; i samband med festen avtäcktes Lagerbrings byst, strategiskt placerad på runstenskullen med dess associationer till svensk forntid. Studentsångföreningen tog initiativet till att på Lundagård placera bysten av den lundensiska studentsångens skapare, Otto Lindblad. Den avtäcktes, år 1908, i närvaro av Lindblads ännu efterlevande maka; då ljöd på nytt de sånger, som så många gånger tidigare och senare tonat under Lundagårds kronor. Sist i statyernas rad kom, vid universitetets tvåhundrafemtioårsjubileum år 1918 Axel Ebbes Mannen som bryter sig ur klippan, en gåva av Lunds stad.

I denna symbolmiljö, där de akademiska förfäderna, materialiserade i brons, blickade ner på den nya generationen som drog förbi, skärptes motsättningen mellan gamla värderingar och nya. Konflikten gick i dagen bland annat vid tre uppmärksammade befordringsärenden som blev lika många drabbningar om den vetenskapliga friheten. De gällde den radikale

Uppsalaverdandisten Knut Wicksell som sökte professuren i nationalekonomi, den radikale Lundadocenten Bengt Lidforss, som sökte förlängning på sitt docentförordnande i botanik, och den frisinnade teologidocenten Torgny Segerstedt som sökte en professur i religionshistoria, eller som ämnet då ännu hette teologisk encyklopedi och teologiska prenotioner. I samtliga fall agerade universitetets prokansler, Gottfrid Billing, den lundensiska högkyrklighetens ståndaktige tennsoldat, som sedan 1898 tronade i biskopshuset på Helgonabacken.

Han var en man av makt och myndighet; i sitt ämbetes kraft ansåg han sig som normkälla för universitetet och försökte vid samtliga nu nämnda tillfällen sätta spärrar i utvecklingens hjul. Offentligt kunde han — i en universitetspredikan — varna åhörarna för att öppna fönstren ''åt de sidor därifrån de många lärdomsvindarna blåsa''. Men han tillät sig att vid akademiska högtider sprida festivitas kring sin person och sitt ämbete med en ofta avväpnande skånsk humor.

Billings ingrepp eller rättare övergrepp i befordringsmålen ledde emellertid till att prokanslerns roll i tillsättningsärenden upphävdes i 1908 års statuter. Omsider avskaffades också prokanslersämbetet. I själva verket var denna institution den sista resten från den tid då universitetet var organiserat med det katolska klostret som förebild: med en kyrklig dignitär i spetsen. Samtidigt som prokanslersämbetet genom en kunglig kungörelse 1934 försvann, stadgades att den dåvarande biskopen i Lunds stift — den tolerante och liberale Edvard Rodhe — skulle fungera i den efter detta datum helt dekorativa rollen till sin avgång 1948.

Den akademiska världen i Lund var under årtiondena efter sekelskiftet trots markanta undantag en högborg för de samhällsbevarande krafterna. Men det är de radikala rösterna och opinionerna inom akademistat och studentkår som blivit mest uppmärksammade i eftervärldens historieskrivning: de var förebådare av det framtida samhället. Ur D Y G:s krets rekryterades en lång rad av förgrundsgestalterna i den nya folkrörelsen, den ännu progressiva socialdemokratin. Till D Y G hörde Ernst Wigforss, som skulle bli docent i nordiska språk och omsider finansminister, Östen Undén, som skulle bli docent i juridik i Lund, professor i Uppsala och med tiden utrikesminister. I en långt senare generation hörde till samma studentklubb Tage Erlander, filosofie kandidat, i tidens fullbordan ecklesiastikminister och landets längste statsminister, hyllad med hedersdoktorat vid sitt forna universitet.

Att vara radikal student i det tidiga 1900-talets Lund kunde vålla problem och kräva uppoffringar. Det fick bl a den unge Malte Jacobson erfara, långt innan han fått sin professur i filosofi i Göteborg, där han senare också blev landshövding. Som student hade han fått ett av de eftertraktade rummen i det Thomanderska studenthemmet, avsett för ''välartade obemedla-

Biskop Gottfrid Billing (1841—1925) på äldre dagar i sitt arbetsrum i biskopshuset.

de studenter''. När det blev bekant, att han prenumererade på tidningen Arbetet, fick han av godsägare Warholm, Thomanders svärson, veta, att han gjorde bäst i att packa sin kappsäck och dra sina färde. Samtidigt med honom sade Ernst Wigforss upp sitt rum på studenthemmet.

Kring sekelskiftet gjorde en ny generation bland Lundastudenterna sin röst hörd i litteraturen. De var alla provinsiellt förankrade men europeiskt och modernt orienterade. Det gäller om den unge Vilhelm Ekelund, som debuterade med dikter i Lundakalendern I skilda färger år 1900. Det gäller i lika grad om den unge lyrikern Anders Österling, som framträdde tillsammans med konstnären Ernst Norlind i kalendern Från Skåne år 1903. Det gällde också om den unge litteraturkritikern Fredrik Böök, som i sin tidigaste ungdom tillhörde den radikala falangen och umgicks i Bengt Lidforss krets, men snart valde annat fälttecken.

Ett tumultartat uppträde, som speglar den upprörda stämningen under unionskrisen, ägde rum i studentkåren år 1905. Torgny Segerstedt var det året studentkårens ordförande. Till hälsningsgillet och Tegnérfesten den 4 oktober hade för första gången en högtidstalare från annan ort inbjudits. Det var Verner von Heidenstam; Fredrik Böök hade fungerat som mellan-

221

hand. I sitt tal till studenterna fällde Heidenstam de senare bekanta orden, att det vajade en röd vimpel över hans svenska flagga.

Efter hans tal förklarades ordet enligt traditionen fritt. I talarstolen uppträdde då den nyutnämnde professorn Knut Wicksell, som var radikalpacifist, med ett provokativt anförande om de svenska gränsfästningarna mot Norge. Akademiska Föreningens ordförande, David Bergendal, uppmanade honom att sluta; delar av publiken brast ut i fosterländska sånger, gasbelysningen i lokalen skruvades ned, och de flesta studenterna avtågade. Kvar på podiet stod Wicksell, omgiven av några få trogna. Den unge Fredrik Lagerroth — alltid frihetstidens och frihetens försvarare — höll fast om kandelabern för att skydda ljuset och ropade: "Stå stark du ljusets riddarvakt!"

När studenterna nästa år skulle begå den under 1800-talet instiftade Nordisk fest till fädrens minne, väckte Fredrik Böök i nymornad nationell harm förslaget att både norrmän och danskar skulle utestängas från högtiden och att man skulle fira en enbart svensk fest; danskarna hade vid unionskrisen tagit Norges parti. Frågan kom upp till omröstning i kåren.

T v: affisch till premiären av spexet Uarda år 1908, ursprungligen en enaktare. Redan 1909 tilllades en andra akt och 1915 fick spexet sin nuvarande utformning med tre akter.

T h: Harald Sjövalls klassiska bild ur affischen till spexet Uarda, här på ölburk i samband med spexets 75-årsjubileum.

Sin tids oöverträffade huvud-rollsinnehavare i Uarda, Per Er-lanson och Åke Sällström.

När röstetalet för den svenska festen blev högst, avgick Segerstedt — redan då övertygad skandinav — från posten som ordförande och efterträddes av Böök.

Trots de politiska svallvågorna levde studenter och lärare i en skyddad värld. Visserligen inträffade det att Knut Wicksell blev insatt i Ystad cellfängelse år 1908. Anledningen var en dom för hädelse; han hade i ett tal raljerat med den obefläckade avlelsen. Men samma år hölls Lundakarnevalen i bästa upptågsstämning. Till karnevalen skapades Lundaspexet framför andra, Prinsessan Uardas hemlighet eller Sfinxens spådom. Vid den egyptiska prinsessans vagga stod tre män, två blivande professorer och en läroverkslärare: laboratorn i kemi Ludvig Ramberg, docenten i botanik Herman Georg Simmons och Hilding Neander. Handlingen i spexet, förlagd till egyptisk forntid, exponeras mot den aktuella studentikosa vardagen. Överstesprästen Chil, med drag av en lundensisk professor i etik, resonerar om mumiernas moraliska status i termer från Boströms filosofi, ställer det ''sinnliga förnuftet'' i deras tillvaro mot ''den förnuftiga sinnligheten''.

I denna sorglöshetens stad var studenternas ekonomiska förhållanden föga reglerade och kunde ofta bli prekära. Universitets- och nationsstipendier räckte inte långt eller inte för många. För de mindre välsituerade återstod, liksom för tidigare generationers studenter, informatorsplatser eller lärarvikariat som en möjlighet att finansiera studier.

Men det fanns också andra vägar. Bankerna hade öppnat vidlyftiga lånemöjligheter; det blev studentväxlarnas gyllene tid. En verklighetsnära bild av tidens Lund med nyckelromanens metod och indiskretioner ger Harald Wägner i sin roman I templets skugga från 1910. Bland annat ger han ett porträtt av alla överliggares överliggare, verklighetens Sam Ask, här kallad

Hörnhuset vid Klostergatan med klockan, som visade den kritiska timma, då Bankerna stängdes.

"Han påskyndar sina steg. Det är redan sent och han har åtskilligt att uträtta, innan spöktimmen, bankernas stängningstimma, när tvåslaget dystert förklingar från klockan i klädeshandlare Holmbergs butik."

Ur en skildring i Harald Wägners roman Där de härliga lagrarna gro.

Max, ofta skildrad i senare Lundaromaner, bl a i Piratens Tre terminer. Han avbildas i hela sin glans, fet och väldig, som en Buddabild, omgiven av sina dyrkare, med sitt jovialiska humör, sin flödande konversation, sin väldiga röst och aptit och sina ständiga penningbekymmer. Det var vid en tid, när Lunds stadsbud ständigt stod till tjänst vid växelomsättningarna i stadens många olika bankinrättningar. Växelrytteriet kunde dessvärre leda till livslånga eller livsförkortande katastrofer för både låntagare och dem som skrivit på papperen som ekonomiska garanter. Riksbekant blev Gunnar Serners öde. Efter en snabb doktorsavhandling i engelska och föga lagenliga lånetransaktioner gick han i nödtvungen landsflykt, för att omsider rehabilitera sig under författarpseudonymen Frank Heller, bosatt på Casa Collina på Bornholm, auktor till romaner med Filip Collin som huvudperson och till nostalgiska Ballader om Bröderna med bilder från ett hektiskt ungdomsliv i Lund. Dikterna publicerades först i karnevalstidningen Majgreven på 1910-talet.

Akademiska Föreningen med Tualokalerna, Grand Hotel och Gambrinus var mötesplatser för skilda generationer. År 1905 hade en för Lundastudenterna unik institution skapats: studentaftnarna. Syftet var — som det i ett protokoll hette — att åstadkomma större andlig livaktighet inom kåren

T h: Gambrinus, den mångbesjungna restaurangen med ingång från Klostergatan.

För denna krog på denna dag
min minnesharpa strängar jag,
fastän en otidsenlig lag
för mig har reglat sagda vinhus.
Men om jag prisar den i ord,
så prise andra vid dess bord
i handling restaurang Gambrinus.

Ur Frank Hellers dikt Gambrinus i Lund, skriven under hans tid i exil, tryckt i Majgreven, sedan i Ballader till Bröderna.

genom föredrag, diskussioner och litterära uppläsningar. Mönstret torde närmast ha kommit från Studentersamfundet i Köpenhamn, där man tidigare tagit ett liknande initiativ med lördagsdiskussioner och föredrag; i begynnelsen hölls också de lundensiska studentaftnarna på lördagar. Men det fanns i Lund också en äldre lokal tradition att anknyta till, lördagssoaréerna på Akademiska Föreningen under Gustaf Ljunggrens förmanstid på 1850- och 60-talen.

Den nya traditionen av studentaftnar inleddes med att dåvarande licentiaten Emil Sommarin — senare professor i nationalekonomi — höll ett föredrag om "Studenten och den sociala frågan". Det var också på Föreningens stora sal som studenterna kunde bevittna — nu liksom ett decennium tidigare — vad Harald Wägner i sin roman kallat "den årliga kraftmätningen mellan teologer och fritänkare om Guds existens eller icke-existens". Debatterna och aktörerna har målande skildrats i Gustaf Hellströms Lundaroman En mycket ung man.

Genom många senare decennier fram till den dag i dag har studentaft-

Överliggaren Sam Ask, skildrad i många Lundaromaner, här tecknad av C. J:sen Carlén.

Berömt blev det vykort han från en utlandsresa skickade till Frank Heller: "Nyss utklämd genom Brennerpasset utbreder jag mig nu över Po-slätten".

narna fortsatt att spela en viktig roll för att bryta isoleringen i universitets-miljön, för att etablera kontakt mellan studentvärld och omvärld, som en kanal också till den europeiska kulturen. Talare och aktörer har valts från vitt skilda grupper. Det var på en berömd studentafton 1923 som Birger Sjöberg för första gången förmåddes uppträda inför större publik med Fridas visor. Generationer av författare, sångare, skådespelare och politiker har dragit förbi — från Anders de Wahl och Gösta Ekman över Karen Blix-en och W.H. Auden till Maurice Chevalier, Marcel Marceau och Mikis Theodorakis, dessutom en lång rad av landets statsministrar och vid ett dra-matiskt tillfälle också Danmarks statsminister Stauning — uppräkningen kunde göras hur lång som helst.

Året 1914, bondetågets och borggårdstalets år, blev en politisk vattende-lare. En stor kontingent studenter uppvaktade Gustaf V för att stödja hans ståndpunkt i försvarsfrågan; gruppens talesman vid uppvaktningen var språkvetaren, senare professorn i tyska vid Göteborgs Högskola, Axel Lindqvist. Samtidigt med kungauppvaktningen anordnade de radikala stu-denterna ett protestmöte på Grand Hotel. En av huvudtalarna där var dåva-rande Lundadocenten Östen Undén. Det säger något om opinionen inom kåren, att protestmötet hade samlat femhundra personer, av dem 326 studenter, medan studentkåren i sin helhet vid denna tid uppgick till omkring fjorton hundra.

Mobiliseringen år 1914 — då alla stadens och landets kyrkklockor klämtade — innebar ett avbrott i studentstadens liv. I krigets spår kom inkallelser, ransoneringar och Brattsystemet. Det har berättats att Akademiska Föreningens restaurang den dag då spritrestriktionerna infördes, dekorerats med svart sorgflor längs väggarna. En orkester spelade timme efter timme ett och samma musikstycke, Chopins sorgmarsch, medan buteljer i ohämmat flöde rullades in på skottkärror i salen. En spritdränkt studentepok gick i graven.

År 1915 höll konstnären och författaren Ernst Norlind en studentafton med temat "Inför krigets och fredens problem". Det första världskriget kom inte inom synhåll förrän transporterna av utväxlade fångar och sårade började fraktas på de svenska järnvägarna. I lokalpressen noterades närmast som en kuriositet att den franske universitetslektorn från Lund blivit sårad på ostfronten. Med större indignation diskuterades i tidningarna frågan om tiden verkligen var lämpad för dans och baler på Akademiska Föreningen. I dess stora sal talade år 1918 krigshistorikern Arthur Stille om slaget vid Marne som vid det laget redan hunnit bli historia.

För de kamratliga umgängesformerna var, vid sidan av matlagen, konditorierna och andra offentliga näringsställen viktiga replipunkter. I Lund har Håkanssons konditori från 1902 och fram till dess nedläggning på 1970-talet spelat samma roll som Ofvandahls berömda konditori i Uppsala. Ivar Harrie har i en essay under titeln "En herre yttrar sig" skildrat den roll det inrökta kaféet spelade för den talträngde författaren Frans G Bengtsson och hans kamratkrets.

Kriget närmade sig sitt slut. Men dess verkningar märktes alltmer i det neutrala Sverige. Spanska sjukan hade börjat sitt härjningståg på hösten 1918 och skördade många. Matpriserna steg, och själva bristen på matvaror medförde en kritisk situation för massan av studenter. Många av de gamla matlagen måste upplösas. På täta studentkårsmöten diskuterades studenternas matfråga. Den slutliga lösningen blev inrättandet av Lundastudenternas konviktorium, invigt i början av 1919. Bristsituationen förspordes på många av livets områden, t o m den vita sammeten till studentmössorna, som tidigare importerats från England, hade det börjat bli svårt att skaffa.

Kloke Hans och B.L.

Om Tegnér och Agardh sida vid sida fått stå som portalfigurer för romantikens universitet, kan det finnas skäl att vid 1900-talets ingångsport ställa fram i samma position en humanist och naturvetare: Hans Larsson och Bengt Lidforss. För decennier framåt kom de två, var på sitt sätt, att trycka sin prägel på det lundensiska idélivet; båda kom att påverka också den allmänna kulturdebatten i landet. Hans Larsson var humanist med ett förflutet som naturvetare; Bengt Lidforss var naturvetare med ett brett humanistiskt register.

"Und in Skånes Hauptstadt Lund lebt auch ihr grosser, stiller, wenigen bekannter Dichterdenker." I dessa ord porträtterar Rainer Maria Rilke Hans Larsson i ett brev till sin hustru. Diktarfilosofen Hans Larsson var ingen lärdomsgigant och blev ingen professorlig professor. När han sökte professuren i teoretisk filosofi efter Johan Jakob Borelius, fick han bara ett första förslagsrum. Det var Borelius själv, som gav honom det med hänsyn till hans "självständighet och mognad". På denna motivering fick han också tjänsten, utnämnd nyårsafton 1901. Harald Höffding, den danske sakkunnige, hade i sitt yttrande kallat honom, en "filosofisk essayist" som förgäves sökt slå broar mellan den kantska kriticismen och den engelska empirismen, en på sitt sätt tänkvärd karakteristik. Övriga sakkunniga representerade den boströmianska traditionen och gav honom en påfallande låg placering. Boströmianismen, den uppsaliensiska formen av absolut idealism, var fortfarande stark; när nästa gång en filosofiprofessur i Lund skulle tillsättas, i praktisk filosofi, gick tjänsten till Efraim Liljeqvist, den siste boströmianen i Lund, i Sverige och i världen.

Hans Larsson hör till de lundensiska universitetslärare, som kom direkt från bondesamhället till vetenskapssamhället; den vanligare vägen i den akademiska ståndscirkulationen hade gått från plog över predikstol till universitetskateder. Född i en gård i Östra Klagstorp, som gått i arv från far till

Filosofen Hans Larsson, mediterande bland blommande fruktträd.

son i flera led, skilde sig Hans Larsson varsamt ut ur bondetraditionen liksom, mera konfliktfyllt, hans frände och nästkusin Ola Hansson vid samma tid.

Hans Larsson blev en självtänkare som kom att vandra långt från byvägarna, med Platon och Spinoza, med Kant och Fichte. Men strövtågen på filosofernas marker förde aldrig riktigt långt bort från ursprungsmiljön, från slättbygden och dess kynne; han återvände dit bland annat i romanen Hemmabyarna. Filosofiprofessorn i Lund hade något av det bondska kvar i gestalten och utseendet, liksom i det knappa, betänksamma talet. Han blev aldrig miljöskadad av det akademiska livet; han förblev en man, för vilken filosofin var inte bara teori, begreppsutredningar och spekulation, utan besinning, levnadsvishet, visdom. På hans gravsten på Norra Kyrkogården i Lund står under hans namn ett valspråk från Spinoza: Bene agere et laetari — att handla rätt och att visa glädje.

I Lund hade han som student börjat att läsa på en kandidatexamen i na-

Ola Hansson och hans nästkusin Hans Larsson skrev in sig vid universitetet samma dag, den 31 augusti 1881.

turvetenskapliga ämnen i tanke att bli läkare. Den nya, biologiska världs-åskådningen aktualiserade för honom, som för så många i en hel genera-tion, de grundläggande livsfrågorna. Vägen till filosofin gick över studiet av Darwin och Haeckel. Han deltog i laborationer i kemi hos Blomstrand, hörde föreläsningar i zoologi av Quennerstedt, i botanik av Areschough och följde en dissektionskurs hos David Bergendal.

Det ligger något trevande, tidvis disharmoniskt över hans unga studieår. Han avbröt examensstudierna för att under en tid ta plats som folkhögskol-lärare i Grimslöv; i likhet med många av tidens frisinnade akademiker stod han livet igenom folkbildningssträvandena nära. Återvänd till Lund avslu-tade han en examen i humanistiska ämnen med bland annat historia och de båda filosofierna. Under konvalescensen från en begynnande tuberkulos, då han rest hem till landet, författade han sin skrift Intuition med underti-teln Några ord om diktning och vetenskap. Boken är samtidigt ett stycke introspektiv psykologisk undersökning och ett stycke kunskapsteori. Han framlägger här sin syn — grundad på egen personlig upplevelse — av intui-tionen som en logisk, syntetisk uppfattningsform, gemensam för diktare, konstnärer och vetenskapsmän. Den i Hans Larssons tänkande viktiga gränslinjen mellan diskursivt och intuitivt fanns på många håll i tiden; den hade utstakats av bland andra Edward von Hartmann, det omedvetnas filosof, som Borelius introducerat och som också Ola Hansson tog djupa intryck av.

År 1893 disputerade Hans Larsson på en tunn men tankettät avhandling om Kants transcendentala deduktion av kategorierna. I Tyskland hade en våg av nykantianism för en tid sopat undan hegelianism och positivism. Hans Larsson befinner sig i sin doktorsavhandling på Kants och nykantianernas kunskapsteoretiska linje med uppfattningen av medvetandet som en ursprunglig syntes, föregripande och formande erfarenheten.

Under sin följande docenttid i Lund föreläste han bland annat om den poetiska tekniken från kunskapsteoretisk synpunkt. Resultaten sammanfattade han i boken Poesiens logik. Där för han tankarna från sin skrift Intuition vidare; han vill visa, hur de för poesien utmärkande greppen, metaforer, symboler, sinnesanalogier, rytmer, alla har en logisk, syntetisk effekt. Med sin uppfattning om helhetens, syntesens betydelse för poesien, blev Hans Larsson i viss mening det svenska litterära 90-talets estetiker. Samtidigt stod han i andra avseenden — gällande samhällssynen — 80-talets idévärld närmare.

I sin undervisning valde han att koncentrera sig kring filosofiska grundfrågor. Typisk är titeln på hans Platonbok, som i många decennier kom att ingå som obligatorisk grundbok för dem som läste filosofi i Lund: Platon och vår tid, tillika en introduktion i de filosofiska grundproblemen. Systematisk mer än historisk är uppläggningen också i hans andra filosofiska huvudarbete, om Spinoza. Här lägger han tyngdpunkten vid den praktiska filosofien, utgående från Spinozas Etik.

För en större allmänhet blev Hans Larsson känd genom sina inlägg i dagspressen och sina smärre tankeböcker. Där valde han den fria essäens form, gärna i anknytning till ett aktuellt politiskt problem eller en skönlitterär text. Studier och meditationer, Reflexioner för dagen är typiska titlar på ett par av hans tankeböcker.

Som universitetsföreläsare, alltid vid en tidig morgontimme, samlade han en trogen publik. Men katederföreläsningen var för honom inte den rätta undervisningsformen. I minnesanteckningar skriver han: "I allmänhet har jag inte haft någon längtan till katedern. Vad jag däremot verkligen motsett med glädje var seminarietimmarna. Jag var kanske också den förste som sökte tillstånd att byta ut ända till två föreläsningstimmar per vecka mot seminarier." Till seminariernas långbord, där han ledde samtalet med sokratisk, maieutisk metod, kom studenter från olika ämnen och av skilda politiska åsikter. Som utgångspunkt för seminariediskussionerna valde han jämte den för honom alltid aktuelle Platon gärna samtida tänkare: fenomenologen Husserl, intuitionsfilosofen Bergson — med vilken han förde en polemik om intuitionsproblemet inför franskt forum — och Als-ob-filosofen Vaihinger.

Systembyggare eller skolbildare ville Hans Larsson aldrig bli, till skillnad från sin Uppsalakollega Axel Hägerström. Själv filosoferade han helst i antydningar; han ville inte lära ut ett färdigt system utan ett sätt att tänka. Han hade dessutom en övertygelse, att de olika filosofiska systemen närmade sig varandra, ju mer de fördjupades; han kallade det sin "konvergensfilosofi". Så skapades ett för dialog och diskussion i ideologiska frågor gynnsamt klimat vid universitetet men också utanför dess murar. En rad av Hans Larssons elever, Alf Ahlberg, Ivar Harrie, Karl Ragnar Gierow, Gunnar Aspelin och andra har vittnat om hans roll för deras personliga utveckling. En röst får tala för alla, Ernst Wigforss i sina memoarer, där han om Hans Larsson säger: "Vi följde honom gärna i hans envisa krav på att genom alla olika formuleringar och terminologiska tvister och berg av lärdom komma fram till en punkt, där man klarare såg, vad frågan gällde och hur meningarna delade sig". Om hans roll som vägledare finns vittnesbörd också från skönlitterära författare, från Ola Hansson och Vilhelm Ekelund, från Hjalmar Bergman och Harry Martinson.

I den offentliga debatten hävdade han genom ett långt liv de humana och humanistiska värdena mot dem som talade determinismens eller den hänsynslösa maktfilosofins språk. Under de två världskrigen stod han som en kompromisslös försvarare av rättsstatens idéer och de liberala värderingarna: på 10-talet i tidskriften Forum, på 30- och 40-talen i Torgny Segerstedts Handelstidning. Hans sista offentliga framträdande i en akademisk församling ägde rum, då det gällde att formulera en protest mot bortförandet av de norska studenterna till Hitlertyskland. Han var då en åttiårs man, märkt av sin sista sjukdom; sitt ord ville han än en gång ha sagt.

Den befordringsstrid som bröt ut, när efterträdaren på professuren i teoretisk filosofi skulle tillsättas var en av de häftigaste och längsta i universitetets 1900-talshistoria. Motsättningen mellan lundensisk och uppsaliensisk filosofisk tradition och metodik gick i dagen; den Hans Larssonska konvergenstanken visade sig knappast hållbar för motsättningar i verklighetens värld av denna art. Med denna och andra befordringsstrider i minne skrev lundensaren Frans G. Bengtsson i samlingen Sällskap för en eremit en essä om den akademiska klagoskriften. Han bestämmer den som en litteraturgenre av fullständigt egen art, försäkrar att den är så gott som utan konkurrens som nöjesläsning, sedan stundens lidelser hunnit blåsa undan. Men Frans G. Bengtssons utlovade vackra avhandling Om akademiska klagoskrifter, som skulle finnas på varje tänkande människas nattduksbord, utkom tyvärr aldrig. Själva genren har i varje fall överlevt utan att nå högre grad av fulländning.

Det krav som Hans Larsson för egen del ställde, att filosofisk prosa skulle skrivas på ett allmänbegripligt språk, utan terminologisk förbistring, präglade också hans efterträdares stil. De sökte — det gällde både Alf Nyman och Gunnar Aspelin — konkreta uttryck för abstrakta problem. Aspelins mest kända verk blev stora, idéhistoriska exposéer, bland dem Tankelinjer och trosformer i 1900-talet, och filosofihistoriska arbeten som Tankens vägar. Nykantianismens tid var förbi: från Kant gick Aspelin vidare till Hegel och till hans främste lärjunge Karl Marx. Aspelins föreläsningar och böcker om Hegel och Marx hölls och skrevs, innan de båda tänkarna på nytt blivit modefilosofer för dagen.

Det kom att dröja fram till nästa generation, innan den analytiska filosofin av anglosaxisk typ på 1960-talet fick hemortsrätt i Lund. Sannolikt bidrog Hans Larssontraditionen, med dess attityd av meditativ hållning inför de livsfilosofiska frågorna, till dröjsmålet. Under senare decennier har motsättningarna mellan analytisk filosofi och spekulativ Heideggertradition givit upphov till nya spänningar inom ämnet.

En naturvetenskapsman som gång på gång skymtat i den föregående framställningen som revoltör och eldflamma är Bengt Lidforss. Vid sidan av Hans Larsson kom han att — negativt och positivt — påverka idéklimatet i sin tids Lund.

Professorssonen från hemmet på Bytaregatan var något av ett akademiskt underbarn, tog studenten vid 16 års ålder, avlade på fem terminer en filosofie kandidatexamen med 14 betyg i de då obligatoriska åtta ämnena, med bl a betyget Berömlig i botanik. Året var 1888. Tidigt hade han läst Haeckels Naturlig skapelsehistoria och Büchners Kraft und Stoff, två av den nya världsåskådningens kanoniska skrifter, men tog också intryck av nykantianen Friedrich Albert Lange och dennes argument mot den dogmatiska materialismen. Som femtonåring skrev han en anmälan av Areschoughs skrift om Darwin i Ny svensk Tidskrift. Botanikprofessorn gjorde honom snabbt till amanuens vid sin institution och stimulerade hans fortsatta intresse för släktet Rubus.

Men att kreera rollen av akademisk mönstergosse hade Lidforss vare sig lust eller talang. Han kom tidigt in i 80-talets häftiga studentliv, där spriten flödade och nattfjärilar fladdrade. Han ställde upp som slagfärdig debattör i de akademiska diskussionsföreningarna, först i D U G, där han som nära vänner hade Paul Rosenius och Karl Petrén. Med Strindberg stiftade han bekantskap i Lund redan år 1890, förmedlad av Birger Mörner. Han drogs in i Tua-kotteriets extravaganta, backanaliska och intelligensaristokratiska miljö med nietzscheanska later. Han fortsatte sina studier i växtfysiologi, ömsom i Lund, ömsom i Tyskland, hos berömda koryféer som Wilhelm Pfeffer och Ernst Stahl. Han sögs upp av bohemlivet i Berlin i den skandinaviska konstnärskrets, som höll till på Zum schwarzen Ferkel.

Strindberg var där en av huvudfigurerna vid sidan av Edvard Munch och polacken Przybyszewski; norskan Dagny Juel spelade rollen av den förföriska Aspasia. Om Tualivet varit storm, blev Ferkeln orkan. Efter den fleråriga tyska odyssén med dess virvelvindar återvände han som den förlorade sonen till föräldrarnas och forskningens Lund, fortsatte — på dagarna — sina forskningar, disputerade och blev docent hos den barske Areschough. Under Tysklandstiden hade han, understödd av Strindberg, börjat tveka om han skulle bli litteratör eller vetenskapsman. Han blev bådadera.

Hans bohemiska livsföring, hans obändiga radikalism, hans efterhand öppna engagemang i arbetarrörelsen blev en nagel i ögat på det akademiska etablissemangets fäder. Lidforss karriär kantades av stora och små katastrofer, en del självförvållade. Från prokanslerns och universitetskanslerns sida blev han utsatt för regelrätt åsiktsförföljelse. Han lät sig inte slås ned av motgångarna. Som en av vår litteraturs vassaste polemiker skrädde han inte orden i det pennkrig han — med lika talang för kvickhet och invektiv — förde mot akademisk överhet och mot den konservativa atmosfären i sin hemstad. Tidningsartiklarna i Arbetet som han samlade och gav ut har förblivit klassiska mästerstycken i den akademiska polemikens konst.

Som botanisk forskare arbetade han med olika uppslag, sysslade med växternas köldhärdighet, med pollenbiologi och med den vintergröna floran. Men främst blev han känd för sina växtfysiologiska experiment, betydelsefulla som den första analysen av ett helt växtsläkte, där artegenskaperna visades följa de mendelska lagarna. "Docenten i hallonbuskar" blev omsider professor i Uppsala; det var den tredje professur han sökte. I den nordliga universitetsstaden kom han aldrig att trivas; han längtade tillbaka till hemstaden, som han omfattade med ett outsläckligt kärlekshat. Han kallades till innehavare av professuren i växtfysiologi i Lund, när den 1911 blev ledig. Nu hade ett lugnare skede inträtt i hans liv. Hans plan var att återuppta de laboratorieforskningar han höll på med och att avsluta sitt större verk om artbildningen inom Rubussläktet.

Till dessa mångåriga forskningar knyter sig flera märkliga episoder i Lunds akademiska historia. För sina hybridiseringar hade han redan före Uppsalaåren fått sig anvisat ett område i Botaniska trädgården i Lund. En dag fann han att ett antal av buskarna var uppgrävda eller stympade. Den ansvarige befanns vid ett tillfälle vara Botaniska trädgårdens föreståndare, professorn i systematisk botanik, Murbeck. Lidforss skulle enligt denne aldrig ha fått tillstånd att plantera sina björnbärsbuskar på ifrågavarande område. Episoden ledde till häftig skriftväxling i pressen och till anmälan hos rektorsämbetet; Murbeck försvarade sig med att det ingenstans i världen funnes så mycket Rubus som just i Lunds Botaniska trädgård alltsedan den bortgångne Areschoughs tid.

Händelsen fick en festlig epilog. I ett av sina naturvetenskapliga kåserier

Bengt Lidforss som talare vid första majdemonstration på Clemenstorget.

i Arbetet berättar Lidforss att han lyckats rädda en av de kastrerade buskarna. Hos detta unika exemplar hade stympningen lett till en egendomlig förändring; de nybildade grenarna saknade taggar. Den taggfria grenen slog rot och gav upphov till en ny buske! "Det är min avsikt — slutar Lidforss — att till åminnelse av min värderade Lundakollegas intresse för den svenska Rubusforskningen döpa denna märkliga björnbärsform, som utan hans ingrepp aldrig sett dagens ljus till Rubus Murbeckii."

Lidforss planerade magnum opus om Rubussläktet blev aldrig skrivet. Motgångar av skilda slag, splittringen i hans arbetsinsatser, den obotliga könssjukdom som han ådragit sig i unga år, kom hans liv och forskningsinsats att bli en torso. En resumé på tretton sidor i Zeitschrift für induktive Abstammungs- und Vererbungslehre, fullbordad någon dag före den blodstörtning som ledde till hans död, blev slutstenen i hans vetenskapliga verk.

Det är kanske heller inte främst till botanikens historia, som Bengt Lidforss namn förblir knutet, även om han både som forskare och som populärvetenskaplig författare med sina Naturvetenskapliga kåserier spelat en betydande och beundrad roll. Framför allt har han hyllats och begabbats

235

som radikal kulturpersonlighet och ideolog, som en motsägelsens man i det lundensiska idélivet.

På ett märkligt sätt var han fixerad vid kristendomen, som han frigjort sig från under en ungdomlig, smärtsam kris. Hans sista och hans största bok, färdigställd mot slutet av hans liv heter Kristendomen förr och nu. Sedan våren 1903, då han börjat studera den tyske teologen Harnack, hade han skaffat sig en bred beläsenhet i samtida tysk teologi. Han spelade frejdigt ut de kritiska argumenten i kristendomsdebatterna i Akademiska Föreningens stora sal, liksom i texten och noterna i sitt kristendomskritiska arbete. Det var hans övertygelse att den nya tyska liberala teologin hade givit kristendomen dödsstöten och att den moderna Jesuskultens försvarare brast i intellektuell hederlighet. En ersättning för den kristna tron ville han finna i utvecklingsläran. För honom själv gick darwinismen samman med en känsla av tidvis nära nog religiös mystik inför kosmos.

Utom i botanikens och de kämpande livsåskådningarnas historia hör Lidforss hemma i politikens och litteraturens. I den skånska och svenska arbetarrörelsen har han sin plats vid sidan av Axel Danielsson, vars biografi han författade. Det faktum, att han under Berlinåren varit Strindbergs kamrat och hans utsedde tronarvinge, hindrade honom inte att avslöja samme Strindberg som naturvetenskaplig dilettant i en artikel om Strindberg som naturforskare. Men för diktaren Strindberg behöll han sin beundran och försvarade honom energiskt under Strindbergsfejdens dagar. Han skrev tidigt och beundrande om Vilhelm Ekelund, om Anders Österling och Hans Larsson. Han översatte tysk lyrik och skrev själv poesi. Hans kulturella och geopolitiska perspektiv var skånskt och progermanskt, någon gång med tidstypiska, äventyrliga inslag av antisemitism.

Ingen har så ofta blivit avbildad — i avsky eller beundran — i de tidiga Lundaromanernas och memoarernas porträttgalleri. Han är Martin i Strindbergs Legender, Stålström i Paul Rosenius De unga gubbarne, doktor Funke i Harald Wägners roman I templets skugga, lektor Lunde i Ossiannilssons Barbarskogen, professor Björkstam i Hans Larssons Idéerna i Stabberup; L.B. i Artur Möllers Den vita fjärilen; han figurerar som ''geniet'' och ''växtfysiologen'' med den autentiska signaturen B.L. i Gustaf Hellströms En mycket ung man, och som ''docenten i hallonbuskar'' i Frank Hellers självbiografi På detta tidens smala näs.

I romanerna tecknas oftast bara spridda drag: det strida, röda skägget, de djupt liggande kolgnistrande bruna ögonen, det ironiska leendet, inslagen av demoni och självdestruktion. Den kortaste, kanske mest sägande karakteristiken hade givits redan av Axel Wallengren i ett brev till Paul Rosenius, ordagrant återgivet i dennes roman De unga gubbarne. Om Stålström heter det där:

"På dagarna arbetar han med sina Rubi och sitt mikroskop, och då är han främmande och allvarlig för alla, trots små artiga försök att simulera motsatsen. Men på kvällarna och nätterna är han som en pojke och ingen kan vara tillgängligare. Det ser ut som hade han då ett behov att riktigt bada sig i allt mänskligt. Han blir då kamrat, vilket han inte annars är, och poet och en hänsynslös rumlare. Vad skall man säga om en sådan natur?"

Hans Larsson sade några stillsamma ord i sin nekrolog i Folkets Tidning, efter att ha prisat den bortgångne som en som hade "sin normala livsluft i de stora frågornas region". Han fortsatte:

"Lidforss har gjort mer gott än man tror genom att under ett par decennier tvinga människor att stå för vad de sagt och nedlåta sig till reda och skäl. Mången skall tycka att det blir lugnare i landet när en sådan man går bort, men jag är övertygad att han haft en och annan tapper motståndare som skall sakna att icke längre ha honom att byta hugg med."

På Bengt Lidforss grav på Sankt Peter Klosters kyrkogård växer rankor från taggiga björnbärsbuskar.

Axel Herrlin och den nya psykologin

Till samma grupp som Hans Larsson och Bengt Lidforss hörde i unga år Axel Herrlin. Också han var medlem i D U G. Han gick på föreläsningar och kollokvier i filosofi hos Borelius och disputerade som dennes elev. Men hans akademiska slutstation blev en nyinrättad professur i ämnet psykologi och pedagogik.

Axel Herrlin var något av ett akademiskt stjärnskott. Han var bara tjugotvå år gammal, då han disputerade på en avhandling om renässansfilosofen Nicolaus Cusanus. Han fortsatte med ett större filosofihistoriskt arbete om renässansens etik, där han följde uppslag från Burckhardt och andra av samtidens renässansforskare. Han var opponent på Hans Larssons doktorsavhandling om Kant, men blev förbigången, då han samtidigt med denne sökte professuren i filosofi.

Jämsides med sina filosofihistoriska studier orienterade han sig inom psykologi. Som experimentell vetenskap hade psykologin vuxit fram i Europa kring 1870. Då grundade Wilhelm Wundt vid Leipzigs universitet det första psykologiska laboratoriet och utvecklade experimentella metoder i nära anknytning till den då moderna fysiologin. Själv studerade Axel Herrlin experimentell psykologi hos en annan av det nya ämnets tyska företrädare, G.E. Müller i Göttingen och hos Alfred Lehmann i hans berömda laboratorium i Köpenhamn. Det var en skolning, som förde honom till en vetenskapssyn av närmast positivistisk typ.

Det fanns under det slutande 1800-talet ett stigande intresse för sådana psykologiska gränsfenomen som drömmar, hallucinationer och hypnotiska tillstånd; tidvis gick det samman med intresse för ockultism och spiritism. Det kan spåras hos Ola Hansson som i sin psykologiska novellistik söker återge vad han kallar ''minimala och omedvetna processer''; det fanns hos Infernokrisens Strindberg, som under 90-talet i Lund dag för dag förde sin Ockulta dagbok. Om drömmar och ockulta fenomen diskuterade Strindberg ivrigt med sina lundensiska medicinarvänner och med Herrlin, som själv förde privata anteckningar om sitt drömliv.

Liksom Eduard von Hartmann, det omedvetnas filosof, och liksom den moderne franske psykologen Pierre Janet sökte Herrlin i sista hand förklaringen till de paranormala och skenbart ockulta fenomenen i det undermedvetna. Det beredde honom tillfredsställelse att kunna avslöja ett av tidens berömda spiritistiska medier, prinsessan Karadja. Det skedde i en bok från 1901 med titeln Själslivets underjordiska värld. Där ger han den första vetenskapliga behandlingen i vårt land av det undermedvetna själslivet, visserligen utan att ännu ha kännedom om Freud. Ett besläktat ämnesområde, abnormpsykologin, behandlade han i flera verk, bland annat i boken Snille och själssjukdom; själv hade han av personlig erfarenhet bekantskap med båda komponenterna i titeln.

Hans akademiska bana förde honom — i kamp mot tidens kvardröjande boströmianska spekulationer och i försvar för en empirisk uppfattning av filosofins uppgifter — efter ett mellanspel vid Göteborgs Högskola tillbaka till Lund som examinator i pedagogik. I den år 1907 införda filosofiska ämbetsexamen, avsedd för blivande lärare, ingick en kurs i psykologi och pedagogik som ett obligatoriskt moment. Det lade en orimlig arbetsbörda på Herrlins axlar i hans egenskap av samvetsgrann tentator, och det stäckte vidare vetenskaplig produktion. Som kursbok införde han i ämnet sin bok Minnet och dess pedagogiska problem, en sammanfattning av vad dåtida associationspsykologi trodde sig veta om minnestyper och inlärningsprocessen.

Det hade gått bortåt två hundra år sedan Andreas Rydelius i Nödiga förnufftz-övningar till den studerande ungdomens tjänst skrev ett avsnitt om Memoria, om minnet. Själv var Herrlin något av en minnesgigant, med en polyhistors vetgirighet som sträckte sig över vida fält av naturvetenskap och humaniora; hans egna minnesbilder från 1880-talets och Strindbergs Lund hör till de ständigt citerade källskrifterna om tiden. Han står som ett exempel, ett av de sista från en tid då bred humanistisk och filosofisk bildning kunde gå samman med grundlig skolning i naturvetenskapligt tänkande och experimentell metodik.

Lundateologi

Vid seklets början bestod den teologiska fakulteten av sex professorer. Under andra årtiondet tillkom ytterligare en professorstjänst. Enligt en examensstadga av 1903 skulle teologie kandidatexamen bestå dels av en teoretisk del, dels av en praktisk, ''prakten'', omfattande en termin. En särställning vid universitetet intog fakulteten genom sin nära anknytning till statskyrkosystemet. Sedan universitetets älsta tid hade det uppfattats som en självklarhet att de som hade prästutbildningen om hand också själva skulle vara prästvigda.

Till de sex professurerna var fortfarande prebendepastorat knutna. Diskussionen om prebendeinstitutionens vara eller icke vara fördes med olika argument, ekonomiska och teologiska, genom många decennier. Först på 1940-talet försvann de sista resterna av det gamla systemet, då professuren i praktisk teologi löstes från prebendepastoratet i Lunds domkyrkoförsamling. Men redan långt tidigare hade frågan om kravet på teologiprofessorernas bekännelsetrohet blivit ställd på sin spets i samband med den Segerstedtska befordringsfrågan. Den gällde den nya religionshistoriska professuren.

Nya signaler till svensk teologi hade i början av 1900-talet — som så många gånger tidigare — kommit från Tyskland. I teologiska kretsar i detta land hade Julius Wellhausen på 1870-talet vållat oro och bestörtning genom att i sina berömda Prolegomena behandla Gamla Testamentets böcker med kritisk, genetisk och historisk metod, på samma sätt som om det gällt profana litterära skrifter. Det betydde den definitiva brytningen med den gamla verbalinspirationsläran. Under intryck av den sekulariserade kulturutvecklingen i det wilhelminska Tyskland utformade Albrecht Ritschl och Adolf von Harnack en teologi, där det övervärldsliga budskapet sköts åt sidan till förmån för en historisk Bibelsyn med tyngdpunkten lagd vid det praktiskt religiösa och vid det etiska momentet i kristendomen.

Den liberala tyska teologin fick viss genomslagskraft också i Lund, även om fakulteten fortfarande rymde en starkt konservativ falang. Ett par av Lundateologerna verkade mera genom muntlig förkunnelse och öppen dialog än genom skriftställarskap. En av dem var Pehr Eklund, förste teologie professor och domprost; han hade Lundagård som sin föreläsningssal. Ritschl hade satt hans tankar i rörelse; två gånger besökte han den tyske lärofadern i Göttingen liksom han sökte upp Harnack i Marburg. Men han tog till sig bara vad som passade honom, intog en fri ställning mot alla vetenskapliga skolor och var inte långt från att ringakta vetenskaplig metod över huvud.

Liksom de lundensiska filosoferna återvände till Kant, återvände teologerna till Luther. Så gjorde Pehr Eklund, som predikade en personligt färgad Fader-vår-kristendom med barnaskapets förtröstan som huvudinnehåll. Det finns vittnesbörd om att den gjorde intryck på många i den unga generation som hade att gå igenom den religionskritiska debattens skärseld.

En förgrundsställning inom den offentliga kristendomsdebatten intog vid Pehr Eklunds sida Magnus Pfannenstill, hans kollega och efterträdare som domprost. Själv hade Pfannenstill, liksom den unge Hans Larsson, ursprungligen studerat naturvetenskap och till och med erbjudits docentur i ett naturvetenskapligt ämne. Men han valde teologin. Hans åskådning fick sin prägel av en av Ritschls lärjungar, W. Hermann, som starkt betonade motsatsen mellan religion och vetande, mellan upplevbar verklighet och bevisbar sanning. Pfannenstill gick med sin naturvetenskapliga skolning in som orädd debattör i tidens offentliga kristendomsdebatter, bland annat i skärmytslingarna på Akademiska Föreningen med Bengt Lidforss; en del av sina apologetiska inlägg tryckte han i en bok med samma titel som Bengt Lidforss religionskritiska arbete, Kristendomen förr och nu.

En empirisk riktning fick religionsforskningen — bortom bekännelsetrohet — inom den jämförande, etnografiskt orienterade religionshistorien, som växte fram mot slutet av 1800-talet. Det var inom detta ämnesområde Torgny Segerstedt disputerade med en avhandling till frågan om polyteismens uppkomst. Disputationen ägde rum i Uppsala, med Nathan Söderblom, landets förste professor i religionshistoria, som positiv förste opponent. I Uppsalafakulteten — där man tvivlade på Segerstedts kristna renlärighet — underkändes avhandlingen som docentspecimen. Men på förslag av Pehr Eklund utnämndes Segerstedt på samma avhandling till docent i religionshistoria, religionsfilosofi och religionspsykologi i Lund. Därmed återvände han till sin tidigare studiestad och kom under åtta år att verka inom dess teologiska fakultet som representant för det nya ämnet.

Under sin tidiga studietid i Lund hade Segerstedt tagit intryck av Kierkegaard och av Ibsen; han hade Kierkegaards porträtt på väggen i sitt studentrum, och han hörde till de studenter som hyllade Ibsen den dag i april 1898, då denne passerade Lunds station på väg till Köpenhamn. En del av sina studieår hade Segerstedt tillbragt i Tyskland, där han bland annat följt Harnacks föreläsningar. Hans ursprungliga avsikt var att bli präst, och han stod under starkt inflytande av Pehr Eklunds teologi. Under påverkan av Kierkegaard, liberal teologi och religionshistoriska studier kom Segerstedt emellertid att tveka om sin framtida kallelse; han lät aldrig prästviga sig. Hans vetenskapliga produktion efter doktorsavhandlingen rörde sig bland annat på det religionsfilosofiska området. Under kritiskt ställningstagande till intuitionsfilosofin hos Bergson närmade han sig ett kantianskt transcendentalfilosofiskt sätt att betrakta religionsproblemet.

Sådant var läget, då han av tre sakkunniga föreslogs erhålla en nyinrättad professur i teologisk encyklopedi och teologiska prenotioner i Lund. Inom teologiska fakulteten avstyrktes ett kallelseförslag av en knapp majoritet, trots att de sakkunniga förklarat Segerstedt vetenskapligt överlägsen varje tänkbar svensk sökande. Orsaken till den negativa attityden var Segerstedts ifrågasatta attityd till kyrkan och kristendomen; han hade nyligen skrivit en positivt hållen anmälan av Bengt Lidforss Kristendomen förr och nu. Ärendet väckte stor uppmärksamhet, liksom en gång docentärendet i Uppsala. Lidforss kommenterade i Arbetet den hopplösa advokatyren hos tre ängsliga teologprofessorer med orden: "för gud och hans trogna är ingenting omöjligt — när det gäller akademiska befordringsfrågor". Den uppseendeväckande argumentering, med vilken Segerstedt motarbetades, har brännmärkts som den — hittills — "sista blodigt allvarliga principdebatten om forskningens frihet i Sverige" (Ivar Harrie). Krafter sattes i rörelse för att skapa en icke-teologisk plattform åt Segerstedt vid Stockholms Högskola. Så tillkom där en donationsprofessur, en personlig tjänst, som Segerstedt tillträdde år 1913.

Han stannade bara några få år på sin professur. Journalistiken lockade. Han redigerade den liberala tidskriften Forum under första världskriget. Från 1917 blev han chefredaktör för Göteborgs Handels- och Sjöfartstidning; där hade han redan under Lundaåren medarbetat. Hans första artikel hade handlat om Pehr Eklund; i samma tidning hade han gått till rätta med biskop Billings maktfullkomlighet. Nu kom han att här, under en lång följd av år, göra sin huvudinsats som talesman för liberala, humanistiska och humana värden. I många av sina I dagartiklar återvände han i minnet till sin gamla universitetsmiljö, gav porträtt av vänner och fiender, av Pfannenstill, av Thyrén, av Gottfrid Billing. Här skrev han hyllningsartikeln till Lundauniversitetet vid dess tvåhundrafemtioårsjubileum 1918, med bilder från den tid då han — orden är hans egna — "levat sina rikaste utvecklingsår i den lilla lärdomsstaden på den stora, böljande slätten".

År 1930 kallades han att hålla högtidsanförandet vid Akademiska Föreningens hälsningsgille i samband med Tegnérfesten den 4 oktober. Han kom då som en dyster spåman om stundande ofärdstider, redan uppmärksam på den andliga farsot, som skulle komma att infektera också akademiker och studenter i Lund. Kampen mot Hitler och den tyska nazismen fortsatte han i sin tidning dag för dag fram till sin död 1945.

Till den tomma professorsstolen i Lund kallades i Segerstedts ställe en nordiskt och internationellt erkänd religionsforskare, Edvard Lehmann. Han hörde till den bekanta danska släkten, hade i unga år som Tegnér-

Oehlenschlägerstipendiat studerat i Lund, där han trätt i nära beröring med bland andra Pehr Eklund. Han var en av de första danskar, efter det första universitetets tid på 1600-talet, som kom att verka som professor i Lund.

Lehmann hade en rik vetenskaplig verksamhet bakom sig och framför sig, höll föreläsningar och skrev böcker om Zarathustra och Buddha. Med sin infallsrikedom och kvickhet spelade han en roll på många fronter, också som journalist och essäist. Sin självkarakteristik gav han en gång fyndigt i de tre orden "iraniker, ireniker, ironiker". Som vetenskapsman hade han rört sig i den iranska kulturen; i sin teologiska vidsyn anknöt han till den "irenik", den riktning i äldre protestantisk teologi, som sökte överbrygga motsättningarna mellan stridande riktningar; om hans talang för ironi och självironi vittnar en rik flora av anekdoter. Bland annat berättas hur han en gång på Köpenhamnsfärjan presenterade sig för en handelsresande. "Jag är också, förklarade han, handelsresande. Jag reser i trosartiklar."

Det specifika begreppet "Lundateologi" har från och med 1930-talet fått sin innebörd främst genom de verk och idéer som framlagts av de två Lundaprofessorerna Anders Nygren och Gustaf Aulén.

Äldst av de två var Aulén. Han kom från Nathan Söderbloms och Einar Billings Uppsala för att bli Pehr Eklunds efterträdare på professuren i systematisk teologi (dogmatik). I sitt största arbete, Den allmänneliga kristna tron, under decennier använd som lärobok både i de nordiska länderna och på en del andra håll, gav han sin tolkning av vad han kallade "troskunskapen", den kristna trons innehåll och mening. Under täta hänvisningar till samtida engelsk och tysk protestantisk teologi, följer han i sin betoning av dualismen i den kristna läran närmast Luther; han skildrar både den enskildes livskamp och det övergripande världsförloppet i ett kristet perspektiv som ett drama.

Världshändelserna, den nya Bibelforskningen, förändringar i samtidens språk- och symbolmiljöer kom honom att revidera och närmare försöka precisera sina ståndpunkter i nya upplagor av verket liksom i senare teologiska arbeten. Under 20-talet i Lund fick han på nära håll bevittna tillkomsten av Anders Nygrens arbete om eros och agape; dess nya perspektiv satte spår i hans egen kristendomstolkning.

Efter biskopsår i Strängnäs återvände Aulén 1952 till Lund och fortsatte ett nutidsinriktat teologiskt författarskap, fascinerad av Dag Hammarskjölds tänkande och öde, inspirerad av den religiösa problematiken i samtida svensk skönlitteratur — därom boken Dramat och symbolerna — och av den nyare forskningen om Jesu gestalt. Han var en av grundarna av Svensk Teologisk Kvartalsskrift, länge ett huvudorgan för "Lundateologin".

Anders Nygren — först Edvard Lehmanns docent i religionsfilosofi, från mitten av 1920-talet professor i systematisk teologi (etik) — hade sin grundläggande filosofiska och teologiska skolning från tyskt håll. Men han tog intryck också av Hägerströms filosofi, med dess avfärdande av metafysiken. Titeln på Nygrens doktorsavhandling — Religiöst apriori — pekar mot den nykantianska traditionen. I boken framför Nygren sin sedan genom åren vidhållna uppfattning, att det existerar en allmängiltig, specifikt religiös erfarenhetsform av a-teoretiskt slag, en religiös "kategori" i kantiansk mening. I en rad fortsatta arbeten belyste han frågor på gränsen mellan filosofi och teologi. Med systematisk och historisk metod ville han fastlägga kristendomens grundtyp, dess egenart och historiska former. Så skedde i hans största verk, Den kristna kärlekstanken genom tiderna, eros och agape, utkommet i tvenne delar mellan 1930 och 1936. Dess problemställningar var temat för hans universitetsföreläsningar under många år.

Inget teologiskt arbete av någon svensk forskare har rönt motsvarande internationell uppmärksamhet. Utom till en lång rad europeiska språk finns det översatt också till kinesiska och japanska. Nygren ställer i denna skrift mot varandra två "grundmotiv", det ena, erosmotivet, med hemortsrätt hos Platon och i idealistisk filosofi, det andra, agapemotivet, med ursprung i Nya Testamentet. Kampen och kompromisserna mellan desssa två motiv, självfullkomningens, och den självutgivande kärlekens, löper genom hela kristendomens historia, från älsta tid till renässansen. Först hos Luther har, enligt Nygrens utredningar, "syntesen" definitivt sprängts, och kristendomen återställts i sin renhet och egenart. Både hos Nygren och Aulén är "Lundateologin" främst en Lutherrenässans; samma sak gäller den tredje av de ledande "Lundateologerna", Ragnar Bring.

Filosofen Hans Larsson gjorde försiktiga invändningar mot Nygrens "renodling" av det två motiven, mot den definitiva boskillnaden i grundhållningen mellan kristendom och platonism. Med mera hårdhänta argument angreps Lundateologin från Uppsalahåll av Ingemar Hedenius. I boken Tro och vetande från 1949 attackerade han den nya teologins företrädare för olika former av dubbel logisk bokföring; samtidigt tog han upp Nygrens undanglidande hållning under Hitlerväldets första tid. Hedenius fortsatte i viss mån anfallsstrategin från Bengt Lidforss dagar men utan dennes kvickhet och utan förmåga att alltid tränga till problemens kärna.

Som ett svar på de invändningar som både från filosofiskt och teologiskt håll mött arbetet om Den kristna kärlekstanken har man att betrakta Nygrens sista stora arbete: Meaning and Method. Prolegomena to a Scientific Philosophy of Religion and a Scientific Theology. Med ordet scientific vill Nygren markera teologins vetenskapliga, objektiva argumenteringsmetod, som i strävan till exakthet jämförs med naturvetenskapens. Boken är en försvarsskrift för teologin i en "nypositivistisk" vetenskapsålder; i vissa resone-

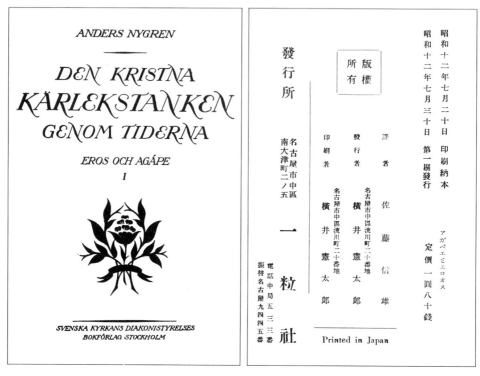

Titelsidor av Anders Nygrens Eros och Agape, i dess första svenska upplaga och i översättning till japanska språket.

mang rör sig Nygren inom ramen för nyare filosofi med uppslag bland annat från den sene Wittgenstein. Han går i närkamp med Paul Tillich och med Rudolf Bultmanns program för "avmytologisering". Samtidigt återknyter han till sin ungdoms kantianska "kategoriala" perspektiv. Det är en mer än sekelgammal tvistefråga om teologins ställning inom eller utanför de hallstämplade vetenskapernas system som Nygren med sitt sista inlägg velat lösa. Det sker med hänvisning till de skilda meningssammanhang där olika typer av utsagor anses höra hemma.

Nygren blev tidigt skolbildare. Han kom att utöva ett dominerande inflytande på kolleger och elever som skrev historiskt orienterade avhandlingar i systematisk teologi. Men också utanför de snäva fackteologiska kretsarna, där han för övrigt snart mötte motstånd och kritik; spåren av hans teologi låter sig urskiljas också i samtida skönlitteratur, bl a hos en 40-talsförfattare som Lars Ahlin.

Den teologiska forskningen i Lund förblev fram mot seklets mitt i hög grad historiskt orienterad. Exegeterna har arbetat med den samtida språkvetenskapens filologiska metoder; kyrkohistorikerna i yngre generationer med samma källkritiska krav som profanhistorikerna. I den teologiska fakultet, där Henrik Reuterdahl en gång lyft kyrkohistorien till vetenskaplig status har period efter period av den svenska kyrkans liv blivit föremål för forskning. Till medeltidens kyrkohistoria har Yngve Brilioth och Sven Kjöllerström givit viktiga bidrag. Den förre har även skrivit magistrala arbeten om predikans och nattvardens historia och var liksom Aulén en av de teologer som knöt an till engelsk kyrklig och vetenskaplig tradition. Den senare har också med lyckligt spårsinne och nya perspektiv utforskat viktiga delar av reformationstidens och 1600-talets historia. Hilding Pleijel har i en del av samlingsverket Svenska kyrkans historia svarat för skildringen av den karolinska tidens kyrkofromhet men har utsträckt perspektivet också till 1800-talets kyrkoliv. I nära samarbete med etnologer och samhällsforskare har han grundat det Kyrkohistoriska folklivsarkivet, ett tvärvetenskapligt centrum för uppteckningsarbetet om äldre sydsvensk kyrklig sed.

Omstruktureringen av de teologiska studierna efter nya universitetsreformer har framför allt minskat de språkliga och historiska inslagen i undervisningen och därmed studiet av Bibelns texter. Nya områden inriktade mot teologins samhällsfunktion i nutiden, har fått utrymme i nya professurer (religionsfilosofi och religionssociologi); utbildning ges även i religionspsykologi. Trettiotalets klassiska, slutna "Lundateologi" har sprängts och fått lämna plats för trostolkningar i pluralistisk anda.

Märkesmän i den juridiska fakulteten

I en ny examensstadga för juridiska fakulteten av år 1904 avskaffades den gamla juridisk-filosofiska preliminärexamen, som kallades "prillan", känd bland annat från en studentkomedi av John Wigforss som den examen som Sten Stenson Steen från Eslöv läste på. I stället infördes en propedeutisk kurs som första moment i examen, "proppen"; i nutiden ersatt av en ny juridisk introduktionskurs, "jiken". Antalet professorer som vid början av seklet svarade för undervisning och examination i de olika ämnesområdena i denna fackutbildande fakultet var sju.

Två av dem — två excentriker — avtecknar sig med skarpare konturer än de övriga: Johan C.W. Thyrén och Knut Wicksell.

På vintrarna under det slutande 1800-talet kunde man på Lunds idrottsbana se en märklig syn: en 30-årig professor på skridskor, klädd i paletå och cylinderhatt. Det var Johan C.W. Thyrén, straffrättsprofessor, polyhistor, vältalare, aktiv idrottsman, i den sistnämnda egenskapen följdriktigt vald till ordförande när Lunds Universitets Gymnastik och Idrottsförening år

1912 bildades. Dessutom blev han tidigt nog kardborre för otaliga anekdoter, av det inte alltid decenta slaget.

En tidig invigning i den juridiska miljön hade han fått genom sin morfar, Carl Johan Schlyter, utgivaren av Sveriges gamla lagar. På Johan Jacob Borelius kollokvier och seminarier i filosofi odlade och skärpte han sin förmåga av begreppsanalys. Hans akademiska bana var en sällsam kometkarriär. Filosofie doktor vid 22 års ålder på en avhandling om Herbert Spencers psykologi, blev han först i tre år docent i filosofi, sedan efter en ny speciminering i åtta år docent i historia. Som föreläsare i detta ämne samlade han en hundrahövdad publik; som tillförordnad examinator tenterade han bland andra Lauritz Weibull. Ett slag hade han avancerade planer på att lägga under sig också den estetiska disciplinen och sökte tjänsten efter Gustaf Ljunggren jämsides med Henrik Schück. Men hans slutliga bestämmelse blev juridiken. Efter att ha vikarierat i ämnena romersk rätt och rättshistoria övergick han år 1896, 35 år gammal, till professuren i straffrätt och juridisk encyklopedi. När han 1926 lämnade den hade han också i tio år varit universitetets rektor.

En av hans litterärt begåvade elever, Fritiof Nilsson Piraten, har i Lundaromanen Tre terminer givit ett konturskarpt porträtt av den märklige mannen i hans roll som föreläsare i propedeutisk straffrätt:

"Där var han, i svarta benkläder och svart jackett med kuperade skört. Ett fyrtital stolar skrapade mot golvet, när alla reste sig /———/. Allas blickar var fästa på den legendariske lärde, som nu lade anteckningslistan på bordet, tog upp pincenén som löpte i sidenband från bröstfickan och putsade glasen med sämskskinn. /———/ Professor Borén talade utan koncept och ändå med en säkerhet som aldrig sviktade. /———/ Han föreläste straffrätt på ett språk som gjort hans berömmelse som högtidstalare. Han producerade sats på sats av fulländad byggnad, perioderna flätades och knöts utan ansträngning till en logiskt oantastlig konstruktion."

Straffrättens allmänna grunder hette en lärobok som Thyrén skrev för de juris studerande på nybörjarstadiet. Efter färgen på bokens pärmar brukade den kallas Gröna nöden. Den var kortfattad men svårsmält; i Lundaspexet Näktergalarna i Wittenberg är det en av de böcker, som Martin Luther kastar i elden i stället för den påvliga bannbullan, en scen som ackompanjeras av raderna: "Längst in i glöden / jag ser Gröna nöden / skriven av Johan C.W. Thyrén".

Sin väsentliga gärning gjorde Thyrén som straffrättsteoretiker och straffrättsreformator. Hans tidiga, på tyska publicerade avhandling om kausalitet, brottslig avsikt och vållande genom oaktsamhet väckte visst intresse i

Tentamen för juristprofessorn Johan Thyrén, enligt Jensen-Carlén i hans svit av Lundaprofiler, Drag ur studentens liv (1917).

den internationella diskussionen. På 1890-talet inträdde han som medlem av internationella kriminalistföreningen i Berlin. Internationale Kriminalistische Vereinigung representerade den sociologiska straffrättsskolan och hade som ledare Franz von Liszt. Denne straffrättsprofessor betraktade brottet som i första hand ett socialt fenomen. Straffets uppgift var att avskräcka, förbättra och förebygga. Kriminalpolitik förbands med psykologi, psykiatri och sociologi. På Thyréns initiativ besökte Franz von Liszt Lund som gästföreläsare år 1916.

Ett av Thyréns statliga uppdrag blev att förbereda en svensk strafflagsreform. I förslagen står han den sociologiska skolan nära, även om han med åren utvecklade en egen variant av denna riktning. I tre volymer publicerade han ett programutkast, kallat Principerna för en strafflagsreform. Redan i dateringarna vittnar detta verk om resenären Thyréns rörliga liv: första volymen är daterad i Lund, den andra i Biskra, den tredje i Berlin. De åtföljdes av vidlyftiga och svällande historiska och komparativa framställningar om brott och strafformer i olika kulturer, europeiska, asiatiska, afrikanska. Vissa av principresonemangen och motiveringarna kom att läggas till grund ännu för brottsbalken av 1962. Under sin livstid hann Thyrén uppleva att

247

två reformer som han verkat för genomfördes: dödsstraffet avskaffades år 1921 och obligatorisk sinnesundersökning infördes vid vissa typer av brott.

I riksdagen invaldes Thyrén som "högervilde" i början av seklet; i en folkfrisinnad regering på 1920-talet satt han en kort tid som justitieminister. Vid sidan av hans verksamhet som jurist och politiker låg hans insatser för skånsk kulturminnesvård. Han stod Georg J:son Karlin nära redan under studentåren och stödde honom i hans arbete för uppbyggnaden av Kulturhistoriska museet i Lund. I alla olika sammanhang, som riksdagsman, som professor, som rektor, imponerade han genom en väl instuderad, effektfull retorik. Under sena kvällar kunde man möta honom långt utanför stadens gränser på promenad, med mumlande röst repeterande sina tal, eller se honom mot rullgardinen i sitt hem inöva gesterna för nästa framträdande, ett sällsamt skuggspel. Han var med sin påfågelsyviga mustasch ett favoritobjekt för tidens karikatyrtecknare, en akademisk övermänniska, som lyste mer än värmde. När några studentpoeter gemensamt snickrade hop en hyllningsdikt i tidningen Lundagård, valde de som mönster Snoilskys dikt om renässansmänniskan Olof Rudbeck från Svenska Bilder. I en av stroferna behövde de inte göra några ändringar; det heter där:

Och kom han på fädernas samlingsrum,
Som skeppet bland vikande böljeskum
Han gick mellan böjda hjässor,
Med viljekraftens och snillets rätt,
Som den där lätt
I var fakultet kunde dugt till professor.

I sin ungdom i D U G hade han aldrig hört till den mer radikala falangen, även om han stått Lidforss personligen nära. Då han valts att som studentkårens representant hålla talet vid firandet av franska revolutionens hundraårsminne, 1889, överraskade han; de som väntat ett lovtal över revolutionen blev besvikna. Hans man var Napoleon, vars öde och karaktär han valde som favoritämne för sina folkföreläsningar. Vid tiden för första världskriget — under vars senare skede han var universitetets rektor — stod han nära vad som kallats 1914 års idéer.

Av annat skaplynne var den Thyréns kollega inom juridiska fakulteten, som år 1901 utnämndes till professor i nationalekonomi och finansrätt, Knut Wicksell. Under radikala ungdomsår i Uppsala, då han stod i kontakt med Hjalmar Branting, August Strindberg och Georg Brandes, hade han efter studier i matematik på egen hand orienterat sig i en av tidens nya vetenskaper, nationalekonomi. Under vistelser i England och på kontinenten läste han verk av tidens ledande män inom finansvetenskapen, bland dem österrikaren E. von Böhm-Bahwerk. Dennes kapitalteori och framställning av gränsnyttan blev för Wicksell något av en uppenbarelse. Han utvecklade teorierna vidare med sträng matematisk metod.

I nationalekonomin såg han väsentligen en lära om kvantiteter: ''vad häri ej kan utttryckas i matematisk form är i själva verket ej föremål för vårt vetande, blott ordspel'', skrev han i ett utkast till inledningen av sitt första större arbete: Über Wert, Kapital und Rente. Med detta verk och ytterligare tvenne på tyska gjorde han en nyskapande insats och blev den svenska nationalekonomins egentlige grundläggare.

Till Lund hade han första gången kommit redan 1887, med ett föredrag om prostitutionen och dess bekämpande. Vid en offentlig diskussion i Akademiska Föreningens stora sal, då Wicksell skulle stå till svars för sina åsikter, fällde den konservative naturvetaren August Quennerstedt de beryktade orden: ''Min herre, när ni går med Stuart Mill och inte ens tror på ett helvete, då blir det komiskt''. Själv fick Wicksell onekligen något av ett helvete, innan han — under motstånd från de samhällsbevarande krafterna, bland dem Quennerstedt — nådde fram till sin professur.

Som medlem av Uppsalaverdandisternas krets hade han fått rykte om sig att vara en farlig samhällsomstörtare. I offentliga inlägg i befolkningsfrågan hade han — stödd på nymalthusianska idéer om fattigdomen i Sverige som en följd av överbefolkningen — tagit till orda för födelsekontroll och barnbegränsning. Det var också bekant att han själv levde i samvetsäktenskap utan någon kyrkans välsignelse. Kunde en sådan man bli professor i Lund?

När hans ansökan behandlades i konsistoriet, riktades anmärkningar bl a från teologernas håll mot hans åskådning och dess förmodade konsekvenser för den ungdom han hade att undervisa. Men majoriteten i konsistoriet följde vid sin omröstning de sakkunniga som givit honom första rummet till professuren. Biskopen och prokanslern Gottfrid Billing avstyrkte utnämningen, bl a med motiveringen att han måste anse Wicksells nationalekonomiska teorier som samhällsfarliga. En tidningsdebatt följde med ett diaboliskt skickligt inlägg av Bengt Lidforss, kallat En prokansler i sin prydno. Det hot mot forskningens frihet som Billings ställningstagande innebar föranledde en protestskrivelse undertecknad av mer än halva antalet inskrivna studenter. I nästa instans fick Wicksell universitetskanslerns förord och blev utnämnd av kungen i konselj.

Långt senare har Ernst Wigforss i sina memoarer kommenterat händelseförloppet i historiskt perspektiv. Han skriver:

''Wicksell fick sin professur. För femtio år sedan. Så djupt hade idéerna om vetenskapens frihet, vetenskapsmannens lärofrihet fått fäste i det gamla borgerliga samhället. Var och en kan tänka sej en lika konsekvent och hänsynslös bekämpare av alla härskande ideologier just nu — i vilka

länder han skulle få eller inte få en professur, för att inte tala om var han skulle få eller inte få behålla livet.''

Utnämnd till sitt ämbete höll Wicksell under Lundaåren en serie föreläsningar i nationalekonomi, där han i första omgången behandlade prisbildning, produktion och fördelning, i andra omgången penning- och kreditväsende. De formades som en systematisk framställning av de teorier han tidigare utvecklat i arbetena på tyska. De utgivna föreläsningarna — så svåra för studenterna att de kallats en lärobok för professorer — har under åren översatts till tyska, engelska, spanska och italienska, det senare så sent som 1950. De har spelat en roll i den internationella nationalekonomiska debatten; sådana begrepp som köpkraftsöverskott och inflationsgap, viktiga inom senare nationalekonomisk teoribildning, kan föras tillbaka till Wicksells analyser och penningteori.

I sin samtid och sin stad blev Wicksell uppfattad som ett original, bekant och i vissa kretsar beryktad för sin oförtrutna kamp för religionsfrihet och yttrandefrihet, för borgerligt äktenskap, för likställdhet mellan klasser och kön, mot nationalism och militarism. Till socialdemokratiska partiet anslöt han sig inte, även om han i många frågor intog partiets ståndpunkt. Vid Lunds Arbetarekommuns tjugofemårsjubileum började han ett anförande med orden: "Jag är ett får. Men jag tillhör inte hjorden. Jag är ett får för mig själv." Han deltog gärna i den offentliga samhällsdebatten och man såg honom, liksom Bengt Lidforss och Einar Sjövall, i demonstrationståget efter de röda fanorna den förste maj.

I grunden var han en egendomlig blandning av from, verklighetsfrämmande idealist och häftigt utmanande, skicklig agitator. Från sin bostad ute på Linero, som den tiden låg långt utanför staden, vandrade han på leriga vägar in till sina föreläsningar. Han brukade hålla dem klockan nio på morgonen för en ganska begränsad lyssnarkrets — nationalekonomi var ännu inte obligatoriskt examensämne. I en biografi berättas: "Opressade kläder framhävde den rundhet han med åren fått, över grå lockar bar han den besynnerligaste kuskmössa och hans uttryck av mild oskuldsfullhet var inte av denna världen. Den legendariska matkassen hängde han bredvid den slitna ytterrocken utanför föreläsningslokalen."

Hans icke lagvigda hustru, professorskårens första sambo, norskan Anna Bugge, var en samhällsengagerad professorska, kanske den första i Lund, ivrigt verksam för kvinnosak och fredssak, väninna med bl a Ellen Key. Gamla Lundabor bevarade länge minnet av Knut Wicksell och Anna Bugge vandrande hand i hand på stadens gator, i medelålderns stilla frid. Efter pensioneringen flyttade de från Lund och bosatte sig utanför Stockholm. Wicksell var ännu i tio år sysselsatt i samhällsdebatten och i offentliga uppdrag i nära kontakt med riksbankens ledning. Det var med reseunderstöd från riksbanken som han redan i februari 1916 — väl som förste svensk — på en resa i England sammanträffade med J.M. Keynes bland kollegerna i Cambridge, enligt hans ord "deras skarpaste teoretiker". — "Vi hade en mycket intressant konversation. Inte var han så hemma på alla punkter", skrev Wicksell till hustrun om deras möte, och fortsatte: "skulle bara önskat att det räckt något längre".

Kollega med Thyrén och Wicksell var Ernst Kallenberg, professor i processrätt från 1897. Hos honom som hos Thyrén märks den tyska skolans genomslagskraft i svensk rättsvetenskap. Till Kallenbergs auktoriteter hörde Berlinprofessorn Konrad Hellweg och Leipzigprofessorn Oskar Bülow, den förre specialist på processrätt, den senare begreppsbildare inom civilrättens område. Kallenbergs monumentala arbete, Svensk civilprocessrätt, har Hellwegs stora System des deutschen Zivilprozessgericht som förebild. I tjugo år arbetade Kallenberg på sitt magnum opus som omfattar mer än tretusen sidor. Tack vare detta verk blev han det stora namnet inom den processrättsliga doktrinen under 1900-talets första decennier. Också i praktiken kom han att utöva ett stort inflytande på tidens häradshövdingar och deras sätt att döma, före den nya processreformens genomförande; mot den ställde sig Kallenberg strängt kritisk. Till hävderna har han gått som en av fakultetens mest fruktade examinatorer; jurister som inte klarade av hans

stränga krav utan valde att tentera av ämnet processrätt i Uppsala fick sär-
namnet "Kallenbergare"; de lär inte ha varit så få till antalet.

En teoretiskt nyorienterande insats inom Lundajuridiken signerades i en se-
nare juristgeneration av Karl Olivecrona. Hans rättssyn hade präglats av
hans lärofader, Axel Hägerström, professorn i praktisk filosofi, i Uppsala.
Genom att analysera och avslöja de religiösa och metafysiska inslagen i
rättstänkandet från den romerska rättens dagar fram till nutiden, blev Hä-
gerström grundläggaren av den skandinaviska rättsrealismens skola. Det var
hans och hans efterföljares ambition att höja juridiken från spekulation till
"vetenskap". Termer som rättighet och skuld — flitigt använda ännu i
Lundajuristen Thyréns skrift Principerna för en strafflagsreform — skulle
utmönstras som behäftade med irrationella och ovetenskapliga inslag.
   Olivecrona, professor i processrätt i Lund från 1933, förde Hägerströmska
tankegångar och synsätt vidare. Också hans helhetssyn på rättsordningen är
realismens. I rättsreglerna ser han handlingsregler, som får sin kraft inte ur
metafysiska eller religiösa idéer utan genom att accepteras av medborgarna,
av domarna och ämbetsmännen, ytterst på grund av den makt som staten i
organiserade samhällen ställer bakom. Utmönstrandet av metafysiken inom
de juridiska resonemangen bildar en parallell till avfärdandet av metafysi-
ken inom den teologiska vetenskapen, som Anders Nygren, också i Häger-
ströms efterföljd, trott sig om att kunna exekvera. Den kärva titeln på
Olivecronas mest kända arbete är Law as Fact. Boken kom ut i sin engelska
upplaga 1939 och översattes två år senare till tyska under rubriken Gesetz
und Staat.
   I sin grundsyn passade arbetet, då det publicerades, bättre in i det av
Hitler med maktmedel styrda tredje riket eller i det Francostyrda Spanien
— där boken också kom ut i en översättning — än i de västerländska de-
mokratierna. Vad Olivecrona avslöjat om förhållandet mellan stat och
maktmedel, fick för hans eget vidkommande fatala ideologisk-politiska
konsekvenser; med obönhörlig logik menade sig Olivecrona ett antal år
kunna försvara det tyska systemet — utan att genomskåda vad som gått för-
lorat när den äldre tyska rättsordningen krossades.

Olivecrona såg sig själv enbart som forskare; han frestades inte av offent-
liga uppdrag inom lagstiftning eller rättsskipning. Det motsatta gällde
Hjalmar Karlgren, professor i civilrätt och internationell privaträtt på 1930-
och 40-talen. Han var en rättsvetenskapsman av sin tid, ägnade sig under
Lundaåren åt obligationsrätt, avtalsrätt och skadeståndsrätt. Obligations-
rätten hade han studerat hos dess främsta tyska företrädare, men betraktade
som sina egentliga föregångare de danska rättsvetenskapsmännen Julius
Lassen och Henry Ussing. År 1946 kallades han som justitieråd till Högsta

Domstolen; i sina yttranden förankrade han sina — ofta avvikande — resonemang i principer, antingen i positiv rätt eller i vetenskapen, genom utförliga redovisningar av rättskällematerial och doktrin. Sin domargärning kombinerade han med rättsvetenskapligt författarskap, ibland med utgångspunkt från avgörande i Högsta Domstolen som gått mot hans mening. Han har karakteriserats som en av Lundafakultetens mest skarpsinniga jurister genom seklen.

Från 1960-talet har en viss förändring av den juridiska fakultetens forskningsprofil och undervisningsstruktur ägt rum längs flera linjer. Utvecklingen har skett dels i gränsområdet till den framväxande deskriptiva och analytiska samhällsvetenskapen, dels i förbindelse med den moderna språkliga betydelseforskningen, semantiken. Samtidigt har de klassiska områdena inom vissa gränser hävdat sin ställning.

I språkvetarnas krets

Tiden fram till andra världskriget innebar för humanioras del ett gynnsamt klimat. Länge präglades mål och metoder i både forskning och undervisning av de kvardröjande traditionerna från 1800-talshumanismen.

Det gällde inte minst inom språkvetenskaperna. Under en tidigare epok, perioden före sekelskiftet, hade de lundensiska språkforskarna främst varit sysselsatta med att skaffa fram instrument för språkförståelsen och den litterära bildningen. De hade varit lexikografer som Lindfors, Cavallin, Rietz och Söderwall, eller översättare som Thomander, Carl August Hagberg och Edvard Lidforss.

Den nya generationen av språkforskare som träder till på 1900-talet har andra ambitioner. De är vetenskapliga specialister, var och en på sitt område, de står beredda att göra sin insats i sin samtids språkvetenskap på historisk och komparativ bas. Främst är de inriktade mot äldre språkskeden, antingen de uppträder i rollen av språkhistoriker, etymologer eller texteditorer.

Den härskande skolan inom tysk språkvetenskap under det sena 1800-talet var junggrammatikernas. Männen av deras skola såg i den lagsökande naturvetenskapen ett ideal och mönster för språkforskningen, ställde samma krav på exakta empiriska iakttagelser som denna, hade samma ovilja mot lösa filosofiska spekulationer.

Under studieresor i Tyskland på 1870-talet hade den unge lundensaren Axel Kock trätt i nära förbindelse med representanter för den aktuella språkhistoriska skolan och av dem fått sin vetenskapsbild. Liksom de var han i sin forskning främst lingvist, inriktad mot språkets äldre utvecklingsskeden; han ställde den historiska ljudläran, formläran och ordbildningsläran i centrum. Mot överdrifterna inom de junggrammatiska lärosatserna intog han en kritisk hållning; sina reservationer i debatten om ljudlagarnas påstådda undantagslöshet framställde han i en länge använd lärobok med titeln Om språkets förändring.

I sin doktorsavhandling hade han skrivit om accenten i svenskan, hade utrett de svenska accentformernas uppkomst och betydelse för ljudutvecklingen. Från Lundauniversitetet, där han fått docentur i nordiska språk redan 1879, kallades han som den förste innehavaren av motsvarande professur vid den nyupprättade Göteborgs Högskola. Efter få år begärde han avsked av hälsoskäl och flyttade tillbaka till sin högt älskade studiestad. Här verkade han i mer än ett årtioende som fri forskare, tills han år 1907 erhöll den då lediga professuren i nordiska språk. Få år därefter valdes han till universitetets rektor.

Till Lundaåren hör det stora, sammanfattande verket Svensk ljudhistoria, utkommet i fem delar mellan 1906 och 1929. Där behandlar han de svenska vokalernas historia och ställer upp reglerna för omljud och brytning, under täta jämförelser med motsvarande förhållanden i forndanskan. Här, liksom i sitt övriga författarskap, är han de noggranna iakttagelsernas och de strikta metodernas man, avmätt skeptisk mot spekulationer och hugskott.

Axel Kock blev, enligt ett omdöme av en av sina elever, Ernst Wigforss, den egentliga lärofadern för alla som vid denna tid forskade i de nordiska språkens historia. Hans intresse omfattade också dialekterna; han planerade de systematiska undersökningarna av sydsvenska dialekter, som senare organiserats inom Landsmålsarkivet i Lund. Med Axel Kock som erkänd läromästare skrev Ernst Wigforss sin stora avhandling om Hallands folkmål — innan han definitivt lämnade språkforskningen och lokalpolitiken i D Y G för rikspolitiken och finansministerposten.

Som ett tecken på uppskattningen av Kock som vetenskapsman står invalet i Svenska Akademien 1924. Han var vid denna tid emeritus; som sådan ett välkänt inslag i den lundensiska gatubilden, den originelle professorn med pincené och den ängslige hälsopedantens paraply — också när solen sken som klarast på Sandgatan.

Samma år som Axel Kock kallades till professuren i Lund fick en av hans yngre jämnåriga professors namn: Elof Hellquist. Han var elev av Adolf Noreen i Uppsala och stod, liksom Kock, i sin uppfattning av de språkliga fenomenen, nära den junggrammatiska skolan. Till Lund kom Hellquist 1914 som innehavare av en nyinrättad dubbelprofessur i nordiska språk. Hellquists huvudintressen gällde ordbildningslära och etymologi. Hans mest kända verk blev Svensk etymologisk ordbok, utgiven mellan åren 1920 och 1922, ännu efter sextio år en oumbärlig uppslagsbok. Ett annat av hans stora vetenskapliga arbeten från Lundaåren har titeln Det svenska ordförrådets ålder och ursprung. Det är en kronologiskt och efter sakliga grunder ordnad översikt, samtidigt språkhistoria och kulturhistoria. Från de tidigaste arvorden av indoeuropeiskt ursprung, över det språkmaterial som kommit in under urgermansk och urnordisk tid, fram mot de strömmar av ord som sköljt in över vårt språk i nutiden, följer han kulturens gång i ordens spegel.

Orienterad mot äldre språkskeden var också Axel Kocks kusin, Ernst Albin Kock. I sin ungdom hade han speciminerat i både engelska och tyska, de två ämnen som vid denna tid ännu bägge ingick i den professur i germanska språk, som innehades av Edvard Volter Lidforss. Efter att ha varit docent i engelska språket och litteraturen blev Ernst Albin Kock 1906 professor i den först nu tillkomna professuren i tyska.

Sina tidiga insatser gjorde han som textkritiker och utgivare av äldre engelska och äldre tyska texter. Under sin fortsatta vetenskapliga verksamhet kom han främst att specialisera sig på fornisländsk poesi. Som grund för tolkningen av den isländska diktningen lade han jämförelser med fraseologi och uttrycksformer i texter på andra germanska språk och i anglosachsisk lyrik. Hans komparativa metod och hans resultat förde honom i häftig strid med den äldre isländska forskarskolan, sådan den företräddes av Finnur Jónson i Köpenhamn. I sina Notationes Norroenae, anteckningar till Edda och skaldediktning, lade han i över tre tusen paragrafer fram ett antal dikter och textställen, som han nytolkade efter egna, ofta djärva uppslag; samtidigt gick han hårt till rätta med det verkliga eller förmenta godtycke, varmed tidigare utgivare handskats med texterna. Själv ansåg han sig ha inlett något av en revolution i synen på de isländska skaldedikterna, också betraktade som historiska källor. Postumt utkom en ny upplaga av hela skaldediktningen, med de förslag till emendationer i textgestaltningen, som han med envetna principer genomförde.

Det fanns kring 1910 vid Lunds universitet en något yngre grupp av språkforskare som hade ambitionen att skaffa den humanistiska forskningen i Lund en rangplats i samtida europeisk vetenskap. Dit hörde Eilert Ekwall, Emanuel Walberg, Einar Löfstedt och Axel Moberg.

Ekwall hade liksom Elof Hellquist sin filologiska skolning från Adolf Noreens Uppsala. I Lund blev han den förste professorn i det odelade ämnet engelska. Ett resultat av Ekwalls studier i engelsk språkhistoria blev hans lärobok Historische neuenglische Laut- und Formenlehre, utkommen i sin första upplaga 1914 och använd som handbok i många länder. Men det blev inom ortnamnsforskningen som han kom att göra sina banbrytande insatser. Genom årliga sommarresor i England blev han förtrogen med de skilda grevskapens geografi och historia. Det gav honom topografiskt säkra hållpunkter för ortnamnsstudiet. Som skicklig etymolog isolerade han de nordiska och keltiska elementen i ortnamnen; på så sätt fick hans rön betydelse också för bilden av Englands äldre kulturhistoria, för vikingatidens samhälle och bebyggelsestruktur.

Ekwalls insatser blev tidigt erkända; i det 1924 grundade engelska ortnamnssällskapet blev han vice president i nära personlig förbindelse med dess grundare Mawer och Stenton. En syntes av sina ortnamnsforskningar gav han i sitt stora lexikon: The Concise Oxford Dictionary of English Place-Names, som efter den första editionen 1936 kommit i ett antal nya upplagor. När hans lundensiska elever kom för att forska vid British Museum Library, var Ekwalls Dictionary en av de första böcker de träffade på i lexikonhyllan vid ingången till den stora läsesalen.

Ekwalls arbetsdag blev lång. Under sin emerititid sysslade han bland annat med det medeltida London, dess gatunamn och personnamn, dess bebyggelse och befolkning liksom med stadens roll för konstituerandet av engelskan som riksspråk. Den korrekte professorn från villan på Olshögsvägen i Lund var en uppskattad gäst bland engelska kolleger: han blev hedersdoktor i Oxford och medlem av British Academy. Men hans tid räckte till också för pedagogiska prestationer i hemlandet; under en nära fyrtioårig professorstid och årliga censorsresor till läroverken kom han att prägla engelskundervisningen både vid universitet och läroverk. Halvt på allvar, halvt på skämt brukade han berömma sig av att vara den förste som infört det

THE CONCISE
OXFORD DICTIONARY OF
ENGLISH
PLACE-NAMES

BY
EILERT EKWALL

FOURTH EDITION

OXFORD
AT THE CLARENDON PRESS
1960

Titelsidan till Eilert Ekwalls engelska ortnamnslexikon.

*Eilert Ekwall (1877—1965), en
banbrytare inom ortnamns-
forskningen.*

korrekta uttalet av det engelska r-ljudet också på skolnivå. Jones fonetik och Köpenhamnskollegan Otto Jespersens utredningar av engelskans grammatiska system hörde till de obligatoriska kursböcker som han införde. En lång serie doktorsavhandlingar utgick från hans seminarium, de flesta om engelska ortnamn; själv hade han givit modellerna i böckerna om The Place-Names of Lancashire och English River-Names. Men han sanktionerade också i undantagsfall ämnen av litteraturhistorisk typ. En av hans elever var den tidigare nämnde Lundastudenten Gunnar Serner, mer känd under namnet Frank Heller, som disputerade på en snabbt tillkommen doktorsavhandling om Swinburne. Det dröjde emellertid i den strikt filologiska miljön till 1963, innan professuren i engelska dubblerades med en tjänst inriktad mot engelskspråkig litteratur.

På högsta internationella nivå stod likaså den insats som Ekwalls professorskollega i romanska språk svarade för. Emanuel Walberg kom från en familj med starkt filologiskt påbrå; både på fädernet och mödernet tillhörde han lundensiska lärdomssläkter. Hans mor var född Olde, dotter till Emanuel Olde, som innehaft professuren i det då ännu odelade ämnet nyeuropeisk lingvistik mellan Carl August Hagberg och Edvard Lidforss.
    Under tidiga studieresor knöt Walberg kontakt med sin tids tongivande romanister, med Gaston Paris och Paul Meyer i Paris, med Wendelin Förster i Bonn; bevarade brevsviter bl a i Bibliothèque nationale vittnar om förbindelserna. I likhet med sina läromästare var Walberg inriktad mot fransk medeltidslitteratur som textutgivare och textkommentator. Hans editioner sträcker sig från utgåvan av Le Bestiaire de Philippe de Thaün,

gradualavhandlingen av år 1900 över La vie de Saint Thomas Le Martyr —
med skildringen av Thomas av Beckets död i katedralen i Canterbury —
fram till Le Tombel de Chartrose från 1946. Vad han här presterat är mön-
stergilla kritiska editioner, där texten konstitueras under hänsyn till olika
handskriftsvarianter och med upprättandet av stamträd. Delvis i polemik
mot Joseph Bédier har han i en mindre principiell skrift utvecklat principer
och metoder för utgivning av forntexter.

Till sin personlighetstyp var Walberg en lärd, tillbakadragen världsman
av kontinentalt snitt, lika hemma vid Quai Voltaire i Paris som i våningen
vid den stilla Gyllenkroks allé i Lund, där han hade sitt arbetsrum med ut-
sikt mot trädkronorna. Liksom Ekwall fick han erkännande i rikt mått ut-
omlandsifrån, bland annat den för utlänningar sällsynta utmärkelsen av as-
socié étranger vid Institut de France.

Till den europeiska gemenskapen av filologer hörde vidare Axel Moberg,
en av sin tids ledande semitister. Han blev Esaias Tegnér d y:s efterträdare
som professor i orientaliska språk. Under en studieresa till Berlin hösten
1902, det år då han disputerat på en kommenterad arabisk textedition, fick
han av den tyske orientalisten Karl Eduard Sachau uppmaningen att ägna
de syriska grammatikorna från 1200-talet ett närmare studium. Slutresulta-
tet blev en kritisk edition på grundval av ett omfattande handskriftsmate-
rial, Le livre des Splendeurs, Mobergs främsta vetenskapliga arbete Ett tidi-
gare okänt manuskript, funnet i ett pärmfragment i ett svenskt privatbib-
liotek, identifierade han och utgav med kommentarer. Så fortsatte han den
vetenskapliga Lundatradition inom österländska språk som inletts av män
som Mathias Norberg och Karl Johan Tornberg.

Under en följd av år var Moberg Akademiska Föreningens ordförande
och därefter under en lång period universitetets rektor. Generationer av
Lundastudenter minns honom, rak och spänstig på universitetets trappa,
där han stod för att ta mot studentkårens hyllning den förste maj. "Hans
stämma hörs, flamingons lik", skrev en blivande skald i den nystartade tid-
ningen Lundagård. Det hände, att hans förstamajtal blev sig tämligen lika
år från år, och i en studentrevy fingerades det att han hos den nystartade In-
tressebyrån i Akademiska Föreningen beställt ett nytt förstamajtal. Följan-
de år förklarade han i sitt anförande denna vårdag att byrån inte effektuerat
beställningen, och att studenterna därför fick nöja sig med det gamla talet
som det nu var — en poäng, som uppskattades mer än ett nytt tal.

Ett färgstarkt inslag i de lundensiska språkvetarnas krets var företrädaren
för slavistiken. Initiativet till undervisning i slaviska språk hade kommit
från historieprofessorn Sam Clason. Han motiverade tillkomsten av det nya
ämnet både ur lingvistisk, historisk och kommersiell synpunkt. Så fick
Lunds universitet från 1908 en lärartjänst i slaviska språk; först år 1921
omvandlad till en professur.

Innehavaren av såväl språklärartjänsten som professuren blev uppsaliensaren Sigurd Agrell. Hans ansökan redan till den första tjänsten föranledde en av de häftigaste striderna i universitetets dåvarande befordringshistoria. Med sin vassa penna, skolad i sonettskrivandets konst, författade Agrell ett antal stridsskrifter, där han hudflängde sin motkandidat under obarmhärtig skämtan. Den uppsluppna tonarten framgår redan av sådana titlar som Levande språkkunskap — och den abstrakte lingvisten eller Tore Torbjörnsson som skald och skolmästare. Kort blixtbelysning över ett hörn av tillvaron. Den stridbare slavisten från kretsen les quatres diables i Uppsala var en främmande fågel men blev väl hemmastadd i den lundensiska tillvaron.

I sin vetenskap sysslade Agrell, vars egentliga specialitet var det polska språket, med de slaviska verbens aspekter och aktionsarter liksom med de slaviska språkens accentproblem, allt uppgifter inom den dåvarande lingvistikens råmärken. Men snart kom han inom den nordiska runmagins trollkrets. I böcker med titlar som Der Ursprung der Runenschrift und die Magie lade han fram sin tolkning av de nordiska runorna. De är, enligt Agrell, av senantik ursprung, skapade av germaner i romersk tjänst på grundval av den latinska kursivskriften. Från senantika mysteriereligioner, främst Mithraskulten, upptogs bokstavssymbolik och bokstavsmagi. Runorna hade symboliska talvärden och från början främst magisk funktion. Agrells djärva runtolkningar väckte både beundran och skepsis; även en så kritisk antikforskare som Martin P:son Nilsson gav sitt erkännande åt grundtankarna i Agrells system. Somliga trodde, andra tvivlade; en på sin tid känd Lundaskämtare tog sig före att i Lunds telefonkatalog avläsa den talmagiska innebörden i professorernas telefonnummer: tolkningarna stämde perfekt.

Forskare, Tolstojöversättare, sällskapsgeni, förblev Agrell den siste riddaren av de värmländska kavaljerernas osannolika släkte, ett skäggprytt original, som gav färg och klang åt den lundensiska tillvaron i seklets början och långt fram genom åren.

De utländska språkämnenas företrädare var, som framgått, nästan utan undantag, inriktade mot utforskande av äldre språkskeden, i efterföljd av tysk och fransk filologisk tradition. Med samma mål och inom samma metodiska ramar kom också många av den närmast följande generationens män att arbeta. Flera av dem är fortfarande verksamma långt in i emeritusåldern; det gäller både för de nordiska, de europeiska och de orientaliska språkens del. Inom det språkhistoriska paradigmet, närmast i junggrammatikernas efterföljd, med Conrad Borchling och Agathe Lasch som förebilder, har Erik Rooth, professor i tyska 1932, utfört sin vetenskapliga gärning. Hans speciella område har varit medeltidens lågtyska språk; många av hans arbeten har publicerats i Niederdeutsches Jahrbuch och i den av honom själv grundade sviten Niederdeutsche Mitteilungen. Inriktad mot modernt språkbruk har Alf Lombard, professor i romanska språk 1939, förutom syntaktiska studier i nutida franska ägnat flera betydande arbeten åt rumänskan, bland dem La langue roumaine och Dictionnaire morfologique de la langue roumaine.

Ett uppbrott från äldre språkhistoriska traditioner sker i och med 1940-talet. Ett konkret exempel på den nya orienteringen inom språkämnena ger utvecklingen inom disciplinen nordiska språk. Den ena av de två professurerna i ämnet förvandlades till en professur i svenska språket; den förste företrädaren för ämnet utnämndes år 1940. I ämnesbeskrivningen slås fast, att tyngdpunkten skall läggas vid det nutida talade språket. Efter hand försvann i de för skolämnet tillyxade kurserna all isländska och fornsvenska som varit grunden för studiet, alltsedan den första professuren i nordiska språk år 1858 inrättades.

Också inom övriga europeiska språk, liksom inom semitiska, har studiet av äldre texter och språkskeden trängts tillbaka. Det språkhistoriska paradigmet har därmed inte spelat ut sin roll inom forskningen, men är inte längre lika produktivt och inte allenarådande. En ny språkvetenskaplig syn hade i början av 1900-talet utformats av den fransk-schweiziske språkvetaren Ferdinand de Saussure. Han och hans efterföljare betonade språkets karaktär av synkroniskt system. Hur den nya semiologiska och strukturalistiska språkvetenskapen slog rot i den lundensiska miljön kan illustreras av språkforskaren Bertil Malmbergs vetenskapliga bana. Han hade disputerat som elev av Emanuel Walberg på en edition av en fransk medeltidstext. Han fortsatte med fonetiska och fonologiska studier i modern franska och andra romanska språk och blev år 1950 professor i en nyinrättad tjänst i fonetik. Under impulser från de Saussure, från Louis Hjelmslevs lingvistkrets i Köpenhamn och från den rysk-amerikanske forskaren Roman Jacobson, kom han alltmer att ägna sig åt studier av språket som teckensystem. Han övergick från fonetikprofessuren till en nyinrättad professur i allmän språkvetenskap, som ersatte en äldre i jämförande språkforskning, särskilt indoeuropeisk.

Den återuppståndna antiken

Ute i Europa upplevde antikforskningen en period av rik utveckling under sent 1800-tal och tidigt 1900-tal, knuten inte bara till studiet av antika texter utan i minst lika hög grad till de nya arkeologiska upptäckterna.

I Lund hade undervisningen i klassisk fornkunskap och i antikens historia ännu i början av 1900-talet legat i händerna på professorerna i de två klassiska språken och på ämnesföreträdarna i historia. Den intensiva europeiska forskningen ansågs emellertid motivera en utbrytning av den klassiska fornkunskapen som ett särskilt ämne. Eller, som det hette i en utredning av år 1908 från Lunds universitet:

"Schliemanns upptäckt av den förhomeriska tiden i Troja, Tiryns och Mykene har först nu erhållit sin rätta belysning, sedan den förhistoriska kulturens centrum under detta århundrades första år blivit upptäckt på Kreta, framför allt av Arthur Evans. I Rom har den metodiska undersökningen av Forum givit högst betydande resultat; den har ej blott lärt känna Forums gestalt under dess glansperiod och följande tid, utan även under republikens tid, ja fört oss tillbaka till Roms älsta historia och t o m till en ännu äldre tid."

Kanslern upptog önskemålet och efter proposition från departementschefen ombildades en existerande e o professur i klassiska språk till en professur i klassisk fornkunskap och antikens historia. Till dess första innehavare utnämndes efter kallelse docenten vid universitetet, Martin P:son Nilsson. Året var 1909.

Han hade sin fasta förankring i hembygden, i Ballingslövsby i Stoby socken — samma socken, som i tidigare århundraden givit Lundauniversitetet ett antal professorer med namnet Stobaeus. Hans börd och uppväxt som lantbrukarson, gav honom insyn i en urgammal bondekulturs livsformer, sed och tro. Vid Lundauniversitetet tog han tidiga intryck av latinprofessorn Carl Magnus Zander. Men den som gav hans antikintresse inriktningen mot klassisk arkeologi var Sam Wide, som 1895 blivit professor i klassiska språk i Lund. Sam Wide tog den unge studenten med på resor i Grekland på 1890-talet. Själv blev Wide från 1909 Martin Nilssons ämneskollega i Uppsala.

Martin Nilsson hade år 1900 disputerat för docentur i grekiska språket med en avhandling — skriven på latin — om de grekiska Dionysosfesterna, Studia de Dionysiis Atticis. På tyska utgav han ett par år senare ett arbete, som är en fortsättning på avhandlingen: Griechische Feste von religiöser Bedeutung. Det är en bok på nära femhundra sidor, ett försök att på grundval av då tillgängligt dokumentariskt källmaterial av litterär, epigrafisk och arkeologisk art bestämma karaktären av grekernas religiösa fester i deras historiska inramning. När det gäller att tolka innebörden av kulterna, använde han komparativ metod, jämförde med riter, seder och bruk från andra ursprungliga agrara kulturer, också den som han själv hade kunskap om genom den traditionsfasta bondemiljön i Göinge. Griechische Feste var det första arbete som gjorde honom internationellt känd.

På 1890-talet hade Martin Nilsson förlagt sina studier till Basel och Ber-

lin, och knutit an till tidens ledande filologer, Jacob Wackernagel, Hermann Diels och Ulrich von Wilamowitz-Moellendorff, kontakter som han genom alla år uprätthöll. Åren 1905 och 1907 deltog han i en dansk arkeologisk expedition under ledning av Chr. Blinkenberg; undersökningarna gällde tempelstaden Lindos på Rhodos. Fynden av amforor gav för Martin Nilssons del till resultat en liten skrift på franska om fabriksmärken på olje- och vinkrus från det gamla Lindos, ett material av viss betydelse för Medelhavsländernas ekonomiska historia.

Han fortsatte med forskningar inriktade på den grekiska festkalenderns religiösa innebörd och i samband med den på tideräkningen med dess upphov i astronomiska iakttagelser och årstidssysslornas fördelning. Resultaten redovisades i skrifter som Primitive Time-reckoning och på svenska i Festdagar och vardagar. Den förtrogenhet som han ägde med bondeårets rytm är bakgrunden också till en bok som blev en klassiker i svensk folklivsforskning: Årets folkliga fester från 1915.

Med åren centrerades Martin Nilssons intressen kring den nya region som Sir Arthur Evans utgrävningar på Kreta bragt i dagen. Den minoisk-mykenska tidens religiösa föreställningsvärld, sådan den lät sig tolkas i kultplatser, byggnader, bilder och föremål av olika slag men också i myter och traditioner, är ämnet för The Minoan-Mycenaean Religion and its Survivals in Greek Religion, ett av Martin Nilssons huvudarbeten inom den grekiska religionshistorien.

Flera av hans senare verk tar upp frågor i samband med den förgrekiska, minoiska kulturens inflytande på grekisk poesi. I arbetet Homer and Mycenae söker han särlägga de olika kulturskikten i det homeriska sagostoffet, där åtskilliga element förs tillbaka till förlitterär bronsåldersmiljö. Han följer traditionerna fram till den dag, då den förmodade store diktaren Homeros griper tag i dem och skapar de två hjältedikterna Iliaden och Odysséen; i Homerosforskningen står han närmast på den ståndpunkt som traditionellt kallats unitariernas.

Mycket av hans tidigare, religionshistoriska och folkloristiska forskning hade präglats av tysk forskningstradition, utgående från hans ungdoms lärare i Altertumskunde och av etnografer som Mannhardt. Med senare år närmade han sig den nyktrare anglosachsiska forskningen. Många av hans senare arbeten skrevs på engelska; på detta språk föreläste han på 1920- och 30-talen i London, Oxford, Cambridge och i Berkeley.

Ett på sin tid uppmärksammat verk skrev han om den romerska kejsartiden. Det ekonomiska händelseförloppet i Diocletianus imperium belyste han — året var 1921 — med erfarenheter från den svenska kristiden. Samtidigt utnyttjade han hypoteser hämtade från ärftlighetsforskningen för att analysera de faktorer som kunnat medverka vid den romerska medelhavsvärldens sönderfall. Direkt ur hans universitetsföreläsningar framgick läroböcker om Hellas och Roms forntid. En obligatorisk kurs i antikens historia ingick på hans tid i ämnet historia; han brukade ge den själv.

Under emeritusåren — rikt produktiva — återvände han till religionshistorien och skrev för en tysk serie de två banden Geschichte der griechischen Religion. Där sammanfattar han livslånga forskningar om den grekiska religionens primitiva ursprung, om den patriotiska myten, om processionstyper i grekisk kult, om de eleusinska mysterierna, om inflytandet från orientaliska religioner under hellenistisk tid. Som helhet är hans insats — präglad både av hans tid och hans person — en av de största, kanske den största, inom lundensisk humanism i vårt sekel.

Han hade organisatorisk talang. Det var på hans initiativ som Svenska institutet i Rom inrättades, centrum för all senare svensk forskning på italiensk mark. Sin administrativa förmåga prövade han också som universitetets rektor under en treårsperiod fram till pensioneringen 1939. Från en föreläsningsresa i USA återvände han i mars 1940, strax före den tyska ockupationen av Norge och Danmark. Det var ett ögonblick då mycket av de humanistiska traditioner han ägnat sitt liv åt att utforska hotade att utplånas. Det ödesdigra händelseförloppet grep honom; eljest var han ingalunda någon sensibel känslomänniska men en rättfram, sträv natur utan överdri-

ven polityr eller politess i umgänget. Med lärda män kunde han tala på latin, med bönder på bönders sätt. Han gladdes åt att som bondföreläsare sprida kunskaper om den klassiska kultur, som han på så personligt sätt införlivat med sitt skånska bondearv. Han var också en av de tidigt uppskattade radioföreläsarna; år 1928 gav han ut sex radioföreläsningar under den gemensamma titeln Hellas arv. Att tolka och nytolka detta arv var hans sent avslutade livsgärning.

Den klassiska arkeologin, som fått sin fasta förankring i Lund genom Martin P:son Nilsson, utövade i fortsättningen stark dragningskraft på nya generationer. Den främste av hans elever, Axel W. Persson, hade liksom lärofadern ursprungligen doktorerat i grekiska. Sedan han 1921 blivit docent i klassisk fornkunskap och antikens historia arbetade han som arkeolog på fältet. Han var ledare för den svenska expeditionen till Asine år 1922 liksom för utgrävningarna i Dendra. De senare ledde till ett av senare tiders märkligare fynd från den mykenska epoken: kungagraven i Dendra. Vid tiden för denna expedition hade Axel W. Persson redan hunnit bli professor

T v: Studentkåren med sin fanborg på väg till rektorsuppvaktningen den 1 maj 1942. Nära hundra år tidigare, år 1844, hade den dåvarande skånska nationen, som den första skaffat en egen fana.

Lika gammal är studenttraditionen med uppvaktning av universitetets rektor med fanor och sång den 1 maj; från början uppvaktades också akademiens prokansler.

T h: På universitetets trappa professor Einar Löfstedt, universitetets rektor 1939—1945. Stående bakom honom professor Einar Sjövall.

i Uppsala, dit han kom 1924. Resultaten av sina forskningar redovisade han i arbeten som — typiskt för tiden — ännu skrevs på tyska; han stod också i nära personliga förbindelser med sin tids ledande arkeologer i Rom, Göttingen, Berlin och Köpenhamn.

I en senare generation står Einar Gjerstad, Martin Nilssons efterträdare, som den mest framgångsrike klassiske arkeologen. Han var ledare för den stora svenska Cypernexpeditionen under mellankrigsåren, i vars planering och verkställande Gustav VI Adolf deltog. Gjerstad är vidare den ende arkeolog av icke-italiensk extraktion som i nutiden fått tillstånd att företa grävningar på Roms mest klassiska mark, Forum romanum. Årtiondelånga forskningar i staden Roms arkeologi och historia har fört fram till hans stora — och i slutresultaten ännu omstridda — mångbandsverk Early Rome. Han är den siste, eller i varje fall den senaste, Lundaprofessor som hedrats med staty, dock varken i Rom eller i Lund utan på Cypern.

Den klassiska arkeologin har — liksom den nordiska — i nutiden förnyats genom nya strategier i nära samspel med naturvetenskapliga analysmetoder och kulturgeografiska perspektiv. Också såtillvida har attityden förändrats som forskarna alltmer vänt sig från de enskilda monumentala fynden till ett bredare spektrum, som belyser det kollektiva samhället i det förflutna. I en tidsålder av universitetsreformer, då de historiska ämnena satts på undantag, har ämnet klassisk fornkunskap kunnat klara sin existens genom ett namnbyte; det heter numera antikens kultur och samhällsliv. Den klassiska fornkunskapen och antikens historia har sålunda temporärt räddats genom att förvandlas till ett socialfall, onekligen ett av de intressantare.

Den klassiska filologin och lingvistiken hade vid sidan av arkeologin en period av rik blomstring i förkrigstidens och mellankrigstidens Europa. I kontakt med antikforskningen i det wilhelminska Tyskland kom i unga år Einar Löfstedt. Under studier i Berlin och Göttingen lärde han känna Wilamowitz, Norden och Leo, tidens främsta auktoriteter på området. Han fick erbjudande om tjänster i Tyskland, bland annat som chef för ordboken Thesaurus Linguae Latinae i München men avböjde. Den professur han tillträdde i Lund hade ännu den gamla beteckningen ''romersk vältalighet och poesi''. I själva verket svarade benämningen väl mot en sida av Löfstedts egen begåvning; han utvecklade sina retoriska talanger både som föreläsare — en termin med ämnet Cicero som talare — och senare som universitetsrektor.

Han var professorsson från Uppsala och hade haft sina tidigaste studieår i denna stad, som alltid stod hans hjärta närmast. Han kom några och trettio år gammal till Bengt Lidforss Lund; han efterträdde där den originella Carl Magnus Zander, en latinare av gamla stammen som författade alla sina vetenskapliga verk — bland annat ett arbete om latinsk prosarytm — på latin. Själv skrev Löfstedt, alltifrån doktorsavhandlingen, på tyska. Redan i denna första skrift hade han beträtt det område som skulle bli hans egentliga forskningsgebit, den senare latinitetens språk. Han skaffade sig en med åren närmast unik beläsenhet inom skrifter från en period av över fem hundra år, plöjde igenom texter av vitt skiftande karaktär: krönikor, helgonbiografier, lagsamlingar, skrifter av veterinärer och av kokboksförfattare. Främst var hans intresse riktat mot historiskt syntaktiska, stilistiska och semasiologiska problem. Det opus som gav honom europeisk berömmelse heter Syntactica, Studien und Beiträge zur historischen Syntax des Lateins; det är på varje sida präglat av hans skarpa iakttagelseförmåga och historiska blick. I en serie längdsnitt har han där givit en bild av det latinska språkets liv och utveckling från älsta tider fram till medeltiden och de romanska språkens uppkomst. Löfstedt har blivit kallad för Sveriges genom tiderna störste latinist.

Det fanns en viss motsättning mellan Löfstedts objektiva vetenskapsideal med dess koncentration på konkreta, empiriska fakta, dess avståndstagande från abstraktioner och luftiga teorier, från subjektivt, existentiellt engage-

266

mang å ena sidan och hans personliga framtoning av estet, vältalare och litterär finsmakare med sitt hjärta hos de romerska klassikerna och hos moderna författare å den andra. Han var en sensibel, ibland irritabel och kokett världsman, som kunde räkna in ledamotskap i åtskilliga av Europas vetenskapliga akademier och rader av hedersdoktorat. Det var också utan klagan som han lämnade den akademiska miljön i småstaden Lund — från början avsedd att bara bli en episod i hans akademiska karriär i fåfäng väntan på en aldrig förverkligad kallelse tillbaka till studieårens Uppsala. Han flyttade efter pensioneringen till huvudstaden, där han fått säte och stämma i en akademi, som han säkerligen fann mer distingerad än den lundensiska: den svenska.

På Esaias Tegnérs forna professur, i grekiska språket och litteraturen, satt från 1908 Claes Lindskog. Till hans insatser för att sprida kunskap om antikens kultur hör hans översättningar till svenska av Platons samtliga dialoger. Mycket av hans övriga verksamhet hörde det offentliga livet till. Han var framgångsrik föreläsare och folkbildare, kom in som riksdagsman i andra kammaren och som ecklesiastikminister i Arvid Lindmans ministär. Där verkade han för universitetets angelägenheter. Lundensiska intressen tillvaratog han också som chefredaktör för Sydsvenska Dagbladet under emeritusåren.

Lindskogs efterträdare på professuren i grekiska, Albert Wifstrand, hör hemma i samma europeiska forskartradition som Löfstedt och Martin Nilsson, markerad av namn som Wilamowitz-Moellendorff och Gilbert Murray. Efter en avhandling om det grekiska epigrammet, ägnade han sin forskning åt kejsartidens hexameterdiktning, dess metrik och stilistik. Ett annat av hans områden blev den sengrekiska prosan; i åtta häften samlade han sina interpretationer och emendationer av grekiska prosaister från kejsartiden. Hans beläsenhet i olika perioder av grekisk litteratur var legendarisk; han började varje dag med några timmars koncentrerat studium av denna väldiga textmängd. Men det stora verk om den grekiska prosans stilhistoria, som han på så sätt förberedde, blev genom hans för tidiga död aldrig fullbordat.

Wifstrand var i lika grad filolog och idéhistoriker, fängslad av mötet mellan klassiskt och bibliskt; ett av hans arbeten har den typiska titeln Fornkyrkan och den grekiska bildningen. Bortom alla idealiserande visioner av ett "Skengrekland" — nyklassicismens och den tredje humanismens — skapade han sin egen, mer distanserade bild. Hans orientering i modern litteratur tillät honom att i perspektivrika essäer följa litterära motiv och stilförvandlingar genom årtusenden. De stora linjerna gör han tydliga genom konkreta nedslag i ordhistoria, stilhistoria och semantik i böcker som Tider och stilar, Bakgrunder och den postuma Den gyllene kedjan. I Bonniers allmänna litteraturhistoria skrev han det stora kapitlet om grekisk litteratur, där det originellaste är de avsnitt han ägnade kejsartidens och den bysantinska tidens så länge försummade domäner. Ett karakteristiskt drag av personlig blygsamhet framträder i det förhållande, att han aldrig ansåg sig fullt färdig och beredd att besöka det grekiska land, som han så väl genom studierna kände; liksom att han avböjde ett invalsförslag till Svenska Akademien.

I den specialiseringens tidsålder, där han hörde hemma, var Wifstrand ett av de få, lysande exempel på en forskare, som ägde den stora, syntetiska överblicken.

Historia och samhällsvetenskaper. Den tillämpade källkritikens tid

I det tidiga 1900-talets filosofiska fakultet hade historieämnet en stark ställning redan genom examensbestämmelserna. Tillströmningen och de moderna metodernas krav, liksom skilda nya forskningsfält — ekonomisk historia, politisk idéhistoria, socialhistoria, enskilda landsdelars historia — anfördes som argument för en dubblering av professorstjänsten. En sådan kom också till stånd år 1908. På den ena professuren satt Sam Clason, senare riksarkivarie och rikspolitiker, med Gustaf IV Adolfs historia som en av sina specialiteter. På den andra, nyinrättade, tillsattes den likaså konservativt orienterade Arthur Stille med krigshistorisk forskning som sitt specialområdet och Karl XII:s fälttåg som paradexempel. Från seklets början var Lauritz Weibull, en man av annat temperament och annan ideologisk framtoning, docent. Det blev han, som i tidens fullbordan skulle ge historieämnet i Lund dess speciella profil.

Under sina studieår på 1890-talet hade han omväxlande gått på föreläsningar och seminarier hos sin far, historieprofessorn Martin Weibull, och hos litteraturprofessorn Henrik Schück. Han tog, enligt tidens krav, en dubbellicentiat, i deras båda ämnen. Schück förde honom in på 1700-talet; hans tidiga tryckta uppsatser gällde bl a två 1700-talsförfattare, Lidner och Thorild, och deras lundensiska anknytning. En planerad doktorsavhandling om de litterära förbindelserna mellan Sverige och Danmark kom aldrig till stånd. I stället disputerade han år 1899 på en avhandling om de diplomatiska förbindelserna mellan Sverige och Frankrike 1629—31. Därmed hade han definitivt tagit steget över till faderns ämne.

I början av 1900-talet kom Weibull, då med tjänst vid Landsarkivet, att syssla med medeltida urkundspublikationer. Under en tid som professorsvikarie år 1909 föreläste han om ämnen från nordisk vikingatid. I omarbetad form utgav han föreläsningarna under titeln Kritiska undersökningar i Nordens historia omkring år 1000. Hade han tidigare rört sig i upptrampade fåror, framträder han nu som förkämpe för en ny typ av historieuppfattning och historieskrivning. Boken innebär med hans egna ord ''ett försök att tilllämpa modern historisk metod på ett område av nordisk historia, där detta endast i få fall ägt rum''. Resultatet kallar han med en Nietzscheformel ''en omvärdering av hittills fastslagna värden''. Medan vikingatidens historia tidigare brukat skildras efter Snorre Sturlasons och Saxo grammaticus berättelser, fejar Weibull undan allt vad han uppfattar som sagostoff. Borta var Sigrid Storråda; slaget vid Svolder var flyttat till Öresund; det hundraportade, obetvingade Jomsborg var förvisat till sagans eller legendens rike. Han hade från början på känn, att han skulle mötas av motstånd från hela den svenska historikergeneration som skolats av Harald Hjärne och som arbetade med den nationella kulturpolitikens ideologiska förtecken.

Som svuren motståndare mot romantikens idealistiska historiesyn och mot senare historisk traditionalism framträder Weibull med kravet på historikern att kritiskt granska källorna, att bland dem välja den bästa, att avslöja alla dolda tendenser i källskrifterna, att vid konstruktion av de historiska förloppen avfärda lösa hypoteser och bannlysa personliga och politiska preferenser. I sin starka tilltro till de objektiva vetenskapliga spelreglernas kraft var han näppeligen medveten om, att inte ens han själv arbetade förutsättningslöst. Hans egen historiesyn var präglad av tidens liberala idéer och hans syn på historiens aktörer av en handfast, ibland nära nog macchiavellistisk psykologi.

I en lång rad undersökningar tog han ställning till omstridda historiska problem: det arkeologiska treperiodssystemet, legenden om Erik den helige, Kalmarunionen, Stockholms blodbad, Karl XII:s död. Det stod hård strid kring hans person, hans metod och hans resultat, innan han omsider, vid 49 års ålder fick sin professur efter endast ett första förslagsrum. Vid fakultetssammanträdena, där ärendet behandlades, hade sympatierna för de olika sökandena delvis fördelats efter politiska eller kulturpolitiska linjer. Weibulls tillträde till professuren år 1919 har kopplats samman med det parlamentariska och demokratiska genombrottet två år tidigare: en ny tid behövde — eller var villig att acceptera — en ny, kritisk, mindre nationalistisk färgad bild av det förgångna.

Hans historiebild, liksom hans källkritiska principer kom att prägla den tidskrift, Scandia, som startades 1927 med honom själv som redaktör. Vid sin sida hade han som sympatisör och medkämpe brodern Curt Weibull, snart nog historieprofessor i Göteborg. Inom några decennier satt Weibullianer på de flesta historieprofessurerna i landet.

Det har rått delade meningar, om varifrån Weibull fått de avgörande impulserna till sin nyorientering kring 1909. Förslagen har varit många: den tyska och österrikiska historikertraditionen, äldre dansk och nyare fransk historiografisk tradition; uppslag från litteraturhistorien. Inom fransk litteraturforskning hade vid denna tid Joseph Bédier avslöjat de medeltida eposens karaktär av litterär fiktion med tvivelaktigt historiskt källvärde: ett likartat synsätt anlägger Weibull på de berättande källorna. Slutligen har man poängterat att Weibull lyft ett arv från upplysningstidens rationalistiska historieskrivning med lundensaren Lagerbring som företrädare och föregångare; den äldre lundensarens nyktra och drastiska prosastil har bevisligen tilltalat honom.

De olika impulserna fokuserades hos Weibull i en insats av stark personlig egenart och egensinne. Han kombinerade de asketiska metodiska renlevnadsreglerna med en av estetiskt omdöme präglad analys av texterna och sägenutvecklingen. Men denne traditionskritiker var — vilket hör till motsättningarna i hans natur — samtidigt en vårdare av lokala traditioner, skandinaviska och lundensiska. Liksom sin far fick Lauritz Weibull under en lång följd av år förtroendeuppdraget att vara ordförande i Akademiska Föreningen. Där hälsade han vid hälsningsgillet den 4 oktober de nyinskrivna med skånsk grandezza; samma egenskap utvecklade han i egenskap av det lundensiska Knutsgillets ålderman. I det historiska licentiatseminariet, vars medlemmar han gärna samlade i hemmet på Adelgatan, var han en okrönt hövding, som förde konversationen med elegans och med spetsig arrogans mot oliktänkande. ''Weibullianerna blev en sekt — skriver en av deltagarna — om inte direkt för inbördes beundran så dock för inbördes stimulans och — konkurrens. Lund var världens medelpunkt, och mest lundensisk var den weibullska skolan''. Mest lundensisk, men inte allenarådande. De vantrogna såg, att Weibull ofta drev källkritiken till hyperkritikens nivå. Dessutom hade han obestridligen en glädje vid att inta paradoxala ståndpunkter; att på alla punkter säga något annat än sina föregångare.

I det avseendet och i många andra, var den andre historieprofessorn i Lund, Gottfrid Carlsson, hans motsats. Gottfrid Carlsson var en historiker av konservativ hållning, hyllade Harald Hjärne och den uppsalienska Hjärnetraditionen. Han var medeltidshistoriker liksom Weibull, tillämpade liksom denne, men med större återhållsamhet, en källkritisk metod, utövade som komplement och kontrast ett betydande inflytande och fick en stor lärjungekrets också han. De metodiska meningsskiljaktigheterna var heller inte större än att, när Lunds domkyrkas historia vid 800-årsjubileet skulle skrivas, Weibull och Carlsson kunde uppträda sida vid sida. Lauritz Weibull svarar för skildringen av Skånes kyrka från älsta tid till 1274, Gottfrid Carlsson för framställningen av Lunds ärkestift och domkyrka från detta datum till reformationen.

Motsättningarna mellan de två tillspetsades emellertid politiskt-ideologiskt under 30-talets och 40-talets mörknande år. Med sin tidiga franska orientering stod Lauritz Weibull, ententevän redan under första världskriget, med självklarhet kvar i det liberala, antinazistiska lägret. Han upprördes djupt av katastrofen, då Danmark härtogs och kontakterna med Köpenhamn avbröts. Sina bästa vänner och sympatisörer hade han i den källkritiskt medvetna danska historikergrupp dit Kristian Erslev och Erik Arup hörde.

De linjer Lauritz Weibull dragit upp för historieforskningen går i dagen hos hans lärjungar: hos Sture Bolin, hans närmaste efterträdare, i den skarpt utmejslade kritiska metod med vilken han behandlar ett arkeologiskt och numismatiskt material i doktorsavhandlingen om romerska myntfynd på germansk mark. De framträder också i Sture Bolins teoretiska analyser av myntväsendet i det romerska riket, framlagda i skriften State and Currency in the Roman Empire från 1958 — boken för övrigt dedicerad till Weibull — liksom i hans undersökningar om Nordens älsta historieforskning.

Hos Ingvar Andersson, Weibulls docent och i tidens fullbordan riksarkivarie, märks anknytningarna till lärofaderns metodiska krav alltifrån hans doktorsspecimen, Källstudier till Sveriges medeltida historia. Likheterna framträder i själva intresseriktningen i de två volymer Ingvar Andersson skrev om Skånes medeltida historia, där han behandlar sin hemprovins som medeltida nordiskt centrum, förbindelselänken mellan Danmark, det övriga Norden och Europa. Men han vidgade perspektiven i riktning mot renässansens kulturhistoria, skrev den stilistiskt och skönlitterärt framtstående biografin över Erik XIV och fördes i sina renässansstudier ända till drottning Elisabeths England och till de danska 1500-talsinslagen i Shakespeares Hamletdrama. För svensk men också för europeisk publik författade han en vida spridd, populär Sveriges historia.

Till de historiska discipliner som av gammalt haft hemortsrätt vid universitetet hör den nordiska arkeologin. Först år 1919 fick ämnet en egen professur, benämnd "förhistorisk och medeltidsarkeologi"; dess förste innehavare blev Otto Rydbeck. Mycket av hans forskningar koncentrerades kring Lunds domkyrkas äldre byggnadshistoria; dessutom skrev han om medeltida kyrkomåleri i Sydsverige.

Under hans tid som föreståndare för Historiska museet fick samlingarna sin slutgiltiga plats i tegelbyggnaden vid Krafts torg, efter att tidigare ha fört en ambulerande tillvaro. Både det förhistoriska arkeologiska materialet och det medeltida — främst medeltida kyrklig konst, skulpturer och textilier — växte i omfång. Ett självständigt Domkyrkomuseum invigdes år 1932. Därmed markerades ytterligare den lundensiska arkeologins anknytning till den medeltida staden och dess kyrkliga minnesmärken. Utgrävningarna under 1900-talet har decennium för decennium givit allt rikare kunskap om Lunds medeltida bebyggelsehistoria. Ämnet medeltidsarkeologi har i själva verket fått ett nordiskt centrum i Lund och på 1970-talet en egen professur vid universitetet.

Samtidigt har den mot förhistoriska perioder inriktade nordiska fornforskningen genomgått en nära nog lavinartad utveckling. Till detta har olika faktorer bidragit. För det första har själva fyndmaterialet vuxit genom den ofta uppdragsfinansierade utgrävningsverksamheten, som gått jämsides med det skånska landskapets omvandling i de nya trafikledernas och den nya stadsbebyggelsens spår. För det andra har ett samarbete med naturvetenskaperna inletts, som givit säkrare metoder för åldersbestämningar, med C-14 metoden och med dendrokronologi. Slutligen har själva forskningsperspektiven förnyats genom ett samhällsvetenskapligt betraktelsesätt, som slagit igenom i så många humanistiska ämnen efter andra världskriget.

De vitt skilda forskningsfält, som angavs som motivering, när historieämnet vid seklets början dubblerades, har egentligen beträtts först av mellankrigs- och efterkrigsgenerationerna. Perspektiven har från 1940-talet och framöver vidgats mot ekonomisk historia — ett ämne som fick en egen lärartjänst 1949 — mot samtidshistoria och mot internationell historia med USA i centrum. Den metodologiska diskussionen har intensifierats med en intern debatt, som bl a gällt de för den tidigare generationen självklara, omedvetna förutsättningarna bakom forskning och historiesyn.

Nära den historiska ämnesgruppen stod vid början av 1900-talet ämnet statskunskap. I sina memoarer berättar Ernst Wigforss om en blivande professor i detta ämne:

"Alla år jag nu talar om, levde han i Frihetstiden. Forskade, tänkte. Skrev sin stora avhandling. Hans stil var från början färdig, god, klar, fast. Hans vetenskapliga intressen snabbt utvecklade, fixerade, bestående. Hans demokratiska tro på friheten likaså. Den samma alltjämt som då han höll om kandelabern för att skydda ljuset åt Wicksell vid Tegnérfesten 1905."

Den som porträtterats så, är Fredrik Lagerroth, som år 1915 disputerade på avhandlingen om Frihetstidens författning. Boken innebar en omvärdering av frihetstidens skamfilade rykte. Lagerroth tecknar och tolkar dess statsskick som parlamentarismens och partisystemets första tidevarv i vår historia, och drar paralleller med de tidiga engelska parlamentariska traditionerna. I frihetstiden såg han inte bara en empirisk epok utan en rationell princip, den blev, jämlikt hans läggning, något av en fix idé. Avhandlingen möttes till att börja med av föga uppskattning inom en konservativ historikerkrets. En högre värdering av hans doktorsspecimen kom till stånd först efter det demokratiska genombrottet i svensk politik — en parallell till vad som skedde med Lauritz Weibulls tidiga traditionskritiska insats.

Lagerroth blev omsider docent i ämnet historisk statskunskap och 1929 professor i det odelade ämnet statskunskap; statistiken hade sedan mitten av 20-talet skiljts ut i en egen lärostol. I sin syn på samhället och motsättningarna mellan dess maktcentra var Lagerroth inspirerad av en av de tyska rättslärda, Otto von Gierke och av dennes idéer om motsatsspelet mellan Herrschaft och Genossenschaft. Vad som i övrigt utmärker Lagerroths syn på svensk författningshistoria är de långa perspektiven; också 1809 års regeringsform har han velat se i dess svenska traditionssammanhang, som en Sveriges historia omsatt i lagparagrafer, detta till skillnad från tidigare forskning som framhävt beroendet av Montesquieus maktfördelningslära.

I sin undervisning, där Lagerroth starkt betonade statsrätten som statskunskapens kärna, hade han ambitionen att låta studenterna från början titta in i en forskares verkstad — ytterst hemligheten inom all framgångsrik universitetspedagogik. Det var före alla välment pedagogiska universitetsreformers tid. I fakultetsprotokollen har han dessutom lämnat ett unikt spår; som den förmodligen ende som i ett rättsligt ärende dikterat ett yttrande, innefattande ett längre citat ur Rousseaus Contrat social, på franska.

Det hade från 1800-talet funnits en nära förbindelse mellan ämnena geografi och historia, markerad redan i namnet på den 1897 tillkomna professuren: geografi och historia. Dess förste innehavare, H.H. von Schwerin representerade liksom docenten i ämnet — den som Danteöversättare kände Arnold Norlind — klart historieinriktade geografiska perspektiv.

En självständig ställning, utan ämnesunion med historia, fick geografin först år 1916. Då tillträdde Helge Nelson professuren i vad som från och med detta år kallades endast geografi. Nelson företrädde en mot naturvetenskap och nutid, mot ekonomi och sociologi orienterad typ av forskning; hans doktorsspecimen hade fallit nära geologin.

På anmodan av emigrationsutredningen fick Nelson uppdraget att undersöka den öländska emigrationen till USA. Han studerade utvandringen mot dess bakgrund och förutsättningar i ägoförhållanden och yrkesliv. Uppslaget ledde omsider fram till en stor geografisk inventering av den svenska befolkningsgruppen i samtidens Amerika, som Nelson efter fyra insamlingsresor och tjugo års studier sammanfattade i verket The Swedes and the Swedish Settlements in North Amerika. Här utredde han bland annat sambandet mellan emigranternas hemorter i Sverige och deras val av bostadsorter i den nya världen med avseende på landskapstyp, miljöer och klimatförhållanden. Han undersökte invandrarnas relation till andra främmande folkgrupper och deras slutliga assimilering. Arbetet och dess perspektiv blev av betydelse för den Vilhelm Moberg, som gick att litterärt gestalta den svenska emigrationshistorien i romanserien om Utvandrarna. Uppslaget att låta sina utvandrare välja Chicago Lake som boplats har han fått direkt från Nelsons verk, där med rikhaltigt dokumentariskt material Chicago County skildras som smålänningarnas speciella bosättningsområde.

En annan forskningslinje tog Nelson upp då han som emeritus studerade sambandet mellan näringsliv och befolkningsrörelse med säsongarbetare och arbetsvandringar som exempel. Det var vidare Nelsons förtjänst att geografiska institutionen i nybyggda lokaler växte fram till en av de mest välutrustade i Europa.

Inom de senast behandlade vetenskapsgrenarna, statskunskap och geografi, har det skett tidsbetingade förändringar under 1960-talet och senare. De markeras symboliskt av att båda dessa ämnen flyttats från den filosofiska till den samhällsvetenskapliga fakulteten, när den år 1964 etablerades.

Metodiskt innebär omvandlingen inom statsvetenskapen att de tidigare juridiska och historiska betraktelsesätten ersätts av ett klart samhällsvetenskapligt. I sakområdet förskjuts samtidigt intresseområdet från äldre tiders författningar — som 1809 års regeringsform — mot nutidens konstitutionella utveckling mot partier och intresseorganisationer och deras roll i dagens samhälle, mot politiska institutioner och system, mot lokal- och regionalpolitik, internationell politik och — mycket markant — mot politisk teori.

Inom ämnet geografi sker en differentieringsprocess. Det odelade ämnet splittras upp i naturgeografi och kulturgeografi; naturgeografin får sin plats i den naturvetenskapliga fakulteten. Ytterligare tillkommer inom den samhällsvetenskapliga gruppen ämnet ekonomisk geografi. Inom kulturgeografin förskjuts uppmärksamheten mot sådana fenomen som låter sig mätas och uttryckas i exakta siffror. Det är ett uttryck för det krav på kvantifiering, som går igenom alla samhällsvetenskaper och delvis påverkat perspektiven också inom humaniora. En matematisk-statistisk teknik togs i bruk av den förste innehavaren av professuren i kulturgeografi, David Hannerberg. På senare år har inom ämnet kulturgeografi studiet av spridningsförlopp och innovationsförlopp dominerat. Nyinförda kulturgeografiska begrepp — innovationscentrum, kulturspridning, kulturgräns, kulturområde — har blivit viktiga också inom etnologi och arkeologi. Över huvud har teoribildning och teoriproblem kommit att ställas i centrum i högre grad än tidigare.

Bland estetiker och psykologer

Under 1800-talet hade åtskilliga av Lundauniversitetets humanister medarbetat med orienterande artiklar i sydsvenska tidningar. Först med det nya seklet sker i större omfattning övergången till pressen på riksplanet. Främst är det filosofer, litteraturhistoriker och konsthistoriker som där funnit sitt forum.

Till de akademiker som tidigt skaffade sig en bemärkt ställning i huvudstadspressen hörde Fredrik Böök. Han kom från ett borgerligt hantverkarhem i Kristianstad och hade redan som gymnasist börjat skriva i lokaltidningar. Livet igenom gjorde han, vid sidan av ett vetenskapligt författarskap — lärda avhandlingar, monografier och studier i litteraturhistoriska facktidskrifter — en insats som kulturjournalist av imponerande format. Han väckte uppmärksamhet genom sin stilistiska talang och sin polemiska slagkraft redan genom sina inlägg i Strindbergsfejden på 1910-talet.

I ungdomen — ibland också senare — frestade honom tanken på ett eget skönlitterärt författarskap. ''Nu skriver jag inte vers mer: jag känner mig så genomprosaisk att jag tror jag duger till litteraturhistoriker.'' Så formulerade sig den tjugoårige Lundastudenten i ett brev till det litterära 90-talets hövding, hans beundrade vän, Verner von Heidenstam. Det blev också som litteraturforskare, inte som lyriker eller romanförfattare, Fredrik Böök kom att göra sin banbrytande insats. En doktorsavhandling av gediget men traditionellt slag om den äldre svenska prosaromanens historia gav honom docentur vid tjugofyra års ålder.

Genombrottet kom, då han höstterminen 1912 höll en serie uppmärksammade föreläsningar, under titeln Litteraturvetenskaplig analys. När de i omarbetad form året därpå trycktes fick de titeln Svenska studier i litteraturvetenskap. I föreläsningarna och i boken gjorde sig Böök till talesman för ett nytt sätt att nalkas de litterära texterna. Det gällde för forskaren att med en akt av intellektuell sympati tränga in i "verken själva", in i deras "levande kärna" in till "den poetiska organismens struktur". Programmet innebar en brytning med en äldre forskningskapstradition, ett vetenskapligt perspektivskifte. Bööks föreläsningar och bok är en uppgörelse med den ensidiga historismen hos Henrik Schück och hans skola, som riskerade att stanna vid utanverken utan att nå in till verken. Samtidigt är det en vidräkning med den typ av litteraturhistorisk komparatism och associationspsykologiskt synsätt, som fört till ett mekaniskt, atomistiskt perspektiv på diktandets process och på den litterära texten.

Bakom Bööks nyorientering finns impulser från både tyska och franska filosofer och forskare som brutit med det länge förhärskande positivistiska vetenskapsidealet. I Tyskland fördes vid tiden kring sekelskiftet en debatt om förhållandet mellan naturvetenskaper och kulturvetenskaper. Filosofer som Wilhelm Dilthey och Heinrich Rickert uppträdde mot naturvetenskapernas anspråk på att med sina generaliserande begrepp kunna behärska kulturvetenskapernas fält. Naturvetenskaperna var, menade de, lagsökande vetenskaper; humanvetenskaperna däremot inriktade mot det individuella, det unika, "das Einmalige", och ägde därigenom kunskapsteoretisk egenart. Naturvetenskapsmannens uppgift var att "förklara", kulturvetarens uppgift att "förstå", att i djupare mening tolka ett individuellt skeende eller en individuell text.

Böök hänvisar för den litteraturvetenskapliga tolkningen till helhetsupplevelsen. Han åberopar sig med estetikern Theodor Lipps på "Einfühlung" och med den franske filosofen Bergson på förmågan av "intuition". I själva verket hade Fredrik Böök också på ort och ställe, som resestipendiat i Paris, lyssnat till föreläsningar av Bergson, vars skrifter han redan förut läst med utbyte. I samma stad, Paris, följde han seminarieövningarna av tidens ledande litteraturhistoriker, Gustave Lanson, med beundran för hans konkreta textexplikationer men utan att försvärja sig åt hans historism. Andra uppslag i den psykologiska estetikens riktning hämtade Böök från sin vän och kollega i Köpenhamn, Vilhelm Andersen. Alla dessa impulser bröts samman i den föreläsningsserie som blev till Svenska studier i litteraturvetenskap. Det nya programmet realiserade Böök i ett antal mönsteranalyser av svensk poesi från romantiken till nutiden. För åhörarna av denna föreläsningsserie och därtill knutna seminarier framstod dessa idérika uppvisningar som Bööks mest snillrika bedrift.

Två forskningsområden kom att i fortsättningen dominera hans vetenskapliga gärning: romantiken och det slutande 1800-talet. Inom Tegnérforskningen, lundensarnas skötebarn, gjorde han vid Albert Nilssons sida och inspirerad av denne, förblivande insatser, både som utgivare av en mo-

Fredrik Böök (1883—1961), en av vår moderna litteraturhistorias föregångsmän.

dern upplaga av Tegnérs poesi och som författare till större och mindre arbeten om Tegnér, avslutade med en sammanfattande tvåbandsmonografi. Ännu tyngre vetenskapligt vägande är hans roll som utgivare av den mönstergilla upplagan av Stagnelius skrifter och den i samband därmed författade Stagneliusmonografin. Som texteditor gick han i de samtida filologernas spår. Han lyckades etablera texten efter de ofta svårlösta manuskripten och gav i de idéhistoriska och litteraturhistoriska kommentarerna nyckeln till tolkningen. Konkreta uppgifter av denna art kom honom att på nytt närma sig, att utveckla och förnya de historiska och komparativa metoderna, oundgängliga för varje vetenskapligt sinnad texteditor.

Om romantikens epok höll han universitetsföreläsningar. I ett litteraturhistoriskt samlingsverk skrev han en sammanfattande framställning av perioden. Där författade han också avsnitten om den litterära utvecklingen från Viktor Rydberg och Strindberg fram till den period där han hade sina tidiga litterära sympatier: Heidenstams, Levertins, Selma Lagerlöfs och Hallströms nittiotal. Också dessa kapitel framlades först i föreläsningsform.

Under mer än ett decennium hade han arbetat rastlöst och koncentrerat. Han nådde sitt akademiska slutmål då han år 1920 blev professor i det nu odelade ämne, som hette litteraturhistoria med poetik; kort dessförinnan hade konsthistorien brutits ut som en självständig disciplin. Sin installa-

277

tionsföreläsning höll han om ett hundraårigt litterärt Lundadokument: Tegnérs Epilog vid magisterpromotionen 1820.

Men den professur han fått, lämnade han efter få år, bytte ut — efter vad han senare försäkrade — sin förstfödslorätt mot journalistikens grynvälling. Han blev heltidsanställd vid den tidning där han länge medverkat, Svenska Dagbladet. För sitt journalistiska författarskap hade han utbildat en essä-form som tillät honom att ta upp skiftande ämnen, omväxlande litterära, litteraturhistoriska, historiska, biografiska och politiska. Redan under första världskriget hade han varit starkt utrikespolitiskt engagerad på Tysklands sida; han stod nära det som kallats 1914 års idéer. På 1930-talet lät han sig förföras av de nya signalerna från Hitlers Tyskland.

Omsider återvänd till vetenskapen från sitt politiska debâcle, ägnade han sina sena år åt ett omfattande författarskap av biografisk och litteraturhisto-risk art. Liksom sin erkände förebild och mästare Sainte-Beuve och sin ald-rig erkände mästare i genren, Georg Brandes, tillämpade han i dessa sena arbeten en psykologisk-biografisk metod: diktverken tolkas som speglingar av upplevelser och konflikter i respektive författares liv. Det var under den-na sena period han fullbordade tvåbandsverket om Esaias Tegnér, skrev verk om Levertin, om Ernst Ahlgren och Heidenstam. Till Bööks litteratur-historiska oeuvre hör vidare ett antal delar i en europeisk litteraturhistoria, länge använd som kursbok vid universitetet i likhet med hans översiktsverk över svensk litteratur.

Trots — eller kanske i kraft av — sin subjektivitet, trots övervärdiga idéer som kan förrycka perspektiven i hans framställningar, förblir Fredrik Bööks vetenskapliga författarskap en av de mest kraftmättade humanistiska insat-ser som utgått från Lunds universitet under 1900-talet. Det var i hög grad Bööks förtjänst att litteraturhistorien under decennier förblev ett ämne som drog till sig begåvningar vid akademin och vann läsarsympatier långt utan-för universitetets gränser.

Med sin frejdiga och frodiga läggning, expansiv, dynamisk och ofta oberäk-nelig står Fredrik Böök i stark motsats till sin studiekamrat och matlagskam-rat från tidiga studentår, Albert Nilsson. Men de möttes i en djup intresse-gemenskap och i entusiasmen för romantikens filosofi och diktning. Båda var inriktade mot estetiska, psykologiska, idéhistoriska frågeställningar; bå-da är influerade av den nyorientering inom litteraturhistorieämnet som präglade den samtida tyska romantikforskningen.

Den ursprungligare filosofiska begåvningen av de två hade Albert Nils-son. Han står också som den egentlige grundläggaren av en svensk idéhisto-risk litteraturforskning.

Filosofen Johan Jacob Borelius hade på 90-talet vid upprepade tillfällen

— men förgäves — kämpat för estetikens förstarangsplats inom det ämne som hette estetik, konst- och litteraturhistoria. Han skulle ha glatts i sin himmel, om han fått veta, att estetiken på nytt kommit till heders, i och med att Albert Nilsson år 1909 utnämndes till docent i estetik. Doktorsavhandlingen som gav honom docentur handlade om den franske filosofen och estetikern Guyau, förkunnare av en framtidens irreligion, där det estetiska livet tänktes komma att ersätta det religiösa.

I följd av traditionen för fattiga studiosi från västkusten, men också av personlig läggning, hade Albert Nilsson ursprungligen avsett teologin som sitt studium. Men det Lund han kom till i seklets begynnelse var en miljö för sökare och tvivlare, det var Hans Larssons och Bengt Lidforss stad, där den unge Vilhelm Ekelund var den uppburne diktaren. Albert Nilsson kom att lära känna dem alla; han hörde till ett matlag, där det fanns två utpräglat radikala intelligenser: Ernst Wigforss och Ivan Pauli. Själv var han son av en skeppare, blev tidigt faderlös och hade efter folkskola en tid arbetat som stenhuggare; han ansåg sig med viss rätt vara en av tidens få akademiker med klart proletärt ursprung. Som arvslott från karga uppväxtförhållanden hade han tuberkulosen som ständig följeslagare i livet.

Han började med studier i filosofiska fakulteten. Efter en preliminär teologisk examen fortsatte han inom de filosofiska och litteraturhistoriska disciplinerna. Av Ewert Wrangel — Schücks efterträdare på litteraturhistorieprofessuren med Tegnér som ett av sina huvudintressen — fick han som ämne för en uppsats Tegnérs förhållande till Schiller. Uppgiften ledde honom till ett närmare studium av Tegnérs filosofiska och estetiska ståndpunkt i ljuset av tysk nyhumanism och tysk filosofisk idealism. En termin vistades han vid Berlinuniversitetet, där han bl a hörde Friedrich Paulsen föreläsa om Schopenhauer. Liksom alla sina filosofiskt intresserade jämnåriga tog han intryck av Friedrich Albert Langes i nykantiansk anda skrivna Geschichte des Materialismus.

Albert Nilsson kom aldrig att skriva någon materialismens historia men väl den svenska idealismens litterära historia. Verket heter Svensk romantik, den platonska strömningen, och kom ut 1916. I detta arbete, framsprunget ur föreläsningar, följer han det platonska, nyplatonska, och schellingianska tankemönstret hos den svenska romantikens diktare, från Kellgren, Atterbom, Stagnelius och Tegnér fram till Viktor Rydberg. På ett självständigt sätt tillgodogör han sig uppslag från modern Platonforskning från tysk idéhistoria och romantikforskning från män som Windelband och Walzel. Det är med detta verk som han introducerat den idéhistoriska tolkningsmetoden i svensk litteraturvetenskap och samtidigt lagt grunden för senare generationers romantikstudium.

Det hör till universitetskulturens offerväsen att en man som Albert Nilsson, med sin utpräglade forskarbegåvning, inte kunde ges möjligheter att stanna vid akademin. Efter docentåren fick han pröva andra banor, som lärare och som tidningsman i Segerstedts liberala Handelstidning. Genom en kallelse till en personlig professur, tillkommen bl a på vännen Wigforss initiativ, återbördades han omsider till Lund; när Böök lämnat den ordinarie professuren övergick Albert Nilsson till denna tjänst. Återfall i tuberkulosen, tvingade honom till upprepade sanatorievistelser.

Han arbetade med nya idéhistoriska uppgifter. I syfte att klarlägga Stagnelius idévärld i dess olika utvecklingsfaser utformade han en metod att datera diktmanuskripten med hjälp av handstilens förändringar. Resultaten gav en delvis ny bild av den svenske romantikern; själva metoden har kommit till användning också i senare manuskriptstudier. Från Stagnelius återvände Albert Nilsson till Tegnér, både i boken Tre fornnordiska gestalter och i en avslutande, polemisk skrift om Tegnérs filosofiska och estetiska orientering.

Men hans tid blev kort. Hans elever har samfällt vittnat om det intryck han gjorde som lärare; i sin sköra kroppshydda representerade han något av romantikens ideal av "die schöne Seele".

Den lundensiska litteraturvetenskapens tradition fördes vidare av Fredrik Bööks och Albert Nilssons elevgeneration. Estetiska, psykologiska och allmänt filosofiska problemställningar präglar det originella verk som en av dem, Olle Holmberg, på 20-talet gav ut med titeln Inbillningens värld. Med uppslag från många håll, från kantiansk filosofi, från tysk kulturpsykologi, från Nietzsche, Freud och Kretschmer, från Croces konstlära och Bergsons filosofi byggde han upp en estetik på egen hand. Bland de nya begrepp han införde var termen "fiktionskaraktär", som beteckning för diktverkets autonoma värld; begreppet pekar fram mot nykritikens 1950-tal.

I sitt litteraturvetenskapliga författarskap koncentrerade han sitt intresse kring enskilda författarinsatser, som han belyste psykologiskt, idéhistoriskt, tidshistoriskt. Hans forskningsområde sträckte sig från Voltaires och Karl Gustaf Leopolds upplysningstid över romantiken med diktare som Almqvist, Stagnelius, Viktor Rydberg och Fröding in i hans egen samtid. Åt alla de nämnda diktarna ägnade han föreläsningsserier och omsider böcker. Leopold och hans tid skildrade Olle Holmberg i ett verk om inte mindre än fem volymer — kanske tänkt som en modern motsvarighet till Gustaf Ljunggrens Svenska vitterhetens hävder. Han stod litterärt och personligt nära sin egen generations Lundaförfattare och skrev intima litterära karakteristiker av bl a Sigfrid Lindström, Frans G. Bengtsson och Hjalmar Gullberg. Som den förste professorn i litteraturhistoria i landet införde han i undervisning och läskurser också den samtida litteraturen, som han hade anledning att följa också i egenskap av flitig recensent i DN.

Hans sensibilitet, uppslagsrikedom och kvickhet präglar också essäer och
tankeböcker; essän utformade han till en personlig konstart. Skratt och all-
var heter en samling, där redan titeln ger spelrum åt sin författares motsats-
fyllda natur, en natur som inte utan konflikter lät sig infogas i det universi-
tetspedagogiska systemet. Genom sin ironiska grundhållning, sin talang för
understatement och sin distanserande stilkonst kom han under sina docent-
år på 1920- och 30-talet att gälla som typisk representant för vad som den
gången kallades "Lundaskepticismen". Men han demaskerade sig inför det
nazistiska mörkerväldet som en kompromisslös motståndsman: han blev en
av dem som i handling och skrift outtröttligt bekämpade nazismens medlö-
pare inom och utanför universitetet, han organiserade hjälpaktioner för
nordiska vetenskapsmän och diktare i tyska fängelser och koncentrationslä-
ger. Det var också på hans personliga initiativ som en representant för "det
andra Tyskland", Thomas Mann — den samtida författare som han sanno-
likt satte högst av alla — utnämndes till hedersdoktor vid Lunds universitet
efter andra världskrigets slut.

Den ökade tillströmningen av studenter till olika stadier, från kandidat- till doktorandnivå, motiverade att litteraturprofessuren på 1940-talet dubblerades. Omfattningen av ämnesområdet anfördes som skäl, då en tredje professur inom ämnesområdet år 1970 inrättades med beteckningen litteraturvetenskap, särskilt dramaforskning.

Förste innehavaren av den 1948 dubblerade professuren i litteraturhistoria med poetik blev Algot Werin. Hos honom sammansmälte harmoniskt — liksom i en tidigare generation hos Hans Larsson — arvet från ett agrart samhälle med en urban akademisk bildningstradition. Vid Olle Holmbergs sida förde Werin den lundensiska litteraturvetenskapens talan på en mer betänksam, solid grund.

Hög notering i hans vetenskapliga bibliografi har Carl Jonas Love Almqvist, vars utveckling till realistisk författare med liberala politiska sympatier han följde i sin doktorsavhandling. Men de dominerande namnen i förteckningen över hans produktion är Goethe, Vilhelm Ekelund och Tegnér. Redan på 1920-talet redigerade han en av slutvolymerna i Wrangel-Bööks Tegnérupplaga. I sin egen första stora Tegnérbok följde han diktarens utveckling under Lundaåren, från Det eviga till Mjältsjukan; resultaten redovisade han steg för steg under docentårens föreläsningar. Först som emeritus fullbordade han en heltäckande skildring av Tegnérs diktarliv i två volymer. Fortfarande är det diktarens inre utveckling han i olika faser följer, i diskreta uppgörelser med de två främsta tidigare Tegnérforskarna, Georg Brandes och Fredrik Böök.

Någon fullständig Skånes litteraturhistoria — som han en gång planerade — kom han aldrig att skriva; en mellanperiod av hans liv fylldes av praktiska värv, med förläggarverksamhet vid det vetenskapligt inriktade Gleerups förlag. Men åtskilliga större och mindre studier inom den lokala ämnessfären fullbordades: han skrev om Ernst Ahlgren, om Ola Hansson och om sin egen generations sydsvenska diktare.

Hans andra magnum opus blev de två volymerna om Vilhelm Ekelund, en diktare som stammade från samma Ringsjöbygd som han själv, en diktare som var både skåning och europé, i ständig dialog med den stora europeiska tradition, där både Goethe och Nietzsche hörde hemma. Bland Ekelunds valfrändskaper stod Algot Werin närmast Goethe, en volym om Goethes lyrik hör till hans sena verk, ännu ett försök att skriva ''alte ehrliche Literaturgeschichte''. För den teoridebatt och för de metodiska motsättningar, som skulle framträda i en senare generation av lundensiska litteraturforskare hade Werin föga sinne. Hans insats är inskriven i den tradition, som titlarna på två av hans essäböcker betecknar: svensk idealism och svenskt 1800-tal.

De snabbt accelererande förändringarna inom humaniora — gällande både forskningsområden och metodiker — som ägt rum under efterkrigsepoken, faller utanför ramen av en övervägande historisk framställning som denna. Det får här räcka med en antydan, om att i litteraturvetenskapen nya synvinklar och metodiker utvecklats bl a i samspel med sociologi och kommunikationsvetenskap. Från att ha varit koncentrerad kring biografi, psykologi och idéhistoria har litteraturhistorien förvandlats i takt med att först verkbegreppet och senare textbegreppet kommit att dominera. Vad litteraturvetenskapen vunnit i terminologisk och metodisk stringens, har den — liksom andra humanvetenskaper — stundom riskerat att förlora i allmän tillgänglighet och i bildningsvärde.

Konstvetenskapen, eller som ämnet på 1920-talet, då det fått en självständig ställning vid universitetet ännu hette, konsthistoria med konstteori, fick i generationen efter Ewert Wrangel sin främste representant i Ragnar Josephson, utnämnd till professor 1929. Han hade sina studieår i Uppsala, där han sökte sig till 10-talets livaktiga estetkretsar. Genom en av sina lärare i konsthistoria fördes han tidigt in i Heinrich Wölfflins lära om konstens formala element. Den blev vägledande för mycket av hans forskning och undervisning.

Sin installationsföreläsning i Lund höll han över ämnet Den romerska andan i svensk konst. Titeln anger ett viktigt tema i hans forskningar ända fram till de två magnifika volymerna om Sergels fantasi och biografin över Ehrensvärd. Han hade börjat som arkitekturhistoriker och bland annat studerat stadsbyggnadskonstens historia både i sin hemstad, Stockholm, i Rom och i Paris, två utflyktsmål under mellankrigsårens resor. Barockens slottsbyggnadskonst var ämnet i de böcker, där Nicodemus Tessin var huvudfiguren; också andra arbeten om den praktälskande barocken och dess estetik hör till tiden i Lund.

Som akademisk lärare hade han ambitionen att på olika sätt konfrontera sina elever med nuets skapande konstliv. Han ville bryta med den ensidigt kammarlärda traditionen för att ge insikter i det konstnärliga arbetets villkor och väsen. Han skolade sina elever i aktuell utställningsteknik genom att låta dem tjänstgöra vid det till institutionen knutna Skånska konstmuseum. Själv stod han i förtrolig kontakt med sin samtids målare och skulptörer. I deras ateljéer studerade han förarbeten och skisser till de fullbordade verken; på sina seminarier tog han med förkärlek upp temat om konstverkets födelseprocess i anknytning till konkret material.

Det blev underlaget för det sammanfattande verket Konstverkets födelse, utgivet det ominösa året 1940. Han hade utarbetat en formanalytisk metod för att kunna följa etapperna i den konstnärliga skapelseprocessen. Utvecklingstanken, den stora kategorin i 1800-talets naturvetenskap, har han överfört till det andliga livets område. Men den positivistiska, deterministiska filosofin har övervunnits; Bergsons tankar om den språngvis ska-

Ragnar Josephsson i talarstolen i det av honom skapade konstmuseet, Arkiv för dekorativ konst.

pande processen har byggts in i schemat. En slutprodukt av Josephsons studier blev det skissernas museum, Arkiv för dekorativ konst som han byggde upp och inom vars väggar han samlade förarbeten och utkast till monumentalkonst, från Sverige, det övriga Norden och Europa, främst Frankrike.

Den konstnärliga akten, fattad som ett stycke heroiserat liv fängslade honom, liksom den geniala personligheten. Han var inte själv främmande för den stora, teatraliska gesten. De dramatiska intressena och det sceniska engagemanget förde honom under några år, då han tagit tjänstledigt från sin professur, till chefskapet för Dramatiska Teatern. Efter en tid i huvudstaden återvände han till Lund och fortsatte i sina roller som forskare, museiman, och undervisare. Vid sidan av Hans Ruin var han den siste paradföreläsaren vid universitetet som från sin kateder med effektfull retorik och mäktiga röstresurser trollband en stor publik. Han var en för alla bekant gestalt på stadens gator, i sin magnifika blå paletå avmålad av konstnären

284

Johan Johansson. ''Som en rundbågekyrka med skämtsamma skulpturer på pelarna'' skildrar honom Sigfrid Lindström, med en arkitekturhistorisk metaforik som fångar något av det yviga och yverborna i hans uppenbarelse. Sin sista bostad i Lund hade han i sena år i samma hus där Strindberg bott under sin guldmakarperiod på 1890-talet.

En gästroll bland lundensiska estetiker, litteraturvetare och konstvetare spelade Hans Ruin under det decennium, då han innehade en befattning som nordisk docentstipendiat, senare utbytt mot en personlig forskartjänst. Han kom från Helsingfors, där Yrjö Hirn varit hans lärare i estetik. Under tidiga resor i mellankrigstidens Europa, i expressionisternas och Ludwig Klages Tyskland, i Bergsons och abbé Bremonds Frankrike präglades hans typ av europeisk intellektuell. I Finland hade han kontakter med unga författargenerationer; under det finska vinterkriget och fortsättningskriget fick han uppgifter som sitt lands officiella kulturrepresentant, som kontaktman med utländsk press med täta föreläsningsresor till Sverige.

Sedan han vid mitten av 40-talet hamnat i Lund blev han en av universitetets mest uppburna föreläsare. Från när och fjärran strömmade lyssnare till. Den finlandssvenska dialekten, det personliga tonfallet, det levande bildspråket gav extra behag åt de fantasieggande ämnen han valt att tala om: den moderna konstens psykologi, poesins uttrycks- och verkningsmedel, de estetiska stämningstyperna, pionjärer i finlandssvensk 1900-talsdikt, och Henrik Ibsens konstnärskap. Ur teman i hans konstnärligt utarbetade föreläsningar växte en rad böcker fram: I konstens brännspegel, Den mångtydiga människan och det verk som han betraktade som sin slutgiltiga estetiska summa: Det skönas förvandlingar. I den lundensiska traditionen från Hans Larsson, Albert Nilsson, Ragnar Josephson och Olle Holmberg, som burit upp estetikstudiet, utgjorde han en sista länk i kedjan. Hans magnum opus, Poesiens mystik, hörde visserligen till ett tidigare skede av hans verksamhet. Men den upplevde under Lundaåren en andra, reviderad upplaga, där han förde fram perspektiven — de skönlitterära och vetenskapliga — till samtida nivå. Med sin estetiska sensibilitet, och sin framtoning av soloartist var han en av de sista av det skönas kavaljerer. Som benådad föreläsare hade han den sällsporda förmågan att förmedla den estetiska upplevelsen — som för honom innebar både samling och rening, katharsis — till nya lyssnare. Han gjorde det på ett sätt som gav de unga intryck inte bara för stunden utan för livet.

Inom den estetiska ämnesgruppen har musikhistorien bara under kortare perioder haft ordinarie företrädare vid universitetet. Fackets förste representant var Tobias Norlind, som mellan 1909 och 1919 var docent i den originella kombinationen litteratur- och musikhistoria. Han tillhörde den begåvade brödrakrets, där också Ernst och Arnold Norlind ingick, den förre konstnär, författare och herre till Borgeby, den senare geografihistoriker och Dantekännare.

Av Tobias Norlinds hand föreligger en kursförteckning i musikhistoria och musikteori från 1914. Den upptar verk ur tysk och svensk musikvetenskap, böcker av Riemann och Kretzschmar, men också av honom själv; de första vetenskapliga försöken till svensk musikhistoria har Norlind som upphovsman. Sina musikhistoriska studier hade han bedrivit utomlands, i Leipzig och München. Han slutade sin bana som lärare i musikhistoria och estetik vid musikkonservatoriet i Stockholm, där han fick professors titel.

Sina föreläsningar i Lund brukade han hålla i kapellsalen. De kunde röra sig om 1800-talets musikhistoria, och om dess ledande gestalter, om Beethoven eller om Wagner som diktare och musiker. Samtidigt föreläste han om svensk folkdiktning från medeltid till 1800-tal. Den folkliga dikten och kulturen fick samtidigt en mer originell utforskare och ämnesföreträdare i Carl Wilhelm von Sydow, docent och efter hand innehavare av en personlig professur i nordisk och jämförande folkminnesforskning, en av sägenforskningens internationella pionjärer. På hans föreläsningsrepertoar stod nordisk folkvisa, europeisk medeltidsdiktning och folksagosystematik.

I gränsområdet mellan litteraturhistoria, estetik, filosofi, psykologi och pedagogik hörde John Landquists insatser hemma. I studieårens Uppsala, med dess efterboströmianska och hägerströmska tankeklimat kunde han aldrig få akademiskt fotfäste. I tidiga år hade han farit till Paris för att lyssna till Henri Bergson som han var med om att introducera i Sverige; i Wien hade han besökt Sigmund Freud, vars Drömtydning han översatte; han spelade rollen som introduktör också av Heinrich Rickerts historiefilosofi och Wilhelm Diltheys hermeneutik. Med Hans Larssons Lund hade han tidiga kontakter och sökte följdriktigt professuren efter denne år 1927, visserligen utan hopp att få den, men — enligt hans eget citat från Strindbergs Ett drömspel — ''som en liten distraktion''. Trots en betydande litteraturhistorisk produktion — om bl a Fröding och Geijer — avstod han från att anmäla sig, när litteraturprofessuren blev ledig. Men vid mitten av 1930-talet gjorde han ett nytt försök. Nu gällde det Axel Herrlins ledigblivna professur i psykologi och pedagogik. ''Vill man som bergsonian pröva livets karaktär av oförutsebarhet och som romantiker eller bara som älskare av sensationer dess drag av äventyr, så bör man delta i en professorskonkurrens'', skrev han till en god vän; denna gång lyckades — efter ett överklagande — manövern.

Sin installationsföreläsning utgav han vid sidan av sin provföreläsning i en liten volym, som snart blev kursbok i hans ämne. Boken hette Själens enhet. Titeln signalerar ett program, riktat mot den föråldrade associationspsykologin. Sina tankar om helhetssträvan i allt medvetet liv anknyter han till tysk gestaltpsykologi. Han utreder i boken skillnaden mellan tre huvudformer av psykologisk forskning: den experimentella, den medicinska och den humanistiska. Det är som den humanistiska psykologins talesman han själv framträder.

På Landquists högstadieseminarier rådde en positiv och generös anda. Han hade förmågan att förlösa skapande impulser hos sina unga elever, liksom han tidigare — som kritiker — haft samma förmåga visavi en rad av det unga 1900-talets författare. Av hans elever under hans tio professorsår i Lund blev inte mindre än åtta omsider professorer i de båda ämnen, som hans tjänst omfattade, psykologi och pedagogik. Den professur han innehaft klövs under efterträdarens tid i tre: en i psykologi, en i pedagogik och pedagogisk psykologi, dessa båda senare överflyttade till samhällsvetenskapliga fakulteten, och en tredje i praktisk pedagogik, placerad vid lärarhögskolan i Malmö.

Själv hade John Landquist under Lundaåren sin närmaste kontakt med kollegerna inom de estetiska disciplinerna: med Olle Holmberg, Hans Ruin och Ragnar Josephson. Han kunde inte konkurrera med någon av dem som föreläsare. "Han förbröt sig som akademisk lärare mot alla grundläggande klassrumspedagogiska regler", konstaterar en av hans elever som tillägger: "Men hans enorma bildning och engagemang fascinerade och fick auditoriet att gripas av hans framställning".

Landquists produktivitet förblev oförminskad ännu under emeritåren. Han återvände då till Stockholm och till journalistiken. Titeln på hans sista skrift markerar ett tema som genom livet förblev centralt för honom. Boken heter Tankar om den skapande individen.

I den efter Landquists tid följande utvecklingen har psykologiämnet i Lund fått en inriktning mot en dynamiskt betonad, experimentell personlighetsforskning. Perceptionspsykologiska studier har kommit i förgrunden. Med utvecklande av sinnrika tekniker — snabba exponeringar av neutrala eller hotande bilder — studeras och tolkas de förmedvetna stadierna i perceptionen. Metoderna som illustrerar försökspersonernas verklighetsuppfattning och försvarsmekanismer har fått vid klinisk tillämpning. Psykologisk och psykiatrisk forskning har gått hand i hand och har hälsats som en broslagning mellan två ämnen och två fakulteter.

Humanistiskt credo

Under första världskrigets sista år, innan ännu vapenstilleståndet i november 1918 slutits, firade universitetet, en smula i skymundan, sitt tvåhundrafemtioårsjubileum. Av gäster från det krigshärjade Europa kom endast en till tals, från det land, Tyskland, och den stad, Greifswald som universitetet

länge i det förflutna haft de tätaste förbindelserna med. Däremot fick fest-
ligheten markerad skandinavisk prägel, genom representanterna från Dan-
mark, Norge och Finland. Vid högtiden i domkyrkan — där utom kungliga
gäster också en rad statliga representanter med statsministern Edén i spet-
sen var närvarande — hölls det stora talet av Lundauniversitetets rektor och
främste retor, Johan C.W. Thyrén. Han hade valt att belysa en frågeställ-
ning, som Rousseau en gång grubblat över och som kriget aktualiserat:
"Huru förhåller sig vetenskapens framåtskridande till mänsklighetens?"
Talet mynnade ut i oroande spörsmål; han varnade för att domen över tide-
varvet skulle bli "för mycket teknik och för litet kultur".

*Ännu ett akademiskt tvillingpar: Hjalmar Gullberg och Ingvar Andersson inskrivna
på samma dag i nationsmatrikeln i Malmö nation.*

Med förhoppning om humanioras och humanismens segrande kraft i ett
kommande Europa instiftades i samband med själva universitetsjubiléet
det Kungliga Humanistiska Vetenskapssamfundet. Ända sedan 1700-talet
fanns i Fysiografiska Sällskapet en sammanslutning som hade på sitt pro-
gram naturvetenskaplig och medicinsk forskning. De humanistiska discipli-
nernas frammarsch under 1800-talet och tidigt 1900-tal bildade en naturlig
förutsättning för inrättandet av ett likartat samfund på de humanistiska ve-
tenskapernas bas. Upphovsmannen till idén var Ewert Wrangel, då ännu
professor i det odelade ämnet estetik, konst- och litteraturhistoria; samfun-
dets förste ordförande blev Esaias Tegnér d y och dess förste sekreterare den
klassiske arkeologen Martin P:son Nilsson. I sitt anförande på stiftelsedagen
betygade han sin orubbade tro på den humanistiska forskningens framtids-
möjligheter.

Syftet med det nya samfundet var dubbelt: dels att stimulera till veten-
skaplig publiceringsverksamhet i en Acta-serie, dels att återknyta forskar-
kontakterna i Efterkrigseuropa när gränserna nu åter öppnats. Redan 1920
kom Ulrich von Wilamowitz-Moellendorff från Berlin för att föreläsa om

Hellenentum und Antike. Från samma stad kom Adolf von Harnack och Herrman Diels, båda religionsforskare. Från Berlinuniversitetet kom konsthistorikern Wilhelm Pinder, från Paris språkvetaren Antoine Meillet, från Rom religionshistorikern Franz Cumont, från Basel germanisten Andreas Heusler, från München medeltidsforskaren Paul Lehmann. Efter andra världskriget har samfundet gästats av bland andra Jean Festugière, religionsforskare från Paris, Kemp Malone, lingvist från Baltimore, Thomas Mann från sin nya hemort Zürich och Louis Hjelmslev, den strukturalistiske språkforskaren från Köpenhamn.

Genom åren har lundensiska forskare gärna presenterat tidiga resultat av nya forskningar i Humanistiska Vetenskapssamfundet, antingen i form av föreläsningar eller som skrifter i dess publikationsserie. Det kan räcka med tre exempel. Det var i Carolinasalens kateder som Axel W. Persson år 1926 redogjorde för sin utgrävning av kupolgraven i Dendra. Det var på samma plats som Anders Nygren år 1930 talade om den medeltida världsåskådningen och agape-tanken. Det var också här som Ragnar Josephson år 1940 föreläste om sitt paradämne, Konstverkets genesis.

Som en kompletterande, i förstone konkurrerande, syskonorganisation stiftades år 1920 den lundensiska Vetenskaps-Societeten. Initiativtagarna var tre yngre vetenskapsmän, docenterna Jöran Sahlgren, Herbert Petterson och Wilhelm von Sydow, representerande vart och ett av de tre ämnena ortnamnsforskning, indoeuropeisk språkforskning och folkminnesforskning. Syftet var att skaffa en mötesplats och en publikationsserie främst för de yngres, de "obefordrade vetenskapsidkarnas" grupp. Det stadgades att ingen fick inväljas som ordinarie ledamot efter 55 års ålder; därigenom garanterades en ständig föryngring. Också Vetenskaps-Societeten har genom sin verksamhet i hög grad bidragit att stimulera den humanistiska forskningen och kontakter inom och utanför forskarsamhället. Vid sidan av en ordinarie skriftserie med hittills ett åttiotal nummer har en särskild publikationsserie etablerats, Skånsk senmedeltid och renässans, med syfte att kartlägga den ursprungligen danska kulturmiljö, ur vilken städer, kyrka, kloster och universitet en gång vuxit fram.

Naturvetenskapernas nittonhundratal

Lunds universitet hade under 1800-talet vunnit sitt renommé främst som en humanismens högskola.

Naturvetenskaperna och medicinen kommer i förgrunden under 1900-talet; dominerande, forskningsmässigt och numerärt, blir dessa discipliner inte förrän efter andra världskriget. Det är effekten av en kunskapsrevolution av större mått än kanske någon tidigare i historien. Den har inneburit förändringar i grundbegrepp och metodiker och har lett fram till det samhälle, där kärnklyvning, DNA-teknik, laserstrålar och datorer förvandlat vår värld.

Den teknologiska revolutionen markeras för Lunds del av uppbyggnaden av en Teknisk Högskola. Den invigdes som en självständig organisation år 1965 och införlivades tre år senare i universitetet som en teknisk fakultet. Inom denna drivs naturvetenskaplig grundforskning, tillämpningsforskning och ingenjörsutbildning sida vid sida; flera institutioner är gemensamma för matematisk-naturvetenskapliga och tekniska fakulteterna.

Ett nytt steg i den forna akademiska bondbyns utveckling är planläggningen av en forskarby, i nära samarbete med svensk industri. Förebilden för denna forskarby, döpt till Ideon, är de Research Parks — typ Silicon Valley — som vuxit fram i USA och England i syfte att integrera utvecklingsarbete inom forskning och företag. Det får bli en uppgift för framtidens historiker att skildra resultatet.

Vad som på följande sidor ges är endast några nödtorftigt fragmentariska bilder ur den lundensiska matematikens och naturvetenskapens 1900-talshistoria.

Den rena matematikens ställning hade under 1800-talet varit svag. Den excentriske Hill hade inte kunnat samla någon egentlig elevkrets till sina ofta för studenterna halvt obegripliga föreläsningar. Själva undervisningsläget förbättrades, då seminarieformen infördes, först på Matematiska Föreningens initiativ och i dess regi. Ett regelbundet inslag i universitetsundervisningen hade matematikseminarierna blivit från 1874, då Emanuel Björling utnämndes till Hills efterträdare. Hans vetenskapliga område var rymdgeometri och plangeometri; hans lärobok i det senare ämnet från 1890 användes i undervisningen inom hela Norden ända fram till 1920-talet.

Extra ordinarie professor i mekanik och matematisk fysik var på Björlings tid Victor Bäcklund, mer betydande som vetenskapsman. Sin doktorsavhandling hade han skrivit inom astronomi; hans vetenskapliga arbeten är dels matematiskt-fysiska, dels rent matematiska. De resultat han nådde inom de partiella differentialekvationernas teori har kallats den viktigaste insatsen i den dåtida matematikens utveckling i Sverige; för en särskild klass av transformationer har hans namn tagits i anspråk: "Bäcklundtransformationer".

Också inom den senare Lundamatematiken kan man inregistrera en rad märkliga öden och insatser. En av de unga docenterna, Anders Wiman, hade fått sin första matematiska inriktning i den lundensiska geometriska skolan. Hans avsikt att söka en professur i Lund — när tjänsterna dubblerats — stäcktes genom en remarkabel händelse. Den docent som fått förtroendet att lämna in hans ansökningspapper glömde bort det hela eller tog fel på dagen; ansökan kom aldrig in. Wiman blev snart efteråt professor i Uppsala, satte upp som visitkort utanför sin dörr: Anders Wiman, fil kand, Lund, och återvände till studiestaden som emeritus, fortfarande med samma visitkort på sin dörr.

Professor i matematik blev en endast tjugosjuårig dansk matematiker, Niels Erik Nørlund. Han hade kommit till Sverige som Mittag-Lefflers protegé och var designerad att bli direktör för Mittag-Lefflerinstitutet i Stockholm. Det visade sig vid grundarens död, att det saknades medel för tjänsten. Nørlund sökte sig då i stället till Lund. Hans utnämning till professor slår en brygga över två sekler; sedan universitetets första årtionden hade ännu ingen dansk medborgare blivit professor i Lund. Med kort tids mellanrum blev nu först Nørlund, sedan den danske religionshistorikern Edvard Lehmann utnämnda. Nørlunds specialområde var differentialekvationer och speciella funktioner; under lång tid stod han som utgivare av Acta matematica. Efter ett decennium i Lund återvände han, 1922, som professor i matematik till Köpenhamn.

Som kollega i Lund hade Nørlund Torsten Brodén, liksom företrädaren Björling inriktad mot geometriska problem men också mot matematisk-filosofiska frågor. Om hans namn blivit ihågkommet av den alltid glömska eftervärlden, beror det mindre på några matematiska bragder än på hans vänskap med Strindberg. Han kombinerade matematisk och musikalisk begåvning och hörde till Strindbergs musikumgänge under dennes Lundatid. I Ockulta Dagboken antecknar Strindberg 1 juni 1897 på aftonen ''Brodén spelade Beethovens D-mollsonat. På denna D-mollsonat byggde jag sedan Brott och Brott''. En annan gång framförde han i samma krets det Beethovenstycke, som Strindberg kallade Spöksonaten, namnet senare begagnat som titel på ett av Kammarspelen.

I nästa generation hette de två ledande Lundamatematikerna Nils Zeilon och Marcel Riesz. Den förre arbetade på de partiella differentialekvationernas område; bland annat gav han en komplett analys av den dubbla ljusbrytningen i en kristall, ett problem som ställts av den italienske matematiska fysikern Volterra. Lösningen har betecknats som en matematisk prestation av högsta klass.

Marcel Riesz var till börden ungrare, yngre broder till den som matematiker väl ännu mer kände Fredric Riesz. Till Sverige hade han kommit 1910, också han på ett stipendium till Mittag-Lefflerinstitutet. Han var specialist på teorin för serier och därmed sammanhängande problem men vidgade senare sitt intresseområde över andra fält. Tillsammans med en av förgrundsfigurerna i den europeiska 1900-talsmatematiken, G.F. Hardy i Cambridge, utgav han 1915 en berömd skrift, The General Theory of Dirichlet's series.

Riesz var en matematiker av kontinentalt snitt med många kontakter i Europa och USA; efter att ha blivit emeritus tillbragte han tio år som research professor i Förenta Staterna. Som ensamstående bildad herre levde han främst i och för sin vetenskap, en stimulerande lärare för avancerade elever. Till dem hörde i nästa professorsgeneration Gårding och Hörmander. De har tacksamt erkänt vad de lärt av Riesz dynamiska genius, inte minst genom att lyssna till vad han hade att meddela muntligt, under livliga samtal på bruten svenska, yvigt gestikulerande på stillsamma Lundagator. Marcel Riesz är ett bland flera lysande exempel på den stimulans, som den lundensiska miljön — med småstadsuniversitetets risker för vetenskaplig inavel och stagnation — har tillförts genom forskare av främmande blod och härkomst.

Nästa revolution inom matematikens fält som stod för dörren hade mera med teknisk utveckling än med matematisk teori att göra. Den första elektroniska datamaskinen i Lund färdigställdes 1956. Det fanns tidigare endast en i landet; den hade förkortningsnamnet BESK. Dess motjé i Lund fick det ur lundalynnets synpunkt lämpligare namnet SMIL; den hade 2 000 elektronrör och en kapacitet av 10 000 operationer per minut men hör sedan länge till historien. En laboratur i numerisk analys tillkom, år 1965 förvandlad till professur. Den nya informationsteorins och den nya informationsteknikens tidsålder var inne. Datorerna gjorde sitt intåg på bred front.

I astronomi hade Charlier år 1929 efterträtts av Knut Lundmark, norrlänning till börden liksom företrädaren. Lundmarks astronomiska forskning gällde bland annat de främmande vintergatornas natur och deras kosmologiska ställning. Redan under studieåren i Uppsala företog han forskningsresor till Mount Wilson-observatoriet i USA. Bland de metoder han utnyttjade för att kunna bestämma avstånden i rymden var observationer av de uppflammande nya stjärnorna, så av de elva novae i Andromedagalaxen, vid denna tid föremål för många astronomers intresse. I åratal arbetade han jämte sina medarbetare på en omfattande katalog över galaxer och stjärnhopar, en generalkatalog som han dock aldrig hann fullborda. Lundmarks studier av novans fenomen förde honom också till astronomihistoriska strövtåg, bland annat till Tycho Brahes motsvarande observationer. Han lanserade hypotesen att den stjärna som ledde de vise männen (eller enligt den senaste Bibelöversättningen stjärntydarna) till Jesu krubba skulle varit en nova.

I sin ungdom politiskt radikal och beundrare av Bengt Lidforss, bekände han sig under en senare fas av livet till en av kosmisk religiositet präglad livsinställning. För att sprida kunskap om astronomins kosmiska perspektiv och astronomins historia författade han vid sidan av vetenskapliga verk en

Det nya observatoriet på Jävan på Romeleåsen.

lång rad populärvetenskapliga böcker med fantasieggande titlar av typen Det växande världsalltet, Livets välde och Nya himlar. Bland hans många läsare var Harry Martinson en. I Martinsons astronomiska dikter om Tycho Brahe som skådar i tuben mot en slocknande nova, om ett besök på ett observatorium, där avlägsna nebulosor fångas i stjärnkikarens fokus eller om Aniaras färd i kosmos har den svenske diktaren kunnat bygga vidare på impulser från Lundmark. Om dennes internationella anseende vittnar, dels att en sida i Tatons Histoire générale des sciences, ägnats åt hans insats, dels att en nyupptäckt planet — visserligen en småplanet — uppkallats med namnet Lundmarka.

Det hade gått ett par hundra år sedan Spole med sina primitiva kikare gjorde de första astronomiska iakttagelserna från Lunds horisont i sin tornbyggnad vid Winstrupsgatan. Observatorieanläggningen vid Gyllenkroks allé blev på Lundmarks tid i behov av större och modernare instrument, speciellt en större reflektor. Samtidigt framställdes önskemålet om att upprätta en filial på en för observationer lämpligare plats. Så tillkom år 1965 det nya observatoriet på Jävan på Romeleåsen, med ett modernt spegelteleskop. Då var redan Lundmark ur tiden; en ny generation av astronomer stod i tur att fortsätta arbetet. Snart tvingade luftföroreningar och ljusförhållanden forskarna bort från Skåne. De nya Lundaastronomerna har huvudsakligen förlagt sina observationer till Södra halvklotet.

"Inom fysiken kom ljuset från Lund", skriver Sten Lindroth i sin historik över Uppsalauniversitetets tidiga 1900-tal. Han syftar på de två från Lund expatrierade fysikprofessorerna Wilhelm Oseen och Manne Siegbahn. Wilhelm Oseen var ursprungligen matematiker och blev en av banbrytarna inom den matematiska fysiken. Hans specialområde var hydrodynamik. Den klassiska teorin för vätskors rörelser hade visat sig leda till resultat som stred mot verkliga förhållanden. Oseen korrigerade teorin om vågrörelse i strömmar och angav metoden för att beräkna motståndet mot en kropps rörelser i en vätska. År 1909 blev han efter docentår och professorsförordnanden i Lund utnämnd till professor i mekanik och matematisk fysik i Uppsala.

Manne Siegbahn var docent vid Janne Rydbergs fysiska institution, hans vikarie och från och med 1920 hans efterträdare som professor. Den övervägande delen av Siegbahns produktion föll inom röntgenspektroskopin, främst den del som sysslar med mätning av våglängder inom röntgenspektra. Hans nykonstruktioner av röntgenrör och luftpumpar möjliggjorde en ökning av strålningsintensiteten vid experimenten. De spektrografer han uppfann för olika våglängdsområden tillät också större noggrannhet än tidigare mätningar. De fick betydelse för den förklaring av det periodiska systemet som den danske atomfysikern Niels Bohr vid denna tid var i färd med att utveckla

År 1924 lyckades Siegbahn visa optisk brytning av röntgenstrålning; hans upptäckter belönades med Nobelpris i fysik. Vid den tiden hade han sedan ett par år lämnat institutionen i Lund, dit dessförinnan många inhemska och utländska forskare funnit vägen. Han tillträdde efter kallelse motsvarande professur i Uppsala. Sedan han fått en personlig professur vid Vetenskapsakademien och blivit ledare för dess forskningsinstitut för fysik, byggde han upp landets modernaste institution för kärnfysikalisk forskning.

Den lilla Lundainstitution som han lämnade på 20-talet var trångbodd. Det andra världskriget fördröjde nybyggnadsplanerna; först 1950 stod en ny institutionsbyggnad färdig. Betydande materiella och personella resurser tillfördes den nya institutionen. Nya specialområden inmutades i snabb takt, bland dem atomspektroskopi med Bengt Edlén och kärnfysik med Sten von Friesen.

Förbindelserna mellan fysikerna i Lund och Köpenhamn hade varit livliga, alltsedan Niels Bohr med sitt uppmärksammade arbete om atomernas byggnad blivit professor och ledare för det köpennhamnska institutet i teoretisk fysik. Efter andra världskrigets slut fick Köpenhamn den erkända ställningen som nordiskt centrum för teoretisk fysik genom tillkomsten av den organisation som fått namnet Nordita. Den bildades med ekonomiskt stöd från samtliga nordiska länder; vid dess planläggning spelade Niels Bohr en huvudroll i nära samarbete med sin lundensiska vän och kollega, professorn i mekanik och matematisk fysik Torsten Gustafson.

Vägen från Lund till Uppsala beträddes under 1900-talets tidiga decennier inte bara av fysikerna Oseen och Siegbahn utan också av den mångsidigaste lundensiske forskaren på kemins område, Ludwig Ramberg, som där blev professor i organisk kemi. Han hade introducerat den fysikaliska kemin i Lund; han föreläste om och skrev en framställning av den kemiska analysens teori, där han tillämpade Svante Arrhenius dissociationsteori. Praktiskt arbetade han bl a med metoder för arsenikbestämning i samband med den statligt tillsatta arsenikkommissionen av 1915; bakgrunden var den pågående debatten om effekten av arsenikhaltiga färger i tapeter. I den dåvarande Kemisk-Mineralogiska Föreningen spelade han en huvudroll. Men i den lundensiska krönikan har han blivit mest bekant som en av de tre legendariska författarna till det mest lundensiska av alla spex, Uarda av 1908.

Få år efter det att Ramberg fått sin tjänst i Uppsala, dubblerades också i Lund kemiprofessurerna; vid sidan av oorganisk och fysikalisk kemi tillkom från 1924 en professur i organisk kemi. Efter 1950- och 60-talen skedde ytterligare utbrytningar, med bl a termokemi och biokemi.

Som ledande princip för utvecklingen inom naturvetenskaperna har länge gällt principen om differentiering i nya särområden. Inom kemiämnet i Lund blev processen i fortsättningen delvis en annan. Här skapades ett Kemicentrum i syfte att samordna grundforskningens och den tillämpade forskningens resurser. Kemicentrum utgör vid Lundauniversitetet det tidigast genomförda exemplet på en centrummodell.

Framväxten av institutioner av denna typ är på ett djupare plan typiska för en tendens inom nutida naturvetenskaplig forskning. Kemin, fysiken och biologin har i själva verket överskridit sina klassiska gränser. Mycket av det framtidsdigra arbetet sker inom de skiftande, odogmatiska ramarna för nya mellanområden med namn som mikrobiologi, molekylarbiologi och biokemi. Inom biokemin fick Lund en originell representant för den nyare tidens syntetiska begåvningstyp i Gösta Ehrensvärd, från år 1956 den förste professorn i ämnet.

Långt tillbaka, i en förhistorisk tid, ligger den epok då samtliga naturvetenskapliga ämnen kunde rymmas inom en enda byggnad, eller ännu längre tillbaka i en enda professur. Men genom en utvecklingens spiral, den nya helhetssynen på de fysiska, kemiska och biologiska processerna har vi trots allt i viss mening förts närmare den tid då alla ämnesområdena inneslöts under ett gemensamt begrepp.

Perioden 1914—30 var en tid, då kunskapen om mineral och bergarter — mineralogi och petrografi — befann sig i fruktbar utveckling. I Lund växte en mineralogisk-petrografisk institution fram. Viktigt blev inköpet år 1919 av ett röntgeninstrumentarium. På institutionens uppdrag konstruerade fysikern Manne Siegbahn ett för geologernas krav anpassat röntgenrör, senare känt som "Haddingröret".

Det var med hjälp av detta som Assar Hadding, från 1910-talet verksam vid institutionen, utförde sina kristallografiska undersökningar. Förtrogen med petrografisk metod från studieår i Heidelberg för en av dåtidens främsta geologiska auktoriteter, E.A. Wülfing, hade han tidigt insett de möjligheter som röntgenstrålning erbjöd för kristallanalys. Vid sidan av vad han uträttat inom röntgenkristallografi, faller hans främsta undersökningar inom den del av petrografin som avser de sedimentära bergarterna. Hans resultat finns dokumenterade i serien The Pre-quaternary Sedimentary Rocks of Sweden, utkommen under ett trettiotal år. Vid sidan av en petrografisk beskrivning av de undersökta bergarterna sökte sig Hadding fram till förståelse av bildningssätt och bildningsmiljö genom att analysera samspelet mellan oorganiska och organiska faktorer.

Institutionens samlingar flyttades — efter att ha fört en ambulerande tillvaro i olika hus — år 1930 till en modern institutionsbyggnad på Sölvegatan, gemensam för ämnena geologi och geografi. Själv spelade Hadding en organisatoriskt viktig roll i detta sammanhang, liksom allmänt inom studentvärld och universitetsvärld, först som Akademiska Föreningens ordförande, sedan som prorektor och rektor.

Som en följd av den allmänna upprustningen på den naturvetenskapliga sidan dubblerades geologiprofessuren kort efter andra världskrigets slut; den ena fick benämningen geologi, särskilt petrografi och mineralogi, den andra geologi, särskilt historisk geologi; en ytterligare differentiering inom ämnesgruppen skedde från år 1962.

I zoologiämnet blev David Bergendals efterträdare Hans Wallengren. Sina forskningar ägnade Wallengren åt protozooerna, de encelliga urdjuren. Han är vidare den förste som i Sverige införde fysiologin som ett led i undervisningen i zoologi; vid sidan av kurser i zoofysiologi ledde han kurser i ryggradsdjurens histologi.

Under Wallengrens ledning tillkom en ny zoologisk institutionsbyggnad, uppförd i kvarteret Helgonagård, färdig under första världskrigets år. För första gången fick de omfattande samlingar, som genom århundraden hopats, utrymme och pedagogisk exponering — inte bara Retzius och Sven Nilssons torvmossefynd av skelett och skelettdelar av uroxe och vicent.

Zoologiprofessuren dubblerades under Wallengrens tid. I nästa generation fick de två tjänsterna som innehavare Bertil Hanström och Torsten Gislén. Den förre studerade de ryggradslösa djurens anatomi och fysiologi och kom att i samband med tidens intresse för de inresekretoriska organen och hormonfunktionerna att alltmer inrikta sin forskning på hormonernas roll, bland annat i det stora verket Hormones in Invertebrates. Han företog forskningsresor i flera världsdelar och utövade ett omfattande populärvetenskapligt författarskap. Hans kollega, den mångsidige och uppslagsrike Torsten Gislén drev marinbiologiska undersökningar på västkusten, bl a i Gullmarsfjord med tagghudingarnas grupp som en specialitet. Det var Gislén, som införde begreppet och ämnet ekologi inom den lundensiska zoologins ram.

Marinbiologiska undersökningar har företagits dels vid Bohusläns kust, med utgångspunkt från Kristineberg, dels i Öresund, med startpunkt i Barsebäck. Namnen på de två undersökningsbåtarna är tecken på zoologernas traditionsmedvetande: den första döptes till Sven Nilsson, den andra, en 60-fotstrålare, till Bertil Hanström. Det sista fartyg, för vilket Lundauniversitetet stod som redare hade det passande namnet Carolina. År 1954 lämnade man Barsebäck och knöt den marinbiologiska undervisningen till Helsingör och dess marinbiologiska laboratorium, ytterligare ett exempel på det svensk-danska akademiska samarbetet i nutiden.

Differentieringen av forskningsfälten har inom zoologin förts vidare, närmast på trenne områden: strukturell zoologi, systematisk zoologi och zoofysiologi, vart och ett av de tre ämnena i nutiden med sin professur.

Också inom botaniken har differentieringstendensen varit ett utmärkande drag eller en utmärkande fas i utvecklingen. Banbrytande för det nya ämnet genetik och samtidigt för växtförädlingen i Sverige blev Herman Nilsson-Ehle.

Genetiken hade som vetenskap grundats av Gregor Mendel på 1860-talet. Men hans arbeten hade sjunkit i glömska och observerades inte förrän kring sekelskiftet. I Sverige introducerades Mendel liksom mutationsteorins upphovsman, de Vries, av Bengt Lidforss; från omkring 1910 fick ärftlighetsforskningen ett nytt ansikte genom kromosomteorin.

Med Nilsson-Ehles verksamhet började den tid, då de nya insikterna kunde teoretiskt bekräftas och omsättas i praktiken. Tidigt på 1900-talet hade han arbetat vid Svalövs utsädesförening som ledare för förädlingen av havre och vete. Jämsides med de praktiska försöken undersökte han de teoretiska förutsättningarna för växtförädlingen. Han lade fram de vetenskapliga resultaten i sin doktorsavhandling från 1909 om korsningar. Denna skrift, följd av en lång rad arbeten, förde honom till främsta ledet av tidens ärftlighetsforskare internationellt sett. Docent blev han samma år som han disputerade; till professor i fysiologisk botanik utnämndes han 1915. En personlig professur inom specialområdet ärftlighetslära inrättades tre år se-

Herman Nilsson-Ehle (1873—1949) mitt i sitt verksamhetsfält.

nare; han tillträdde tjänsten efter att ha avböjt kallelser till flera utländska universitet. Samtidigt stod han kvar som chef för verksamheten i Svalöv.

Karakteristiskt för Nilsson-Ehles insats var hans förmåga att låta teoretisk forskning spela samman med praktisk verksamhet. På det teoretiska området byggde han ut den mendelska ärftlighetsteorin genom att påvisa komplicerande faktorer, som förklarade dittills dunkla variationsföretelser vid nedärvningen. Mutationernas område undersökte han genom att påvisa, hur röntgenstrålning kan öka mutationsfrekvensen. Genom nya korsningar lyckades han praktiskt kombinera växtföräldrar som var för sig bar på värdefulla egenskaper. De nya arterna från Svalöv har varit av fundamental betydelse för det svenska jordbrukets utveckling. De bidrog bl a till att skördarna under avspärrningens år på 1940-talet gav sådana resultat att Sverige, som under första världskriget upplevt missväxt och livsmedelsbrist, blev självförsörjande.

Ehle arbetade vidare för att höja avkastningen inom skogsbruk och fruktodling; han upptäckte en triploid jätteasp i Skåne och stimulerade forskningen kring tetraploida arter och korsningar. När, vid mitten av 1700-talet, för första gången en professur i ''naturalhistoria'' upprättades, anfördes som skäl den nytta lanthushållning och ekonomi skulle kunna hämta av ett grundligare studium av botanik. Det kom att dröja hundrafemtio år tills förhoppningarna fullt infriades.

Genom sin suggestiva kraft kom Nilsson-Ehle att samla många lärjungar och bilda en skola av unga genetiker, flera av dem med anknytning till arbetet på växtförädling. I senare tid har genetiken utvecklats vidare genom anknytning till cellforskningen. En ledande forskare inom den genetiskt inriktade cytologin blev Arne Müntzing, professor i den ordinariesatta tjänsten i genetik från 1938. Hans doktorsavhandling om släktet Galeopsis från 1930 har betecknats som en milsten i den moderna genetikens historia. Som den förste lyckades han experimentellt framställa en linneansk art — Galeopsis tetrahit — genom kromosomökning. Med sina korsningsexperiment har han i Ehles spår också kunnat framställa nya sädesslag med fördubblat eller summerat kromosomtal: rågvete, tetraploid råg och korn.

Kromosomforskningen i Lund har omfattat inte bara växternas genetik utan också humangenetiken. Här är främst att nämna Albert Levans namn. Han började sina kromosomforskningar med studier inom botaniken och tillämpningar inom växtförädlingen. Men hans mest uppmärksammade upptäckt var då han år 1956 i samarbete med en kinesisk forskare lyckades fastställa antalet och identifiera de 46 kromosomer som bestämmer de mänskliga arvsanlagen. Hans insatser inom canserkromosomforskningen har öppnat nya perspektiv både för genetikens och medicinens vidkommande.

Ett specialområde inom botaniken, där Lund sedan de två Agardharnas tid hävdat sin ställning, var algforskningen. Ledande på området under 1900-talet blev Harald Kylin, Nilsson-Ehles efterträdare på botanikprofessuren. Kylin har främst undersökt havsalgerna med hänsyn till morfologi, utveckling och fortplantning och har klarlagt och reformerat systematiken inom rödalgernas område. Så blev Lund på 1930-talet åter ett internationellt centrum för algforskningen, där de gamla samlingarna och den nya metodiken befruktade studierna. Trenne rödalgsläkten bär hans namn: Kylinia, Kyliniella och Haraldia.

Mera som en kuriositet kan antecknas, att Darwins teoribyggnad, som tidigt fick anhängare bland Lundabotaniker, också i sen tid fått en motståndare. Historiens ironi ville, att en av Lidforss egna adepter Heribert Nilsson kom att inta en paradoxal, antidarwinistisk ståndpunkt. Hans forskningar gällde främst släktet Salix; han planterade in en stor samling pil- och videarter för korsningsexperiment i Botaniska trädgården, där Lidforss på sin tid planterat Rubus. Heribert Nilsson var en ortodox anhängare av Mendels läror, men ställde sig skeptisk inför Darwins. I ett kanske mer originellt än övertygande arbete om arternas uppkomst hävdade han, att någon kontinuerlig, fortskridande revolution aldrig ägt rum. I stället antog han, i likhet med Cuvier i början av 1800-talet, att en serie gigantiska katastrofer, orsakade av utomtelluriska krafter, åstadkommit snabba förändringar inom växt- och djurvärld och nästan helt utplånat den flora och fauna som tidigare funnits.

Botanikämnet har i fortsättningen, som så många andra discipliner, kommit att präglas av alltmer utpräglad specialisering. Till de nyare områden som fått egen företrädare hör växtekologin. Av tvärvetenskaplig natur är limnologin, sötvattnets ekologi. Den fick en tidig representant i E. Naumann, som 1929 fick en personlig professur i ämnet med fältverksamheten knuten till det limnologiska laboratoriet i Aneboda; senare har också denna professur ordinariesatts.

Över de alltmer differentierade specialiteterna inom botanikens och zoologins ämnesgrupper har också nya tvärvetenskapliga ansatser blivit märkbara. Sålunda finns långt framskridna planer om inrättande av ett ekologicentrum i Lund, där de olika ekologiska ämnena — bland dem limnologi, växtekologi och zooekologi — sammanförs inom en och samma storinstitution.

Landvinningar inom lundensisk medicin

Inom medicinen — liksom inom naturvetenskaperna — hör den snabba utvecklingen 1900-talet till. Nya vetenskapliga rön och nya terapeutiska metoder har inneburit en nära nog total revolution. Den har möjliggjorts av en armé av forskare världen över, flera än någonsin tidigare; ofta har de arbetat i området mellan den egentliga medicinen och angränsande naturvetenskaper.

I Lund fick den medicinska vetenskapen sitt genombrott med detta århundrades tidiga decennier. De två första specialforskarna i nutida mening, som med experimentens hjälp sökte lösningar av fysiologiska problem, kom båda från Uppsala. Den förste var Magnus Blix, som vid tiden för sekelskiftet var Lundauniversitetets rektor. Han hade arbetat på sinnesfysiologins och muskelfysiologins område; på 1880-talet hade han som den förste upptäckt och lokaliserat hudens köld-, värme- och tryckpunkter. I hans personliga förutsättningar ingick en ovanlig mekanisk begåvning som visade sig i hans konstruktioner av nya instrument.

Magnus Blix dog tidigt och fick bara några få år verka i Lund. Han fick som efterträdare en annan uppsaliensare, Torsten Thunberg, på långt håll släkt med Linnés berömde lärjunge, Carl Peter Thunberg, forskningsresande och botanist. Torsten Thunbergs tidiga insatser föll, liksom Magnus Blix, inom sinnesfysiologin. Men hans mest berömda resultat gällde ämnesomsättningen i vävnaderna och förbränningen i cellerna. För att klarlägga de olika organiska molekylernas kedjeartade nedbrytning i organismen lanserade han år 1916 en ny metod, metylenblåmetoden, ofta kallad Thunbergmetoden.

Han står också som uppfinnare av den första apparaten för konstgjord andning utan andningsrörelser hos den sjuke, den s k barospiratorn av 1926; den kom främst till användning vid behandling av barnförlamningsfall. På Thunbergs initiativ byggdes ett modernt diagnostiskt kemisktfysiologiskt laboratorium inom sjukhusets ram.

Genom studieresor i Europa stod han från ungdomen i kontakt med ledande vetenskapsmän; i sina forskningar om förbränningen i cellerna följde han uppslag från bl a Wieland i München. Med sina nära förbindelser inom europeisk medicin fick han uppdraget att medarbeta i de internationella läro- och handböckerna inom sina specialområden. Han har karakteriserats som en av de främsta forskare Lunds universitet ägt genom tiderna. Men han fann tid att verka också som folkupplysare genom föreläsningar och skrifter i medicinska och hygieniska frågor.

Till Lundamedicinarna av internationell klass hörde också Charles Ernst Overton. Han var, som namnet antyder, av engelsk börd; sin vetenskapliga skolning hade han fått i Schweiz. Från en tjänst i Würzburg kallades han som innehavare av en nyinrättad professur i farmakologi; någon kompetent sökande inom landet fanns inte. Året var 1907.

Redan före sekelskiftet hade han gjort sig känd genom studier av de egenskaper som gör det möjligt för substanser att tränga in i den levande cellen genom plasmamembran, den s k osmosen. Under 1900-talet sysslade han med arbeten inom teoretisk medicin, undersökte bl a verkningarna av narkotika, som har förmågan att snabbt passera ytskiktet i cellerna, och han uppställde den teori som går under dubbelnamnet den Meyer-Overtonska.

I Lund möttes han av ett tämligen oblitt öde. Från kontinentala förhållanden kom han till ett småstadsuniversitet med ytterst blygsamma laboratorieresurser. Som undervisare hänvisades han till uppgiften att varje ter-

Hygienisk Revy.

När du, o *Med. stud. och Kanariefogel*,
med tillhjälp av den nobla och gedigna

Bro, man

begagnar liksåsom till att intränga i vetenska-
pens lustiga förgårdar, njutit en djup och läro-
rik svalka i skuggan av en liten lummig

Häggquist

och på det försynta

Thunberg-

-ets topp insupit en rolig och väl tempererad
nektar, bör Du ej anslå någon lärd

Överton

förrän Du fått en vetenskaplig och

Wid mark

under plantae pedis, ty ännu återstår den strida
men outsägliga

Forss, man

med rätta betecknar som slutmålet på Din
nesliga vandring från den negativa oändlig-
heten till

Med. kand.,
Vilket är
Det Oändligt Stora
/
Det Oändligt Lilla.

*Ur Toddybladet
1920, detta år
döpt till Fikon-
bladet.*

min ge en kurs i farmakologi och receptskrivning. I sin nya hemstad blev han mera världsbekant som professorsoriginal, för sina distraktioner och sin underliga rotvälska — han lärde sig aldrig tala hygglig svenska — än för sin vetenskapliga pionjärgärning. I studenternas och stadsbefolkningens ögon tedde han sig som en älskvärt löjlig figur, med bräcklig hälsa, bemött med överseende, måltavla för otaliga anekdoter om professorsdistraktionens vådor. Som forskarpartner fick han i Lund den norskfödde professorn i medicinsk kemi, Ivar Bang, känd för utarbetandet av mikrometoderna för att i blodet bestämma blodsocker och restkväve. Tillsammans publicerade de bl a undersökningar om ormgiftet och dess verkningar.

Sin definitiva rehabilitering fick Overton långt efter sin död. När Nobelpriset i medicin år 1963 utdelades till A. L. Hodgkin och A.F. Huxley, blev det uppmärksammat, att deras forskningsresultat om hur impulser fortplantades i nerver och muskler bekräftade Overtons mer än 50 år äldre teorier.

Till samma medicinska fakultet som Thunberg och Overton hörde John Forssman, professor i bakteriologi, hygien och allmän patologi; redan professurens namn vittnar om att differentieringen i ämnesområden ännu inte nått långt. Också Forssman hörde till de internationellt uppmärksammade vetenskapsmännen. Efter tidiga studier vid Pasteurinstitutet i Paris ägnade han sig åt immunologisk forskning, omfattande antigener och antikroppar. Efter första bokstaven i hans namn har det s k F-antigenet fått sitt internationella namn.

Andra märkesmän inom fakulteten var Elis Essen-Möller och Carl Magnus Fürst. Den förre moderniserade lasarettets förlossningsavdelning och mödravård; under emeritiåren publicerade han en rad arbeten om Lundauniversitetets medicinska historia. Inriktad mot medicinhistoria och allmän kulturhistoria var också Fürst. Till professionen var han anatom och histolog men gjorde sina mest uppmärksammade insatser inom antropologin, den svenska och den jämförande. Bland annat undersökte han kranier från nordisk stenålder och — i samarbete med arkeologer och historiker — Magnus Ladulås, Birger Jarls, Karl XII:s och Lundabispen Andreas Sunesens kvarlevor. I en senare generation skulle liknande forskningar — antropologiska, arkeologiska och historiska — utföras av anatomiprofessorn Carl-Herman Hjortsjö. Resultaten framlade denne i läsvärda verk om den heliga Birgitta, om drottning Kristina och om Erik XIV.

Till 1910-talets professorskader hörde Fürsts kollega som anatomiprofessor, Ivar Broman. Han var embryolog; hans arbete Normale und abnorme Entwicklung der Menschen utkom i Wiesbaden år 1911 och infördes i medicinarnas anatomikurs. Ett embryologiskt material som han bragt samman från forskningsresor över vida delar av världen fick sin plats i en med donationsmedel byggd embryologisk institution, Tornbladinstitutet.

I anatomisalen på Bromans tid var tonen — skriver en av deltagarna — inte precis bönemötets. Av allvarligare läggning var professorn i patologisk anatomi och rättsmedicin, Einar Sjövall, en man med stark känsla för dekorum, ideologiskt en förvaltare av det bästa i Lidforssarvet. Sjövall blev berömd för sina både medicinskt och estetiskt förnämliga obduktioner, till vilka han skred — som det uttryckts — med värdigheten hos en tempeltjänare.

Av bröderna Petrén, som i sin ungdom stod D U G nära, kom två att knytas som professorer till den medicinska Lundafakulteten. Karl Petrén — den förste moderne professorn i invärtes medicin — hade två huvudområden i sin forskning: neurologi och diabetesterapi. Som sjukhusdirektör var han med om att skapa flera nya lasarettskliniker. Brodern, Gustaf Petrén — GP kallad — var från 1921 enväldshärskare på kirurgiska kliniken, en briljant katederföreläsare, flitig besökare av kirurgkongresserna i Berlin. Ännu under emeritiåren var han en av de mest kända Lundaprofilerna, på vandring från Fiskaregatan till universitetsbiblioteket, gärna i medicinhistoriska ärenden också han.

I sina minnesanteckningar från 1910-talet noterar universitetets dåvarande prokansler, biskop Gottfrid Billing, med lokalpatriotisk stolthet, att en medicinprofessor från Köpenhamn anförtrott honom, att den medicinska fakulteten i Lund var "den främsta i Norden". Själv antog fakulteten under detta decennium namnet "den stora fakulteten" — en benämning som vid mitten av 1800-talet använts av en annan självmedveten fakultet, den tappert konservativa teologiska. Om medicinarna med större rätt usurperade namnet, kunde det i varje fall inte motiveras av numerären. Ända fram till 1940-talet var det en *liten* fakultet. Av siffrorna från 1912 framgår, att medicinska fakulteten då hade 12 professorer, 4 docenter och 3 undervisande medicine licentiater; dessutom en överläkare med professors titel, chef för Lunds dåvarande hospital. Det kan jämföras med förhållandena i den filosofiska fakulteten; där var professorstjänsterna 17 och docenternas antal 26.

Först på 1940-talet, efter andra världskriget, skedde den utbyggnad som gjorde medicinska fakulteten med dess olika institutioner och kliniker i Lund och Malmö till en i ordets bokstavliga mening stor fakultet. Bakom den aktion som ledde till upprustningen stod främst *en* man, den lundensiske professorn i fysiologi, Georg Kahlson. Sin grundläggande vetenskapliga utbildning hade han haft i Tyskland och England; huvudföremål för hans egna forskningsinsatser var histaminet. Mitt under brinnande andra världskrig startade han något av ett nationellt korståg för att förbättra den svenska medicinska forskningens villkor. Genom åskådliga jämförelser med förhållandena på andra håll i världen demonstrerade han, hur den medicinska vetenskapen i Sverige höll på att stagnera. Hans initiativ och utredningsarbete bildade den viktigaste förutsättningen för den upprustning av resurserna inom både medicinsk och naturvetenskaplig forskning som förde dem till internationellt acceptabel nivå. Ett exempel är uppbyggnaden av hans egen institution, den fysiologiska, som kom att omfatta fem självständiga avdelningar, däribland en för experimentell kromosomforskning, en för flygmedicin.

För Lunds del initierades ett närmare samarbete med Malmö Allmänna Sjukhus, där överläkartjänsterna enligt ett beslut av 1948 förenades med professurer. Främst speglas den medicinska utvecklingen i differentieringen av ämnesområdena. Ett enda exempel kan illustrera. Den professur i teoretisk medicin och rättsmedicin som fanns 1868 motsvaras i nutiden av lärostolar i patologi, patologisk anatomi, bakteriologi, virologi, hygien, socialmedicin och rättsmedicin. I takt med ökade diagnostiska och terapeutiska resurser har en rad nya specialiteter vuxit fram. Som ytterligare exempel kan nämnas de nya lärostolar som under senare årtionden tillkommit i neurologi, neurokirurgi, radioterapi, medicinsk radiofysik, endokrinologi, rättspykiatri och anestesiologi.

En bläddring i det lundensiska Läkaresällskapets utgivna handlingar kan på några punkter komplettera och konkretisera den summariska översikten över den lundensiska medicinens senare historia. I föredragen i föreningen presenterades nya upptäckter snabbt. Så kunde den då unge anatomen Carl Magnus Fürst redan 1896, året efter det att Röntgen gjort sin bekanta upptäckt, demonstrera en reproduktion av ett röntgenfotografi. Mer än ett halvsekel senare kunde professorn i röntgendiagnostik, Olle Olsson, en forskare med världsrykte, visa upp den nya röntgentelevisionen; det skedde i ett föredrag år 1959 under rubriken Revolution inom röntgendiagnostiken.

Psykiatrins historia kan man i sällskapet följa från den tid, då dåvarande psykiatridocenten Bror Gadelius höll ett föredrag om paranoians uppkomstsätt och prognos fram till den epok, då Henrik Sjöbring 1931 i ett föredrag om Psyke och soma introducerade sin senare så bekanta psykologiska typlära, utgående från ''konstitutionsradikalerna''; tio år senare höll han sin föreläsning om lätta encefaliter som förmodad orsak till neuroser. Också psykiatrins senare utveckling speglas i föredragsprotokollen decennium för decennium, så den moderna terapin med hibernalbehandling, elektrochockbehandling och de senaste psykofarmaka av typen tranquillizers.

Det var också i talarstolen i Läkaresällskapet som professorn i medicinsk kemi, Erik Widmark, år 1921 lade fram sin metod att bestämma alkoholhalten i blodet. De första behandlingarna med Thunbergs respirator presenterades av uppfinnaren själv år 1926. Nils Alwall, senare professor i njurmedicin, lämnade 1950 sina synpunkter på njursjukdomarnas behandling och visade upp teknik och resultat för behandling med den konstgjorda njuren, inom kort en medicinsk världsprodukt av Lundamärke.

Men det är inte bara Lundafakultetens medicinare som satt sin prägel på programmen inom Läkaresällskapet. Också en lång rad utländska medicinska experter har stått i katedern. Kort efter andra världskriget talade en av den moderna antibiotikaterapins skapare, Nobelpristagaren Sir Howard Florey, om The experimental background to clinical use of Penicillin. Av utländska psykiatriker har bland andra N.E. Bleuler från Zürich och Ernst Kretschmer från Tübingen i samma församling gjort sin stämma hörd.

Det finns vid sidan av Läkaresällskapet ytterligare en medicinarsammanslutning som förtjänar några rader i en bok om lärdomens ibland lekfulla Lund. Det är den år 1894 stiftade Medicinska Föreningen, ett samfund av mindre seriös och mera kollegial natur. I dess stadgar anges som huvudpunkter vid samvaron föredrag och fester. Till de senare, utåt mer bekanta, hör Stora Toddydagen, alltid i april. Den är ett snart hundraårigt inslag i den lundensiska kalendern av udda dagar, ett upptåg då unga medicinare i vita rockar eller utklädda i fantasibetonade dräkter, djärvt prånglar ut den bisarra publikation som heter Toddybladet, länge ansedd som grovt sedesårande och med otvetydiga reminiscenser av medicinarhumor från anno dazumal. En verklighetstrogen, tvåbent räv raskar över Lundagård och låter sig infångas, det spelas topp framför Akademiska Föreningen, och ett ymnigt guldregn faller över stadens yngsta befolkning. För de invigda spelas senare på kvällen ett aktuellt Toddydagsspex. Det var i ett sådant som Thunbergs barospirator, kort efter det att den tagits i bruk, presenterades i naturtrogen, fullskalig kopia, stor som ett lokomotiv; i spexet fungerade den som det tortyrinstrument som definitivt förmådde Henrik av Navarra att lämna den lutherska tron och övergå till katolicismen. Det kan tilläggas, att överraskande många medicinare har varit framstående både som spexförfattare och aktörer; ur Toddydagsspexen har bl a två senare bekanta Lundaspex framgått: Ilion och Marie Antoinette.

Blad ur mellankrigstidens studentkrönika

Det låg befrielse i luften för den studentgeneration som upplevde krigsslutet våren 1919. Den siste april spelades spexet Uarda för fullsatt salong och i hög stämning; på förste maj virvlade konfetti på Klostergatan. Året efter hölls karneval för första gången på länge, fast det inte saknats röster som förkunnat att spex- och karnevalshumöret för alltid flytt från Lund under de gångna bistra allvarsåren.

Märkbara förändringar skedde i studielivet. Före kriget: de sorglösare, fria studiernas tid, de gemytliga matlagens, växelrytteriets och överliggarnas. Efter kriget: de mer målmedvetna brödstudiernas, Konviktoriets föga lukulliska menyer, den smalare, men mer välordnade studentkreditens.

År 1922 inrättades en Lunds studentkårs kreditkassa. Syftet var att erbjuda möjligheter till studielån på rimliga ränte- och återbetalningsvillkor. Kreditkassan stängdes efter mer än femtio års framgångsrik verksamhet. Då hade, från mitten av 1960-talet, ett statligt system med studiemedel införts. Sedan inflationen på 1970- och 80-talen urholkat studiemedlen, sedan räntesatsen stigit och kraven på studietakt höjts, diskuteras i skrivande stund ett återupplivande av den gamla kreditkassans verksamhet i nya former.

Kreditkassan av 1922 var endast ett av de många nya initiativ som studenterna själva tog under åren efter första världskriget. Till de nya uppslagen hörde också startandet av en studenttidning. Tidigare ansatser — kalendern Från Lundagård och Helgonabacken på 1890-talet, karnevalstidningen Majgreven på 1910-talet, studenttidningen Audhumbla från 1917 — hade alla varit kortlivade. Nu tillkom, efter kommittéförslag, en kårtidning, som i främsta rummet avsågs skola bli ett organ för studentkårens interna angelägenheter. Samtidigt skulle den lämna utrymme åt bidrag av litterär, konstnärlig och social natur. Tidningen döptes till Lundagård — vad annars? — och kom ut med sitt första nummer den 26 mars 1920. Som ett numera obligatoriskt medlemsblad för alla i studentkåren inskrivna har den överlevt i sextio år.

En grupp studenter med litterär talang kom att ge tidningen dess ansikte under tidiga 20-talsår. Till dem hörde Gunnar Aspelin, den förste redaktören — omsider docent och professor i teoretisk filosofi — Sigfrid Lindström, med pseudonymen Tristan, Ivar Harrie, som förblev journalist, Hjalmar Gullberg och Karl Ragnar Gierow med kommande insatser inom lyrik och dramatik; tidningen blev deras litterära språngbräda. Med sina inslag av lekfull rimkonst, sina övertoner av ironi och skepsis i livshållningen kom Lundagård tidvis att gälla som uttryck för det typiskt lundensiska. Inte bara som fortsatt lekskola har den behållit sin roll genom decennier. Blivande chefredaktörer, av olika politisk färg, har gjort sina tidiga lärospån i dess spalter — Expressens Ivar Harrie och Bo Strömstedt, Dagens Nyheters Nils Eric Sandberg, Svenska Dagbladets Gustaf von Platen och Bertil Östergren, Aftonbladets Gunnar Fredriksson och Allan Fagerström och allroundjournalisten Stig Ahlgren, för att bara nämna några i den långa raden.

Med tidningen Lundagård fick studentkåren ett också utanför murarna observerat forum. Den visade sig användbar för intern universitetskritik och för reformförslag. Det var efter några artiklar i Lundagård om Akademiska Föreningens nedslitna lokaler och om Lunds hemlösa studenter, som första stöten gavs till den ombyggnad och utvidgning av Akademiska Föreningen som skedde ett par år in på 20-talet. Då utvidgades sällskapsrum, tidningsrum och läsrum under det gamla namnet Atheneum — på studentspråk Athén. Det blev norra Europas största kafé, en trivsam mötesplats för studenter och lärare efter undervisningstimmar och seminariekvällar. På övre Athén, i stilfullt möblerade rum, placerades de stora tidningarna från Europas huvudstäder och lokaltidningarna från de svenska småstäderna. I prydliga fack fick nyutkommen skönlitteratur sin plats för läshungriga. Tidningen Lundagårds dåvarande redaktör Hjalmar Gullberg konstaterar: "Lunds hemlöse student har samlats till sina skuggor."

Så kunde det, med viss rätt, heta år 1924. Under mer än fyra decennier, efter nya ombyggnader och moderniserande ingrepp behöll det legendariska Atheneum sin centrala ställning i studentlivet. Först efter studentrevolten 1968 och de följande årens förändringar i ideologi och narkomani måste det stängas för alla. Det har fått ge rum åt en expanderande Akademibokhandel. När ett stort, nytt studentkomplex med det tidstypiska namnet Sparta byggdes ut i norra delen av staden på 70-talet planerades ingen motsvarighet till det forna Atén, nostalgiskt begråtet av de obotliga studentromantiker, som minns forna tiders samvaro i brädspelets, tobakens och tidningsläsningens tecken.

Inom studentlivet innebar studentskornas intåg på bred front den största förändringen i umgängesformer och samlevnadsformer. Under 1910-talet hade antalet studentskor nått upp till 100; år 1930 var siffran över 400. Livsstilen förändrades; om de tidiga komplikationerna i studenters och studentskors friare umgänge, om kärlek i tjugonde seklet, finns åtskilliga dokument; ett av dem är författarinnan Ingeborg Björklunds roman Månen över Lund, en nyckelskildring från hennes egen Lundatid.

År 1937 invigdes på den forna Quennerstedtska marken Studentskegården; den blev aldrig, som pessimisterna befarat, något nunnekloster, men däremot bland annat ett hemvist för Kvinnliga studentföreningen. Efter år 1947 förekommer Kvinnliga studentföreningen inte längre registrerad i studentkatalogen, tydligen ansedd överflödig; den återuppstod ett slag i feminismens 80-tal.

Alltifrån 20-talet hade studentskorna nått topplatser också i den tidigare mansdominerade nationslivet och kårarbetet. De röstades fram som seniorer och kuratorer inom nationerna. Rollen som studentkårsordförande kreerade en studentska första gången år 1983. Siffran på antalet inskrivna studentskor har decennium för decennium gått uppåt, mot de tider, då studentskorna i antal kommit att dominera en rad studielinjer inom humaniora.

Till examina gick vägen för studentskorna ofta berömvärt snabbt, inte sällan snabbare än för de manliga kamraterna — tills studentäktenskapen, samb-oskap, hushållsplikter och barnafödande drog streck i räkningen i den

Interiör från nedre Atheneum, norra Europas största kafé.

kvinnliga statistiken. Uppseendeväckande långsam har däremot vägen varit för de kvinnliga studenterna till de akademiska höjderna, till forskartjänster, docenturer och professurer. Det dröjde fram till invigningen av den nya Tekniska Högskolan år 1965, innan Lund kunde inregistrera sin första kvinnliga professor, Carin Boalt. Från 1980-talet finns kvinnliga professorer i alla fakulteter — utom i den teologiska. För första gången har också på 80-talet i ett ämne inom humanistiska fakulteten en dubbelprofessur beklätts med kvinnliga innehavare.

En jämställdhetslag har tillkommit, motiverad av tidigare påfallande underrepresentation av kvinnor i offentlig tjänst. Ett principfall avgjordes vid Lunds universitet år 1981. Två sökande hade anmält sig till en tjänst som forskarassistent, en manlig och en kvinnlig. De ansågs i meritänseende jämbördiga, och utslaget fälldes — i den nya lagens anda — av universitetsstyrelsen till den kvinnliga partens favör.

Visarna på domkyrkouret hade gått några varv, sedan den dag i slutet av förra seklet, då en konservativ professor, på vandring i staden skall ha fällt yttrandet: ''När jag möter en kvinnlig student på gatan, då har jag lust att vända bort huvudet och säga 'Tvi!' " En nutida professor kanske också vänder på huvudet, men vänder sannolikt inte bort det.

Mer humoristiskt än den nyss citerade konservative Quennerstedt, turnerade en teologiprofessor, religionshistorikern Edvard Lehmann, sin slutreplik efter en tentamen av en kvinnlig elev; förhöret hade bland annat gällt Indiens religioner: "Frøken har bestaaet sin prøve med heder og er værdig i næste inkarnation at blive en Mand."

Politisk horisontförskjutning

Efter första världskrigets slut hade gränserna mot Europa på nytt öppnats. Valutaförhållandena i de krigs- och krisdrabbade länderna inbjöd en ny generation till resor — bildningsfärder och i udda fall härjningståg.

Också nya tankar importerades söderifrån. I Frankrike hade Henri Barbusse, själv med erfarenheter som soldat vid fronten, år 1919 ställt sig i spetsen för en internationell sammanslutning, Clarté. Det var en internationell fredsorganisation, som på socialistisk grundval ville verka för nedbrytande av skiljemurar nationerna emellan. Tre år senare fick den en avläggare i Lunds studenters Clartésektion. Dess galjonsfigur blev docenten Hannes Sköld, som samma år disputerade i slaviska spårk; den egentlige initiativtagaren skall ha varit den tjugoettårige studenten Arnold Ljungdahl. Till gruppen sökte sig åtskilliga vänsterorienterade studenter, bland annat från det ännu existerande D Y G.

Karl Marx lyftes fram av den unga Clartégruppen vid sidan av Sigmund Freud. Marx var ingen helt ny bekantskap i Lund. Hans verk hade lästs av vänsterhegelianskt sinnade Lundastudenter redan på 1840-talet; Bengt Lidforss hade studerat honom liksom Knut Wicksell utan att någondera ville svärja på magisterns ord. Han hade på nytt presenterats av den unge Ernst Wigforss i en skrift om materialistisk historieuppfattning från 1908. I första häftet av tidskriften Clarté som gavs ut 1924 ingick en översättning av Marx Feuerbachteser. Översättare var Arnold Ljungdahl, som senare på Hans Larssons seminarier lade fram en licentiatavhandling, där den ortodoxa marxismens idéer modifierats med inslag från nykantiansk filosofi och Harald Höffdings värderesonemang — en typisk Lundabrygd av 20-talsmärke.

På 30-talet skulle en ny generation av Lundamarxister starta tidskriften Ateneum. Syftet var att på allvar lägga Marx materialistiska och dialektiska filosofi som grund för ny historisk och litteraturhistorisk vetenskap. Per Nyström, en av Lauritz Weibulls elever, skrev i tidskriften som en programförklaring en uppsats om Historieskrivningens dilemma. Gunnar Ahlström, som stod Ateneigruppen nära, skulle senare som docent i litteraturhistoria författa det främsta verket i marxistisk svensk litteraturvetenskap om det moderna litterära genombrottet i Norden. Både Clartégruppens och Ateneigruppens män deltog ivrigt i tidens offentliga politiska debatter på Akademiska Föreningen.

Från nederlagets och Versaillefredens kaotiska Tyskland kom andra paroller. De slog ned med kraft i ultrahögerns ungdomskretsar, som också hämtade inspiration från fransk intellektuell konservatism. En nationell studentklubb hade bildats som motvikt till Clarté år 1924. Samma år kunde en tidningsskribent om en grupp studenter på yttersta högerkanten skriva: ''deras ideal äro klart fascistiska; Hitler och Ludendorff äro deras hjältar, Mussolini deras skyddsling''. I Akademiska Föreningens underjordiska toalett ritades som bomärke de första hakkorsen. År 1930 formerades en namnstämplad nationalsocialistisk studentförening som snart höll regelbundna möten på Stora Salen.

Efter Hitlers Machtübernahme 1933 blev den politiska temperaturen högre och debatterna häftigare. I karnevalen 1934 bemöttes det tredje riket och dess stövelklädda koryféer ännu med uppsluppet skämt: Hitler, Göring och Mussolini framställdes i naturtrogen maskering som en dansglad trio av tre små nassar; karnevalstågets slutstation, Lundagård, hade döpts till Tredje rikets centrum, alternativt koncentrationslägret. I aningslösa kretsar ville man trots allt inte ta den nya rörelsen på blodigt allvar. En planerad föreläsning på en studentafton 1935 av den nyhedniska trosrörelsens ledare, en professor Hauer, inställdes — men på tyskt initiativ. Kanske ansågs det, trots allt, vara ett alltför äventyrligt tilltag att i Lutherrenässansens stad plädera för asagudarna Tor och Oden.

Två episoder vittnar om, hur snabbt opinionena inom den alltid politiskt lättrörliga studentkåren kunde skifta. Ett förslag lades fram på ett kårmöte år 1938, att fackeltåget till Karl XII:s minne den 30 november — en kontroversiell nationalistisk manifestation, som satts i fråga redan under 80-talsradikalismens tid — skulle få mer officiell prägel genom att övertas av studentkåren. Förslaget avvisades efter en omröstning, en klar markering *mot* glorifierandet av krigsminnen och krigsideologier i det andra världskrigets förskugga.

Annorlunda blev däremot studentkårens ställningstagande följande år, då frågan väcktes om tio judiska läkare, flyktingar från Hitlertyskland, skulle få svensk läkarlegitimation och anställning vid svenska sjukhus. Förslaget avslogs i Lund — liksom tidigare i Uppsala — med stor röstmajoritet: 742 röster mot 342. Som argument framfördes faran för att svenska läkare skulle kunna riskera att bli arbetslösa; under debatten fanns otvetydigt antisemitiska tongångar. Också denna omröstning var en markering avströmningar inom studentkåren.

Tidpunkten för omröstningen om de judiska läkarna var våren 1939. På hösten, i september, bröt andra världskriget ut. Några månader senare, den 30 november, skedde det ryska överfallet på Finland. Många fruktade ett ryskt anfall också på Sverige. Fackeltåget i den mörka novemberkvällen genomfördes utan protester; facklor i krig får ängsligt sken.

Sympatierna för Finlands sak tog sig under vinterkriget uttryck i penninginsamlingar och proklamationer av olika slag. I eftervärldens ögon ter det sig bisarrt, att Lundaspexarna gav sig ut på en turné, där intäkterna tillföll Finland. Livsmedel, kläder och läkemedel sändes över gränsen i norr; några lundensiska medicinare gick ut som frivilliga i läkarkåren vid fronten.

Geografiskt närmare kom kriget den 9 april 1940, då tyska trupper ockuperade Danmark och Norge. Ljusrampen från andra sidan Öresund slocknade plötsligt och förblev släckt under fem långa år. Också i Lund infördes mörkläggning; det akademiska livet kunde fortsätta endast på sparlåga. Inkallelserna decimerade studentkår och lärarkader. Naturvetare inkallades till specialuppdrag vid försvaret, humanistdocenter till landstormsofficerskurser; studenterna i gemen till beredskapstjänst vid landets gränser. De medicinska studierna avkortades provisoriskt som ett led i den allmänna försvarsberedskapen; nödtentamina ägde rum med nödförordnade examinatorer. Då en professur i slaviska språk skulle tillsättas och en sakkunnig tillfrågas från Norge — det var i april 1940 — ingick meddelandet från UD, att något svar inte kunde meddelas ''på grund av i Norge rådande förhållanden''. När i en bekymmersam fråga om docentkompetens en tysk specialsakkunnig skulle tillfrågas, meddelades till protokollet att ''prof. R. Lehmann befinner sig i koncentrationsläger å obekant ort''.

Den 1 maj 1940 skedde rektorsuppvaktningen inte som tidigare år på universitetsplatsen utan i universitetshusets atrium; förbud mot offentliga möten hade införts. Den nyvalde universitetsrektorn, latinprofessor Einar Löfstedt, citerade romarord: ''Det är mer att ha vidgat gränserna för andens rike än för imperiet''.

Men det politiska opinionsläget, även bland några av de akademiska fäderna, var ambivalent; Lundauniversitetets gamla valspråk ''ad utrumque paratus'' — beredd till bådadera — har sällan haft en mer kuslig dubbelbetydelse. Vid hälsningsgillet den 4 oktober 1940 hade universitetsrektorn Löfstedt erbjudits att hålla högtidstalet. Han avstod. En f d Lundaprofessor, beundrare av både det gamla Tyskland med dess humanistiska traditioner och av det nya, engagerades i hans ställe: Fredrik Böök. I sitt retoriska utspel mobiliserade han Tegnér, Hegel och Marx för att försvara och förklara det oundvikliga historiska förloppet, som en händelsekedja styrd av högre makter. Hitler nämndes aldrig vid namn, däremot den Napoleon, som Tegnér i sin ungdom besjungit. Andra historiska förklädnader användes av Böök, när han talade om ''gladiatorspelens hjältar som i svett och vånda ut-

Nordisk Fest år 1933, med talarstol och bautastenar med namnet på de avlidna. Ragnar Josephson hade på hösten efter Hitlers Machtübernahme fått uppdraget att hålla högtidstalet.

för de stora nödvändigheternas verk''; för åskådarens bländade blick, har de — förklarade han — alltid tett sig ''än som helgon, än som demoner''. Undermeningen av talets retoriskt draperade historiefilosofi var uppenbar, men förstods förhoppningsvis inte av alla som applåderade. Otvetydig var den officiella studentreaktionen på talet, uttryckt i en ledare i tidningen Lundagård under rubriken ''Böök, Tegnér och stormens herre''. Där bemöttes Bööks sätt att forma en ny Tegnérmyt efter stundens behov, liksom hans fatalistiska historiefilosofi med dess krav på underkastelse; det hette bl a ''Att vara i pakt med stormens demoner, att tvekanslöst låta sig kastas av förändringens vind — detta kan knappast ställas som idealet för dagens studenter; och det vore näppeligen i den tegnérska traditionens anda''. Med en uppmaning att i stället besinna de härtagna ländernas öde, deras motståndsvilja och Nordens framtid slutade Lundagårdsledaren.

Men till motståndets paroller fick studenterna inte alltid lyssna. När Einar Löfstedt den 1 maj 1942 tog mot studentuppvaktningen, gav några ord i hans tal eko av de stämningar som rådde i det Sverige, där Günther var utrikesminister, och den f d lundensaren Torgny Segerstedt den mest energiske kritikern av svensk eftergiftspolitik och den häftigaste angriparen av allt vad Hitlers Tyskland stod för. Med uppenbar adress åt Segerstedts håll yttrade Löfstedt: "Det gäller att tänka rättvist och lugnt och hålla sig fri från dagsopinionens förenklingar. Man skall t ex öppet kunna erkänna, att det ligger mycken sanning i talet om livsrum för unga och framtidsdugliga folk." Dagen innan talet hölls hade Hitler och Mussolini, ledarna för de två framtidsdugliga folken, mötts till nytt krigsråd; orden om livsrum kunde inte missförstås, även om de dämpades av en senare sats: "en nationalism som icke respekterar andra folks frihet och självbestämmanderätt är av ondo". Om ambivalens i Löfstedts egen inställning vittnar ett brev, skrivet till en ungdomsvän och ententevän i februari samma år: "Jag hoppas det bästa för England och Finland. /— — —/ En tysk seger vore en olycka för världen."

De relaterade episoderna och formuleringarna skall inte resoneras bort. Men de får heller inte tas till intäkt för det ibland hörda påståendet om en i universitetsvärld och studentkår utbredd "kompakt Lundanazism". Den ibland högljudda nazism, som onekligen fanns i vissa, begränsade studentkretsar speglas i Paul Lindbloms dokumentariska Lundaroman Under världens tak. Många av medlöparna gick under jorden efter den tyska ockupationen av Danmark och Norge. Den nazistiska studentförening, som fortfarande existerade berövades i november 1943 rätten att använda Akademiska Föreningens lokaler, efter en utmanande affisch, placerad på Föreningens anslagstavla. Den effektiva antinazistiska politiska aktiviteten inom kåren försiggick i sådana sammanslutningar som Utrikespolitiska föreningen, bildad på 1930-talet, och i den 1942 stiftade Diskussionsklubben, men också i andra, mindre officiella kretsar.

Efter tyskarnas ockupation av Oslouniversitetet på hösten 1943 samlades studentkåren till ett protestmöte. De tre ledande vetenskapliga samfunden i Lund, Fysiografiska sällskapet, Vetenskapssamfundet och Vetenskaps-Societeten, fattade ett gemensamt beslut att avbryta kontakterna med det officiella Tysklands representanter; man önskade inte längre ta emot tyska vetenskapsmän som föreläsare. Mot beslutet protesterade tre professorer, två i filosofiska fakulteten, en i teologiska. Historieprofessorn Gottfrid Carlsson, professorn i tyska Erik Rooth och professorn i exegetisk teologi Hugo Odeberg, förklarade sig frukta "svåra skador för svensk akademisk undervisning och forskning" genom avbrytandet av förbindelserna. Det var samtidigt ett votum för Hitlers Tyskland.

Lika viktigt som att dokumentera dessa enstaka röster, är att notera, att bland de oförfärade rösterna i svensk press, som tidigt gått till angrepp mot nazismens ideologi och praktik, befann sig flera lundensare eller ex-lundensare: Torgny Segerstedt, Ivar Harrie och Olle Holmberg; i Radiotjänst verkade i motståndsrörelsens anda Ingvar Andersson och Hjalmar

Gullberg. En gemensam deklaration, där det lundensiska universitetets halvt officiella attityd kom till uttryck, var den 1942 utgivna publikationen Tidsspegel. Där framträdde män ur alla fyra fakulteterna med en program-förklaring, mot klerkernas förräderi, för vetenskapens okränkbara roll i ett demokratiskt samhälle, till försvar för tankefrihet och för den yttrandefri-het, som beskurits. I gruppen ingick teologen Johannes Lindblom, juristen Åke Malmström — med adress mot Olivecronas ståndpunkt i Law as fact — medicinarna Georg Kahlson och Sven Ingvar, naturvetaren Arne Münt-zing, och humanisterna Olle Holmberg, Ragnar Josephson, Alf Nyman och Fredrik Lagerroth.

Ockupationen av Danmark hade inte inneburit att förbindelserna med universitetet i detta land skurits av; snarare intensifierades de. Det började med trevande ansatser, en dansk-svensk vecka i mars 1941, dit ett antal stu-denter från Köpenhamn inbjöds som gäster. Senare på året bildades en nordisk studentgästkommitté, som under hela kriget gjorde betydande in-satser för att motta och härbergera studenter och andra flyktingar.

Dramatiskt tillspetsat blev läget på hösten 1943, då de tyska judeförföl-jelserna i Danmark satte in. Det ledde till den välbekanta stora flykting-strömmen över Öresund. Bland den tidens båtflyktingar ingick en grupp universitetslärare, författare och intellektuella, bland dem ett stort antal studenter. Av de Köpenhamnsprofessorer av judisk börd som passerade el-ler stannade kvar i Lund hade alla tidigare kontakter med kolleger inom akademien, så fysikerna Niels och Harald Bohr liksom filosofiprofessorn Victor Kuhr. De två senare togs i anspråk för undervisningen av både dan-ska och svenska studenter vid universitetet. En dansk skola inrättades, och de danska studenterna bildade en egen ''dansk nation''. Den hade — lik-som de andra nationerna — sin egen nationsfana, som deltog i fanborgen första maj; fanan återfanns fyrtio år efteråt i en skrubb på Akademiska För-eningen, en bortglömd relik från krigets dramatiska dagar. Samhörigheten mellan Lunds och Köpenhamns universitet manifesterades ytterligare vid det tillfälle år 1942, då med särskilt diplomatiskt tillstånd, lärarna vid Kö-penhamnsuniversitetet, emeriti och ordinarie, mangrant gästade sina kolle-ger i Lund.

Från krigsslutets dagar till studentupproret

I det akademiska Lund kom dagarna kring krigsslutet i maj 1945 att stå i tecknet av befrielsen av de nordiska grannländerna, Danmark och Norge.

Oslouniversitetets tidigare rektor, Didrik Aarup Seip, hade under krigets sista veckor genom Folke Bernadottes aktion blivit befriad ur tyskt koncentrationsläger och befann sig i staden. På dagen för Tysklands kapitulation, den 7 maj, blev han föremål för en spontan, improviserad hyllning av studentkåren med norska och danska fanor i têten. Samma kväll höll han ett minnesvärt anförande i Akademiska Föreningens överfyllda festsal, där så gott som hela akademistaten infunnit sig — samma sal där fem år tidigare underkastelsens evangelium förkunnats. Ett par veckor senare besökte Köpenhamnsuniversitetets rektor, Jens Nørregaard, Lund för första gången efter Danmarks befrielse. Också han blev hyllad av Lunds studentsångare och studenter, förstärkta med danska, norska och finska studenter; vid hans sida stod Victor Kuhr och Edgar Rubin, två danska professorskolleger som övervintrat i Lund.

Den 8 maj hade universitetets lärare och studenter tillsammans med Lunds arbetarkommun ordnat ett fackeltåg i skymningen till monumentet över slaget vid Lund. För det befriade Norden talade Lauritz Weibull, Harald Bohr och Didrik Seip. Hjalmar Gullberg, på återbesök i studiestaden i samband med tidningen Lundagårds tjugofemårsjubileum, trädde fram ur sin anonymitet och läste tvenne dikter, den ena en motståndsdikt om ockupationen i Danmark — Mörklagt ligger i dag ditt hus — den andra en nyskriven Sång då Danmark befriades.

Den fördröjda våren slog ut i blom. Känslan av befrielse efter år av kvävande tyngd, förhoppningarna inför en ny fredlig tidsålder — snart gäckade — överväldigade sinnena hos gamla och unga också på den perifera punkt av världskartan som hette Lund och dit de militära krigshändelserna aldrig nått närmare än genom flygarmadorna. De danska och norska studenterna och deras lärare packade sina kappsäckar och återvände från exilen. De svenska studenterna kom tillbaka från inkallelser och beredskapstjänst. En ny epok började ta form, med rekordartad uppgång av antalet nyinskrivna studenter redan till hösten och snabb ökning av lärarkadern — en epok som skulle komma att föra med sig större förändringar i det gamla universitetets historia än någon tidigare.

Efter krigsslutet återknöts kontakterna på det humanitära och vetenskapliga planet med västtyska universitet genom bildandet av den s k Münsterkommittén. Universitetet i Münster, hårt drabbat under bombkriget, "adopterades" av Lund. Hjälpsändningar avgick med kläder, mat och böcker; tvåtusen studenter kom i åtnjutande av "svenskmaten" vid offentlig bespisning. De svåra skador för svensk akademisk forskning och undervisning som tre nazistsympatiserande professorer några år tidigare sagt sig befara, när de vetenskapliga kontakterna skars av efter tyskarnas ockupation av Oslouniversitetet, inträffade aldrig; utbyte av stipendiater och gästföreläsare återupptogs.

Mera betydelsefulla blev på sikt de västliga kulturförbindelserna. Sorbonne öppnade sina portar liksom Oxford och Cambridge. Men framför allt öppnades vägen till universiteten i USA. Ett avtal slöts på 1960-talet mellan Lunds universitet och University of California, Washington State University och Pullman University om ömsesidigt utbyte. Årligen har ett tjugotal Californiastudenter varit gäststipendiater i Lund och motsvarande antal Lundastudenter förlagt studier till USA. Senare har ett avtal mellan Lundauniversitetet och Soka University, Tokyo, i Japan kommit till stånd.

Inom den så länge genom kriget avspärrade akademiska världen hade ett nytt internationellt medvetande börjat spira. Ett tecken på de vidgade perspektiven och det ökade kontaktbehovet var de internationella kurser, som nu tillkom i studentkårens regi. En första början hade i själva verket gjorts redan i krigshotets dagar, strax före andra världskrigets utbrott. Nu genomfördes initiativet i större skala, i samverkan med Rotaryrörelsen i Sydsverige. All undervisning vid de internationella kurserna försiggick på engelska; som föreläsare och vid seminarier engagerades yngre lundensiska universitetslärare och studenter. Vid mitten av 1950-talet kunde man hissa 32 nationers flaggor från fem världsdelar framför Akademiska Föreningens portar. De utländska deltagarna — många från u-länderna — brukade varje höst uppgå till något femtiotal. Ämnena röde skilda områden: Cooperative man, Planning for to-morrow, The Intellectual and Society, Racism and Nationalism. Intresset för tredje världens problem dominerade.

Tillströmningen av studenter från främmande länder, också till den ordinarie undervisningen vid universitetet, motiverade uppförandet av Internationella Huset. Det tillkom på initiativ från Rotary-håll och invigdes den 4 maj 1959 av FN:s dåvarande generalsekreterare, Dag Hammarskjöld. Avsikten var, att här bereda plats — som i Cité universitaire i Paris — åt hälften inhemska, hälften utländska studerande och forskare. Under de mer än tio år som Internationella Huset ägde bestånd fyllde det en funktion i de internationella kontakternas tjänst; kurser i svenska och engelska anordnades, liksom sällskapsaftnar. I spåren av studentrevolten -68, och under trycket av ekonomiska svårigheter lades verksamheten ner.

Ett ökat utrikespolitiskt engagemang blossade upp under det kalla krigets dagar. Ungernkrisen, Tjeckoslovakienkrisen och Vietnamkrisen ledde till manifestationer och demonstrationer inom studentvärlden av olika slag. Från mitten av 1960-talet blir tecken på politisering och radikalisering av studentkåren eller av grupper inom den allt tydligare. På en studentafton 1966, då en av det svenska näringslivets förgrundsmän, Marcus Wallenberg, inbjudits att tala, började ett slagsmålsartat tumult i Stora Salen på Akademiska Föreningen; talaren möttes av rop, av plakat och banderoller med deviser mot kapitalismen. Det var första gången efter 1930-talet som politiska demonstranter gick till handgriplig attack.

År 1968 — det europeiska studentupprorets år — bröt studentorolighe-

Jubileumsfesten 1968. Ovan den akademiska festprocessionen med rector magnificus Philip Sandblom iförd den purpurröda rektorskåpan och rektorshatten, flankerad av universitetsrådet Stig Hammar och prorektor Per Stjernquist, båda i den återinförda svarta fakultetsdräkten. Nedan t h: Studenternas demonstrationståg.

ter ut i större skala också i Lund. I början av året hade Rudi Dutschke, bekant aktör från studentupploppen i Västberlin, inbjudits som studentaftontalare med ämnet ''Studenten und Politik''. Under vårens lopp kom täta rapporter i press, radio och TV om studentrevolten i olika delar av Europa, från Frankrike, från Tyskland, England och Danmark. I det Lund närbelägna Köpenhamn skedde demonstrationer och ockupationer, medan talkörer skanderade: ''Ned med professorsväldet! Medbestämmande nu!'' I Stockholm ockuperades Kårhuset. Till en del genom fjärrstyrning nådde studentrevolten Lund.

Krutdurken tändes en sen vårkväll i maj under ett pågående symposium med det för dagen eldfängda temat Vetenskap och politik. Det internationella symposiet — med många inbjudna från andra studentstäder — hade kommit till stånd i samarbete mellan universitet och studentkår; det ingick i arrangemangen inför universitetets stundande jubileumsfest. Jämnt trehundra år hade gått sedan Lundaakademin grundats — också det i en politiskt upprörd tid. Man beredde sig att fira jubileet med övlig pompa. Minnesfesten hade regisserats i traditionell stil, med mottagning av de tillresta gästerna från europeiska och amerikanska universitet i universitetshusets aula, med procession genom Lundagård till domkyrkan, under trumpetfanfarer och klockringning; de utländska universitetsrepresentanterna kom i färggranna kåpor, de lundensiska i den återinförda svarta fakultetsdräkten, kopierad efter 1600-talets modell. I festen ingick promotion av hedersdoktorer och en serie paradföreläsningar om aktuella vetenskapliga problem.

Till de inbjudna hörde en elit av akademiker från Europa och USA och dessutom ett tiotal ambassadörer, bland dem det amerikanska sändebudet Heath. De nu framträdande radikala chefsideologerna inom studentkåren ställde sig i princip avvisande mot denna typ av minnesfirande. Särskilt var det för dem en nagel i ögat att en officiell amerikansk representant inbjudits, mitt under det pågående kriget i Vietnam, fördömt av en betydande svensk opinion. På ett kvällssammanträde vid det internationella vetenskapspolitiska symposiet fattades — under universitetsrektorns protester — ett beslut att sända ett telegram till den amerikanska ambassaden, där man undanbad sig besöket av deras officiella representant. Men Mr Heath infann sig. Vid en protestdemonstration skallade de trefaldiga ropen: "Stoppa UKAS! Heath, go home! Vems är universitetet?''

UKAS var namnet på den av statsmakterna föreslagna hårdhänta omorganisationen av de tidigare fria universitetsstudierna. Mr Heath var alltså den amerikanske ambassadören, och den sista frågan, vem universitetet tillhörde hade avseende inte bara på det rådande "professorsväldet"; det var också en konkret, insinuant fråga till de ansvariga för universitetsjubileets utformning. Till den solenna festmåltiden i Akademiska Föreningen, med kung och ambassadörer, med akademiska hedersgäster från när och fjärran, hade bara ett blygsamt antal studenter — in alles aderton — kunnat beredas plats. Dessutom var området där festligheterna på kvällen skulle äga rum avspärrat med staket och polisbevakning; bakom träden i Lundagård stod inte som i forna, mer idylliska dagar en förförisk fresterska, utan en polisman med batong. Från myndigheternas sida hade man fruktat ett utbrott av studentkravaller; i Paris var Sorbonne sedan den 12 maj ockuperat av studenterna och tårgasröken låg tät över Quartier latin. Samtidigt med att den officiella festmåltiden pågick, hade femhundra studenter slagit sig ned i gamla Carolinasalen för att diskutera på vilket sätt man egentligen borde fira — eller icke fira — ett universitetsjubileum.

Några enstaka incidenter inträffade, bl a under den pompösa festprocessionen till Lundadomen, den centrala platsen för jubileet 1968 liksom vid invigningen trehundra år tidigare och vid de två tidigare sekularfesterna. Universitetsrektor år 1968 var kirurgprofessorn Philip Sandblom, en man med vida internationella kontakter och horisonter. I sitt högtidstal formulerade han ett ord för dagen:"Av alla tänkbara sätt att lösa en konflikt är våldet det sämsta."

Sedan jubileet med dess inslag av fest och oro dragit förbi, och sedan det stora fyrverkeriet i barockstil — avsett att påminna om invigningsfesten trehundra år tidigare — slocknat, återstår som ett bestående minnesmärke en nyskriven universitetshistoria. Tvenne delar kom ut till själva jubileet och recenserades på dagen. I planen för den nya historiken hade utsagts, att universitetshistorien denna gång skulle utformas som ett stycke samhällshistoria med uppmärksamheten riktad mot ekonomiska faktorer, rekryteringen av studenterna och deras livsvillkor. Uppläggningen motsvarade en aktuell trend inom historieforskningen, men också de dagsaktuella diskussionerna om universitetets funktioner och dess relationer till det omgivande samhället under den pågående reformepoken.

Radikaliseringen av studentkåren — eller rättare, av smärre, tongivande grupper inom den — var vid mitten av 60-talet ett faktum. Klyftan mellan lärarna, uppfattade som bärare av föråldrade kunskapstraditioner, och en yngre, kritisk och militant studentgeneration vidgades. En av universitetets uppgifter — den kunskapsförmedlande — ifrågasattes. Ordet "kritisk" blev ett honnörsord i de unga generationerna; nu betydde kritisk främst samhällskritisk, antikapitalistisk.

År 1968 tillsatte radikala studenter en kommitté som skulle förbereda startandet av ett alternativt "kritiskt universitet". Den nya ideologin fick som spårkrör tidskriften Häften för kritiska studier, där i laddade artiklar traditionella värderingar och metoder speciellt inom humaniora nagelfors. Ett annat tecken på radikaliseringen av den ideologiska miljön var de översättningar av Marx, Althusser och andra av 68 års generations heliga skrifter, som utgavs på ett Skåneförlag. En av studenter administrerad bokhandel med ett rikt sortiment av radikal vetenskaplig litteratur öppnades. Marxismen — eller marxismerna — kom att spela en betydande roll i den teoretiska debatten och i metoddebatten; inom flera discipliner ropade man på ett paradigmskifte.

Ett dramatiskt efterspel till studentoroligheterna av 1968 inträffade följande år vid en kontaktkonferens mellan universitet och näringsliv i Akade-

I studentrevoltens spår: mösspåtagning och mössbränning, siste april 1969.

miska Föreningens lokaler. Studenter ur en grupp, kallad Studerande för ett demokratiskt samhälle, ingrep med föga demokratiska metoder: talkörer och försök att ockupera talarstolen; mötet måste avbrytas. I fortsättningen skedde protestaktionerna mot misshagliga företeelser främst på institutionsnivå; i Lund, som på alla håll i världen, hade opponenterna ett fäste inom sociologiska institutionen.

Den förste maj 1970 inställdes rektorsuppvaktningen efter ett dramatiskt rektorsval. Samma vår genomfördes trots protester från många håll en så gammalmodig, studentikos tradition som studentkarnevalen; ett tecken på atmosfärförändringen var att samtidigt en ''alternativkarneval'' arrangerades i protest mot den traditionella. Ett brandattentat mot en nästan färdigbyggd rättspsykiatrisk klinik vid S:t Lars sjukhus hörde till de sista krampryckningarna hos vänsterns dåvarande allaktivister.

Efter fester och motfester, efter upprorets rus och besvikelsens bakrus återgick studenterna från protestaktioner till vardagsfliten; den militanta gruppen hade numerärt aldrig varit stor. Det nya studiemedelssystem, som införts av statsmakterna, med kontroll av studieresultat och studietid som villkor för bidrag, tillät inte sådana extravaganta fritidsaktiviteter som ockupationer eller årslånga protestdemonstrationer. Tio år efter studentrevoltens år kunde en studentkårsordförande i Lund i ett tal officiellt konstatera: ''Dagens studentgeneration spelar med i de parlamentariska regler som gäller för samhället i övrigt''.

I själva verket kom de nya studentgenerationerna att delta med ett tidigare osett engagemang i utbildningspolitiska och studentsociala diskussioner och reformsträvanden — det var det positiva resultatet av studentrevolten. Det gällde på riksnivå inom Sveriges Förenade Studentkårer, och på lokal nivå. Nya bestämmelser om medinflytande har gjort det möjligt för de studerande att själva medverka till förändringar i kurser och studieformer under det reformarbete som satt sin prägel på universitetets sena historia. I många fall har de efter hand upptäckt, att de i viktiga frågor haft mer gemensamt med sina lärare än med politikerna: i en gemensam front mot hotande statlig toppstyrning, mot stelbent byråkrati och en totalspärrad högskola.

Det negativa resultatet av 1968 års händelser blev på sikt en attitydförändring från samhällets sida gentemot universitet och studier. Vad sociologer kallat den universitära epoken, då ännu stora delar av bildningsliv, undervisningsväsen och värderingar styrdes från professorliga katedrar och då studenterna betraktades som en privilegierad elit, hade definitivt nått sitt slut; universiteten hade utåt lidit en betydande prestigeförlust. Inom akademierna sopades resterna av det gamla elitistiska professorsväldet bort — och det fanns på sina håll ett ganska utpräglat sådant — genom olika administrativa reformer. Det skedde ungefär samtidigt som den gamla generationen av auktoritära orkesterdirigenter lämnade dirigentpulten från vilken de härskat lika enväldigt över sina orkestrar och partitur som enstaka svenska professorer över sina studenter och ämnen. Tiden för medbestämmandet var inne — så länge lärare och studenter, efter minskande ekonomiska ramar, ännu hade något att bestämma över, annat än omflyttning av resurser. Enstaka förstockade professorer sägs ha funnit omställningen betänklig, när ledning av forskning och undervisning vid institutionerna flyttades över på andra händer. Men deras tid var snart ute; de närmade sig pensionsåldern och universitetshistorien.

Kulturpolitiskt klimatskifte

De viktigaste impulserna till nytänkande inom olika discipliner vid de svenska universiteten hade alltifrån 1800-talet kommit från Tyskland. Snart sagt alla lundensiska forskare av någon betydenhet hade tillbragt längre eller kortare tid av sina studieår vid tyska universitet; det gällde i lika grad teologer, jurister, naturvetare, medicinare och humanister. Vid sidan av Tyskland hade Frankrike varit det land, som gav de rikaste incitamenten.

Under 1900-talet skedde ett vetenskapligt klimatskifte. Redan efter det första världskriget avtog den tyska dominansen. Tidigt på 1930-talet började deformationen av de tyska universiteten. Stora delar av den tyska intelligentian tvingades i landsflykt eller placerades i koncentrationsläger. Den tyska humanismens traditioner krossades under kristallnatten och gick upp i rök vid bokbålen. Hitler stängde, som det uttryckts, det europeiska laboratoriet.

Först nu öppnades på allvar slussarna för den västliga kulturströmmen. Redan tidigare hade enstaka lundensiska naturvetare och medicinare funnit vägen till institutionerna i USA. Kontakterna blir från och med 30-talet allt tätare. En ny, av anglosachsisk vetenskapssyn influerad aera bryter in, också inom humaniora, med orientering av ämnesstoffet mot nutiden och mot metodiker, utbildade inom beteendevetenskaperna.

Konkret är det kulturpolitiska klimatskiftet avläsbart redan på det språkliga planet. Många forskare som tidigare publicerat sig på tyska och i tyska facktidskrifter gick över till engelska. Efter 40-talet och dess skolreform märks förändringen ända in i studiehandböckernas kurslitteratur. Verk på tyska försvinner och ersätts av handbokslitteratur på engelska, ofta härrörande från tryckpressar i USA. I Lund blir amerikanskt språk och amerikansk kultur ett kursmoment i och med att en universitetslektorstjänst i amerikanska språket inrättas vid Engelska institutionen.

Uppbrottet från de ensidigt historiska forskningstraditionerna sker ungefär samtidigt inom en lång rad ämnen tillhörande humaniora, både inom språkvetenskap och historiska discipliner. Symboliskt är bortfallet av suffixet — historia i de fack som tidigare hetat litteraturhistoria och konsthistoria, nu litteraturvetenskap och konstvetenskap. Här har också själva forskningsfronten förskjutits mot 1900-tal, nutidsföreteelser, och synkroniska perspektiv. Medan en litteratuhistoriker vid 1900-talets början skrev en avhandling om prosaromanens historia, kunde en litteraturvetenskapsman redan vid mitten av århundradet, stimulerad av anglosachsisk New criticism, föreläsa om och författa en bok om ämnet Romanens formvärld, där det historiska perspektivet ersatts av ett funktionellt. När en dubblering skedde av tjänsten i konstvetenskap, inriktades den nya mot konstens roll och funktioner i det nutida samhället.

Nutidsinriktning och samhällsorientering går i den nya vågen hand i hand. Etablerandet av en samhällsvetenskaplig fakultet i Lund från 1946 markerade självständighetsförklaringen för en grupp nya discipliner. Ur ämnet historia hade ekonomisk historia brutits ut 1949; en professur i detta ämne tillfördes den samhällsvetenskapliga fakulteten. I ämnet sociologi där en biträdande lärarbefattning funnits på 40-talet, tillkom en professur 1954: anglosachsisk samhällsforskning med från beteendevetenskaperna hämtad metodik kom här till att börja med att bestämma ämnesinriktningen; först från 60-talet lades kursen om delvis under inflytande av tysk samhällsvetenskap av marxistisk typ.

Inslag av samhällsvetenskap och beteendevetenskaplig metodik har på senare årtionden kommit att prägla ett flertal ämnen inom alla fakulteter. I den teologiska, där de historiska och språkliga momenten satts på undantag, har skapats en professur i religionsbeteendevetenskap. På det juridiska fältet har tillkommit professurer i bland annat arbetsrätt och rättssociologi. Inom medicinska fakulteten har inrättats professurer i socialmedicin och arbetsmedicin, i den odontologiska ett ämne, betecknat med den djärva språkliga innovationen samhällsodontologi. Tendensen är i samtliga fall uppenbar: att rikta in forskning och undervisning så att den direkt kan tjäna den nutida samhällsutvecklingen. Typiska är orden i ett utlåtande av en socialvetenskaplig kommitté från 1947. Där utsägs i klara verba att all samhällsvetenskaplig forskning skall kunna ingå "som ett led i förverkligandet av folkstyrelsens principer". Det demokratiska samhället ställs därmed som ett övergripande mål för den interna vetenskapliga verksamheten. Inte sedan frihetstidens dagar har universitetets mål så direkt knutits vid samhällsnyttan och nutiden.

Till de övergripande förändringarna inom det vetenskapliga klimatet under efterkrigstiden hör vidare att forskningen blivit mindre individcentrerad än förut. Det gäller först och främst forskningens objekt. System, klasser, grupper har i ökande grad blivit föremål för studier inom sådana ämnen som historia, litteraturvetenskap och konstvetenskap. Om forskarna i tidigare generationer helst valde ämnen som gällde produkter av enskilda politiker, diktare eller konstnärer, har de under inflytande av en ny vetenskaps- och samhällssyn i nutiden hellre valt att koncentrera intresset på övergripande samhällssystem: bebyggelsehistoria, brukshistoria, järnvägshistoria, presshistoria, kritikhistoria.

Men också i ett annat avseende har forskningen blivit mindre personcentrerad, nämligen när det gäller forskningens subjekt, den forskande individen. Skapandet i ensamhet och avskildhet har i den moderna universitetsvärlden, de kollektiva projektens värld i viss grad ersatts av lagarbete. Forskarkollektivet spelade tidigast en roll inom de laborativa och experimentella ämnena, inom medicin och naturvetenskaper. Inom humaniora och angränsande vetenskaper var arbetsbetingelserna länge andra: där gynnades ensamvargarna. Etablerandet av handledargupper inom seminarier med olika "projekt" — ofta finansierade med medel från Forskningsråden — har i någon mån förändrat läget också här. Den personkult, som tidigare ofta ägnades åt den enskilde, framgångsrike vetenskapsmannen har nära nog försvunnit i studentgenerationer som fått andra idoler att dyrka i massmedias värld.

Ytterligare en genomgående tendens i det nya vetenskapspanoramat har i den föregående framställningen ofta uppmärksammats: differentieringen inom ämnesområdena, den allt intensivare specialiseringen. Den har varit en nödvändig förutsättning för vetenskaplig utveckling inom medicin och naturvetenskap, liksom inom humaniora. Men specialiseringen har också kunnat leda till en isolering och avskärmning av det egna smala vetenskapsområdet. Motstrategin har fått ett namn lättare att uttala än att praktisera: tvärvetenskap.

Att överbrygga den vidgande klyftan mellan "de två kulturerna", mellan naturvetenskap och humaniora står som en av de olösta uppgifterna för det nya universitetet. Kraven på en helhetssyn, där människan och naturen betraktas i samspel, artikuleras med eftertryck av olika "holistiska" skolor världen över. I specialiseringens och ämnesdifferentieringens tidsålder har romantikens dröm om en totalsyn, en ny "universitas scientiarum", återuppstått — hittills mera som utopi än som förverkligad realitet.

Expansion och kris

Vid universitetets 300-årsjubileum, det kritiska året 1968, var studenterna 14 000. Hundra år tidigare hade de inskrivnas antal uppgått till den blygsamma siffran 350. Av en idyllisk småstadsakademi, där alla kände alla, hade blivit ett universitet av samma format som de europeiska storuniversitetens med en årsbudget på 600 miljoner kronor och däröver. Uppgången speglar förändringar i samhället i stort, där befolkningstalet vuxit och där framför allt behovet av akademiskt utbildad arbetskraft mångfaldigats.

Ökningen av studentkåren har inte skett långsamt och kontinuerligt utan språngvis. Perioderna av expansion hänger nära samman med de ekonomiska konjunkturerna, främst med tider av lågkonjunktur. Fram till år 1909 översteg studentantalet aldrig siffran 1 000. Vid mitten av 20-talet uppgick den till något över två; vid 1950-talets början till 3 000. Det är först därefter som kurvan stiger brant. I slutet av 1960-talet var antalet omkring 15 000; på senare decennier har det nått upp till 20 000 i en stad som numera räknar över 80 000 invånare.

Ser man på rekryteringen av de nyinskrivna med utgångspunkt från deras sociala ursprung, visar sig förändringarna svara mot samhällsutvecklingen i stort. År 1870 — i det ännu övervägande agrara landet Sverige — kom 31 procent från lantbrukarhem; det betyder nära en tredjedel av samtliga studenter. Siffran faller tämligen stadigt under de kommande hundra åren och håller sig omkring 9 procent på 1940- och 50-talen. Från prästhem kom hela 13 procent vid periodens början men bara omkring 4 procent vid dess slut. Akademikerbarnens antal stiger från 8 procent till 12 procent eller i direkta tal från 9 individer till 215. Likaså går antalet barn från tjänstemannagrupperna stadigt uppåt: från 8 procent till 18 procent. Mest påfallande är, att rekryteringen från arbetarhem hela tiden är låg, även om den varit något stigande, från 8 procent till 12 procent, eller i faktiska tal från 9 individer 1870 till 214 hundra år senare. I detta avseende svarar alltså inte förändringarna mot samhällsutvecklingen i stort. Uttryckt med ett ord: Lunds universitet har och har haft typisk medelklassprägel, länge speglande den borgerlighetens kultursyn som präglat också universiteten ute i Europa fram till andra världskrigets epok. Eller, för att försöka använda ett tidsmässigt vetenskapsspråk: universitetsutbildningens symbolvärld, hela dess semiotiska system, är i hög grad anpassat efter, och bidrar i sin tur att forma, mellanskiktens ideologi.

Den största expansionen skedde från 1940- och 50-talen inom den filosofiska fakulteten. Där var utbildningen inte snävt yrkesinriktad; dit sökte sig också de ökande kadrerna av studentskor. De moderna språken, konst- och litteraturämnena blev populära. Redan på 1930-talet — under en tidigare ekonomisk krisperiod — hade det antal filosofie magistrar och kandidater som utexaminerats varit större än arbetsmarknadens behov. Det ledde till viss arbetslöshet i dessa årgångar; de första diskussionerna om spärrar vid universiteten fördes vid denna tid i den svenska riksdagen. Men först med de stora ungdomskullarna på 1950-talet och senare kom den utbildningsexplosion till stånd, som ställde universitetet inför nya problem, både som studiemiljö och som forskningscentrum.

En statlig universitetsutredning, tillsatt år 1955, fick som främsta uppgift att komma till rätta med den långsamma studietakten och de många studieavbrott, som följt i spåren av den ökade tillströmningen till den filosofiska fakulteten. Kalla siffror visade, att av humanisterna 40 procent lämnade lärosätet utan att ha tagit examen.

De gamla studieformerna dominerades av professorsföreläsningar och seminarieövningar med lång tid mellan examenstillfällena. Den nya universitetsutredningen föreslog att man skulle införa en mer skolliknande undervisning, koncentrera den kring kortare kursavsnitt och ha tätare återkommande kunskapskontroller. Att ha hand om undervisningen på grundnivå förordades en ny kategori av lärare — i viss mån motsvarande de gamla universitetsadjunkterna, men med annan titel och högre kompetens: universitetslektorer. Varje undervisningsgrupp skulle begränsas till högst 30 personer; i takt med att nya undervisningsgrupper inrättades skulle nya universitetslektorer kunna förordnas. Genom en sådan automatik hoppades man att kunna behålla en fri sektor vid universiteten och slippa betygsspärrar för tillträde till den filosofiska fakulteten av det slag som redan införts vid den medicinska.

Utredningens förslag understöddes kraftfullt av den dåvarande, energiske universitetskanslern, Artur Thomson, för övrigt med förfluten akademisk karriär vid Lundauniversitetet. Ecklesiastikministern tillstyrkte, och riksdagen biföll år 1958. Antalet universitetslektorer växte snabbt. Vid mitten av 1960-talet var deras antal — inräknat ordinarie, tillförordnade och extra — i de berörda fakulteterna i Lund över 90. Ordinarie universitetslektorer hade säte och stämma i fakulteterna och i de flesta frågor också rösträtt; därmed försköts beslutsmajoriteten i de gamla professorsförsamlingarna.

Som så ofta i historiens dialektiska värld ledde de kvantitativa förändringarna med den snabbt ökande tillströmningen av studenter till ett kvalitativt skred. Kravet på snabbare ''genomströmning'' — ett av nyckelorden i universitetsdebatten och utredningarna på 1950- och 60-talen — förde till att fordringarna i de gamla examina skrevs ned. Examensstadgan från 1900-talets början upphävdes, till förmån för en förordning med hårdare styrning av studierna.

Det var denna reform, som gick under namnet UKAS eller PUKAS. Kring den hade diskussionens vågor gått höga. Efter dess genomförande år 1969 — året efter studentrevolten — infogades studierna vid filosofiska fakulteten i ett antal olika utbildningslinjer, anpassade efter arbetsmarknadens tänkta behov. Riksgiltiga normalstudieplaner utarbetades med de olika momenten katalogiserade och schemalagda. De tidigare betygsgraderna försvann och ersattes med ett poängsystem. En termins studier skulle motsvara 20 poäng; för en fullständig examen krävdes 120 poäng. Den sextio år gamla filosofie ämbetsexamen försvann.

Samtidigt omstrukturerades forskarutbildningen. Doktorsgraden avskaffades; i dess ställe infördes en doktorsexamen, med en avhandling av begränsat format. Varje doktorand skulle ha en utsedd handledare; det nya systemet avsåg att göra det möjligt för delinkventen att fullborda doktorsexamen på fyra år; under samma tid skulle han ha möjlighet att söka och uppbära utbildningsbidrag. De yttre formerna för doktorsexamen förenklades: disputationsakten avdramatiserades och demokratiserades. Graderade betyg togs bort; fracken vid doktorsdisputationen försvann, liksom — i de flesta fall — andre och tredje opponenterna.

Inskränkningar och nedskärningar genomfördes i examensväsendet i samtliga fakulteter. En tillsvidare slutgiltig omvandling av de akademiska studier som en gång kallades "fria" har skett under 1970-talet. I ett samhällsekonomiskt kärvt klimat har all universitetsundervisning inom samtliga fakulteter spärrats: intagningen avser att motsvara behoven på arbetsmarknaden. Årligen söker fortfarande ett långt större antal än universiteten med deras alltmer begränsade resurser kan ta emot. Avgörande för tillträdet är utom studentbetygen arbetslivserfarenhet. Därmed har också åldersstrukturen inom studentkåren i någon mån förskjutits mot högre åldrar.

1800-talsliberalismens drömda självständiga bildningshärd har med de senaste reformerna förvandlats till ett i detaljer reglerat utbildningsinstitut, inom snäva samhällsramar. I den äldre organisationen bestämde det vetenskapliga slutmålet i princip inriktningen också av de tidigare studierna. I det nya utbildningsinstitutet har avståndet mellan grundutbildningen — som blivit ett slutmål i sig — och forskarutbildnignen vidgats. Förr låg man vid ett universitet. Nu går man på kurser. Det är inte bara den ökande kunskapsvolymen som orsakat fragmentariseringen; det är också bristen på en samlande, övergripande universitetsideologi.

Den rent institutionella organisationen av Lundauniversitetet hade varit tämligen oförändrad från 1870-talet fram till andra världskriget. Dess bas var de fyra klassiska fakulteterna. Inom några decennier — från 1950-tal till 1980-tal — har universitetet också organisatoriskt genomgått en större revolution än under de tidigare gångna trehundra åren.

De två sektioner som den filosofiska fakulteten alltsedan 1860-talet bestått av — den humanistiska och den matematisk-naturvetenskapliga — förvandlades genom en universitetsreform på 1950-talet till två självständiga enheter. Fakulteternas antal ökade vidare genom tillkomsten av en ekonomisk fakultet år 1961. Tre år senare skapades en samhällsvetenskaplig fakultet genom utbrytning av de samhällsvetenskapligt anknutna ämnena ur

328

den tidigare humanistiska fakultetsgruppen; till samhällsvetarnas fakultet återfördes då också ekonomerna. År 1954 tillkom en odontologisk fakultet genom att Tandläkarhögskolan i Malmö infogades inom universitetets ram. Lunds tekniska högskola, invigd 1965, införlivades efter en kort tid av självständig tillvaro i det nya storuniversitetet. Av de forna fyra fakulteterna, med sina rötter i Parisuniversitetets medeltida organisationsform, har alltså från 1960-talets slut blivit åtta.

Grundtanken bakom olika reformsträvanden under 50- och 60-talen har varit att allt närmare anknyta universitetet och dess organisation till det nutida samhället med dess sociala, ekonomiska och allmänkulturella struktur. Efter den senaste högskolereformen av 1977 finns inte heller fakulteterna som självständiga korporationer egentligen kvar annat än på papperet. Deras funktioner har övertagits av andra organ, fakultetsnämnder, linjenämnder, tjänsteförslagsnämnder — i alla dessa nämnder är utom lärare också studerande och teknisk/administrativ personal representerade. Detsamma gäller om den korporation, som ersatt konsistoriet, universitetsstyrelsen; i den finns dessutom företrädare för yrkesliv och ''samhälle''. Det gamla, hierarkiskt uppbyggda universitet som vuxit fram efter modell av klosterorganisation och skråväsen, har gått i graven.

Storleksförhållandena de olika fakultetsområdena emellan innebär en klar förskjutning av tyngdpunkten från humaniora, till samhällsvetenskap, naturvetenskap, teknologi och medicin. De speglar omvälvningar i det svenska samhället från 1800-talets agrara ämbetsmannasverige till dagens industrisamhälle, den tekniska och den byråkratiska revolutionen.

Minst är sedan länge den fakultet som en gång var den största och främsta: den teologiska. Det är också den som vuxit långsammast på forskningssidan. År 1950 var teologiprofessorernas antal åtta; trettio år senare hade professorsstaben ökats till elva. Obetydligt flera var och är topptjänsterna inom juridiska fakulteten, där siffrorna för motsvarande år är åtta och fjorton. I blygsam takt har också den humanistiska fakulteten utvecklats. Sedan samhällsvetarna lämnat fadershuset, var antalet lärostolar inom dess två sektioner, den historisk-filosofiska och den språkvetenskapliga länge 24.

Långt snabbare har forskningspotentialen ökats inom naturvetenskap och medicin, accelererad under och efter andra världskriget. Den tekniska fakulteten hade år 1980 60 professorstjänster. Inom den naturvetenskapliga fakulteten med dess tre sektioner, där i samspel med den tekniska fakultetens resurser forskning och utbildning bedrivs, fanns samma år 37 professurer. Till de ordinarie professorstjänsterna kommer ett antal forskartjänster på olika nivåer, vars kostnader finansieras av forskningsråd eller universitet.

Lika talande är de siffror som belyser den medicinska fakultetens växt. Mot den medicinska fakultet som år 1868 bestod av endast tre i tjänst varande professorer och tre adjunkter och som år 1930 vuxit till det blygsam-

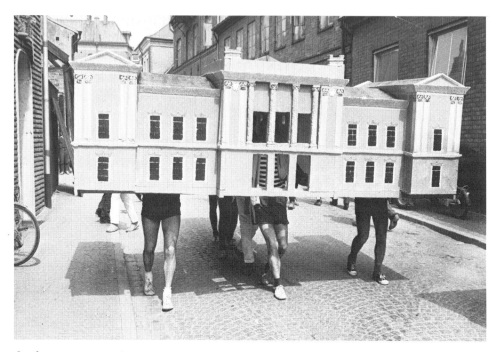

Studenternas tappra försök att få universitetet på fötter. Från Lundastudenternas karneval 1966.

Vid samma karneval manifesterades studenternas misstro mot den beslutade högskolefilialen i Växjö, som upprättades 1967 och blev självständig högskola tio år senare. Hur man tänkte sig den blygsamma Växjöfilialen framgår av bilden.

ma antalet av 14 professorer och ett antal biträdande lärare, stod hundra år senare, alltså 1968, en lärarstab på 41 professorer, 16 laboratorer och ytterligare 356 i universitetskatalogen upptagna lärare i befattningar från överläkare till amanuens.

Konkret speglas universitetets växt i själva stadsbilden. År 1948, kort efter andra världskrigets slut, uppgjordes en generalplan med förslag om den lokala utbyggnaden av universitet och institutioner. Den innebar bland annat att Lunds lasarett med dess olika kliniker skulle flytta från det ursprungliga, södra lasarettsområdet — där sjukhusbyggnaderna allt ifrån tidigt 1800-tal en efter en vuxit fram — till ett något nordligare beläget område. Där har under loppet av 1950- och 60-talen en modern sjukhusstad byggts upp. Den ger en spegelbild av den medicinska vetenskapens utveckling och differentiering och samtidigt av det moderna samhällets krav på diagnos- och vårdmöjligheter. Det sjukhus som på 1780-talet maximalt kunde ta mot 36 patienter och vid senaste sekelskiftet 5 000 hade på 1970-talet över 30 000 intagna per år. Färdigt att tas i bruk år 1968 blev det nya Centralblocket, ritat av en invandrararkitekt, Stephan Hornyánsky. Lunds fjärrkontur är inte längre, som i äldre tider och i en dikt av Anders Österling "de silvergråa tornen", utan det blygrå blocket. Det är ett tecken bland många på sekulariseringen inom en universitetsstad, där sapientia divina fått ge rum för sapientia humana.

Samlade på platsen för Pålsjö forna tegelbruk och angränsande delar av Smörlyckan ligger Tekniska högskolans röda tegelbyggnader. Tillsammans bildar de en ny institutionsstad, uppförd i nära anslutning till det gamla universitetets egna naturvetenskapliga institutioner längs Sölvegatan. Till inte mindre än sex av Tekniska högskolans hus, liksom till fler av de humanistiska institutionerna på Helgonabacken, har arkitekten Claes Anshelm signerat ritningarna. Med dessa inslag i beggelsen, i nutida funktionell stil, har han satt lika avgörande prägel på denna del av sin stad som på sin tid Brunius med sin medeltidsromantik och Zettervall med sin renässansarkitektur.

När lasarettet flyttade norrut, fick universitetet enligt den uppgjorda generalplanen ta över samtliga byggnader på Södra lasarettsområdet. Där har administrationen, juridiska, samhällsvetenskapliga och vissa humanistiska ämnen beretts plats. I ett rum i en av dessa byggnader — med fönster vettande mot Thomanderska studenthemmet och biskopshuset — sitter i skrivande stund en vithårig professor emeritus, böjd över en skrivmaskin och skriver på vad en Lundapoet av senare generation — Niklas Törnlund — kallat "vår strof av den långa dikten om en stad".

En stad och ett universitet, som befunnit sig i ständig omgestaltning. Av det universitet som fick sina former och funktioner bestämda för trehundra år sedan finns efter den sista organisatoriska reformen knappast ens namnet kvar. Enligt den organisation som gäller från 1 juli 1977 tillhör "högskolan" i Lund, som dock ännu av statsmakterna generöst tillåtits bära namnet Lunds universitet, en av landets sex högskoleregioner, Lund—Malmö högskoleregion. Inom varje region finns en regionsstyrelse med vissa samordnande uppgifter för all grundläggande högskoleutbildning inom området.

Utom universitetet med dess åtta fakulteter omfattar högskoleregionen Lund—Malmö ett antal förut självständiga enheter för högre utbildning, uppdelade i fem förvaltningsområden. För varje förvaltningsområde finns en förvaltningsnämnd, med beredande, i vissa fall beslutande funktion.

Grundutbildningen inom högskola och universitet är indelad dels i utbildningslinjer, dels i enstaka kurser. Utbildningslinjerna har fast sammansättning och är grupperade inom fem, för övrigt föga väldefinierade utbildningssektorer: tekniska yrken; administrativa, ekonomiska och sociala yrken; vårdyrken; undervisningsyrken; kultur- och informationsyrken.

Forskarutbildning och forskning indelas däremot fortfarande efter de åtta olika fakultetsområdena, motsvarande den teologiska, juridiska, medicinska, odontologiska, humanistiska, samhällsvetenskapliga, matematisk-naturvetenskapliga och tekniska fakulteten. Basenheten inom universitetsorganisationen utgör de enskild institutionerna. I ledningen för varje institution står en prefekt, som också är ordförande i institutionsstyrelsen. Tidigare var ämnesföreträdaren en professor; i nuvarande regler står endast inskrivet att prefekten skall äga lärarbehörighet. Det forna professorsväldet har också på sina håll avlösts av ett förhoppningsvis upplyst universitetslektors- eller studierektorsvälde.

Storuniversitetet har med sina rikt förgrenade verksamheter onekligen blivit vad en universitetsrektor uttryckt i orden: Sveriges största kunskapsbank. Men i det universitet av storformat som skapats har redan tendenser till utbrytning respektive nedläggning av självständiga enheter yppats. Den som vill se optimistiskt på en komplicerad situation kan konstatera, att forskning och undervisning lyckats överleva alla universitetsreformer hittills, förhoppningsvis också den senaste.

Vad som inkräktar på det som angivits som högskolans huvuduppgifter är i icke ringa grad det administrativa arbete, som ligger inom forskar- och lärartjänsterna. Det har på senare år, perioden 1974—81, vuxit i en omfattning som beräknats motsvara kapaciteten av 45 universitetslektorat. Till de icke reglerade förpliktelserna hör sammanträdesskyldigheten.

Ett annat hot utgör, paradoxalt nog, yrkesbyråkraternas intåg och hotande Machtübernahme. Ända fram till tiden för andra världskriget sköttes universitetets lokala förvaltning av ett fåtal befattningshavare. Det fanns — som redan under 1700-talet — en akademiräntmästare, en akademisekreterare, och sekreterare vid de olika fakulteterna som förde sammanträdesprotokollen; fakultetssekreterartjänster hade för övrigt ofta under 1900-talet

332

Under den tänkvärda devisen "Utveckling inte avveckling" har studenter och universitetslärare kunnat enas.

docenter haft som en betald bisyssla för att utöka de blygsamma docentstipendierna.

De stora universitetsreformernas tid betydde en växt av byråkraternas grupp och ämbeten. När på 1960-talet det första universitetsrådet tillsattes, var tjänstemännens antal 60. När han lämnade år 1982, kunde han med oberättigad stolthet konstatera, att byråkraterna förmerats till uppåt 200. Också i lägen, när elev- och lärarpersonal minskat, har enligt okända Parkinsonska lagar, den centrala administrationen länge fortsatt att svälla. Under åren 1974—81 beräknas centralförvaltningen ha ökat med 41 procent.

Krisen inom den moderna universitetsvärlden är ett internationellt fenomen och kan bara till någon del skyllas på byråkratins expansion. I ett kargt ekonomiskt klimat tvingas universiteten till inskränkningar, till indragning av tjänster — dock främst på undervisnings- och forskningssektorn — till minskning av studiemedel, till nedskärning av anslag för institutionernas utrustning och bokinköp. Efter snäva företagsekonomiska synpunkter bedöms forskning och utbildning med mönster från industriell verksamhet, som produktion av lönsamma eller olönsamma varor.

Men krisen inom universitetet är också, som många gånger tidigare antytts, av inre art. Den sammanhänger med den gigantiska kunskapsexplosionen, med svårigheten att överblicka och strukturera växande kunskapsområden. Specialiseringen har lett till känslan av främlingskap mellan olika discipliner, där ämnesföreträdarna ibland står främmande för varandras begreppsvärldar och värderingar. De varandra snabbt avlösande metodriktningarna som kunnat få något av de flyktiga modenyckernas karaktär, har bidragit till en instabilitet i det intellektuella klimatet, kanske främst inom humaniora. Kriterierna för vad som skall gälla som god eller dålig vetenskap är inte lika självklara som tidigare, och det gamla honnörsordet lärdom har i somliga akademiska kretsar fått negativa accenter.

Ett faktum är att själva universitetsreformerna alltifrån U 68 i stora stycken haft en antiakademisk tendens och bidragit att demolera en tidigare, mer homogen intellektuell miljö. Samtidigt som kunskapskraven skrevs ned och de elitistiska inslagen i universitetslivet avskrevs, infördes den hårdare regelstyrning och den starkare sektorisering, som knappast befrämjat självständiga, skapande insatser.

Ett detaljreglerat, teknifierat, datoriserat, genombyråkratiserat universitet vore, å andra sidan, en tänkvärd spegelbild av dagens svenska samhälle. Men ändamålet med ett universitet kan aldrig vara att blott reproducera ett bestående samhälle. Det måsta ha bildningsuppgifter, därutöver. Inom det nya universitetet har humaniora fått allt svårare att motivera sin existens. De tjänar inte teknisk utveckling eller ekonomisk tillväxt. Deras uppgift är att som tolkande vetenskaper begripliggöra människans plats som kulturell varelse; de ensamma kan tillhandahålla värderingsinstrument, alternativ och utopier för ett mänskligare liv långt utanför universitetsmurarna.

Inskränkande och inskränkta målformuleringar av översåtar och överbyråkrater på alla nivåer hotar att blockera universitetets centrala uppgifter, så som de uppfattats i en lång universitetstradition. Till dessa uppgifter hör — även om det inte råkar stå i några förordningar — att skapa en gynnsam miljö för överförande och förnyelse av kunskap, en grogrund för kreativitet och kritik, i syfte att återupptäcka och nytolka det förflutna, att genomlysa nutiden och — att erövra framtiden.

334

Mellan slätt och slätt, mellan himmel och hav, som ett blad
på ett sluttande tak ligger vår egen stad.
Är det blåsten som fäster den här för ett hundratal år, en stund,
innan den slungar den ut över Öresund?

Göran Printz-Påhlson

Epilog: Lund och Europa.
Det Lundensiska

Staden Lunds läge är ur den svenska statsförvaltningens synpunkt perifert. I ett centralstyrt land ligger det långt från maktens boningar.

Två faktorer har i hög grad varit bestämmande för Lundauniversitetets miljö och specifika atmosfär från 1600-tal till 1900-tal: det provinsiella och det kontinentala. ''Universitetet i Lund, försvenskningens högborg, blev i hög grad provinsiellt och har så förblivit'', skrev häromåret en uppsaliensisk historiker, själv med lundensiskt förflutet. Den provinsiella, markerat sydsvenska prägeln, har staden och universitetet givetvis först och främst genom sitt läge, geografiskt och kulturgeografiskt, genom jordgrunden, klimatet och dialekten. Många av de lärdomssläkter, vilkas namn återkommer i universitetets historia genom två eller tre århundraden — Stobaeus, Bring, Agardh, Weibull — har haft sin fasta jordgrund i det sydsvenska landskapet. Sydsvenskt mål med tungrots-r och diftonger har talats från katedrar, i studentkaserner och nationshus, har studerats av dialektforskare och upptecknats inom landsmålsarkivet.

Över huvud taget har Lunds rent geografiska läge i kanske överraskande grad kommit att påverka forskningsområdena inom både naturvetenskapliga och humanistiska discipliner. Det var i det förhoppningsvis milda sydsvenska klimatet som Erik Gustaf Lidbeck — själv dalslänning — vågade försöka sig på plantering av mullbärsträd i stor skala i syfte att få fram svensk silkesodling under 1700-talet. En lång rad Lundabotaniker — Elias Fries, Fredrik Areschough, Henning Weimarck — har var och en skrivit sin Flora scanica, sin skånska flora, efter egna exkursioner i den närliggande botaniska terrängen. Att släktet Salix blivit studerat i pilevallarnas landskap liksom släktet Rubus av Areschough och Bengt Lidforss har med den sydsvenska vegetationstypen att göra. Nilsson-Ehles, Arne Müntzings och deras efterträdares korsningsexperiment av olika sädesslag har med fördel kunnat utföras i den skånska jorden, i Alnarp, Svalöv och Hilleshög. Att Lundageologerna — från Sven Nilssons dagar till Assar Haddings och framåt — har undersökt bergarter och mineralfyndigheter i den sydsvenska regionen, är givetvis geografiskt betingat. Å andra sidan får landskapsbundenheten inte överdrivas; mantalsskrivning i Lund har inte hindrat geologer, botaniker och zoologer att företa forskningsfärder till korallöar i Stilla havet, till Medelhavets algflora, till arktiska trakter eller till djurvärlden på Afrikas och Amerikas kontinenter.

Iakttagelsen om den provinsiella bundenhetens roll kan emellertid utsträckas till en rad ämnen också inom humaniora. Den har i hög grad gällt historiker och arkeologer. Unika dokument i Lunds universitetsbibliotek som Liber daticus och Necrologium lundense och medeltida skånska handskrifter på Det Kongelige Bibliotek i Köpenhamn har lockat generationer av historiker från Lagerbring till Lauritz Weibull, Gottfrid Carlsson och Ingvar Andersson, att företa lärda strövtåg på den ursprungligen danska provinsens marker och i den egna stadens älsta historia. De nordiska arkeologerna har i den skånska myllan och i de skånska medeltidskyrkorna — främst Lundakatedralen — funnit ett outsinligt material; det gäller från Sjöborgs och Brunius dagar fram till Otto Rydbecks och Erik Cinthios. För lundensiska kyrkohistoriker har Lunds biskopshistoria, väckelserörelser, kyrklig sed och tradition inom de sydsvenska stiften bildat den tacksammaste utgångspunkten redan på grund av det lokala källäget.

Ett annat exempel ger Lunds Universitets Folkminnesarkiv som år 1913 fick officiell status. Som en självklarhet koncentrerades uppteckningsverksamheten inom det sydsvenska området. Vid folkminnesarkivet verkade Wilhelm von Sydow, först som docent, från 1940 som professor i nordisk och jämförande folkminnesforskning, en av de europeiska pionjärerna inom sin disciplin. Hans forskningar om keltiska inslag i nordisk sagotradition speglar den internationella kringsyn och komparativa metodik som var ett av hans kännemärken. Men mycket av sitt material av folklig saga, sägen, sed och dikt hämtade han här liksom senare ur provinsens egen skattkammare; till detta stoff hörde Finnsägnen och Majvisan. Vid sidan av gammal allmogekultur och framom den har i nutiden levnadsvanor och kulturformer i städer och industrialismens samhälle kommit att ingå i det ämne som efter en namnkarusell fått den modernare beteckningen etnologi.

Till och med litteraturhistorikerna av lundensisk extraktion har kunnat te sig starkt lokalbundna. Bestämmelsen att Tegnérs brev och manuskript, skänkta till Lunds universitetsbibliotek, inte fick lånas ut till främmande bibliotek, är en av anledningarna till att Tegnérforskningen haft sitt egentliga säte i Lund i fyra eller fem generationer: från Gustaf Ljunggren, Ewert Wrangel, Albert Nilsson och Fredrik Böök fram till Algot Werin och hans generation av elever.

Så kunde man fortsätta i ämne efter ämne för att markera den provinsiella anknytningen i valet av forskningsområden. Det landskapsbundna är obestridligen det ena viktiga inslaget i det lundensiska vetenskapspanoramat. Det andra, lika väsentliga, är det kontinentala. Vetenskapsideal och metodiska grepp har hämtats från de stora kulturcentra i Europa, snabbt

338

förmedlade genom den geografiska och kulturella närheten till kontinenten.

Studier i utlandet hade hört till den normala bildningsgången för universitetets lärare redan under den carolinska akademins första årtionden. Från frihetstiden och under det gustavianska tidevarvet minskade utlandsförbindelserna. Nästa århundrade, 1800-talet, var en tid av förnyade och förlängda kontakter med kontinentens universitet; det är de årslånga bildningsresornas men också de första vetenskapliga kongressresornas epok.

Vad tyska och i någon mån andra europeiska universitet betytt som idécentra, alltifrån Lundauniversitetets grundande, har fläckvis belysts i det föregående. Ofta gick vägen till kontinentens lärdomsvärld över Köpenhamn. Redan på 1700-talet for Lundaprofessorerna över Sundet för att skaffa den vetenskapliga litteratur som ännu inte nått hemlandet och för att träffa kolleger. Carl Adolph Agardh skrev om Lunds plats på kartan i Lunds Weckoblad år 1830: "Lunds academi har (i avseende på lätthet i kommunikation) ett av de förträffligaste lägen i Sverige. Endast några timmar behövas för att därifrån med obetydlig kostnad transportera sig till en huvudstad i ett annat rike, som har de största biblioteker, instituter och samlingar i Norden, och med det samma till en samling av litteratörer, vilka lika mycket utmärka sig genom äkta lärdom som genom äkta humanitet." I en artikel i tidskriften Heimdal skriver en uppenbarligen väl initierad författare år 1828, med tanke på Lunds närhet till kontinenten: "I händelse till den litterära (dvs vetenskapliga) förbindelsen och möjligheten att följa tidens utmärkta företeelser i främmande länder, ha litteratörerna i Lund, framom dem i Stockholm och Uppsala fördelen av läget och den därav följande lättare tillgången till utländska böcker, tidskrifter, tidningar m m." Av en notis hos Carl Adolph Agardh vet vi, att det inte tog honom mer än fjorton dagar att få en bok från Leipzig till Lund. (Går det egentligen snabbare nu?) Universitetsbiblioteket i Lund var det första i landet som inledde regelbundet utbyte av vetenskaplig litteratur med främmande bibliotek; året var 1818. Från Köpenhamn till Lund kom år 1826 den C.W.K. Gleerup, som grundade den Gleerupska bokhandeln, snart nog universitetsbokhandel. Han var den förste som i större omfattning sökte sprida utländsk litteratur inom Sverige och göra den svenska känd i utlandet; det senare också i sin egenskap av bokförläggare.

När Esaias Tegnér i dikten Flyttningen, skriven under Växjötiden, ser tillbaka mot åren i Lund, fäller han orden:

Ack, hos dig har jag levat närmre Europa
närmre till solen, Farväl! Aldrig förgäter jag dig

"Lund ligger dock i Europa", instämmer en Uppsalastudent, Wilhelm von

Braun, på 1850-talet i ett brev till C.W. Strandberg, studentkamraten som flyttat söderut och förblev Lund trogen. Nästan klangen av ett bevingat ord hade på sin tid ett dictum av Edvard Lehmann, som på 1910-talet blev kallad till professuren i religionshistoria efter att ha verkat i Berlin: "Lund är tröskeln till Europa". Porten var Köpenhamn.

Många tog steget över tröskeln. Från mitten av 1800-talet hade restiden förkortats av järnvägar och ångbåtar. Kontinenten låg inom snabbare räckhåll för generationer av studenter i Lund än för deras jämnåriga i Uppsala. Vittnesbörd finns hos en lång rad skribenter. En får vältaligt vittna för dem alla, skalden Bertil Malmberg. På en studentafton en aprilkväll i mitten av 1930-talet gav han sin bild av den lundensiska våren, sådan han och hans generationskamrater upplevt den före första världskrigets dagar:

"Ty ett är ovedersägligt: förkrigstidens vår doftade Europa. /———/ När den ljumma vårvinden drog genom Klostergatan och Mårtenstorget och Lundagård begynte lövas, kände varje normal student rese- och njutningslusten vakna. Det var, då som nu, ganska skiftande önskningar och drömmar vilka följde molnens färd över taken eller rökslingornas genom studierummens öppna fönster. Några av dessa önskningar och drömmar rörde sig om nog så kroppsliga ting, ölsejdlar och flickhöfter, tivoliförlustelser och trottoarserveringar, några om konstmuséer och bibliotek, några om teatrar, några om möten med berömda män, några om ingenting annat än de flyktiga dagarna över en storstadsgata."

Från Europa kom de nya böckerna, de nya idéerna, impulserna, som formade den nya vetenskapen och den nya diktningen, också när stoffet var knutet till det egna landet eller den egna provinsen.

Redan genom sitt läge kunde Lund bli något av en intellektuell träffpunkt. Kommunikationerna stod öppna i båda riktningarna. Hit fann en liten elit av europeiska vetenskapsmän vägen. Kulturgeografiskt har stadens position förändrats och försämrats i de nya kommunikationernas värld. Den bjuder inte längre, som i järnvägarnas tidevarv, en naturlig anhalt för gästande föreläsare på väg norrut, antingen slutdestinationen varit Stockholm eller Uppsala. I flygets värld riskerar staden att — i bokstavlig mening — bli överflugen. Men ännu brukar, enligt tradition, varje års Nobelpristagare i de naturvetenskapliga ämnena, gästföreläsa i staden. Också som kongresstad har Lund efter andra världskriget skaffat sig en plats på den intellektuella färdkartan.

I flera viktiga avseenden har emellertid också den internationella kultursituationen förändrats: polerna är inte längre Lund och Europa. En utredning om internationalisering av de svenska universiteten från 1970-talet tog främst fasta på uppgiften att vidga perspektiven mot en värld, bortom de europeiska och amerikanska kontinenterna, mot Asien, Afrika och allmänt mot u-länderna. En sådan vidgning av perspektiven har också, om än i begränsad omfattning, kommit till stånd, dels genom invandrarstudenternas och gäststudenternas kadrer, dels genom förändringar i innehållet i de gamla universitetsämnena. Ett konkret exempel bjuder tillkomsten av Mellanösternkunskap inom den äldre disciplinen semitiska språk.

Samtidigt har den internationella orienteringen i andra avseenden ohjälpligt smalnat. Den möjlighet till utblick och överblick över utländsk litteratur — vetenskaplig och annan — som kunskapen i de tre europeiska huvudspråken gav åt akademiker ett släktled tillbaka, finns inte längre hos de nya generationer som blivit utsatta för den svenska skolpolitikens nedskurna språkprogram. Det är en av de mätbara kulturförlusterna. Att både språkhorisonter och tidshorisonter krympts, framgår redan när man jämför kursfordringar i olika universitetsämnen årtionde för årtionde. Detsamma har man iakttagit i avhandlingarnas förteckningar över använd referenslitteratur. Risken för en ny isolationism — inte den sydsvenskt provinsiella men den rikssvenskt provinsiella — är ett hot mot dagens universitet, både som forskningscentrum och som bildningshärd. Kanske gäller det främst inom humaniora och besläktade ämnen; naturvetare, tekniker och medicinare har större möjligheter till långvariga och intima kontakter med utländska institutioner, laboratorier och kliniker.

Innebörden i begreppet det lundensiska har en lång förhistoria, som går tillbaka till Andreas Rydelius och Sven Lagerbrings 1700-tal. Under nästa århundrade utmejslades det i medveten motsats mot Uppsalauniversitetets miljö och traditioner. Carl Adolph Agardh skrev, i ett försök att definiera skillnaden mellan de två universiteten: "Uppsala är överhuset, lysande av sina anor, levande i idéer; Lund är underhuset, gagnande anspråkslöst genom sin realistiska inriktning." Den mer demokratiska prägeln i universitetsliv och umgängesformer i Lund är något som iakttagare från åtminstone två århundraden trott sig kunna konstatera. Många av universitetets lärare från Esaias Tegnér till Bengt Lidforss har fått ge stoff till uppfattningen att den akademiska traditionen i Lund präglats av större respektlöshet, större distans till det stelbent högtidliga.

En tidig definition av det lundensiska gav vid mitten av 1800-talet poeten C.W. Strandberg i en artikel i kalendern Nornan, där han skrev: "Den allmänna umgängestonen bland studenterna har en synnerlig böjelse att slå över i drift med allt tillgjort, allt som vill giva sig någon slags högtidlighet; i sin sämsta gestalt låter den förnimma sig som ett hån över vad som vill resa sig över det vanliga måttet." Senare har litterärt begåvade Lundastudenter från Falstaff, fakir till Sven Christer Swahn fått ge bidrag till legenden om en specifik lundensisk stil och lynnesart. På 1940-talet ägnades en studentafton med distingerade representanter för tre eller fyra generationer Lundastudenter åt att försöka åstadkomma en beskrivning. I själva verket har väl varje ny generation satt sin egen prägel på men också präglats av studiestadens specifika atmosfär.

Så länge akademistaten var liten och dominerad av några få talesmän och så länge studentkåren var en grupp på något hundratal studenter, kunde det kanske vara meningsfullt att föra en ingående diskussion om en iakttagbar lokal särprägel hos universitetet, en sorts minsta gemensamma nämnare. När studentkåren från att ha varit en grupp blivit en massa på tjugotusen eller fler och lärarkåren mångfaldigats och splittrats upp, är en fixering av begreppet det lundensiska en omöjlighet, inte bara för analytiska filosofer med distinkta logiska krav.

Funderar man mera lättsinnigt över, om det finns någon tradition, som överlevt i Lund men försvunnit i Uppsala och som därför än idag skulle kunna sägas vara mer karakteristisk för den lundensiska miljön, finns väl bara en att peka på: Lundakarnevalerna. En gång vart fjärde år förvandlas lärdomens stad till en dårskapens. En ny generation manifesterar sin särart och lynnesart. Då samlas flera tusen bland kårens ljushuvuden och brushuvuden, upptågslystna män och kvinnor till ett narrspel och skådespel som under tvenne dagar totalt behärskar staden. Karnevalerna har från tid till annan mötts av klander från ansvarsmedvetna och samhällsmedvetna: vilket slöseri av kraft, tid, uppslagsrikedom och kvickhet! Å andra sidan har det på senare år blivit högt på modet att uppfatta och uppskatta de tendenser till kritik och revolt som ligger bakom alla genuina karnevalstraditioner. Kanske har också karnevalernas respektlösa gyckel med omvärld och samtid, deras drift med alla akademiska former och lärdom på avvägar, bidragit att tills vidare hålla uppfattningen om Lundamiljöns särprägel vid liv. Men om begreppet det lundensiska bevarat något av sin innebörd genom tiderna har det kunnat ske endast i kraft av omvandlingsprocessens kontinuitet. Axel Wallengrens Lund var inte detsamma som Frank Hellers, Frans G. Bengtssons inte detsamma som Hasse Alfredssons. Men alla dessa representanter för ett lundensiskt lynne har haft något att hämta ur den respektlösa karnevalstraditionen.

En egenhet har Lund ovedersägligen i likhet med alla städer som får sin prägel av ett universitet med dess studenter. Den blir aldrig riktigt gammal. Den skiljer sig i själva befolkningsstrukturen från andra städer av samma format: den föryngras med varje förbipasserande studentgeneration. För majoriteten av de studerande är och förbli Lund en genomfartsort, en station på livsvägen. Bara ett fåtal studenter i varje generation dröjer sig kvar: som överliggare, som docenter, som universitetslektorer eller professorer — gränserna mellan de olika kategorierna är flytande.

Som ungdomsstad är Lund en förväntningarnas ort — och besvikelsernas. Förväntningar och besvikelser upplever varje ny generation på skilda livsplan, också på det intellektuella. Lärdomens Lund har långtifrån alltid under de mer än trehundra gångna åren tillfredsställt ungdomlig vetgirighet och upptäckarlust. Tidvis har det intellektuella livet i olika fakulteter stagnerat och flutit trögt i gamla fåror. I början av 1780-talet skrev historieprofessorn Sven Lagerbring till sin elev Christofer Gjörwell: ''Hos oss är allt efter vanligheten uti sin beständiga stagnation.'' Det är en klagosång, som tid efter annan upprepats.

''Visdomsord hava icke alltid ljudit från katedrarna, och lärarnas personligheter hava icke alltid varit ägnade att framkalla vördnad och lyftning i unga sinnen. Deras egenheter hava stundom varit löjeväckande och givit stoff för anekdotsamlande.'' Den som formulerat dessa ord var en person som visste vad han talade om: han var själv universitetsman, väl hemma i den lundensiska miljön och därjämte universitetshistoriker; han hette Elof Tegnér.

Hans kritiska omdöme skulle kunna suppleras av skribenter från vårt eget sekel. Mer än en doktor från Lund, utsatt för det akademiska systemets utslagningsmekanism, har tecknat bilden av forskarsamhället som ett efterblivet Abdera.

Torgny Segerstedt skrev i en otryckt uppsats om vetenskapsmannens situation i ett litet land och en liten stad:

''Mer än en lovande begåvning har steriliserats genom isoleringen i de akademiska småstäderna, och befordringsmaskineriet erbjuder ingen garanti för att den lämpligaste utses till innehavare av professurerna. Fakulteterna känna ej konkurrensens hälsosamma tryck. Att leva i en storstad erbjuder redan i och för sig en eggelse i motsats till den ofta nog enformiga stillheten i en liten stad.''

Något försök till enkel balansräkning för Lundauniversitetets del skall inte här försökas — var och en med egna erfarenheter får pröva att göra sin. Slutorden skall lämnas till två lundensare, som båda såg staden på distans som ungdomsårens skådeplats. Den ene är Torgny Segerstedt, vars kritiska ord nyss citerats. Han hade otvetydigt blivit misshandlad i de akademiska befordringsintrigernas Lund, och kom att få sin verksamhet förlagd långt utanför akademins råmärken. Ändå hade han sitt hjärta kvar i staden. Den andre tog en licentiatexamen i litteraturhistoria men blev av skilda skäl hindrad att fullborda en planerad doktorsavhandling och en möjlig akademisk karriär. Han blev diktare och chef inom Sveriges Radio; han hette Hjalmar Gullberg.

Torgny Segerstedts ord om Lund stod i den tidning, där han var chefredaktör, Göteborgs Handels och Sjöfartstidning. De skrevs med anledning av universitetets tvåhundrafemtioårsjubileum 1918. De ger på samma gång ett historiskt och personligt perspektiv, och har fått årens patina:

"Forskningen har alltid ungdomens spejande framåt. Den låter det nyaste, som rör sig i tiden, draga fram över sina adepter och söka fäste och ly i deras ännu friska och mottagliga sinnen. Studiet och forskningen bevarar livets ungdomsglans, medan deras bärare en efter en gå bort. En efter en ha de burits in i den åldriga domen, studentsången har klingat under de tunga valven och de vita standaren sänkts till en sista hälsning ute på någon av de lummiga kyrkogårdarna. Forskningen och ungdomen ha levt kvar lika unga.

En generation kommer och en annan går. Ingenting märkligt har hänt, allt är sig likt och blir sig likt. Endast den, som går sin väg, är en smula förändrad från den stund han för första gången med klappande hjärta beträdde Lundagårds mark, till dess han en ljus vårafton för sista gången gör ronden genom universitetets lärosalar och fakultetsrum och stannar inför porträtten av de hänfarne lärde, som pryda rummets väggar. Det är den långa raden av dem, som under forskningens stilla mödor burit upp ett stycke av den svenska odlingen. De flesta slumra bortglömda i sina gravar. Många namn ha glömts, deras drag ha aldrig fästs på duken. Ett fåtal lever i forskningens hävder. Men det känns som ett osynligt band knöt en samman med dem alla. De ha alla lämnat sitt bidrag till den anda, som präglar arbetet vid det sydsvenska lärosätet, skapat den tradition, som sätter sitt märke på Alma Mater Carolinas söner."

Hade Segerstedt skrivit sin artikel femtio år senare, skulle han rätteligen efter ordet söner ha tillagt: "och döttrar".

Hjalmar Gullbergs ord står i den dikt han skrev vid det tillfälle, då han kreerades till filosofie hedersdoktor och fick ta mot sin lagerkrans i domkyrkan. Dikten kallade han Ungdomsstaden; dess första strof får bilda avslutningen på denna krönika om ett lärdomens föränderliga landskap:

I årens skymning sänktes ungdomsstaden.
Där bodde vänner. Man blev skild från dem.
Tillbaka vrids ej tiden, vänds ej bladen
i livets bok — men hjärtat hittar hem.
Än lyser lampan mig från mitt studentrum.
Med vårens stjärna brann den i förbund.
Jag samlar minnets strålar i ett centrum,
som brinner av ungt liv och heter Lund.

Litteratur

Bokens framställning bygger till övervägande del på tryckta källor, summariskt redovisade här nedan. I begränsad omfattning har också otryckt material utnyttjats, dels ur Lunds universitets eget arkiv, förvarat i Lunds universitetsbibliotek, dels ur två arkivsviter i Riksarkivet, som hänför sig till Kanslersämbetet för Lunds universitet, respektive Kanslersämbetet för rikets universitet. Föreläsningsdiarier och närvarolistor hör bl a till det som återfinns i dessa båda sviter.

Agrell, Jan, *Nyinrättade professurer inom filosofiska fakulteten i Lund under 1800-talets första hälft.* Lund 1949
— *Studier i den äldre språkjämförelsen.* Uppsala 1955
Ahlström, Carl Gustaf, Från Döbelius till Odenius. *Sydsvenska Medicinhistoriska Sällskapets Årsskrift* 1976. Lund 1976
— *Patologisk anatomi i Lund 1668—1962. Sydsvenska Medicinhistoriska Sällskapets Årsskrift,* supplementum 2. Arlöv 1983
Ahnfelt, P. G., *Lunds universitets historia,* Första delen (allt som utkommit). Stockholm 1859
— *Studentminnen* 1—2. 2 uppl. Stockholm 1882
Ahrland, Sten, Kemiska Föreningen i Lund 100 år. *Svensk kemisk tidskrift* 80:9, 1968
Akademiska Föreningen 1830—1911. Festskrift. Lund 1911
Akademiska Föreningen i Lund 1830—1953, utg. av Gunnar Hillerdal och Eric Starfelt. Lund 1953
Akademiska Föreningens Årsskrift. Lund 1956ff
Almborn, O., Three centuries of botanical research at Lund. *Botaniska Notiser* 1980
Ambjörnsson, Ronny, m fl., *Forskning och politik i Sverige, Sovjet och USA.* Lund 1969
Andersen, Vilhelm, *Taler.* Köpenhamn 1924
Andersson, Ingvar, *Skånes historia* 1—2. Stockholm 1947—74
Arvidsson, Karl-Axel, *Att ligga i Lund. Lundaminnen från tre sekler.* Stockholm u.å.
Arvidsson, Rolf, Lauritz Weibull och forskarsamhället: till Weibullmytens historia. *Radix* 1981:3/4
Ask-Upmark, Erik, *Resa genom åren.* Uppsala 1969
Aspelin, Gunnar, *Tankelinjer och trosformer. Huvudriktningar i vår tids idéhistoria.* Stockholm 1937
— *Lärospån i Lund.* Lund 1973

Aulén, Gustaf, *Hundra års svensk kyrkodebatt*. Stockholm 1953
— *Från mina 96 år.* 2 uppl. Stockholm 1976
Barr, Knut och Wigforss, John, *Då vi lågo i Uppsala och Lund.* Stockholm 1906
Bayen, Maurice, Histoire des universités, *Que sais-je* nr 391. Presses universitaires de France, Paris 1973
Bendz, Emma, *Från pilträdens land och syrenernas stad.* Lund 1918
Berling, E. W., Lund. *Korta anteckningar om staden och dess omgifning.* (1 uppl. 1879), Lund 1977
Berlingska Boktryckeriet i Lund 1745—1945. Blad ur dess historia. Lund 1945
Beyer, Nils, *Bengt Lidforss. En levnadsteckning.* Stockholm 1968
Billing, Gottfrid, *Levnadsminnen. Biskopstiden i Lund,* utg. av Hilding Pleijel Lund 1975
Biografiskt lexikon öfver namnkunnige svenske män 1—23, Ny följd 1—10. Stockholm 1874—1883
Blom, K. Arne och Hjelmqvist, Ulf, Från bondbröllop till olympiska förspel. *Föreningen Gamla Lund* Årsskrift 60. Lund 1978
Blomqvist, Ragnar, *Lunds historia* 1—2. Lund 1951—1978
— *Franciskanernas Studium Generale i Lund. Den första högskolan i Norden.* Uarda-Akademiens skriftserie 9. Lund 1983
Bohlin, Bengt, *A. U. Bååth.* Hallsberg 1946
Bonde, Thord (pseud.), *Våra öfverliggare, Akademiska studier.* 2 uppl. Stockholm 1886
Botaniska Notiser vol 111. Lund 1958
Brunius, Teddy, Andreas Rydelius och hans filosofi. *Insikt och handling.* Lund 1958
Bååth Holmberg, Cecilia, *När seklet var ungt.* Stockholm 1917
Böök, Fredrik, *Esaias Tegnér.* En levnadsteckning, utarbetad på uppdrag av Svenska akademien 1—2. Stockholm 1946
— *Rannsakan.* Stockholm 1953
Callmer, Christian, Svenska studenter i Göttingen. *Lychnos* 1956
— *Kungl. Humanistiska Vetenskapssamfundet i Lund 1918—1968.* Lund 1968
— Anders Lidbeck, universitetsbibliotekarie i Lund mellan upplysning och romantik. *Nordisk Tidskrift för bok- och biblioteksväsen,* 1983
Carlsson, Sten, *Ståndssamhälle och ståndspersoner 1700—1865.* 2 omarb. uppl. Lund 1973
Danielsson, Ulf, Darwinismens inträngande i Sverige. *Lychnos* 1963—64 och 1965—66
Dictionary of Scientific Biography 1—14. New York 1970—1976, Charles Scribner's sons
Edlund, Barbro, *Ofrälse studenter i Lund utanför nationsindelning 1710—1814.* Lund 1981
Ekner, Reidar, *Hans Larsson om poesi. En analys av hans estetik.* Stockholm 1962
— Rainer Maria Rilke, Ernst Norlind och Hans Larsson. *Nordisk Tidskrift* 1965:3
Elovson, Harald, Litteraturen i Lund, Lund i litteraturen. *Lundaspegeln,* specialnummer utg. till nya stadsbibliotekets invigning. Lund 1970
En bok om Hans Larsson. Lund 1945

En bok tillägnad Torgny Segerstedt, 19 1/11 36. Göteborg 1936

Eriksson, Gunnar, *Romantikens världsbild, speglad i 1800-talets svenska vetenskap.* Stockholm 1969

— *Elias Fries och den romantiska biologien.* Uppsala 1962

Essen-Möller, E., *Bidrag till förlossningskonstens och den obstetriska undervisningens historia i Skåne. Ett bidrag till Lunds universitets historia.* Lund och Leipzig 1943

— *Bidrag till Lunds medicinska fakultets historia.* Lund 1947

Fehrman, Carl, *Forskning i förvandling. Män och metoder i svensk litteraturvetenskap,* Svenska Humanistiska förbundet 82. Stockholm 1972

Fehrman, Daniel, Lunds teologiska fakultet på 1810- och 20-talen. *Skrifter tillägnade Pehr Gustaf Eklund.* Lund 1911

Femtio år i Lund. En halvsekelkrönika sammanställd av Nils Niléhn. Stockholm 1949

Feuk, Lars, *Ett akademiskt album från studenttiden, af Larifari,* 1. Lund 1889

Fjelner, Alfred, *Skånska männer från Lund.* Uppsala 1935

Flaum, Alfred, *Läkaresällskapet i Lund hundra år.* Lund 1962

— *Lasarettet i Lund 1768—1968.* Lund 1968

Frängsmyr, Tore, *Wolffianismens genombrott.* Stockholm 1972—73

— *Svärmare i vetenskapens hus.* Stockholm 1977

Gamla studentminnen från Lund. Samlade och utgivna av Ewert Wrangel. Stockholm 1918

Gerle, Eva, *Lunds universitetsbiblioteks historia fram till år 1968.* Ur Lunds universitets historia 7. Lund 1984

Gertz, Otto, *Kungl. Fysiografiska Sällskapet. Historisk överblick.* Lund 1940

— Anders Jahan Retzius, Tal i Fysiografiska Sällskapet. *Kungl Fysiografiska Sällskapets i Lund förhandlingar,* Bd 12 nr 20. Lund 1942

Gierow, Krister, *Från Lundagård till Helgonabacken. En bilderbok om Lunds universitetsbibliotek.* Malmö 1957

Grandien, Bo, *Drömmen om medeltiden. C. G. Brunius.* Stockholm 1974

Gårding, Lars, *Matematiken i Lund.* Otryckt föreläsningsmanuskript

Gårdlund, Torsten, *Knut Wicksell.* Stockholm 1956

Hadding, Assar, Lunds universitets geologisk-mineralogiska institution. *Lunds geologiska fältklubb 1892—1942.* Lund 1942

Hallström, Per, *Carl Vilhelm August Strandberg.* Stockholm 1915

Hansson, Karl F., Biskop Peder Winstrup. *Föreningen Det gamla Lund.* Årsskrift 34. Lund 1952

Hansson, Ola, *Resan hem 1—2.* Kristiania 1895

Harrie, Ivar, Martin Persson Nilsson. *Ord och Bild* 43, 1934

Helmer, Karin, *Lärarkåren vid Lunds universitet 1666—1790,* stencilerad seminarieuppsats vid Historiska institutionen. Lund 1983

Herrlin, Axel, *Från sekelskiftets Lund.* Lund 1936

Hildebrand, Bengt, *C. J. Thomsen och hans förbindelser 1—2.* Uppsala 1937—38

Histoire générale des sciences, publiée sous la direction de René Taton II—III:1—2. Paris 1958—1964

Historisk Tidskrift för Skåneland 5 1914

Holm, Ingvar, *Ola Hansson. En studie i åttitalsromantik.* Lund 1957
— *Åttiotalets Lund. Lundensia* 1960. Fjärran och när, utg. av Lundensare i Stockholm. Lund 1960
Holmberg, Olle, Victor Rydberg i Lund. *Gud som haver.* Stockholm 1939
— Minnesord över Fredrik Böök. *Kungl. Vitterhets Historie- och Antikvitetsakademiens Årsbok* 1962. Lund 1962
Humanistisk och teologisk forskning i Sverige. Statens Humanistiska Forskningsråd, Stockholm 1973
Husén, Torsten, *En obotlig akademiker: en professors memoarer.* Stockholm 1981
Hägglund, Bengt, *Teologiens historia.* 5 uppl. Lund 1981
Jens, Walter, *Eine deutsche Universität. 500 Jahre Tübinger Gelehrtenrepublik.* München 1981
Johan C.W. Thyrén, legendarisk lundaprofessor. Lund 1983
Johan Monrads Selvbiografi, utg. av S. Birket Smith. Köpenhamn 1888
Jägerskiöld, Stig, Den historiska skolan i Sverige. Den historiska skolan och Lund. *Rättshistoriskt symposium 1980,* Skrifter utg. av Juridiska Föreningen i Lund. Lund 1982
Kahl, Achatius, *Tegnér och hans samtida i Lund.* Lund 1851
Karlsson, William, *Kungligt, adligt, lärt och lekt.* Lund 1941
— *Platser och människor.* Lund 1954
— *Från Lund och Lundagård.* Lund 1956
Korlén, Gustav, Germanistik in Schweden, *Deutsche Akademie für Sprache und Dichtung, Jahrbuch* 1973. Heidelberg 1974
Kring Lund. En bok om Lund, Torn, Dalby, Södra Sandby, Genarp och Veberöd — Lunds storkommun — i nuet och det förflutna, utg. av Tomas Löfström. Lund 1979
Københavns Universitet 1479—1979, udgivet af Københavns Universitet ved 500-årsjubilæet, Bind 9, Det filosofiske fakultet. Köpenhamn 1979
La révolte étudiante, par J. Sauvageot, A. Geismar, D. Cohn-Bendit, J.-P. Deuteuil. Paris 1968
Lagerbring, Sven, *Tal, då hans Kongl. Höghet första gången benådade Kongl. Carolinska Akademien.* Lund u.å.
Lasson, Urban, Universitetsplatsen i Lund. Med bidrag av Axel Törje. *Det gamla Lund.* Årsskrift 51. Lund 1970
Leander, Inez, *I Lund på den tiden* 1. Lund 1957
Lefnadsteckningar öfver Kongl. Vetenskapsakademiens efter 1854 aflidna ledamöter 4. Stockholm 1901
Leide, Arvid, *Fysiska Institutionen vid Lunds universitet.* Ur Lunds universitets historia 5. Lund 1968
— Akademiskt 1700-tal. *Det gamla Lund.* Årsskrift 53. Lund 1971
Lenz, Max, *Geschichte der Universität Berlin* 1—2. Halle 1910—1918
Leve livet lundensiskt, utg. av Föreningen Lundensare i Stockholm under red. av Carl Ljunggren, Åke Lellky och Folke Lundqvist. 2 uppl. Uppsala 1942
J. H. Lidéns dagboksanteckningar om Blekinge och Skåne, utg. av Otto Ahnfelt. *Historisk Tidskrift för Skåneland.* Lund 1903

Lidforss, Bengt, *En minnesskrift.* Malmö 1923
— *Samlade Skrifter* 1—7. Minnesupplagan Malmö 1921—25
Liedman, Sven-Eric, *Motsatsernas spel, Friedrich Engels filosofi och 1800-talets vetenskaper* 1—2. Lund 1977
Lindberg, Bo, *Naturrätten i Uppsala 1650—1720.* Göteborg 1975—76
Lindblom, Paul, *Under världens tak.* Stockholm 1945
Lindborg, Rolf, Filosofen Bengt Lidforss. *Mänskligt och naturligt.* Stockholm 1978
Lindroth, Sten, *Svensk lärdomshistoria.* Stormaktstiden. Stockholm 1975
— Frihetstiden. Stockholm 1978
— Gustavianska tiden, utg. av Gunnar Eriksson. Stockholm 1981
— *Uppsala universitet 1477—1977.* Uppsala 1976
Lindskog, Claes, *Bokslut.* Stockholm 1949
Lund genom seklerna. En liten krönika i ord och bild, sammanställd av Bror Olsson. Lund 1964
Lund i bild, foto Erik Liljeroth, text Richard Holmström, under medverkan av Yngve Löwegren. Malmö 1971
Lund i närbild. Av Sölve Ossiannilsson, Bror Olsson och Hilding Pleijel. Lund 1950
Lundagård, organ för Lunds studentkår, årg. 1 ff. Lund 1920—84
Lundahistorier, samlade av Sölve Ossiannilsson. Lund 1946
Lunda-medici och några andra. Personteckningar av Gustaf Petrén. Lund 1943
Lundgren, Lars O., *Den svenske Sokrates.* Norrtälje 1980
Lundmark, Knut, *Astronomien i Lund 1667—1936.* Lund 1937
Lunds domkyrkas historia 1145—1945. På domkyrkorådets uppdrag utg. av Ernst Newman, 1—2. Lund 1946
Lunds stifts herdaminne, Ser. 2. Biografier 1. Biskopar och domkapitel. Lund 1980
Lunds Universitets Historia 1668—1868. Lund 1868
Lunds Universitets Historia, utg. av universitetet till dess 300-årsjubileum, 1—4. Lund 1968—1982
Lunds universitets matrikel 1667—1968 (med skilda utgivare)
Lunds universitetskatalog. Lund 1831—1981
Lychnos, utg. av Lärdomshistoriska samfundet i Uppsala. Uppsala 1935ff.
Löwegren, Yngve, *Naturaliekabinett i Sverige under 1700-talet.* Lund 1952.
— Kuggis. *Det gamla Lund.* Årsskrift 45. Lund 1963
— *Zoologiska museet och institutionen vid Lunds universitet.* Lund 1968
Majgrefven. Lund 1902—1920
Medicinare i Lundamiljö, tillägnad Medicinska Föreningen i Lund vid dess 75-årsjubileum den 25 oktober 1969. Lund 1969
Modéer, Kjell Åke, *Några gestalter i den juridiska fakultetens historia.* Lund 1980
Molbech, Christian, *Breve fra Sverrige.* Köpenhamn 1814
— *Lund, Uppsala och Stockholm sommaren 1842.* Köpenhamn 1844
Möller, Artur, *Ett liv* 1—2. Stockholm 1922—25
Nilsson, Elsa, *Albert Nilsson. En levnadsteckning.* Stockholm 1973
Nilsson, Sten-Åke, *Universitetshuset i Lund.* Lund 1982
Norborg, Lars-Arne, Universitetet som indoktrineringsinstrument. Statsmakten och studium politicum under Nils Palmstiernas kanslerstid. *Historia och samhälle. Studier tillägnade Jerker Rosén.* Malmö 1975

Nordin, Svante, *Den Boströmska skolan och den svenska idealismens fall.* Lund 1981

Nyberg, H. S. , *Esaias Tegnér d.y. som språkman och översättare.* Sv. Ak:s minnesteckningar. Stockholm 1966

Nyman, Alf, *Lundensisk filosofi genom tvenne århundraden. Från Platon till Einstein.* Stockholm 1933

— *Hans Larsson, en svensk tänkareprofil.* Stockholm 1945

Nyrén, Carl, *Charactersskildringar och minnen.* Linköping 1836

Odén, Birgitta, *Lauritz Weibull och forskarsamhället.* Lund 1975

Oehlenschläger—Tegnérs stipendiefond hundra år 1872—1972. Minnesskrift av John Svensson. Malmö 1972

Olson, Emil. *In memoriam. Minnesteckningar över lundensiska språkforskare.* Lund 1957

Olsson, Bror. Doktorspromotioner i Lund. *Föreningen Det gamla Lund.* Årsskrift 29. Lund 1947

Om Lund och det lundensiska. Minnen och intryck från studentkåren av Ernst Norlind, Gustaf Hellström m fl vid studentafton i Lund den 31 mars 1943. Lund 1943

Osberg, Nils Petter, *Lundaminnen från 1820, 30- och 40-talen,* utg. av G. Carlquist, Skrifter utg. av föreningen Det gamla Lund 8. Lund 1927

Ossiannilsson, K. G., *O gamla klang- och jubeltid.* Stockholm 1945

— *Under portar av sång.* Stockholm 1946

Ossiannilsson, Sölve, På huvudet. Till studentmössans historia. *Studentsångaren* 1960:1

Paulsen, Friedrich, *Die deutschen Universitäten.* Berlin 1902

Pfannenstill, Magnus, *Kristendomen förr och nu.* Lund 1934

Pleijel, Hilding, *Svenska kyrkans historia. Karolinsk kyrkofromhet, pietism och herrnhutism 1680—1772.* Stockholm 1935

Regia Academia Carolina Lundensis 1668—1968, Jubilæum trecentennarium, 13.4.1968. Lund 1968

Richardson, Gunnar, *Kulturkamp och klasskamp.* Göteborg 1963

Rodhe, Edvard, *Svenska kyrkan omkring sekelskiftet.* Uppsala 1930

Rosenius, Paul, *De unge gubbarne.* Stockholm 1909

— *Mitt gamla Lund och andra minnen.* Malmö 1952

Rundbäck, Abraham, *Det akademiska Lund vid 1800-talets mitt,* utg. av H. Pleijel. Lund 1944

Schalén, Carl, Hansson, Nils och Leide, Arvid, Astronomiska observatoriet vid Lunds universitet. *Ur Lunds universitets historia* 4. Lund 1968

Schwerin, H. von, *Lundagårdshuset.* Skrifter utg. av föreningen Det gamla Lund 16—17. Lund 1935

Segerstedt, Torgny T., *Moral sense-skolan.* Lund 1937

— *Den akademiska friheten under frihetstiden.* Acta universitatis upsaliensis 22. Uppsala 1971

— *Den akademiska friheten under gustaviansk tid.* Acta universitatis upsaliensis 29. Uppsala 1974

— *Den akademiska friheten 1809—1832.* Acta universitatis upsaliensis 35—36. Uppsala 1976—77

En bok tillägnad Torgny Segerstedt 1936 1/11, Göteborg 1936

Serner, Gunnar, *Ballader till bröderna.* Stockholm 1926

Sjövall, Einar, *Centralbyrån i Lund för populära vetenskapliga föreläsningar 1898— 1948.* Lund 1948

Sommarin, Emil, *Studenter och arbetare. Minnen av skånsk arbetarrörelse och lundensisk radikalism.* Lund 1947

Stenkvist, Jan, *Arnold Ljungdahl, Clarté och tjugotalet.* Stockholm 1971

Strandberg, Carl Vilh., *Anteckningar om Lund.* Jönköping 1859

Studentsångarna i Lund 150 år. Lund 1981

Stybe, Svend Erik, *Universitet og Åndsliv i 500 År.* Köpenhamn 1979

Svanberg, Victor, Medelklassrealism 2—3. *Samlaren* 1945 och 1947

Sven Nilsson. En lärd i 1800-talets Lund. Studier utg. av Kungl. Fysiografiska sällskapet i Lund under red. av Gerhard Regnéll. Lund 1983

Svenskt Biografiskt Lexikon 1—24. Stockholm 1918—1983

Svensson, Lennart, *Från bildning till utbildning* 1—3. Göteborg 1978—80

Swahn, Sven Christer, *Detta Lund.* Stockholm 1965

Sylwan, Otto, *Från stångpiskans dagar.* Stockholm 1901

— *Fyrtiotalets student.* Stockholm 1914

Tarschys, Bernard, *Talis Qvalis. Studentpoeten.* Stockholm 1949

Tegnér, Elof, *Lunds universitet 1872—1897.* Lund 1897

— *Valda skrifter* 1. Stockholm 1904

— *Från farfarsfars och farfars tid.* Stockholm 1900

— *Minnen och silhouetter. Anteckningar nedskrifna under sommarvistelser vid Arild på 1890-talet.* Lund 1974

Tegnér, Esaias, *Brev i urval,* med inledning och kommentar av Nils Palmborg, 1—2. Uppsala 1982

— *Samlade Dikter,* utgivna av Tegnérsamfundet, redigerade av Fredrik Böök och Åke K. G. Lundquist, 1—3. Lund 1964—1975

Esaias Tegnér, sedd av sina samtida. En antologi utgiven av Tegnérsamfundet och redigerad av Nils Palmborg. Lund 1958

Tegnér, Esaias, d.y., *Ur språkens värld.* Stockholm 1922

Thyrén, Johan C. W., *Akademiska tal (1885—1916).* Lund 1916

— *Akademiska tal (1916—1926).* Lund 1926

Torstendahl, Rolf, *Källkritik och vetenskapssyn.* Stockholm 1964

Törje, Axel, Gamla botaniska trädgården i Lund. *Lunds Universitets Årsskrift 1959*

— Lundagård, *Det gamla Lund.* Årsskrift 41. Lund 1959

Under Lundagårds kronor. Minnen upptecknade av gamla studenter 1—4. Lund 1918

Universitetsutbildning i Växjö. Information utg. av Arbetsmarknadsstyrelsen 1968. Hälsingborg 1968

Universität und Gelehrtenstand 1400—1800, herausgegeben von Hellmuth Rössler und Günther Franz. Limburg/Lahn 1970

Vendelfelt, Erik, *Den unge Bengt Lidforss.* Lund 1962

Vetenskap av idag. Stockholm 1940

Vetenskap i dag och i morgon. Tjugotre naturvetenskapsmän. Stockholm 1961

Wallerius, Bengt, *Carl Adolph Agardh. Romantikern. Politikern. Tiden i Lund.* Göteborg 1975

Weibull, Lauritz, *Bengt Lidner i Lund.* Lund 1895

— *Thomas Thorild. Hans ungdom och studentår i Lund.* Lund 1896

Weibull, Martin, *Från Lund och Lundagård.* Stockholm 1902

Werin, Algot, Minnesord över Fredrik Böök. *Kungl. Humanistiska Vetenskapssamfundet i Lund.* Årsberättelse 1961—62. Lund 1962

Wieselgren, Peter, *Lunds akademi på 1820-talet,* utg. av Ernst Newman. Skrifter utg. av föreningen Det gamla Lund 11. Lund 1929

Wigforss, Ernst, *Minnen* 1—2. 4 uppl. Stockholm 1950—51

Wrangel, Ewert, *Gamla studentminnen från Lund,* samlade och utgivna av Ewert Wrangel. Stockholm 1918

— *Tegnér i Lund* 1—2. Stockholm 1932

Wägner, Harald, *I templets skugga.* Stockholm 1910

Årsberättelse, Lunds universitets. Lund 1867—1951

Årsberättelse, Kungl. Humanistiska Vetenskapssamfundet i Lund (Minnesord över bortgångna ledamöter). Lund 1957—1983

Årsbok, Vetenskapssocieteten i Lund (Minnesord över bortgångna ledamöter). Lund 1921—1983

Ärkebiskop Henrik Reuterdahls memoarer, utg. av Lauritz Weibull. Lund 1920

Örtengren, Per, Historiska notiser kring Lunds universitets byggnads- och markfrågor. *Inbjudningsskrift till doktorspromotionen 1951.* Lund 1951

Österling, Anders, *Carl August Hagberg.* Stockholm 1922

— *Minnets vägar.* Stockholm 1967

20 års samhällsforskning. Statens råd för samhällsforskning 1948—68. Stockholm 1969

Personregister

BILDREDOVISNING

Ett delvis unikt illustrationsmaterial har ställts till förfogande genom stor generositet från nedan nämnda institutioner och enskilda personer:

Akademiska Föreningens arkiv, Lund: 108, 181, 216, 222, 226, 269, 309, 313, 321, 330.
AB Allhem, Malmö: 9, 126, 142 (Foto: Liljeroth).
Botaniska biblioteket, Lunds universitet: 174.
Kulturhistoriska föreningen, Lund: 73, 124, 184, 227.
Lunds universitetsbibliotek: 13, 20, 22, 28, 32, 33, 35, 38 (Foto: Lindgren), 39, 49, 51, 59, 62, 63, 64 (Foto: Centerwall), 68, 69 (Foto: Lindgren), 81, 83, 91, 94, 97 (Foto: Bagge), 103, 107 (Foto: Lindgren), 111, 116, 121, 133, 150, 151, 155, 161, 166, 171, 178, 179, 182, 187 (Foto: Ohm), 193 (Foto: Lindgren), 194 (Foto: Jonn), 197, 201, 203, 207, 221, 224 & 225 (Foto: Bagge), 229, 262, 277.
Lunds universitets informationssekreteriat: 127, 195, 213, 333.
Lunds stadsingenjörskontor: 335.
Sveriges Utsädesförening, Svalöv: 298.
Sydsvenska Dagbladets bildarkiv (Scandia Photopress): 25, 183, 219, 223, 264, 265 284, 293, 318, 319.
Grand hotell, Lund: 226.
Fru Liv Nordqvist: 250.
Fröken Elisabeth Rydbeck: 205.
Fru Vibeke Wennerberg: 235.